국어로 학문하기 1권
언어의 인식과 분석

[국어로 학문하기   1권]
[언어의 인식과 분석]

지 은 이   김기혁
초판1쇄   2005년 2월 25일
초판2쇄   2007년 7월 13일
펴 낸 이   박찬익
펴 낸 곳   도서출판 **박이정**
출판등록   1991년 3월 12일 제1-1182호
주   소   서울시 동대문구 용두동 129-162
대표전화   922-1192 □ 팩스 928-4683
http://www.pjbook.com

ISBN 89-7878-772-x (93700)
        89-7878-771-1 (세트)

값 16,000원

국어로 학문하기

1권 **언어의 인식과 분석**

김기혁 지음

도서
출판 박이정

머리말

나는 국어국문학과 신입생에게 '국어학' 또는 '국어학개론'이라는 이름의 강의를 한다. 대학생이 되어 강의실에 들어온 이 꿈꾸는 신입생들이 나의 수업을 듣고 하는 투정은 크게 세 가지이다.

첫째, 어렵다는 것이다. 국어라는 것이 누구나 편하게 사용하는 것인데 왜 이렇게 어렵게 논의해야 하는가 하는 것이다. 둘째, 고등학교 때처럼 하나하나 가르쳐 주지 않는다는 점이다. 관심을 갖는 대상을 어떻게 이해하는가 하는 방법론에 대한 논의가 많고 생각하는 폭이 넓어서, 무엇을 공부해야 하는지 방향을 모르겠다고 한다. 셋째, 정답을 분명히 알려주지 않는다는 점이다. 고등학교 때까지 이 문제의 정답은 무엇이라고 분명히 배워서 알아왔는데, 그것은 여러 가지 견해 가운데 하나일 뿐이고 다르게 생각할 수도 있다고 하기 때문에 헷갈린다는 것이다. 꼭 집어서 답은 이것이라고 해 주길 바란다.

이에 대해 나는 두 가지로 답변을 생각한다. 하나는 내가 학문 연구나 강의 기법에서 부족하면서도 내 기분에 빠져 학생들의 수준을 생각하지 않고 강의를 하고 있지 않나 하는 자책이다. 다른 하나는 학생들이 고등학교 과정에서 선생님의 가르침을 이해하고 외우는 것에 익숙하기 때문에 대학에서 추구해야 할 문제 발굴의 창의적 사고와 문제에 대한 논리적 설명 방법의 학습에 적응하지 못하고 있기 때문이라는 것이다.

자기 합리화의 마음에서인지 나는 두 번째가 답이라고 생각하고 강의를 해오고 있고, 이에 대해 긍정하는 학생들의 이야기를 들으며 나름대로 보람을 갖고 있다. 이러한 과정의 반복 속에서 생각해 낸 것이 어떤 점이 대학생이 된 이들에게 필요한 문제 발굴의 창의적 사고이며, 어떤 점이 학문하는 방법인가를 가르쳐 주어야 한다는 것이다. 그리고 어떤 점이 고등학교에서 배운 바와 달리 대학생들에게 앞으로 대학생활에서 추구하여야 할 것인가를 구체적으로 제시할 필요가 있다고 생각했다.

내가 생각하고 나름대로 강의하는 것이 적절한가에 대한 반성인 동시에 대학에서 추구하여야 할 학문 연구 방법론을 제시하여 대학생들이 창조적 학습을 하기 위한 도움이 되어야 하겠다는 생각이다. 이를 위해 이 글에서는 국어 현상에 대해 설명하고 또 국어 현상을 설명하는 설명 방법에 대하여 논의하였다.

내가 전공으로 공부하여 잘 아는 것이 국어 분야이기 때문에 국어에 대한 현상 속에서 어떤 것이 논의의 대상으로 제시되며, 이 현상에 대한 설명이 어떤 과정을 통하여 이루어지는가를 제시하여 단지 국어만이 아닌 모든 분야의 학문에서 학문하는 방법, 대학에서 공부하는 방법의 하나를 보이고 싶다는 것이 넓은 바람이다.

무엇이 관심의 대상이고, 그것이 왜 관심의 대상이 되며, 어떤 방법으로 제기된 문제를 해결하여야 하는가를 국어 현상 속에서 찾아내고 이에 대해 답변을 해 나가는 방법으로 대학에서의 학문

연구 방법에 대한 논의를 하는 것이다. 이러한 국어의 현상에서 문제점 찾기와 이에 대한 설명하기의 과정이 모든 대학생들이 창의적으로 학문하는 방법을 배우는 한 방향이 될 수 있을 것으로 기대한다.

국어의 여러 분야 가운데 지은이가 아직 깊이 있게 생각하지 못한 부분이 많다. 그러한 부분들은 기존의 연구들을 소개하는 피상적인 서술에 그쳤다. 반대로 지은이가 깊이 생각한 부분은 자세히 논의하였다. 따라서 전반적인 윤곽을 제시하는 동시에 부분적으로는 다른 분야와 균형이 맞지 않게 깊이 있는 논의가 이루어진 부분이 많다. 국어 연구에 대한 전반적인 모습을 이해하는 것 못지않게 관심 있는 대상에 골몰하는 것이 필요하기 때문이다.

비교적 정밀하게 생각하고 행동하고 글도 쓰려고 노력하지만, 글을 쓰면서, 그리고 쓰고 나서 보면 언제나 빈틈이 많고 부족함이 많이 보인다. 그럼에도 이렇게 또 글을 내는 것은 이것이 나의 한계인 동시에 최선의 결과를 향한 삶의 길이라고 생각하기 때문이다.

2005년 2월 2일
김 기 혁

차 례

머리말

제3장
언어 현상의 분석과 설명 ···························· 91

제4장
언어의 체계 ································· 257

제5장
문장의 구성 ························· 339

제1장
무엇을 왜 어떻게 연구할 것인가

1 무엇을 연구할 것인가?

　대학에 들어올 때 대부분 학과나 학부를 정한다. 대학에 따라서는 인문계와 자연계로 크게 나누어 입학생을 뽑고 학부 과정을 거친 후 자기 전공을 선택하도록 하기도 한다. 그러나 어떤 방법으로 전공을 선택하든 전공을 선택한다는 것은 자기가 무엇을 공부할 것인가를 확정한 것이다.

　국어국문학과의 전공은 대부분 국어학, 현대문학, 고전문학으로 나누어져 있고 국어학에서는 국어를 사용보다는 이론의 관점에서 논의한다. 사용이라는 것은 맞춤법이나 표준어에 의해 바른 국어 생활을 하기에 대한 학습이나, 바른말을 하고 쓰기에 대한 것이다.

　그러나 학문은 독립하여 존재하는 것이 아니다. 인접 학문이나 계열 학문 외에도 타 계열의 학문과도 추구하는 목표나 방법이 유사하기 때문에 서로의 연관성을 항상 고려해야 한다. 현대 문학은 고전 문학의 바탕으로 이루어졌고, 문학은 언어로 이루어졌다. 언어에 대한 공부 없이 문학만 공부한다면 충분한 문학 공부가 이루어질 수 없음은 당연하다. 언어에는 논리와 심리, 사회 현상이 들어 있고 이를 해석함에 있어서는 자연 과학의 이론이나 도구가 이용될 수 있다. 따라서 논리, 심리 등의 유관 학문 외에도 수학이나 자연 과학의 이론적 연구가 학문함에 도움과 바탕이 된다.

　국어는 세상에 존재하는 수천 개의 언어 가운데 하나이다. 세상에 수천 개의 언어가 존재한다고 모호한 표현을 하는 것은 세상에 존재하고 있는 언어의 수에 대해서 일치된 견해가 없기 때문이다. 어떤 학자는 4, 5천이라 하기도 하고, 어떤 학자는 3천여 개라고도 한다. 이렇게 언어의 수에 대해 의견이 일치하지 않는 것은 태평양의 섬이나 아프리카와 같은 오지의 언어들의 조사가 충분히 이루어지지 않았고, 부족이나 지역마다 다른 언어들을 다른 언어로 볼 수 있는가의 연구가 확정되지 않았기 때문이다.

국어를 연구한다는 것은 많은 언어 가운데 하나인 언어를 연구한다는 것이다. 많은 언어 가운데 하나인 국어를 다른 언어와 비교하는 것은 국어 현상의 설명에 유용할 것임이 분명하다. 따라서 국어를 연구한다는 것은 국어만을 연구하는 것이 아니라, 넓게 언어를 연구한다는 관점을 가져야 할 것이다. 언어와 언어를 비교하면 언어들 속에 공통적으로 일관되게 존재하는 법칙이나 원리들이 있고, 반대로 언어마다 다른 특수한 법칙이나 원리가 있다. 이러한 언어의 같고 다름은 모두 국어를 연구하는 연구 대상이 된다.

우리글인 한글은 세종대왕이 집현전 학자들과 더불어 만들었다. 우리처럼 글자의 탄생이 분명한 글자의 역사는 다른 문자 창조의 역사에서 유래가 없다. 그러나 우리말이 언제 이루어졌는가를 밝힐 수 있는 방법은 현재로서는 없다. 앞으로도 이것은 불가능한 것으로 보인다. 우리말이 알타이어족에 속한다는 학문적 견해도 일치된 견해는 아니고, 어떤 시기에 우리 민족이 한반도에 들어와서 우리말을 하게 되었는가, 그리고 지금과 같은 체계를 갖춘 한국어가 언제 이루어졌는가를 밝히는 것도 어렵다.

그러나 기록된 문자를 근거로 우리 국어의 모습을 추론할 수는 있다. 훈민정음 창제 이후는 「훈민정음」을 비롯하여, 「용비어천가」, 「석보상절」, 「월인천강지곡」 등의 자료를 통하여 창제 당시의 국어의 모습을 알 수 있고, 그 이전 시기는 한문과 한자를 이용한 우리말의 표기 방법을 이용하여 당시의 국어의 모습을 알 수 있다. 국어 연구의 대상이 현대 국어를 비롯하여 고대까지 거슬러 올라갈 수 있음을 알 수 있다. 국어의 연구가 현대에 국한된 것이 아니라, 중세 그리고 고대로 거슬러 올라가고 또 그 시대에서부터 현대로의 변천을 다루는 역사적 측면에서의 학문이 있음을 보여준다.

국어는 나를 중심으로 하여 내가 속한 국가에서 사용하는 언어로, 다른 언어와의 비교적 관점에서 볼 때 한국어이다. 국어는 공간적으로 다른 나라의 언어와 비교되고, 시간적으로 각 시기의 언어와 서로 비교된다. 또 시간과 공간을 함께 하여 알타이어족과 우랄어족 같은, 어족과 관련된 계통의 연구가 이루어진다.

다른 학문 분야와의 관계로는 언어로 이루어지는 문학과 심리학, 철학 등의 다른 학문과 관심을 공유한다. 인지 과학으로 대표되는 과학적 연구들도 언어의 인지적 연구가 바탕 이론이 될 수 있고, 전산화를 통한 자연 언어 처리는 자연 언어를 처리하는 효과를 이루는 외에 전산화에서 이룰 수 있는 많은 영역을 넓히는 데 실제적으로 기여한다.

2 왜 연구하는가?

국어학은 우리의 언어인 국어를 연구하는 학문이다. 국어를 왜 연구하고, 국어는 연구할 만한 가치가 있는 것인가에 대한 깊이 있는 성찰이 없이 국어 연구는 효과를 이룰 수 없다. 추구하려는 대상에 대한 연구 목적 의식이 분명할 때 성과 있는 결과가 나올 수 있다.

국어를 이해하고 연구하는 것은 인간을 바르게 이해하기 위한 것이다. 인간에 대한 학문은 인문학으로, 인문학은 순수 과학과 응용(실용) 과학 가운데 순수 과학으로 다루어진다. 사람들이 의문과 관심을 갖는 문제 가운데 본질적인 것의 하나는 인간에 대한 문제이다. 나는 무엇인가, 어디서, 어떻게 여기에 와서, 어디로 가는 것일까? 이 넓고 긴 우주 공간과 역사 속에서 나란 존재는 어떤 의미를 갖는가의 의문이다. 이 문제를 풀어보기 위해 인간에 대한 내적, 외적 연구가 이루어졌다. 생물학적 · 육체적 연구가 인간에 대한 외적 연구이고, 철학 · 심리학 · 언어학은 인간의 내면 연구이다.

사람은 자기 자신 즉 인간의 본질에 대해 의문하고 그 대답을 얻기를 바란다. 이 대답을 가장 잘 하여 줄 수 있는 것이 언어라고 보기 때문에 사람들은 언어에 대해 관심을 갖고 언어를 연구한다. 언어가 인간의 정신세계를 알기에 가장 구체적이고 분명한 대상이기 때문이다.

언어와 사고가 밀접한 관계를 이루고 있음을 부인하는 사람은 없다. 사고가 언어에 의하여 이루어진다는 점에 대해서도 대부분 긍정적인 견해를 가지고 있다. 그러나 우리는 생각은 있지만 그것을 표현할 적당한 말이 없는 경우가 있고, 언어를 배우지 않는다고 사고를 할 수 없다고 볼 수 없다. 즉 언어와 사고가 완전히 일치한다고 보기 어렵다.

언어가 없다고 사고 자체가 불가능한 것은 아니지만 이 단계의 생각이나 느낌은 구조적이며 논리적이지 못하다. 우리가 언어를 습득한 후에 우리의 사고는 언어에 의해 구조화되어 조직적, 논리적으로 된다. 그래서 언어가 없으면 사고도 없다는 주장이 가능해진다. 언어와 사고가 밀접한 관계를 가지고 있는 점은 우리가 언어를 연구하는 가장 큰 이유이다. 언어를 통해 우리의 생각을 탐구할 수 있기 때문이다.

언어는 인간만의 것인가? 언어를 인간만이 가진 특징으로 보는 것은 다른 동물들은 언어가 없다는 견해에 근거한다. 언어를 오직 의사 전달의 도구로 보면 동물들은 언어가 없다고 할 수 없다. 침팬지, 원숭이 등은 상당한 의사 전달의 수단이 있고, 어류도 10~15개, 조류도 15~25개 정도의 신호로 의사를 전달한다고 한다. 언어가 단순히 의사소통의 수단만이 아닌, 사고 자체라는 점에서 이해될 때 언어는 인간만의 것이 된다.

언어가 동물의 의사소통 수단과 구별되는 점은 동물의 의사소통은 자극적이며 유한함에 비해 인간의 언어는 자발적이며 무한하다는 것이다. 인간의 언어는 유한한 단어를 가지고 무한한 문장을 만들어 내는 점에서 무한적 창조성을 가지고 있다고 할 수 있다. 이 창조성은 언어가 분절되기 때문에 이루어지는 것이다. 문장은 그것을 구성하는 문장성분이나 단어로 나누어지고, 단어나 형태소는 다시 음운으로 나누어지는데 이를 언어의 분절성이라 한다. 여기서 음운이나 단어의 수는 유한하지만 이들이 통합되면서 무한한 문장을 이룬다.

이처럼 언어는 인간 탐구에 가장 중요한 대상이다. 언어는 인간의 다른 특성과는 달리 인간의 거의 모든 정신 활동 또는 인지 활동에 깊숙이 관련되어 있다. 인간 특유의 다른 어떤 능력보다도 정교한 구조를 가지고 있고, 인간의 다른 능력이나 특성에 비해 체계적 접근이 가능하다. 따라서 인간의 언어 능력에 대한 체계적 연구는 인간성 탐구에 공헌한다.

인간이 사유를 위하여 언어를 사용한다는 점에서 인간의 본질에 대한 이해와 더불어 인간의 정신문화의 향유를 위한 도구로서의 언어도 중요하다. 이는 언어에 대한 이해를 단순히 언어와 사고와의 관계 규명에 한정할 것이 아니라, 정신문화 향유의 도구로 문학을 비롯한 정신문화와의 연계를 연구하고 이해하는 대상으로 확장된다.

인간은 존재 단위의 측면에서 개인으로서의 인간과 사회적 구성으로서의 인류로 나누어 생각할 수 있다. 언어는 개인의 존재를 사회적 존재인 인류로 엮어주는 데 중요한 구실을 한다. 따라서 언어는 내면세계의 탐구를 넘어서 인류적, 사회적 구성 요소로서의 가치를 갖고 있다.

언어를 연구하는 목적을 순수하게 진리를 탐구하려는 것과 이 연구를 통하여 다른 실용적인 이익을 얻으려는 목적으로 나누어 볼 수 있다. 순수한 진리 탐구의 목적은 언어가 인간을 이해하는 인문 과학의 바탕이 되기에 '언어를 앎'은 '무엇을 앎'의 실체를 규명하려는 것에 근거한다. 인간의 정신과 마음은 언어를 통하여 가장 넓고 확실하게 접근할 수 있다. 언어를 안다는 것은 인간이 언어를 자유스럽게 구사할 수 있는 능력을 가지고 있음을 뜻하는데 이를 언어 능력(음운, 형태, 통사, 의미에 대한 능력)이라고 한다. 인간의 언어에 대한 창조적 언어 능력을 밝히는 것은 우리의 생각과 사고가 어떻게 이루어지는가를 밝힐 수 있게 할 것이다.

언어 연구의 실용성은 언어 연구가 인간의 생활에 어떠한 이로움을 줄 수 있는가의 문제이다. 언어 사용은 모든 인간에게 필수적이기 때문에 공통적이며 공감적인 언어 사용이 요구된다. 이런 점에서 언어의 교육, 언어의 규범화의 측면에서 언어 연구가 실용적인 가치를 가질 수 있었다. 맞춤법이나 표준어의 통일, 규범 문법의 정리 등의 연구는 이런 점에서 실용적 효과를 거두고 있다.

현대의 정보화 사회에서는 언어의 실용적인 쓰임이 더 부각된다.

컴퓨터와 관련된 기계 번역이나 인공 지능, 자연 언어 처리 등은 언어 연구의 실용적인 가치를 높인다. 현대 사회에서 중심적인 역할을 차지하고 있는 컴퓨터도 운영 체계 자체가 인공적이기는 하나 언어를 바탕으로 하고 있다.

'무엇일까?' 하는 의문이 없이 창조적 결과가 나올 수 없다. 전라남도 장성에 있는 백양사에 가면 절 앞에 '이 뭐꼬'라는 글이 있다. 세상이, 삶이 무엇인가를 추구하라는 화두이다. 전라도에 있는 절에 '뭐시여'나 '뭐랑께'가 아닌 '뭐꼬'라고 화두를 던진 것은 또 다른 의문을 준다.

3 어떻게 연구할 것인가?

언어는 어떻게 연구하여야 하는가? 언어는 간단히 살펴볼 수 있는 대상이 아니다. 복잡하고 그 양도 방대하다. 그래서 사람들은 언어를 연구하기에 적절한 크기로 한정할 필요를 느꼈다. 생각을 나타내는 덩어리이면서 소리나 형태상의 적절한 크기의 언어 단위가 언어를 관찰하는 데 유용하다. 이러한 필요에 의해 문장이라는 언어 범주가 규정되었다.

문장은 의미상 사람이 어떤 생각을 나타내려고 할 때 표현하게 되는 말의 통일된 단위이다. 이 문장은 형태적으로는 커다란 숨을 쉬는 소리의 덩어리이며, 글로 쓸 때는 마침표로 나타닌다. 문장은 문법학자들이 언어를 연구하기 위해 나누어 놓은 언어의 단위가 아니라, 인간이 사고하고 표현하기 적절하게 만들어 낸 언어의 단위이다. 언어학자들은 이러한 언어의 단위를 문장이라고 규정하고 문장을 구성하는 원리를 설명하는 일을 하는 것이다.

문장이 어떻게 구성되어 있는가를 알기 위해 문장을 분석하는 것이 언어를 연구하는 사람들이 행하게 되는 작업이다. 문장을 구성하는 재료를 규정하기 위해 단어와 형태소라는 문법 범주를 설정하고 이를 언어 연구의 대상으로 대상화하였다.

형태소는 뜻을 가지고 있는 가장 작은 언어 단위이다. 그러나 형태소의 의미를 이해하기 위해서는 형태소보다 더 작은 언어 단위로 분석할 필요가 있다. 그래서 형태소는 다시 의미 자질이라는 언어 분석의 단위에 의해 분석이 가능하고 자질이라는 분석 개념이 언어에 필요하게 된다. 이러한 자질은 의미에서뿐만 아니라 음소나 음성의 분석에서도 필요하여 음성 또는 음소 자질이 언어 연구에 등장하였다.

언어의 분석에서는 어디까지 언어를 분석하여야 하고 분석의 대상은 무엇이어야 하는가의 문제를 결정해야 한다. 어떤 문장의 뜻을 알기 위해서 문장을 소리의 단위까지 또는 알파벳으로 분해하는 것은 그 문장의 의미를 파악하는데 도움이 되지 않는다. 의미를 가지고 있는 최소의 단위인 형태소나 단어가 분석의 한계가 될 수밖에 없다. 물론 분석의 목적이 뜻의 범위를 넘어서는 경우는 음운이나 음성이 될 수 있고, 의미도 자질에 의한 분석이 요구된다. 그러므로 분석의 한계의 문제는 분석의 목적과 관련지어서 결정될 것이다.

어디까지 분석을 하여야 하는가는 과학이 본질 해석을 추구하는 과정에서 동일하게 제기되는 문제이다. 형태소는 의미를 가진 최소의 단위로 더 분석하면 의미가 상실된다. 생물의 특성을 밝히기 위한 생물의 분석에서도 이러한 문제를 만난다. 생명의 본질을 추구하기 위하여 대상을 계속적으로 분해하여 더 이상 분해되지 않는 순간에 도달하였다고 그곳에 생명 현상을 풀어 줄 열쇠가 반드시 있는 것은 아니다. 예를 들어 20종의 아미노산의 중합체인 단백질의 기능을 알기 위해서 이를 가수 분해하여 아미노산으로 환원시키거나 원자 수준으로 분해하는 것은 의미가 없다. 단백질의 기능에서는 아미노산의 모임으로 생긴 3차원적인 구조가 중요한 것이다.

분석된 대상들은 서로의 공통점과 차이점을 가지고 있어서 서로 같거나 다른 부류로 묶인다. 이러한 묶음은 세계의 인식 과정에서 끊임없이 반복된다. 세상을 범주화하는 것이나 언어를 통해 범주화하는 것은 모두 공통적인 특징을 갖는 것을 서로 묶어서 인식하는 과정으로 분류와 연계된다.

단어는 의미, 형태, 기능을 근거로 하여 분류되는데 이를 품사라고 한다. 이러한 분류 작업에서 분류의 기준이 하나 이상인 경우는 어느 기준을 먼저 분류에 적용하는가에 따라 분류의 결과가 달라진다. 국어 문법의 연구에서 품사 분류가 다양하게 나타나게 된 이유는 이 기준의 적용을 학자마다 다르게 했기 때문이다.

언어의 연구는 이러한 분석, 분류된 대상들이 어떻게 통합되어서 문장을 구성하는가에 다시 관심을 갖게 된다. 분석된 형태소들이 어떤 과정을 거쳐서 문장을 구성하는가가 통합의 관심이다. 문장 구성 형태소들의 통합은 통합 과정에서 연결되는 형태들 사이에 친밀 관계와 순서의 차이가 있다. 이러한 문제는 어순과 계층의 문제를 보여준다.

언어 구성 요소의 통합은 언어의 생성과 연결된다. 인간이 어떻게 언어를 생성하는가는 언어 연구의 중심 대상인데 이러한 생성의 규명은 언어 구성 요소들이 어떻게 통합을 이루어 문장을 이루는가를 확인하는 작업에서 중요한 단서를 찾을 수 있을 것이다. 물론 생성의 문제가 통합의 문제와 동일한 것은 아니다.

언어 연구는 연구하는 방법에 의해서도 이론 중심의 연구와 자료 중심의 연구로 나눌 수 있다. 이론 중심의 연구나 자료 중심의 연구 모두 언어의 본질을 규명하고 이를 통하여 인간을 이해하는 목표는 같으나 문제에 접근하는 방법이 다르다.

이론 중심의 연구는 언어를 구성하고 조직하는 언어의 원리에 대하여 1차적인 관심을 갖는다. 이 연구에서는 보통 연역적 방법으로 가설을 세우고 경험적으로 증명을 확보하는 방향을 취한다. 생성문법이 이에 속하는데 지난 30~40년 간 생성문법의 발달로 이러한 이론 중심의 연구가 언어 연구의 주류를 이루어 왔다.

이에 비해 언어 자료의 충분한 기술을 우선으로 하는 방법도 있다. 인디언들의 언어나 폴리네시안 언어나 방언처럼 사라져버릴 위기에 처한 언어들을 신속히 자료화하여야 하는 요구가 생기면서 이러한 연구 방법이 필요하였다. 여기서 발달한 것이 기술 언어학이다. 최근에 들어서 발달한 전산화에 의한 무한한 자료처리는 이론 중심의 연구에서 다시 자료 중심의 연구에 관심을 기울이게 하였다. 이는 자연 언어 처리와 같은 실용적인 문제 해결에는 이론의 문제보다는 자료적인 바탕이 전제되어야 하기 때문이다.

이론의 설명을 위해서는 철저한 자료가 뒷받침되어야 하고, 자료는 이론을 형성하면서 가치를 얻을 수 있기 때문에 이론 세우기와 자료의 검증이라는 순환 고리로 연구가 진행되어야 한다. 그렇게 할 수 있는 형편이 이루어지고 있는 것이 전산 정보화 시대인 오늘의 언어 연구의 현실이다.

제2장
세계에 대한 인식과 언어 인식

1 실제와 기억에 의한 언어 인식

언어학의 대상인 언어는 심리·생리·사회적 등의 여러 가지 요소가 혼합되어 있고, 지속적으로 변하고 있다. 다양하고 변화무상한 언어 현상을 그대로 언어 연구의 대상으로 삼기는 어렵다. 현상 가운데 존재하는 보편적이며 원리적인, 그리고 규칙적인 어떤 본질을 찾아서 규정할 필요가 있다.

언어학에서 이러한 연구 작업의 필요성을 명시한 학자가 소쉬르Saussure이다. 그는 언어학의 소재, 다시 말하면 구체적인 언어 활동과 다소라도 관계가 있는 모든 현상 전체에 걸친 개인적인 언어 활동과 이러한 현상 가운데서 언어학자가 관심을 가져야 할 언어학의 대상을 구별하였다. 소재 중에서 대상을 식별할 수 있는 어떤 개념을 정의하는 것이 일반 언어학의 역할이며 이것은 개개의 언어학적 연구에 앞서 필요한 작업이라고 강조했다.

소쉬르는 인간 언어의 총체적 현상 중에서 언어학 연구 대상으로의 측면을 분리시켜 이를 '랑그(Langue)'라 칭하고, 직접 경험하고 관찰할 수 있는 연구 재료로서의 언어 현상을 '빠롤(Parole)'이라고 하였다. '대상'은 랑그, '소재'는 빠롤의 현상이다. 소쉬르는 랑그를 더 중요한 것으로 보았다. 랑그의 연구를 본질적인 것으로 보고, 빠롤의 연구는 2차적인 것으로 보았다. 현대 언어학자들은 대부분 이러한 구별이 방법론적으로 필요함을 인정하고 있다. Saussure(1959) 참조.

랑그는 추상적이고 사회적이며, 빠롤은 개인적이다. 랑그와 빠롤은 머릿속에 기억되어 있는(갈무리된) 말과 부려 쓴 말, 또는 실제로 쓴 말과 기억된 말로 각각 구별된다. 이들은 각각 사회성과 개별성, 지속과 순간, 유한과 무한, 정신과 물질의 대립을 형성한다.

말의 실제 소리는 사람에 따라 또는 상황에 따라 여러 모습으로 나타난다. 따라서 이 소리 그대로는 말소리의 특징이나 본질을 관찰하기 어렵다. 실제 소리를 관찰 가능한 소리로 바꾸어 놓은 것이 음소이다. 음소는 실제의 소리라기보다는 우리의 머릿속에서 인식되는 소리이다. 우리는 같은 노래를 합창으로 부를 때 많은 사람들의 다른 목소리가 모여서 하나의 노래로 조화를 이루는 것을 본다. 합창을 할 때 부르는 노래는 모두 같은 노래이지만 실제로 나타나는 소리들은 모두 다른 소리이다. 이처럼 같은 노래와 같은 노래의 다른 목소리들의 사이는 음소와 음성의 관계라 할 수 있다. 이는 랑그와 빠롤의 구별과 같다. 갈무리된, 저장된 말인 랑그가 노래라면 부려쓴 말인 빠롤은 합창을 이루는 다른 목소리들이다. 랑그로서의 음소가 소리 연구의 주 대상이 되는 것은 이를 통하여 객관적인 관찰이 가능해지기 때문이다.

여기서 음소를 실제로 발음되는 대상이 아닌 추상적인 존재라고 했으나, 변이음의 경우도 마찬가지이다. 변이음도 발음되는 그 자체가 아니라 무한히 많은 서로 다른 음의 실현을 편의상 몇 개의 하위범주로 나눈 것에 불과하다. 실제로 발음되는 것은 절대로 같을 수 없는 그때그때 나타나는 음이며, 그런 의미에서 변이음도 추상적 존재인 것이다.

우리가 소리를 다르게 내고, 들을 수 있는 능력을 가지고 있지만 소리의 차이를 명시적으로 나타내기는 쉬운 일은 아니다. 두 소리가 다름을 분명히 알 수 있는 방법으로 유사한 환경에서 두 소리를 비교하는 방법이 있다. '나: 너', '불: 뿔: 풀', '곰: 골: 공' 등의 단어들은 소리가 나는 환경이 유사하면서도 의미가 다르다. '나: 너'는 동일한 자음 'ㄴ' 뒤에 다른 모음 '아, 어' 소리가 와서, '불:

뿔: 풀'은 'ㅂ, ㅃ, ㅍ'의 다른 자음 뒤에 '울'이라는 소리가 와서, '곰: 골: 공'은 동일한 '고' 소리의 받침소리로 'ㅁ, ㄹ, ㅇ'이 다르게 나타나 모두 뜻이 다른 형태소를 이룬다.

모음 '아, 어'와 초성의 자음 'ㅂ, ㅃ, ㅍ'과 종성의 받침소리 'ㅁ, ㄹ, ㅇ'의 소리의 차이를 분명히 보여줄 수 있는, 이러한 환경에 나타나는 소리의 짝을 준동음어(minimal pair)라 한다. 준동음어 관계는 소리를 구별하고 음소를 확정짓는데 중요한 구실을 한다.

형태, 형태소, 변이형태는 모두 동일한 기준에 따라 동일한 대상을 지시하는 언어 단위이다. 형태 가운데 가장 대표적인 형태가 형태소이다. 대표형태는 여러 가지 꼴을 가지고 있는 형태들을 대표하기 위해 세워진 것이다. 따라서 형태소의 분석과 불가분의 관계가 있다. 값이라는 단어 또는 형태는 뒤에 어떤 소리가 오는가에 따라 '값(갑시), 갑(갑도), 감(감만)'으로 다르게 나타난다. 앞에 오는 단어에 따라서도 '물값(물깝)'에서와 같이 된소리로도 나타난다. 이들의 대표형태 또는 형태소(Morpheme)는 값이고, 변이형태 (Allomorph)는 '갑, 감', 또는 '깝'으로 나타나는 된소리이다.

Chomsky(1965)에서는 랑그와 빠롤 대신 '언어 능력(Linguistic Competence)'과 '언어 수행(Linguistic Performance)'을 제시하였다. 언어 능력과 언어 수행은 소쉬르의 랑그와 빠롤과 관계가 있으나 소쉬르가 랑그를 단순히 낱말과 같은 요소의 축적 혹은 단순한 언어목록으로 보는 것으로 간주하고 이를 거부하였다. 언어 속에 존재하는 규칙, 이 규칙은 문장이 짜이고, 쓰이고, 이해되는 법을 결정하는 규칙인데, 이것이 능력이라는 것이다.

언어 능력은 말을 하는 능력이고 언어 수행이란 말을 하는 행위이다. 촘스키의 언어 능력은 언어만을 위한 인간의 능력이지만, 언어 수행 기능들은 언어만을 위한 인간 능력이 아니다. 화용적 능력(언어를 주어진 상황에서 유효적절하게 사용하는 능력)과, 기억 능력(말로 표현할 수 없는 것도 기억하는 능력), 사고 능력(모든 지적 활동에 쓰이는 능력), 상상 능력, 청각 능력이 있어 언어 능력과 구분된다. 그러나 이러한 비언어 능력도 언어 활동에서 동시에 실현되어야 언어 행위가 일어날 수 있고 언어 행위와 관련된 통어·의미적인 현상들이 총체적인 인지 활동의 하나라는 점에서 언어 능력을 인지 능력과 구별하여 논의하는 태도에 반대하는 견해도 많다.

언어 능력에 대해서는 언어 능력을 태어날 때 가지고 태어난다는 선험주의적 견해와 태어난 후 성장하면서 생기고 발전한다는 행동주의적 사고의 두 다른 의견이 있다. 언어 능력이 생득적이라는 주장은 다음과 같은 몇 가지 근거를 제시한다.

첫째, 우리의 신체 발달이 일정한 시기에 일어나듯 우리의 언어 발달도 일정한 시기에 일어난다는 점이다. 우리의 언어 발달은 대체로 사춘기 이전에 이루어지고 사춘기 이후의 언어 습득은 생득적 언어 능력 발달에 의한 것이 아니므로 자연스럽고 자동적으로 이루어지지 않는다고 본다. 일정한 시기에만 일어나는 신체적 정신적 발달은 선천적 또는 생득적 특성이다. 둘째, 개인의 성장 과정과 배경의 차이에도 불구하고, 신체적 발달 또는 성장 과정은 대체로 동일하다. 언어 능력의 발달 즉 모국어 습득은 대체로 동일하고 언어 습득은 완전하게 이루어진다. 모국어 습득은 다른 일반 학습에 비해 놀라운 속도로 진행된다. 이는 성인의 외국어 습득과 비교된다. 셋째, 팔, 다리와 같은 신체 기관이 의식적인 노력이 없어도 자라듯이 언어 능력도 의식적 노력 없이 이루어진다. 전혀 들어보지 못한 말을 할 수 있는 것도 반복적 경험에 의하여 언어가 습득

되는 것이 아니라는 사실을 뒷받침한다.

언어 능력이 생득적 능력이 아니라고 주장하는 견해에서는 언어 능력은 인간의 다른 능력과 별개의 능력이 아니라, 인간의 다른 능력의 일부이거나 여기서 파생된 능력이라고 주장한다.

모든 언어들은 언어마다 그 언어를 형성하는 핵심문법(Core Grammar)이 있다. 한 언어에는 수많은 문장이 생성되지만 이들 문장들은 '무엇이 무엇이다', '무엇이 어떠하다', '무엇이 어찌하다'와 같이 기본 문장으로 유형화할 수 있다. 이처럼 언어를 구성하는 핵심적 문법 현상을 핵심문법이라 한다.

인류에게는 수천의 비슷하거나 다른 언어가 있다. 이 언어들 사이에는 서로 공통적인 문법 현상이 많다. 언어마다 공통적으로 존재하는 것으로 보이는 문법을 보편문법(Universal Grammar)이라 한다. 인간은 모두 보편문법을 가지고 태어나서 주위에서 접하는 모국어 언어 경험을 통하여 그 모국어의 핵심문법을 형성한다. 보편문법에서 핵심문법에 이르는 과정에는 각 언어마다 차이를 가져오는 매개변인(Parameter)이 있다.[1]

언어를 습득의 관점에서 보아 언어 능력의 최초 상태는 보편문법이고 안정 상태를 핵심문법이라 함은 보편문법적 언어 능력이 각 언어의 핵심문법으로 안정화하는 것이다. 보편문법을 문법의 이상적 대상으로 보는 언어 연구에서 모든 자연 언어는 추상적인 단

---

[1] 생성문법의 지배결속이론(Government and Binding Theory)에서는 1. 핵계층이론(X-bar Theory) 2. 지배이론(Government Theory) 3. 의미역이론(Theta Theory) 4. 격이론(Case Theory) 5. 결속이론(Binding Theory) 6. 통제이론(Control Theory) 7. 이동이론(Movement Theory)과 같은 기본 원리들이 보편문법으로 들어 있다고 생각한다. 양동휘(1989) 참조.

계에서는 동일한 문법을 소유한다고 본다. 보편문법은 인간의 언어 능력을 인정함으로써 가능하다.

언어 능력 자체가 정신의 자율적인 부분이고 다른 정신적 능력으로부터 독립적이라는 의미에서 언어의 자율성이 주장된다. 그러나 감각, 인지, 지각, 기억, 성격 등의 인지적 능력과 구분되는 독립적인 언어 능력에 대해 이야기하는 것은 비현실적이라고 보고, 경험과 인지의 측면들이 언어의 구조와 기능에 들어 있다고 보는 인지적 해석들이 이론적인 상대를 이루고 있다.[2]

2 범주와 범주화

우리는 만나는 대상을 이해하기 위해 그 대상을 구별하거나 공통된 성질과 특성에 따라 유사한 사물을 함께 모은다. 이처럼 유사성에 따라 나누어 묶거나 배열하는 행위가 분류이다. 인간의 모든 행동 양태는 분류 행위에서 출발하였다. 공간을 하늘과 땅으로 나누고, 자신에게 관련된 물건을 무해한 것과 유해한 것으로 구별한다. 사물을 분류하거나 유별한다는 것은 사물의 속성과 형상을 이해하는 것이다.

우리가 세계에 존재하는 대상을 분류하는 것은 대상들이 공통성을 갖고 있기 때문이다. 공통성의 인식은 범주화에 의해서 이루어진다. 진돗개, 푸들, 그레이하운드 등의 개들은 다양한 모습을 가지고 있지만 같은 개로 인지하고, 토마토의 색, 딸기의 색, 수박 안의

---

2) Lakoff(1987), Langacker(1987), Jackendoff(1983), Givon(1979)을 비롯한 Taylor (1997)를 참고할 수 있다.

색, 입술색 등은 모두 다르지만 이를 모두 빨갛다 또는 붉다고 인지하며 이를 언어로 표현한다. 이렇게 사물과 개념을 같고 다름에 따라 구분하는 것이 범주화이고, 범주화에 의해 이루어진 인식의 구분이 범주이다.

범주화의 첫 단계는 사물을 전체로 지각하는 것, 이른바 전체적 지각(holistic perception)으로 게슈탈트 심리학자들이 주장하는 게슈탈트(gestalt) 개념과 유사하다. 다음 단계는 지각된 전체를 개별적인 자질이나 속성으로 분해하는 것이다. 범주화는 우리의 마음속에서 일어나는 인지 현상이다. 이 인지 현상은 구체적으로 잘 보이지 않기 때문에 심리학적인 실험이나 언어에 반영된 범주화를 근거로 확인할 수 있다.

자연 현상의 범주화는 자극의 선택, 식별과 분류, 명명의 과정을 거친다. 자극은 우리의 감각 체계에 의해 지각되는 다양한 자극 중에서 소수만이 인지 과정을 위해 선택된다. 선택된 자극은 기억 속에서 저장된 적절한 지식과 비교함으로써 이루어진다. 대부분의 인지 범주는 명칭이 부여되지만, 어떤 것은 명명되지 않은 채 있다.

언어란 세계에 대한 인식을 소리로 나타내는 것인데 세계에 대한 인식은 범주화로 이루어진다. 언어가 세계 또는 실재를 단절된 단위들과 그 단위들의 집합들로 범주화함으로써 우리의 의식과 의미를 형상화한다. 범주화가 언어의 의미와 관련되어 관심의 대상이 되는 것은 세계에 대한 인식과, 이의 언어화가 범주화를 통하여 이루어지고 있기 때문이다.

언어학은 범주에 대한 연구이다. 세계 또는 실재를 단절된 단위들과 그 단위들의 집합들로 범주화한 것에 대해 이름을 붙여서 의미를 소리로 옮겨 놓은 것이 언어이다. 세계의 범주화는 인간의 마음에 의한 것으로 이는 언어에서 의미 부분이다. 범주화가 단어의 의미와 관련되어 관심의 대상이 되는 것은 자연에 대한 범주의 인식과 언어화가 밀접한 관계가 있기 때문이다.

1) 고전적 범주 이론

아리스토텔레스는 사물의 본질(Essence)과 우연(Accident)을 구별했다. 본질은 어떤 사물을 사물이게 하여 주는 것이고, 비본질적 속성들은 우연한(incidental) 속성이다.[3] 인간의 경우 '두 발로 걷는 것'은 본질이고, '황인, 백인, 흑인'의 구별은 우연인 것으로 구별하였다. 인간의 본질은 '두 다리가 있는 동물'이다. '인간의 피부색이나 교양'은 비본질적인 것이다. 비본질적 요소들도 중요하지만 인간인가의 여부를 결정하지는 않는다. 어떤 개체(entity)를 인간이라고 하려면 '인간'이라는 단어의 의미를 알아야 하는데, 이것은 인간의 '본질'을 아는 것이다. 인간의 본질은 '두 다리를 가진 동물'이므로 이 본질이 곧 단어의 의미이다.

[두 발 보행], [인간], [동물]과 같은 특질, 자질을 사물의 본질을 파악하는데 이용한 것은 사물이나 현상을 이해하고 해석하는 틀을 마련하게 하였다. 범주 Y의 본질을 규정하는 자질에 의해 개체 X가 규정된다. 'X가 Y'라고 말하는 것은 '개체 X가 범주 Y에 속한다'고 규정하는 것이다. 범주의 정의는 필수적인 어느 한 자질이라도 없으면 개체는 범주의 구성원이 될 수 없다.

---

3) 여기서의 내용은 Taylor(1995: 2, 3, 4장)와 그 역서인 조명원·나익주(1998)를 참고한 것이다.

범주의 고전적 접근 방법에는 몇 가지 기본적 가설이 있는데 1. 자질은 필요충분조건의 모임으로 정의되고, 2. 자질은 이원적 (Binary)이며, 3. 범주는 분명한 경계가 있고, 4. 범주의 모든 구성원은 동등한 자격을 갖는다는 것이다. 성분 분석 방법에 의해 범주화를 이해하는 것을 고전적인 범주 해석 방법이라 한다. 이러한 아리스토텔레스의 고전적 사물 이해의 방법은 언어학에 도입되었다.

범주화에 대한 고전적인 접근 방식을 잘 받아들이고 이를 발전시킨 언어 연구의 분야는 음운론으로, 음소를 변별적 자질의 집합체(bundle)로 해석한다. 음소를 변별적 자질의 집합으로 보는 것은 음소에 비해 자질이 설명력을 가지고 있기 때문이다. 음운론의 연구에서는 자질에 관한 더 많은 가설을 제시하였는데, 1. 자질은 원소(Primitive)이고, 2. 자질은 보편적(Universal)이며, 3. 자질은 추상적(Abstract)이라는 것이다.

자질 분석은 의미의 분석에도 이용되었다. 의미를 자질에 의해 분석함으로써 어휘들 사이에 존재하는 의미 관계와 문장들이 이루는 의미 관계를 효과적으로 보일 수 있고, 어휘들의 자연적 부류를 보여줄 수 있다. 총각과 처녀는 각각 '[인간], [남성], [성인], [미혼]'과 '[인간], [여성], [성인], [미혼]'으로 의미 자질 분석될 수 있는데, 두 어휘가 [남성], [여성]의 [+, −] 값에서 다르고, 다른 자질이 동일한 관계를 이루고 있음을 보여준다. 그러나 의미 자질 분석은 언어에 공통적인 자질을 제시하기 어려운 것과 같은 한계를 동시에 가지고 있다.

고전적 범주 해석에서는 어떤 개체가 어떤 범주에 속하는가 아닌가의 분명한 구별이 있어, 어떤 점은 속하고 다른 점은 속하지 않는 것이 아닌 범주의 모든 구성원 사이에 동등한 지위를 갖는다고 본다. 이 방법은 언어 구조에 대하여 경제적이고 통찰력 있는 설명을 하여 주는데, 단어 사이의 유의, 반의, 하의 등의 의미 관계를 효과적으로 보일 수 있다. 또 문장의 엄밀 하위범주를 이루는 선택 관계를 자질로 나타낼 수 있고, 전제나 함의, 모순과 같은 의미론적 관계를 효과적으로 설명하여 준다. 그러나 음운 자질은 한정적이지만 의미 자질의 수는 무수히 많을 수 있어 자질의 범위를 제한하기 어렵다. 또 단어의 의미가 원소적인 의미 성분의 집합으로 환원될 수 있다고 보기 어렵다는 약점이 있다.

고전적 범주에서의 자질들은 양분적이며, 보편적이고, 추상적이며 또 내재적인 것으로 정리된다. 양분성에 의해 특정 범주에 소속되는가 여부가 확연히 드러나고, 보편성에 의해 일반화를 획득하며, 이러한 특징을 유지하기 위해서는 자질을 내재적으로 가진다. 자질이 추상적이라는 점은 언어 연구에서 언어 외적인 요소를 언어적 요소와 구별하는 차별 의식이다. 음운론에서의 [Voice]와 같은 여러 자질이나 의미론에서의 [Human]과 같은 여러 자질들은 이처럼 추상적 대상화에 근거한 것이다.

문장을 의미 자질과 같은 자질로 나타낼 수 있다고 생각하는 사람은 많지는 않다. 언어 체계를 내부적 관계만으로 보는 것에 상대적으로, 세상에 대한 지식이 외부적으로 존재하여 이와 연관되어 있음은 언어 연구에서 놓칠 수 없는 문제로 지적되기도 하였다.

고전적 범주화에 대해 어떤 범주의 모든 구성원은 필연적으로 기준 속성들(criteria properties)을 공유하는가, 낱말의 의미는 근원적(primitive)인 의미 성분들의 집합으로 환원될 수 있는가 등의 문제에 의문을 제기하는 의견들이 있다. 고전적 이론의 기대와는 달리 범주는 공유된 기준 자질(shared criteria feature)들에 의해서 구조화되는 것이 아니라 유사성의 망이 서로 얽혀 이루진다고 해석한다.

이러한 해석이 등장한 것은 자질에 의해 범주나 의미를 해석하는 고전적 방법의 문제를 극복하기 위한 것이다.

2) 원형 범주 이론

고전적 범주 해석에서의 주장과 달리 범주의 구성원 모두가 동질적인 것은 아니고, 범주에 가장 적절한 구성원과 덜 적절한 구성원이 있다. 범주의 경계도 분명하지 않고 퍼지한 면이 있다는 점이 중시되면서, 자질에 의해 범주나 의미를 해석하는 고전적 방법에 비해 가족적 유사성(Family Resemblance)이나 원형 범주(Prototype Categories)에 의한 해석이 등장하였다.[4]

원형 범주의 해석에서는 어떤 개체를 범주화하는 것은 그 개체가 어떤 속성을 지니고 있는가 아닌가에 의해서가 아니라, 그 개체들이 가장 적절한 차원들에 얼마나 근접해 있는가에 의해 이루어진다고 본다. 범주를 이루는 좋은 보기들이 원형으로서 범주를 이룬다는 것이 원형 이론에 의한 범주 해석이다. 엄격한 고전 이론

---

4) '원형'은 영어의 'prototype'을 번역한 것으로 '원형, 모범, 본보기', 또는 생물에서의 '원형(原型)'을 뜻한다. 'proto-'는 'first, earliest form of'라는 의미로 'protohistory'는 역사에서 '원사(原史)', 'protoplasm'은 생물학에서 '원형질'을 뜻한다. 원형은 한자어로 각각 '元型, 原型, 原形'이 있다. 이들은 모두 여러 가지 변화를 수반하는 기본적인 틀이 되고 바탕이 된다는 점에서 공통점을 가지고 있다. 언어에서의 원형은 언어에 내재하고 있는 규칙과 질서에 대한 원형의 제시라는 점에서 사전의 풀이로는 '元型'에 가깝다. 문장을 대상으로 하여 원형을 볼 때, 본보기로서의 들인 근본(型)에 다른 성분이 추가되거나 형태의 변화를 통해 문장의 확장이 이루어진다. '原型'의 의미도 크게 벗어나지 않는다. 언어에서 논의하는 원형은 한자어의 한 가지에만 딱 맞는 것이 아니고, 이미 존재하는 것들의 보편적 특징을 엮어서 만들어 낸 하나의 이미지이다.

하에서는 어떤 범주에 소속되는가 아닌가의 이분적인 결정이 요구되지만 원형적 해석에서는 그 범주에서 가장 전형적인 대상이 있는가 하면 범주로서의 대표성이 낮은 대상을 인정하여 정도성의 문제로 설명하게 된다.

고전적 범주 이론의 부적절한 논의로는 비트겐슈타인의 논의가 대표이다. 그는 우리가 'game'이라는 단어의 의미는 'game'의 범주에 들어가는 구성원들의 공통 속성을 공유함에 의해서가 아니라, 서로 다른 유사성에 의함을 포착하였다.[5] 이러한 생각은 라보브를 비롯한 다른 학자들의 연구에서도 이루어졌다.

Labov(1973)에서는 '컵'과, '머그잔, 사발, 꽃병'을 구별하는 실험을 통해 범주를 자질로서 명쾌하게 구별하기 어려움을 보이고, 범주에서는 가장 전형적인 대상이 있는가 하면, 범주로서의 대표성이 낮은 대상도 있어 원형의 정도성의 문제가 있음을 제기하였다. 이들을 어떻게 구별하는가에 대한 원형 인식이 있음을 설명하였다. Kempton(1981)에서는 스페인어의 여러 방언에 나타나는 도자기의 이름 'jarro, jarra, olla, cazuela'에서 연상되는 용기의 범주화에 대하여 실험하였다. 그리고 이것을 통하여 범주를 형성하는 것은 이분법에 의한 것이 아니고 이들 사이의 경계가 모호한 바가 있고, 어떤 단일한 범주도 변별적 분류 자질의 목록에 의해 정의되지 않고 원형적인 표상에 의하여 명칭이 연상되었음을 설명하고 있다. Taylor(1995: 40-46) 참조.

국어에서 '항아리'와 '독'의 구별이나, Rosch(1973, 1975)에서의

---

5) 비트겐슈타인은 보드 게임, 카드 게임, 볼 게임, 올림픽 게임들 간에는 무엇인가 공통적인 점이 있어서 이들을 모두 게임이라고 하지만 공통성보다는 유사성을 보게 된다고 한다. Taylor(1995: 39).

'가구, 과일, 탈 것, 무기, 채소, 도구, 새, 운동, 장난감, 옷' 가운데 가상 좋은 보기를 찾는 실험은 모두 범주에서 가장 중심적이고 전형적이며 적절하다고 판단되는 범주 구성원이 있음을 보여 주었다. 로쉬는 범주의 가장 좋은 보기로 인식되는 것이 무엇인가에 대한 실험을 하였다.

원형은 범주의 중심적 구성원 또는 중심적 구성원들의 무리(cluster of central members)이다. 그래서 참새와 같은 어떤 새를 새의 원형이라 할 수 있다. 한편 원형은 범주의 개념적 핵심의 도식적 표시(schematic representation)이다. 이때는 어떤 개체, 예컨대 어떤 새가 원형을 예시(instantiate)한다고 할 수 있다.

원형에 대한 해석에서 보다 추상적인 접근을 하는 것이 효율적인 바가 있다. 원형을 보기(exemplar view)로 보는 견해에서도 원형의 심적 표시(mental representation)를 가정할 필요가 있다. 이 심적 표상이 구성원들의 속성들을 참고로 하여 명시되지 않는다. 원형을 특정 보기로 생각하는 것은 범주의 구성원 자체가 범주가 될 수 있는 가능성을 미리 배제하는 것이다. 개별적인 '참새'가 '새'의 구성원일 뿐만 아니라 '새'는 '참새'라는 범주를 구성원으로 가지고 있다고 할 수 있다. 원형이 보기라면 추상적인 범주인 '사랑'이나 '길다'의 원형을 찾기가 어렵다. 어떤 사건이나 사물을 이들의 원형적 보기로 보기 어렵다.

원형에 대한 심적 표시는 범주에 대한 지식의 일부를 이룰 뿐이다. 이에 대한 답을 유사성에서 살펴볼 수 있다. 예컨대 '개'와 '고양이'가 아주 비슷하다고 해서 '고양이'가 '개'의 구성원이라고 하지는 않는다. 즉 범주에는 경계가 있다. 어떤 범주는 모든 구성원이 반드시 하나 이상의 어떤 속성(attribute)을 공유해야 한다.[6] 이 점에서 본질적 속성(essential attributes)의 관점에서 부분적으로 정의될 수 있는 명목적 종류의 범주들(nominal kind categories)이 중요하다.

범주 구성원이 반드시 공유하는 본질적 속성이 있다는 것은 원형 이론과 모순되지 않는다. 속성들은 비중의 차이가 있어 어떤 속성이 더 본질적일 수 있다. 그러나 본질적 속성의 존재가 범주 구성의 전부를 결정하는 것은 아니다. 범주에 명확한 경계가 있다는 것도 원형 범주화를 배제하는 것은 아니다. 명백한 경계가 있는 것은 자연적 종류의 범주들의 전형이다. 명백한 범주를 갖는 범주(자연적 종류)와 구성원 자격에 대한 본질적 조건을 갖는 범주(명목상 종류)들이 원형 범주의 최적의 보기는 아니라도 원형효과를 보여준다.

범주의 어떤 예들이 원형적 구성원이 될 수 있는가? 초점색과 같은 일부 범주는 원형성이 지각의 내재적 속성들의 귀결이라 할 수 있다. 또 원형성을 갖는 이유로 범주의 구성원을 보다 빈번하게 접하기 때문이거나 학습의 순서를 들기도 한다. 그러나 이들이 원형성을 결정하는 것이라기보다는 원형 범주로서의 효율성이 더 크다고 보는 것이 정확하다. 색에는 중요성에서 함축적인 계층 구조가 있다.[7) 색채어에 대한 이러한 일련의 연구는 색채는 언어 범주

---

6) '살해하다(murder)'의 경우 '어떤 사람이 죽다', '이 죽음은 다른 사람의 행위에 의한 결과이다'를 포함한다. 희생자의 죽음이 '살해하다'의 본질적 속성이다.

7) Berlin and Kay(1969)에서는 기본 색채어의 순서를 다음과 같이 제시한다. 1. black white 2. red yellow, blue, green 3. brown 4. purple, pink, orange, grey. Heider(1972)에서는 다른 언어를 사용하는 이들의 색의 인식 실험에서 초점색의 이름을 좋은 실례로 빨리 들고, 초점색을 잘 기억하며, 초점색을 잘 학습하고, 또 단어 파생(whiten, blacken, redden, purpleness, orangeness)에서 생산적임을 실험적으로 설명하였다. 사용의 빈도수(red, brown, blue, green, yellow, pink, orange, purple), 이름이 불리는 순서와도 관련성이 있지만 계층성을 엄격히 지키는 것은 아니다. 이후 계층 구조 수정의 필요성에 대한

의 자의성을 보일 뿐만 아니라 인지적 요인들이 언어 범주들의 형성과 깊은 관계를 가지고 있음을 보여준다. Taylor(1995: 15) 참조.

이떤 개체는 여러 방식으로 범주화될 수 있다. '의자'의 경우 기능적 측면에서 '책상의자, 공원의자, 식탁의자' 등이 있고, 재료적인 면에서 '나무의자, 돌의자, 플라스틱의자' 등이 있지만 이들은 모두 의자라는 점에서 수평적 관계를 이룬다. '책상의자'는 '의자'라는 상위 범주에 하위범주로 소속되고, '의자'는 '가구' 범주에, '가구'는 인공물의 범주에 각각 하위범주로서 수직적 관계를 이룬다.

고전적 범주 이론에 따르면 하위범주들은 상위 범주의 자질들을 이어받고 다른 수평적 범주와 구별되는 자질을 더하는 것이 된다. 즉 동일한 범주의 대상들은 모두 상위의 자질을 공유하지만 그 범주의 수준에서 각기 다른 자질을 갖는다. 그러나 범주화의 동일한 수준에 있는 범주들이 그 범주의 상위 범주에 있는 자질들을 모두 공유하지는 않는다. '가구'의 경우 '가구'를 나타내는 여러 자질이 있을 때 '의자'가 갖는 상위 자질은 '전화'가 갖는 상위 자질과는 다르기 마련이다. 또 고전적 견해에서는 최상위범주와 최하위 범주에 대한 구별 이외에 어떤 수준의 범주화에도 특별한 지위를 부여하지 않는다. 그러나 범주화의 수준에는 다른 범주화보다 현저한 수준의 범주화가 있는데 이를 기본 수준 범주화(basic level of categorization)라 한다. 사람들이 지각적이며 기능적인 게슈탈트로 사물을 지각하는 것은 기본 수준 범주화에 의한 것으로 본다. 다음은 범주의 계층 구조를 보여준다.

연구들이 이루어졌는데 러시아어는 기본 색채어가 12개인 점이나, 녹색과 파랑이 구분되지 않는 언어들이 있음이 지적되었다. Taylor(1995: 8-15).

(1)

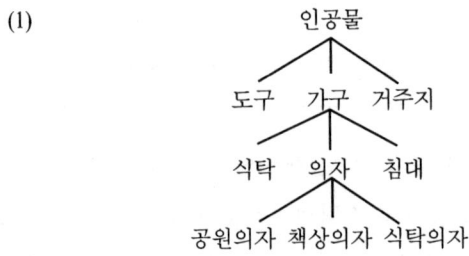

   실제 세계의 상관관계를 가장 광범하게 활용하는 것이 기본 수준 범주로 범주의 구성원들이 공유하는 속성들의 수가 가장 많고, 다른 범주들의 구성원과 공유하는 속성들의 수가 가장 적은 것이다. 이런 점에서 기본 기준의 개념이 원형성과 연결된다. 전형적으로 범주들은 경계가 모호하며 어떤 속성들은 범주의 구성원들 중 아주 소수만이 공유할 수 있다. 범주가 효과적이기 위해서는 기본 수준 범주의 중심 요소에 초점을 맞출 필요가 있다.

   범주에 따라서 범주의 정의 속성을 구별하기 쉬운 범주가 있는가 하면 구별하기 어려운 범주가 있다. 가구의 경우 가구의 범주를 구성하는 '장, 의자, 식탁, 화장대, 침대, 서랍장' 등 사이에서 공통적 속성을 찾아내는 것이 쉽지 않지만 의자의 경우, '책상의자, 공원의자, 식탁의자, 나무의자, 돌의자, 플라스틱의자' 등 사이에는 공통적 속성의 구별이 쉽다.

3 언어의 범주화

   언어 분석 철학의 입장에서는 대상이라는 개념은 의심스러우며 불충분하다고 본다. 단순하게 한 의미인 대상 자체는 존재하지 않고, 이들을 하나의 대상으로서 이 세계로부터 구분해내는 것은 언어에 의한 것으로 본다.[8] 세계의 존재나 인식의 문제가 언어에 의해서 이루어짐은 언어 분석이 중요함을 보여준다. 대상들 그 자체로 세계가 분할되어 있는 것이 아니라, 우리가 사용하는 언어에 따라 우리 스스로가 세계를 분할하는 것이다.

우리말에는 쌀과 관련된 단어가 '쌀, 벼, 모, 밥'과 같이 여러 표현이 있음에 비해 영어에서는 'rice, rice paddy, seedlings, cooked rice'와 같이 'rice'를 기본으로 한 단어로 이루어짐과 구별된다. 우리말의 색은 고유어를 중심으로 볼 때 '하양, 검정, 파랑, 노랑, 빨강'이 있다. 형용사에서도 '희다, 검다, 파랗다, 노랗다, 빨갛다'가 있다. 여기에 '푸르다'가 더해진다. '푸르다'는 청색과 녹색을 모두 나타낼 수 있다. 언어 가운데에는 이러한 언어들이 많다. 'blue'와 'green'을 모두 나타내는 단어를 'grue'라 한다.

색채 범주를 구분하는 물리적인 근거는 없는데 사람들은 색채를 단절된 범주로 인식한다. 색채의 단절된 범주로서의 인식은 언어마다 다르기 때문에 자의적 관계로 본다. 실제로 존재하는 색은 아주 다양하지만 이를 나타내는 언어 표현은 언어마다 2개에서 11개 정도에 불과하다. 색의 인식은 언어에 따라 다를 수 있다. 뉴기니의 다니어는 'mola(따뜻한 색)', 'mili(찬 색)'의 두 어휘가 있다. 색채의 언어화는 언어가 달라 색을 나타내는 어휘와 범주가 다름에도 공통적인 범주 인식이 있음이 주장되었다. 색채어가 달라도 색채의 인식에서 초점색에 대한 인식이 있고, 색의 중요성에서 함축적 계

---

8) Whorf(1963)는 "대상이라고 하는 것은 곧 내가 나의 언어의 한 단어로서 규정한 바로 그것이다."라고 한다.

층 구조를 가지고 있다는 점이다.

언어의 범주화는 소리, 의미, 그리고 문장의 구성 단위인 단어와 문장을 중심으로 이루어진다. 범주화에 대한 해석은 고전적 범주 인식 방법인 자질에 의해 효율적으로 제시되었다.

1) 자음과 모음으로 소리 범주화

범주화에 의한 설명이 효율적으로 이용된 언어 연구의 분야는 소리에 대한 부분이다. 말의 소리는 다른 소리와 마찬가지로 일정한 소리의 연속체이다. '나무'라는 소리는 연속적으로 나타난다. 그럼에도 우리는 소리를 'ㄴ ㅏ ㅁ ㅜ'와 같이 토막으로 나누어 인식한다. '나무'라는 소리를 다른 사람이 '나무'라고 하였을 때, 두 소리는 음성, 음향학적으로 다르다. 그럼에도 이러한 소리를 같은 소리로 인식하는 것은 물리적 실재와 심리적 실재의 차이라 할 수 있다. 이 심리적 실재를 음소라 한다. 음소는 다양한 소리에 대한 범주화의 결과이다.

소리는 보통 자음과 모음으로 나눈다. 소리는 홀로 소리를 이룰 수 있는 소리와 홀로는 소리를 이룰 수 없고 반드시 다른 소리와 함께 소리를 이루는 소리가 있다. 홀로 소리를 이룰 수 있는 소리는 홀소리, 다른 소리와 함께 하여야만 소리를 이루는 소리는 닿소리이다. 홀소리와 닿소리의 이름에 대하여 최현배(1955, 1982: 52)에서는 "홀소리는 다른 소리의 힘을 빌지 아니하고 홀로 나는 소리라 하여 이름이요; 닿소리는 그 소리가 제 홀로는 나지 못하고 다른 소리 곧 홀소리에 닿아야만 나는 소리라 하여 이름이다. 그러나 이 두 가지의 이름이 그 소리의 제 바탈(本質)을 잘 들어낸 것이 되지 못하였지만 대표하는 보람은 된다. 그러므로 주시경 스승님께서 지으신 이름을 그대로 쓴다." 하였다.

중국 사람들은 명말(明末)에 'vowel'을 자명자(自鳴字), 'consonant'를 동명자(同鳴字)라 하고, 일본 사람들은 'vowel'을 모음(母音), 'consonant'를 자음(子音)이라 하였다. 'vowel'을 모음, 'consonant'를 부음이라 하고, 부모음을 합한 것을 자음이라 하기도 하였다. 영어의 'vowel'은 라틴어로 유성음을 나타내는 'vox'에서 비롯되었고, 'consonant'는 라틴어 'consonans'에서 온 것이다. '함께'의 의미인 'con'과 소리의 의미인 'sona'가 모여서 이루어진 것이다. 이러한 이름은 '소리'의 특징을 보여준다.

자음은 소리를 내는 방법과 자리에 따라 여러 가지로 다시 나눌 수 있다. 소리를 내는 자리는 음성기관에서 자음을 발음하는 위치이다. 자음은 소리를 내는 방법에 따라서도 분류된다. 소리를 낼 때 소리의 울림이 있는가 없는가에 따라 울림소리(유성음)와 안울림소리(무성음), 소리를 낼 때 소리를 완전히 막았다가 터뜨리면서 내는 터짐소리(파열음) 또는 폐쇄음, 공기가 발음 기관을 통해 나올 때 마찰을 하면서 생겨나는 갈이소리(마찰음), 터트림을 하면서 순간적으로 마찰의 소리가 나는 붙갈이소리(파찰음)가 있고, 이 외에도 코로 소리가 나는 콧소리(비음), 혀 옆으로 소리가 흐르며 나는 소리인 흐름소리(유음)로 나누어진다.

국어의 자음은 한글의 자모순으로 들면 'ㄱ, ㄴ, ㄷ, ㄹ, ㅁ, ㅂ, ㅅ, ㅇ, ㅈ, ㅊ, ㅋ, ㅌ, ㅍ, ㅎ'이 있다. 'ㄲ, ㄸ, ㅃ, ㅆ, ㅉ'은 글자로 보면 두 글자의 합이고, '먹고-머꼬, 묻다-무따, 잡보-자뽀'에서와 같이 두 소리가 합하여 소리가 이루어지는 바가 있어 복자음으로 생각할 수 있다. 그러나 하나의 소리로 나기 때문에 단자음이다. '츠, ㅋ, ㅌ, ㅍ'도 소리가 겹으로 나타난다고 볼 만하다. 'ㅈ, ㄱ, ㄷ, ㅂ'이 'ㅎ' 소리와 섞이어 소리를 이루는 것으로 분석되고 '좋지-조치, 좋다-조타, 좋고-조코'에서와 같이 두 소리가 연결되어 한 소리로 나기에 복자음으로 볼 만한 바가 있지만 역시 하나의 소리로 나기 때문에 단자음이다.

국어의 모음 가운데 '이, 에, 애, 아, 어, 오, 우, 으, 외, 위', 즉 'i, e, æ, a, ə, o, u, ɨ, ø, y'가 단모음(홑홀소리)인데 이들만으로 음절을 이룬다. 학자에 따라 '위'를 단모음으로 보지 않기도 한다. 이 가운데 '이, 에, 애, 아, 어, 오, 우'의 일곱 모음은 다니엘 존스가 논의한 으뜸 기본 모음과 거의 일치한다. '아'를 'a, ɑ'로 구분한 것이 다르다. 이들은 소리 나는 자리를 따라 모음사각도를 이룬다. 허 웅(1983: 61) 참조.

(2) 모음사각도

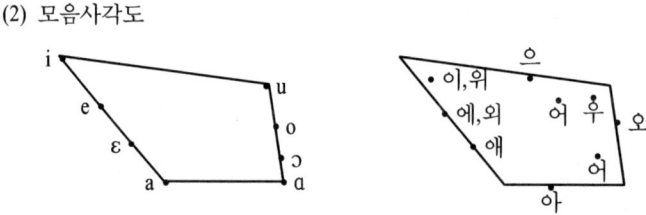

'에, 애, 외, 위' 소리는 글자로는 '어+ㅣ, 아+ㅣ, 오+ㅣ, 우+ㅣ'가 합하여 이루어진 것이어서 겹글자이지만, 소리로는 홑소리임은 '네, 제', '개, 새', '쇠, 괴물', '귀, 쉰' 등의 단어에서 단모음으로 인식됨을 통해 알 수 있다.

2) 음성 자질로 소리 범주화

음소는 더 나눌 수 없는 소리의 단위라는 것이 구조언어학의 음운론 연구에서의 견해이었지만 생성음운론에서는 음소를 변별적 자질의 집합체로 보아 변별적 자질을 분석의 최소 단위로 삼는다. 음소와 음소를 구분하는 변별적 자질이 있음을 근거로 소리의 최소 단위를 자질로 인식하고 음소는 변별적 자질의 집합체로 보게 되었다. 더 분석할 수 없는 자질은 원소로서 보편적이고 추상적이며 생득적이다. 음소를 최소단위로 하는 구조음운론은 예언력과 설명력이 부족하다. 자질을 통해 현상에 대한 설명을 부여할 수 있다.

자질이 보편적이기 위해서는 존재하는 자질의 유형과 수가 보편적이어야 한다. 그러나 자질을 어떻게 설정할 것인가의 문제는 간단하지 않다. 범주를 설명하기에 적절한 자질은 가능하면 비슷한 수로 양분될 수 있는 것이고, 자질의 수는 적을수록 좋다고 본다. 설명에 편하다고 새로운 자질을 설정해서는 안 된다. 특정한 현상을 위한 자질보다 가능하면 보편적인 자질이 좋다.

국어의 경우 /ㅋ/, /ㅌ/, /ㅍ/ 음소 사이에는 [유기성] 또는 [거센소리]라는 특질이 공통적으로 들어 있고, /ㄲ/, /ㄸ/, /ㅃ/ 음소 사이에는 [긴장성] 또는 [된소리]라는 공통적 특질이 들어 있다. 이들의 공통적 관계는 음소로서는 설명할 수 없고 자질에 의해 설명될 수 있다.

「훈민정음」 제사해에서는 글지의 소리를 소리 인상에 따라 청탁으로 구별했다. 'ㄱㄷㅂㅈㅅㆆ' 소리는 전탁, 'ㅋㅌㅍㅊㅎ' 소리는 차청, 'ㄲㄸㅃㅉㅆㆅ'은 전탁이라 하고, 'ㅇㄴㅁㅇㄹㅿ' 소리는 불청불탁이라 하였다(又以聲音淸濁而言之 ㄱㄷㅂㅈㅅㆆ 爲全淸 ㅋㅌ

ㅍㅊㅎ 爲次淸 ㄲㄸㅃㅉㅆㆅ 爲全濁 ㅇㄴㅁㅇㄹㅿ 爲不淸不濁). 이
는 이들 글자로 대표되는 음소들 사이에 전청, 차청, 전탁, 불청불
탁의 소리 자질이 있음을 보여준 것이다.

　음운 규칙도 자질에 의한 설명이 가능하다. /ㅂ, ㄷ, ㅈ, ㄱ/은 약
한 유기성을 띤 파열음 /p, t, c, k/가 유성음 사이에서 유성파열음
인 /b, d, ɟ, g/로 동화되는데 이들은 모두 하나의 원리로 설명할 수
있다. 이는 자질에 의해서이다.

　모음과 자음의 구별은 조음 음성학적인 것, 음향 음성학적인 것,
환경적인 것을 각각 가지고 있어 구별에 단순성이 없다. 모음과 자
음이라는 모호한 분류에 대해, 생성음운론에서는 [±vocalic], [±
consonantal]의 두 가지 자질을 생각하였는데 이 두 개의 자질로 네
개의 조합이 가능하여 모음, 자음, 유음(liquid), 전이음(glide)을 나
타낼 수 있다.

(3)	V	C	L	G
voc	+	−	+	−
cons	−	+	+	−

　자음과 유음이 [+cons]의 공통자질을 갖는 점은 여러 음운 현상
에서 설명력이 있다. 조사 '은/는'은 체언의 마지막 음에 의해 선택
되는데 '산은, 물은'에서 자음과 유음이 같은 형태를 취하고 '나무
는'에서와 같이 모음은 다른 형태를 취하는 점을 설명할 수 있다.
모음과 전이음은 [−cons]로서 공통성을 갖고 있는데 목적격 조사
의 이형태의 음운적 선택에서 '벽을, 물을'이 묶이고 '나무를, 파파
야를'이 함께 묶임을 설명할 수 있다.

모음과 유음은 [+voc]의 자질을 공유한다. 이 공통성은 중세 국어에서도 볼 수 있다. 조사 '과'와 '와'의 선택은 선행 명사의 마지막 음에 의해 결정되는데 '믈와, 花와'에서와 같이 어간이 모음과 유음으로 끝나는 경우에 'ㄱ'이 탈락되어 '와'가 쓰였다.

국어에서 '으'로 이루어지는 어미들은 모음과 유음에서 공통성을 보인다. '으로'는 선행하는 명사의 마지막 음에 따라 '으'의 탈락이 결정되는데 모음이나 유음인 경우 탈락되고, 다른 음에서는 탈락되지 않는다. 이러한 현상은 이러한 자질의 공유에 의하여 설명할 수 있다. 즉 '손-으로, 몸-으로, 밥-으로', '머리-로', '발-로'는 '으→ϕ/ [+voc]__'에서의 규칙에서와 같이 자질로 통합적 설명이 가능하다. '가면서'와 '졸면서'가 '먹으면서'와 대립 관계를 이루는 것도 같은 원리로 설명된다.

음소를 변별적 자질의 집합으로 보는 것은 음소에 비해 자질이 설명력을 가지고 있기 때문이다. 현상의 기술만이 아닌 설명이 될 수 있다. 음소는 추상적이며 심리적인 존재라는 해석이 가장 설득력이 있었던 것과 같이, 자질도 물리적 실재라고 볼 만한 자질의 특징을 가지고 있지만 결국은 추상적, 심리적 존재이다. 이 자질은 더 분석될 수 없는 소리 구조에서의 기본 요소이다.

어떤 자질이 언어를 설명하기에 적절한 자질인가는 자질의 설정에서 가장 중요한 문제이다. 영어의 생성음운론에서 논의된 자질은 '[vocalic], [consonantal], [high], [back], [low], [anterior], [coronal], [round], [tense], [voiced], [continuant], [nasal], [strident]'이다. Chomsky & Halle(1968: 176) 참조.

이들 자질을 근거로 국어의 자질을 검토한 연구들은 이들을 '[모음성(vocalic)], [자음성(consonantal)], [전위성(high)], [후위성(back)],

[저위성(low)], [전방성(anterior)], [설정성(coronal)], [원순성(round)], [긴장성(tense)], [유성성(voice)], [연속성(continuant)], [비음성(nasal)], [조찰성(strident)]'으로 설명하고, 이외에 '[저지성(obstruent)], [유기성(aspirated)], [성문성(glottal)]'을 더하였다. 김차균(1985) 참조.

[자음성]과 [모음성]은 주 분류 자질이다. 이 자질에 의해 국어의 음운은 '파열음, 파찰음, 마찰음, 비음'과, '유음', 'ㅎ, 반모음', '모음'의 4가지로 나누어진다. 소리가 귀에 전달되는 전달력의 진폭이 큰 것들을 [향명성(sonorant)]이라 하여 따로 구분하기도 하는데, 비음 'm, n, □'과 유음 'r, l'이 [+향명성]이다. 조음 방법에 의한 자질 가운데 국어에서 유용한 자질은 [비음성]과 [연속성]이다. /ㅁ(m), ㄴ(n), ㅇ(□)/은 [+비음성]이고 자음 가운데 /ㅅ(s), ㅆ(s')/은 [+연속성]이다.

자질에 의한 음소 분석은 여러 가지 의문이 제기된다. 음소를 자질의 집합으로 해석하는 것은 특정 자질의 총화가 음소가 될 수 있기에 부분의 합이 전체를 이루는 것이 합리적인가의 의문이 제기된다. 자질의 총체가 음소가 된다는 동일화는 비판의 대상이 될 수 있다.

3) 의미 자질과 범주화

자질 분석은 의미의 분석에도 이용되었다. 의미를 자질로 분석함으로써 어휘들 사이에 존재하는 의미 관계와 문장들이 이루는 의미 관계를 효과적으로 보일 수 있고, 어휘들의 자연적 부류를 보여줄 수 있다.

총각과 처녀는 의미 자질 분석에서 [남성], [여성]의 [성]의 차이만 다르고 다른 자질 [인간], [성인], [미혼]은 같다. '*이 총각은 나의 누나이다'라는 문장의 모순은 '총각'과 '누나'가 가진 의미 자질의 충돌로 설명된다. 또 [인간]이라는 자질을 '총각, 처녀, 누나, 오빠, 아들, 딸' 등이 갖고 있으므로 이러한 어휘들이 [인간]이라는 자질에서 동일 부류를 이루고 있음을 보여 줄 수 있는 장점이 있다.

이러한 장점에도 불구하고 의미 자질에 의한 분석은 여러 가지 한계를 동시에 가지고 있다. 먼저 음소와 비교할 때 음소는 아주 제한된 수이기 때문에 분석된 보편적 음운 자질도 적다. 그러나 모든 언어의 모든 낱말에 보편적으로 존재하는 자질을 보이는 것은 불가능한 것으로 보인다. 이를 극복하기 위한 방법으로 Katz & Fodor(1964)에서는 [인간]과 같이 일반적인 의미 속성을 나타내는 표지(maker)와 일부 어휘의 의미에만 나타나는 특이한 의미 자질로서의 구별소(distinguishers)로 나누는 방법을 보이었다.

의미 자질에 대해서도 추상성과 선천성이 논의된다. [인간]과 같은 의미 자질은 실제 세상에서의 인간의 의미와 동일한 것이 아니고 추상적이다. 의미 자질들은 인간 밖의 물리적 속성들과 물리적 관계에 의하여 나타나지도 않으며 습득될 수도 없다. 그렇다면 필연적으로 보편적 자질은 유전적으로 물려받는다고 볼 수밖에 없다.

국어에서도 의미 자질 분석이 의미적, 통사적 특징을 밝히기 위한 방법으로 진행되었다. 국어의 자질 분석이 활발히 이루어진 대상은 서술어이다. 특히 서술어를 시간의 관점에서 분석하였다. 이는 모든 행위가 시간 속에서 이루어지기 때문이다. 시간의 언어적 표현은 발화자가 발화하는 문장의 사건이 나타난 사건시와 발화시를 어떻게 인식하여 언어로 표현하는가 하는, 즉 방향성을 가진 시제와, 서술어에 의해 나타나는 상황에 내재하고 즉 서술어의 고유

의미로부터 예측되는 내적 시간인 시상으로 나누어 볼 수 있다.

서술어에 내재하고 있는 시간의 의미인 시상은 국어의 경우 시상을 나타내는 특정 표현과 연계된다. 진행의 의미는 '고 있다'⁹⁾에 의해서, 완료의 의미는 '았'에 의하여 나타나는데 이러한 시간 관련 표현들은 서술어가 가지고 있는 내재적 시간 의미인 시상과 자연히 밀접한 관계를 가진다. 따라서 국어의 경우 서술어에 내재하고 있는 의미와 관련 문법 형태들의 연관성 아래 시상의 의미를 파악하게 된다.¹⁰⁾

자질에 의한 인식은 고전적 방법에 의한 범주 인식이다. 문장 의미 연구에서 방법론으로 제시되었던 성분 분석이나, 문장 구성에 기반이 되는 엄밀 하위범주들은 이런 점에서 모두 고전적 범주 인식에 근거한 것이다.

4) 단어의 범주화와 품사 분류

우리는 생각을 단어에 담아 문장으로 나타낸다. 인간의 언어 사용은 생각을 단어로, 단어들을 조합하여 문장을, 단어와 문장을 적절한 담화의 공간에서 사용할 수 있게 하여 의사소통을 한다. 언어화의 출발은 생각을 단어로 나타내는 것이다. 단어들은 이름을 나타내거나 움직임을 나타내거나 관계를 나타낸다. 이러한 언어화는 범주화에 기초한다.

---

9) 이 글에서는 편의상 의존형태소 표시인 '-'를 생략한다.
10) Jespersen(1924: 286)에서는 1. 동사 자체의 의미 2. 문맥이나 상황에 따른 동사의 일시적 의미 3. 파생 접사 4. 시제 형태가 시상(Aspect)과 관련성이 있다고 하였다.

단어는 움직임, 이름, 형용과 같은 문법적 의미로 분류할 수도 있고, 사물이나 움직임의 본질에 따라 분류할 수 있다. 범주로 인식하거나 분류할 때는 범주 구분의 또는 분류의 기준이 있기 마련이다. 문장을 구성하는 단어들은 문법 성질의 공통성에 따라 범주를 이룬다. 이러한 묶음의 갈래를 품사라 한다. 품은 품계를 나타낸다. 품은 등급의 품수, 물건의 물품, 품격, 품계를 나타낸다. 정일품, 종일품 등의 직책이 있었듯이, 품사는 품계가 있는 말의 재료 즉 어사란 뜻이다.

품사는 단어를 의미, 형태, 기능상의 특징을 근거로 분류한 것인데 명사, 동사 등의 이름에서 볼 수 있는 바와 같이 의미가 범주화와 분류의 근본적 기준이 되었음을 알 수 있다. 단어를 어떻게 규정하는가에 따라 품사도 달라지게 마련이다. 북한에서와 같이 '단어의 이루어짐새의 특성'이라고 하여 품사 분류의 기준으로 조어 방법을 추가하는 견해도 있으나 이는 의미, 형태, 기능과 대등하게 세울 만한 기준은 아니다.

단어들은 의미에 따라 공통적인 무리로 묶인다. '나무', '돌', '산'과 같은 단어는 구체적인 대상의 이름을 나타낸다. 이처럼 이름을 나타내는 단어들을 묶어 이름씨(명사)라 한다. '기다', '피다', '날다'는 동작을 나타내는 공통성을 가지고 있다. 이들도 한데 묶어 움직씨(동사)라 한다. 품사들의 이름도 이러한 의미에 따라 지어졌다.

그러나 의미로만으로는 단어들을 묶을 수 없다. '달리기'나 '운동'도 움직임을 나타내지만 형태나 문법적인 기능은 동사와 다르기 때문이다. 품사의 분류를 위해서는 의미 외에도 형태와 기능이라는 다른 기준이 필요하다. '나무'와 '돌' 같은 명사 뒤에 항상 '이/가', '을/를'과 같은 조사가 오는 것과 동사가 어간과 어미의 구조체를 이루는 것은 형태상의 다름이고, 이 단어들이 문장에서 어떤 구실을 하는가, 즉 주어로 구실하는가 목적어로 구실하는가, 또 서술어로 구실하는가에 따른 차이는 기능상의 차이이다. 품사는 이처럼 단어들을 의미, 형태, 기능을 중심으로 분류한 것이다.

품사의 분류에서 의미, 형태, 기능의 어느 부분을 중시하는가에 따라 분류의 결과가 달라진다. 품사 분류의 1차적, 2차적 기준을 무엇으로 하는가에 따라 품사 분류를 달리하였던 문법 연구들은 다음과 같다.

기능을 중시한 견해로는 최현배(1955, 1982) 「우리말본」을 대표로 들 수 있다. 단어가 '생각을 나타내는 것인가, 관계를 나타내는 것인가', '문장의 으뜸이 되는가, 딸림이 되는가', '문장의 임자가 되는가, 풀이가 되는가'의 기능에 따라 먼저 다음과 같이 분류하였다.

(4)

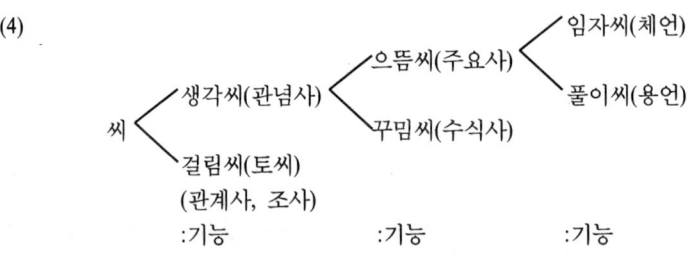

임자씨: 이름씨(명사), 대이름씨(대명사), 셈씨(수사)
풀이씨: 바탕풀이씨; 그림씨(형용사), 움직씨(동사)
　　　　꼴풀이씨; 잡음씨(지정사)
꾸밈씨: 매김씨(관형사), 어찌씨(부사), 느낌씨(감동사)
걸림씨: 토씨(관계사, 조사)

형태를 중시한 견해로는 허 웅(1983) 「국어학」을 대표로 들 수 있다. '뿌리를 포함하고 있는가, 포함하지 않는가', '굴곡이 있는가 없는가'의 형태를 우선으로 하고 다음에 '여러 기능을 하는가, 한 기능을 하는가(기능)'에 의해 품사를 나누었다.

(5)

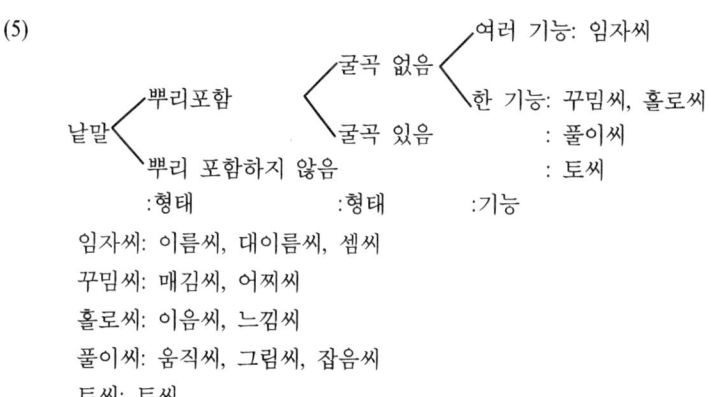

임자씨: 이름씨, 대이름씨, 셈씨
꾸밈씨: 매김씨, 어찌씨
홀로씨: 이음씨, 느낌씨
풀이씨: 움직씨, 그림씨, 잡음씨
토씨: 토씨

　현행 학교문법은 기능을 기본으로 '체언, 관계언, 용언, 수식언, 독립언'을 나누고 다음에 의미에 따라 나누었다. 문장의 주체(임자) 되는 자리에 나타나는 단어들을 체언(임자씨)이라 한다. 체언에는 명사, 대명사, 수사가 있다. 관계언은 이 말이 붙은 말과 다른 말과의 관계를 표시하는 기능을 가진 단어로 조사이다. 주체를 서술하는(풀이하는) 기능을 가지고 있는 단어들은 용언으로 형용사와 동사가 있다. 다른 문장성분과 관계하지 않고 독립해서 쓰이는 단어들은 독립언이라 한다. 품사의 분류에서 조사가 단어인가 아닌가의 단어 설정의 문제와, 지정사가 서술어인가 조사인가의 품사 구분의 문제가 주요 쟁점 사항이다. 현행 학교문법에서는 '조사'를 단어로 인정하고, '이다'는 서술격 조사로 분류한다.

5) 품사의 범주와 관용

단어의 자립성 여부는 비교적 분명하지만, 경우에 따라서는 그 판단이 어려울 때도 있다. 관형사나 부사는 국어 연구에서 자립형식으로서 의심을 받아오지 않은 것인데 이들의 자립성은 의심스러운 바가 있고, 의존명사와 보조용언의 자립성도 문제이다.

체언이나 용언, 부사어는 홀로 문장이 될 수 있다. 그러나 관형사(보기: 새)와 부사(보기: 매우)는 홀로 문장을 이루기 어렵다. 그럼에도 불구하고 이들을 자립형식으로 처리하여 단어로 인정하고 품사로 다루고 있다. 그렇게 처리하는 것이 바람직한 이유는 이들이 다른 자립형식과 동등한 자격을 가지고 있다고 볼 수 있는 점이 있고, 또 비록 부속성분이기는 하지만 주성분과 분리성이 있기 때문이다.

관형어 '그'나 '새'의 경우, 이들만을 두고 볼 때는 홀로 쓰일 수 있는 자립형식이라고 하기 어렵지만, 이들과 동일한 자격이 있다고 볼 수 있는 '아름답다', '새롭다'의 관형사형은 자립형식이다. '그'는 '아름다운'과, '새'는 '새로운'과 동질적이고, '아름다운'은 '아름답다'와, '새로운'은 '새롭다'와 같은 자격에 놓인다고 할 수 있다.

조사는 홀로 쓰일 수 없기 때문에 자립성의 기준에서 보면 단어로 인정하기 어렵다. 그럼에도 단어로 인정하는 것이 합리적인 이유는 어미나 접사에 비해 상대적으로 자립성이 있고, 조사를 단어로 인정하지 않으면 문법적으로 설명하기 곤란한 여러 가지 문제가 생기기 때문이다.

어미는 '가다'에서와 같이 자립성이 없을 뿐만 아니라 같이 결합되는 어간도 자립성이 없다. 이에 비해 '봄-이'에서와 같이 조사는 자신은 자립성이 없지만 선행 체언은 자립성이 있어 어간과 어미의 관계보다 분석 가능성이 높다. 조사를 단어로 인정하지 않는 경우 생기는 문법적 혼란은 조사가 체언에만 연결되는 것이 아니라, '빨리도 달린다', '알아는 보았다', '가게는 하자', '어떤 일이 일어났는가를 알았다'에서와 같이 부사, 동사, 구, 절과도 모두 함께 쓰인다는 점이다.

조사를 단어로 인정하지 않으면 조사는 체언 어미로서 선행 체언과 곡용을 이루는 곡용 어미로 문법적 해석을 할 수밖에 없는데, 그 결과 체언뿐만 아니라 부사, 동사, 구, 절도 조사 앞에 올 수 있기 때문에 이들도 곡용을 한다는 문법 해석을 하지 않을 수 없는 문제가 생긴다. 이런 이유로 현행 학교문법에서는 조사를 단어로 인정하고 있다. 그러나 조사의 성격을 이러한 특징을 모두 가지고 있는 굴절어미, 또는 토로 규정하는 입장도 타당성이 있다.

'이다'는 체언과 함께 하여야만 구실을 하는 자립성이 없는 의존 형식이다. 그러나 '이다 아니다 분명히 대답하라'와 같이, '이다'도 어느 정도 자립성이 있다. '이다' 앞에는 체언만 올 수 있는 것이 아니라 '엉망, 정말, 제법, 다행'과 같은 명사가 아닌 어근 또는 부사도 올 수 있다.

'이다'는 명사(체언) 뒤에 쓰여 조사로서의 특징을 갖고 있지만, 동시에 활용을 하여 용언으로서의 서술의 힘(풀이힘)을 가지고 있다. 그러나 '이다'와 선행 명사구 사이에는 다른 형태의 삽입이 거의 불가능하다. '이다'의 선행 명사는 격표시가 없다. '이다'의 선행 명사는 '예쁜 학생이다'에서와 같이 관형어의 수식을 받는다. 이는 '명사+이다'가 파생용언인 서술어라기보다 관형어의 수식을 받는 체언으로서의 특징을 유지함을 보여준다.

'이다'는 문법적 자격에서 용언, 굴곡어미, 접사로 다르게 해석되었다. 용언으로의 해석도 지정사와 형용사로, 굴곡어미로의 해석도 서술격조사, 체언어미로 갈리고, 접사로서의 해석은 통사적 접사와 파생적 접사로 나누어진다. '이다'를 서술격조사로 보는 견해는 선행 명사구가 체언임을 중시하는 것이다. 그러나 조사가 명사를 서술어로 바꾸는 점과 조사가 활용을 한다는 점이 설명하기 어려운 점이다. 반대로 '이다'를 용언으로 보기 어려운 점은 '이다'는 의존적으로, 선행어 명사를 반드시 필요로 한다는 점이다. '이다'가 용언이라면 격을 배당하여야 하는데 선행 명사에 적절한 격이 없음도 '이다'를 용언으로 보는 견해의 약점이다. 접사로 보는 해석에서는 접사는 활용을 하고 서술어를 이루며 선행어로 명사가 나타날 수 있는 점을 든다. 그러나 '이다'가 가진 생산성은 '이다'를 어휘를 파생하는 접사보다 조사와 같은 문법 요소, 지정사와 같은 용언으로 해석하게 한다.

어떤 대상을 분류할 때, 모든 대상들이 분명하게 나누어지지는 않는다. 동물과 식물 사이에 동물이라고 보기도 어렵고 식물이라고 보기도 어려운 생물이 존재하듯이 단어의 품사로서의 분류에서도 이중적인 특징을 가지고 있는 품사들이 있어 문법 처리의 어려움이 있다.

형용사와 동사의 경계에 있는 용언이나, 자동사와 타동사의 양면적 특징을 가지고 있어 어느 품사로 해석하여야 하는가의 어려움이 있는 용언이 있는가 하면, 관형사와 수사, 부사와 감탄사로서의 특징을 모두 가지고 있는 품사들이 있다. 이들은 형태만 동일하지 문법적인 특징은 완전히 구별되어서 품사의 통용이라고 해석된다.

동사인가 형용사인가 구별의 논란이 있는 '있다'도 의미로는 형용사에 가깝지만 형태적으로는 '있는다'에서와 같이 동사 활용을 한다. 학교문법에서는 '없다, 계시다'와 무리를 이루는 점을 중시하여 형용사로 보지만, 형태를 주요 기준으로 보는 입장에서는 동사로 다룬다.

형용사와 동사의 특징을 의미와 형태적인 측면에서 동시에 가지고 있는 용언으로는 '밝다'를 들 수 있다. '달이 아주 밝다'에서는 형용사, '날이 밝는다'에서는 동사로도 쓰인다. 그러나 형용사로서 '밝다'의 주어 자리에는 '해, 색, 얼굴' 등 다양한 명사가 올 수 있음에 비해 동사로서의 쓰임은 '*얼굴이 밝는다'의 불가능에서 볼 수 있듯이, '날'에 제한적이어서 형용사에 더 가까운 것으로 해석된다.

'늙다, 낡다, 마르다, 굽다'도 형용사와 동사의 특징을 모두 가지고 있다.

(6) ㄱ. 우리도 이제 많이 늙었다. 우리는 모두 늙는다.
    ㄴ. 이 가구는 낡았다. 우리 집도 점점 낡는다.
    ㄷ. 그는 말랐다. 그는 조금씩 마른다.
    ㄹ. 그 말은 등이 굽었다. 아버지도 이제 등이 굽는다.

이들과 의미상 밀접하지만 형용사인 용언으로 '어둡다(*어둡는다), '젊다(*젊는다), 새롭다(*새롭는다)'가 있다. 이들의 동사로서의 쓰임은 '어두워진다, 젊어진다, 새로워진다'로 '지다'에 의한 파생에 의한다.

'마르다(몸이 말랐다), 굽다(등이 굽다)'와 상대적 의미를 가진 동사로 '찌다, 펴다'가 있다. '펴다(허리를 편다)'는 목적어를 갖는 타동사로 구실하고, '그 사람도 이젠 살림이 제법 폈다'에서와 같이 형용사로도 쓰인다. '찌다'는 '그는 요즈음 살이 많이 쪘다'에서와 같이 자동사로, '그 사람은 좀 쪘다'와 같이 형용사로서의 의미로도 쓰인다. 이러한 표현들은 동사에서 형용사로의 의미 확장이 일어나는 것으로 보인다. '이 옷은 어깨가 운다'에서도 동사의 형용사로의 의미 확장이 있다. 이처럼 이중적인 쓰임을 갖는 동사는 이외에도 '맞다, 틀리다, 걸리다' 등이 있다.

    (7) ㄱ. 날이 밝고 있다.
       ㄴ. 우리는 모두 늙고 있다.
       ㄷ. 우리 집도 점점 낡고 있다.
       ㄹ. 그는 조금씩 마르고 있다.
       ㅁ. 아버지도 이제 등이 굽고 있다.
       ㅂ. 날씨가 푹푹 찌고 있다.
       ㅅ. 이 옷은 어깨가 울고 있다.

   '있다-없다-계시다'의 의미 동질성으로 '있다'를 형용사로 다룬다면, '밝다-어둡다', '젊다-늙다', '낡다-새롭다'는 의미의 동질성으로 형용사로, '마르다-찌다', '굽다-펴다'는 동사로 다루게 된다. 이러한 이중적인 동사들을 하나의 잣대로 처리하기는 어렵다. 역사적으로 동사에서 형용사로 파생되었거나 그 반대일 수도 있다. 그러나 역사적 과정이 현대 국어에서 범주적 특징을 결정하는 충분 요인이 될 수는 없다.
   '눈부시다, 속상하다, 힘들다, 값나가다, 못살다, 재미나다'와 같이 합성에 의하여 이루어진 단어들 가운데에도 형용사와 동사의 용법을 모두 갖는 것으로 볼 만한 용언들이 있다.

(8) ㄱ. 그녀의 활약이 눈부시다/?눈부신다.

　　ㄴ. 그럴 때 나는 정말 속상하다/?속상한다.

　　ㄷ. 우리나라 경제는 요즈음 힘들다/?힘든다.

　　ㄹ. 이 이야기는 재미나다/?재미난다.

　형용사로서의 쓰임은 자연스러우나 동사로서의 쓰임은 어색하다. 합성어가 되기 이전의 '눈이 부신다', '속이 상한다', '힘이 든다', '재미가 난다'가 자연스러운 점과 비교된다. 이들 합성어가 통어적 구성일 때는 동사로 쓰이다가 합성어가 되면서 형용사로 고정화되는 것으로 보인다.

　동사 가운데에는 자동사와 타동사의 구별이 어려운 동사들이 있다. 이동을 나타내는 동사 '가다, 오다, 지나다' 등은 위치어와 목적어와의 교체가 가능한데, 주어가 행위자인 경우에만 가능하다. 교체 가능한 두 성분은 목적 대상의 의미가 아닌 행위자의 지향점이나 기점의 의미역할을 하는 점에서 다른 목적어와 구별된다. 지향점이나 기점의 의미가 아닌 경우에는 '명사+에를, 를'이 불가능하다. 이러한 특징 때문에 이들은 자동사로 다루어진다.

(9) ㄱ. 나는 학교에/를 간다. 손이 자꾸 과자에/*를 간다.

　　ㄴ. 그가 학교에/를 나왔다. 그가 뉴스에/*를 나왔다.

　동사와 목적어 사이에 선택 제약이 강하여 재귀 목적어, 동족 목적어로 불리는 동사들이 있다. 이들 동사들 가운데 일부는 목적어 없이도 문장이 가능하고 일부는 반드시 목적어를 필요로 한다. 목적어 없이도 문장이 가능한 문장들도 목적어의 공통적인 인식에 의하여 생략된 것으로 추론할 수 있어 이들을 타동사로 다루게 된다.

(10) ㄱ. 입을 다물다, 눈을 감다, 무릎을 꿇다, 다리를 절다, 몸을 가누다.
ㄴ.?우리는 다물었다.

(11) ㄱ. 웃음을 웃다, 울음을 울다.
ㄴ. 우리는 신나게 웃었다.

'춤을 추다', '신을 신다', '꿈을 꾸다'의 목적어는 '웃음을 웃다'
의 동족 목적어와는 달리 '댄스를 추었다', '구두를 신다', '태몽을
꾸다'와 같이 목적어 선택의 폭이 넓다.
품사가 통용될 수 있는 단어는 이외에도 여러 단어들이 있다.

(12) ㄱ. 너도 알 만큼 컸다. 너만큼 알기는 어렵다.
ㄴ. 네가 아는 대로 말해라. 네 말대로 했다가 큰일 날 뻔했다.
ㄷ. 네가 먼저 백을 세어라. 백 번 찍어 안 넘어가는 나무가 없다.
ㄹ. 이 다리의 높이가 얼마냐. 우리는 영웅을 높이 받든다.

'만큼, 대로'는 명사와 조사로 통용되고, '다섯, 여섯, 열, 백' 등
은 수사와 관형사가 통용된다. '아니'는 부사와 감탄사가 통용되고,
'길이, 높이, 처음, 평생'은 명사가 부사로도 쓰인다. 명사가 관형사
로도 쓰이는 '명사+적(이지적 등)'도 한 품사에서 다른 품사로의
전성으로 해석하기도 한다.

6) 문장의 범주

문장의 가장 보편적인 규정은 주어와 서술어를 갖추고 의미적으
로 통일적인 것이다. 그러나 문장에는 주어와 서술어를 갖추지 않
은 문장도 많다. 우리에게는 문장 가운데 가장 전형적인 문장과 전

형적이지 못한 문장에 대한 인식이 있다. 이런 관점에서 문장도 원형의 관점에서 해석될 수 있다.

'하늘이 푸르다'라는 문장이 있을 때, 이 문장은 단순한 '하늘'과 '푸르다'만의 서술이 아닌 하늘에 대한 형상을 나타내는 '하늘이 푸르다'를 통하여 통일되고 완결된 의미를 나타낸다. 물론 '하늘이 푸르고, 바람은 시원하다'라는 문장도 복문으로서 문장을 이루지만, 의미의 측면에서 보면 '하늘이 푸르다'와 '바람이 시원하다'라는 두 의미 완결의 복합체라는 점에서 의미의 통일성을 넘어서 의미의 확장이 이루어지기에 문장의 원형과는 벗어난다. 국어의 기본문장은 '무엇이 무엇이다', '무엇이 어떠하다', '무엇이 어찌하다'이다. 국어에 나타나는 수많은 문장의 핵심적 요소를 추리면 이러한 기본 문장이 제시된다.

문장의 형태적인 측면에서 주어와 서술어를 갖춘 것이 문장의 원형이다. '하늘이 푸르다'에서 문장의 의미가 체와 용의 관계, 즉 사물과 작용의 관계를 바탕으로 하고 있기 때문에 형태도 주어와 서술어를 갖추게 된다. 문장을 주술 구조를 갖춘 형태를 중심으로 인식하는 것은 문장의 의미를 나타내는 방법이 이러한 형태를 통해 원형적으로 제시하기 때문이다. '좋구나'라는 표현이 가능하고, 이 표현도 문장으로 다룬다. 드러나지 않았지만 표현의 대상이 내재적으로 존재함이 분명하다는 점에서 이 표현도 주술 구조인 문장의 원형의 다른 모습이라 할 수 있다.

감탄사와 같은 독립어는 다른 문장성분들과 달리 독립성을 갖고 있기 때문에 독립어라 한다. '아이고', '아차' 등의 감탄사는 원형적인 문장과는 달리 형태적으로 주어나 서술어를 갖추고 있지 못할 뿐만 아니라, 의미 측면에서도 체와 용과 같은 의미적 짜임을 갖추지 못하고 있어 문장으로 보기 어렵다. '아차'가 '아차, 내가 그것을 몰랐구나'에서와 같은 후속 문장이 내재된 것이기에 문장이라고 보는 것은 적절하지 않다. '아차'는 어떤 생략된 문장성분과 관계없이 단어로서 독립적인 쓰임을 한 것으로 보는 것이 더 합당하다. '청춘! 이는 듣기만 하여도 가슴이 설레는 말이다'에서 '청춘'은 뒤의 문장과 구별되는 단어가 독립된 의미를 나타내는 표현으로 보는 것이 합당하다. '아휴', '어이구' 등이 홀로 쓰인다면, 홀로도 충분히 통일된 의미를 전달하는 점에서 의미 표현과 전달의 관점에서 문장의 자격을 갖추었지만, 형태적인 측면에서는 문장이라고 보기 어렵다.

이러한 문장들에 대해 자세히 논의한 문법서로는 북한의 「문화어문장론」(1983: 221)이 있다. "문장에서 그 진술 구성의 조직적 중심이 하나 있는가 또는 둘 있는가에 따라 외구성문과 두 구성문으로 나눌 수 있다." 하고 "두 구성문이란 문장 전체적으로 보아 서술의 대상으로 되어 있는 부분과 그것에 대한 서술 자체의 부분으로 이루어진 문장"이다. 이에 비해 "서술의 대상 부분과 그에 대한 서술 자체의 부분으로 나누어질 수 없는 유형의 문장"을 외구성문이라 하였다.

외구성문은 단어문장, 명명문, 무주어문으로 다시 나누었다. 단어문장은 하나의 단어 특히 많은 경우에 감동사로 이루어진다 하였다. 그 보기는 '참, 에, 아!' 등을 들었다. 이들을 문장이라고 하는 이유에 대해서는 "비록 형태론적으로 그 어떤 표식도 없으나 다른 어떤 형식으로나마 항상 진술성의 범주를 나타내면서 일반 문장들이 수행하는 사상, 의지, 감정 등 표현의 통신적 기능을 훌륭히 수행하고 있기 때문이다."라고 이유를 밝혔다. '그래, 그래? 그래!'에서 볼 수 있는 바와 같이 억양이 중요한 역할을 함도 지적하였다. 단어 문장은 내용에 따라, 대답(네, 아니오 등), 추동(자, 어서 등), 확인(예?, 정말? 등), 감정(아, 애, 아유 등), 물음, 인사(고맙습니다, 안녕하십니까? 등)로 나눈다.

4 동양의 인식 유형과 언어 인식
1) 동양의 인식 유형

세상에는 삼라만상의 존재들이 있고 이 존재들 사이에 현상이 있다. 이러한 존재와 이들 현상에 대한 인식 방법으로 동양에서는 음양에 의한 이분법 인식과 삼재를 중심으로 한 삼분법적 인식, 오행의 인식, 그리고 사상과 팔괘 등에 의한 인식 방법이 있다. 음양에서부터 팔괘에 이르는 인식 방법은 독립적이면서도 서로 연관성이 있다.

세계에 대한 인식의 패턴은 음양에 의한 이분법이 기본이지만, 셋으로 이루어지기도 한다. 우리는 시합이나 내기를 할 때 삼세번 하자고 한다. 동양에서의 천지인은 셋으로, 이는 삼태극을 이룬다. 숫자는 1과 2, 3이 기본적인 수이고, 나머지는 이 세 숫자를 더하거나 곱한 것이다.[11]

---

11) 물질의 세 가지 형태는 고체, 액체, 기체로 이루어져 있나. 뉴클레오티드는 아데닌, 구아닌, 시토신, 티아민의 네 개의 염기의 조합으로 이루어지는데, 염기 조합의 최소 단위는 코돈인데 한 개의 코돈은 한 개의 아미노산에 대한 정보를 담고 있다. 뉴클레오티드에는 세 개의 염기가 들어갈 수 있고 각각의 염기에는 네 종류의 염기가 들어갈 수 있다. 4X4X4=64이다.

태극에서 갈라진 음양이 서로 만나 만들어지는 네 가지 형상이 사상이다. 음양이 나란히 이어져 있으면 -- __ 의미가 없다. 상하로 중첩되면 작용이 일어난다. --과 __에는 힘의 작용 방향이 있다. 양 __은 위를 지향하여 떠오르는 성질, 음 --은 아래를 지향하여 가라앉으려는 성질을 가지고 있다. 이것이 힘의 방향이다. == 은 힘이 반대 방향으로, ==은 힘이 서로 같은 방향으로 작용한다. 이것이 사상 즉 태양, 소양, 태음, 소음이다.

옛사람들은 천을 우선시해서 위의 자리 즉 천의 자리를 중심으로 괘상을 바라보았다. ==의 경우 위에 있는 것이 음효이니 소음이라 하였고 ==의 경우 위에 있는 것이 양효이니 소양이라 하였다. 태양은 양이 두 개 중첩되어 강하게 솟구침으로 여름, 남쪽, 불(화)이다. 태음은 가라앉는 음이 중첩되어 아래로 끌어당김으로 겨울, 북쪽, 물(수)이다. 소음은 서로 상응하며 힘을 교환하고, 만물 싹트는 봄, 동쪽, 나무(목)이다. 소양은 서로 멀어져 만물이 흩어짐으로 가을이고, 서쪽으로 딱딱하고 견고한 금이다. 동서남북의 방향, 사계 등이 4에 의한 범주 구분이다. 유전자에는 A, T, C, G의 네 염기가 있다. 이 네 염기가 세 개씩 짝을 이루어 아미노산을 지정하는 64개의 코드를 만든다.[12]

오행이란 다섯 가지 성분의 움직임이다. 여기서 다섯 가지 성분은 '목, 화, 토, 금, 수'이다. 이 원소는 구체적 물질이지만, 이 원소를 바탕으로 형이상학적 설명이 모두 이루어질 수 있다.[13]

팔괘는 자연과 우주를 아우르는 8가지 범주이다. 팔괘는 음양 두

---

12) 네 가지 성분에 의한 작용이 세계에 미치는 영향은 다음과 같이 정리한다. 이성환 외(2002: 225) 참조.

가지와 천인지 세 가지로 이루어져 있다. 64괘에서 두 개의 8괘가 상하로 이루어진 것은 주역의 문법으로 단어를 배열함으로써 문장을 이루는 것과 같다.

	태양	소양	태음	소음
계절	봄	여름	가을	겨울
작용	생	성장	수렴	저장
방위	동	서	남	북
위치	좌	상	우	하
구성원소	풍	화	지	수
컴퓨터	입력장치, 키보드	계산 장치(CPU)	출력장치 프린터	기억장치 메모리
절기	춘분	하지	추분	동지
하루	아침	대낮	저녁	밤중
감각기	귀(이)	눈(목)	코(비)	구(입)
생리기능	순환기능	소화기능	물질화기능	생식기능
정신상태	낙관주의	광증	염세주의	우울증
경제	경기회복	경제호황	경기침체	경제공황
증권	활황	천장	불황	바닥
정치	수정공산주의	자본주의	수정 자본주의	공산주의
인생	소년기	장년기	중년기	노년기
화학	약산성	산성	약 알칼리성	알칼리성
물리	소리	빛	냄새	맛
우주 4력	강력	전자기력	미력	중력
발전원	풍력	태양력	석유	수력
도형	삼각형	역삼각형	원	점
광	적광	백광	청광	흑
동물계	양서류	조류	포유류	어류
식물계	풀	관목	키 큰 나무	이끼버섯
남녀	tomboy	남자	gay	여자
스포츠	야구	농구	축구	골프
감정	노	희	애	락

13) 다섯 가지 성분이 세계와의 작용은 다음과 같다. 이성환 외(2002: 203) 참조.

팔괘는 상징으로, 단순히 천지화수 택뇌산풍을 의미하는 것이 아니다. 자연현상 중에 괘상을 적용해 본 총류 인식이다. 즉 사물을 분석적으로 이해하는 것이 아니라 종합적인 사고방식으로 이해하는 인식 방법이다. 세상 만물을 8가지로 나누어 괘상화하면 삼라만상을 될 수 있는 한 빠른 시간 내에 파악할 수 있고 이를 바탕

	목	화	토	금	수
계절	춘	하	환절기	추	동
방위	동	남	중앙	서	북
	좌	전	중앙	우	후
	좌	상	중앙	우	하
작용	생	장	화	수	장
	상승	분산	조화	취합	하강
기후	풍	열	습	조	한
오장	간	심	비	폐	신
오관	안	설	구	비	이
오체	절	맥	근육	피	골
감각	시각	취각	미각	촉각	청각
오부	담	소장	위	대장	방광
감정	노	희	사	비	공
맛	신맛	쓴맛	단맛	매운맛	짠맛
색깔	청	적	황	백	흑
소리	호령	노래	말	통곡	신음
냄새	노린내	탄내	향내	비린내	썩는내
액	눈물	땀	침	콧물	가래
동물	파충류	조류	포유류	갑각류	어류
숫자	1, 8	2, 7	5, 10	4, 9	1, 6
모음	e	i	a	o	u
음	각(라)	치(도)	궁(파)	상(솔)	우(레)
도형	삼각형	역삼각형	원	사각형	점
손가락	장지	검지	엄지	4지	새끼손가락
음질	알토	소프라노	테너	바리톤	베이스
나무	가지	꽃(잎)	줄기	열매	뿌리
사람	왼손	오른손	머리	오른발	왼발

으로 유연하고 적절하게 대처 방안을 찾을 수 있다.

건곤감이태진간손(乾坤坎離兌震艮巽)은 형이상학적이며 추상적인 것을 표현하려 한 것이다. 건은 '하늘, 마름', 손은 '유순, 사양', 태는 '구멍, 기쁨', 감은 '구덩이, 고생', 리는 '나누어짐, 타오름', 간은 '그침', 진은 '벼락, 움직임', 곤은 '땅과 순함'이다.[14)

2) 음양 동정론과 언어 인식

동양에서의 세계 인식 패턴은 역(易)에 잘 제시되어 있다. 역에서의 세계 인식은 음양론과 동정론의 관점으로 집약되고 사상과 팔괘 64효로 확장된다. 역에는 태극이 있어서 이것이 양의를 낳고 양의가 사상을 낳고 사상이 팔괘를 낳는다.[15) 한 번은 음, 한 번은 양이 번갈아 가는 것이 도다.[16) 도는 우주 만물의 공통적인 변화의 패턴이다.

태극은 통일이다. 태극은 분화의 시점이자 통일의 완성이다. 태극 속에 음과 양이 본래부터 갖추어져 있으면서 이것의 운동으로,

---

14) 이를 좀 더 자세히 풀이하면 다음과 같다.
　　태택(연못): 고요함, 평화스러움, 정착, 연못, 방, 그릇, 숨기 좋은 곳, 수
　　　　동적이지만 열정, 성실
　　손풍(바람): 상호 소통, 바람, 자유분방, 화통한 성격, 번잡스러운 곳
　　간산(산): 지키고 고정하고 정지하는 것, 인내, 지나치면 아집, 편견
　　진뢰(우레): 큰 움직임, 절도 있고 정렬된 움직임, 장엄, 권위, 새싹
　　감수(물): 무질서한 혼돈의 상태, 카오스, 술, 자유스러움
　　리화(불): 질서와 조화, 객관석이고 이치에 연관성, 조화력, 사리분별
　　건천(하늘): 극도로 생생한 활력, 팽창해도 채워지지 않는 풍선, 굳건
　　곤지(땅): 안정의 극대화, 차분, 사색
15) 是故易有太極 是生兩儀 兩儀生四象 四象生八卦.(역경 계사전 상 11).
16) 一陰一陽之謂道(역경 계사전 상 5).

즉 음과 양이 상반상성(相反相成)하여 만물을 낳는다고 본다. 동정은 태극과 관련된다. 본래부터 갖추어진 음과 양의 태극이 움직이면서 음양이 드러난다. 이 움직임을 통해 세계가 존재한다. 마찬가지로 세계의 인식도 이에 바탕을 둔다. 태극에서 양의를 낳는 과정은 고요함이 극에 이르면 움직이기 시작하고 움직임이 극에 이르면 고요함에 이른다. 음이 극에 이르면 양이 생기고, 양이 극에 이르면 음이 생긴다고 하였다.[17)]

세계 인식 패턴의 하나인 동정론의 관점은 서술어에서 움직임을 나타내는 서술어인 동작 동사, 상태를 나타내는 상태동사인 형용사의 기본 범주와 연계된다. 나아가 음양이 태음과 소음, 태양과 소양으로 나뉘듯이 동과 정의 관계는 정의 동, 동의 동, 동의 정, 정의 정으로 나눌 수 있는데, 움직임은 시간과 공간 속에서의 힘의 작용에 의해 이루어지는데 정의 상태에서 동으로, 동에서 정으로의 순환이 이루어진다. 동정 이론이 시간의 범주화를 설명하는 중요한 방법이 될 수 있는 것은 시간이 존재를 바탕으로 하는 '정'의 상태에서 '동'의 상태로의 이동의 과정이고 또 '동'의 상태에서 '정'의 상태로의 변화가 모두 시간 표현에서 나타나기 때문이다.

언어에 대한 설명에서 음양오행은 이미 중요한 해석 방법으로 제시되었다. 훈민정음에서는 소리에도 음양의 원리가 있음을 바탕

---

17) 본래부터 갖추어진 음과 양의 태극이 움직이면서 음양이 드러난다. 이 움직임을 통해 세계가 존재한다. 마찬가지로 세계의 인식도 이에 바탕을 둔다. "움직임과 머무름에는 항상 일정한 규칙이 있다. 강한 것과 부드러운 것이 확연히 구별된다." 動靜有常 剛柔斷矣(역경 계사전 상 1). 건은 지극히 고요하다가 움직일 때는 곧아 이 때문에 크게 생한다. 곤은 고요할 때는 오므렸다가 움직일 때는 펴져 이 때문에 광범위하게 생한다. 夫乾 其靜也專 其動也直 是以大生焉 夫坤 其靜也翕 其動也直闢 是以廣生焉(역경 계사전 상 6).

으로 글자를 만들었다. 그리고 소리를 오행에 따라 풀이하였다.[18] 이는 훈민정음의 창제가 발음기관과 천지인 삼재를 재료로 하였음과 더불어, 세계의 인식 패턴의 하나인 음양오행이 창제의 바탕 이론임을 보이는 것이다. 음양이 태극에서 동정 즉 움직임과 머무름의 관계를 통해 이루어짐을 제시하였다.[19]

동정은 태극과 관련된다. 본래부터 갖추어진 음과 양의 태극이 움직이면서 음양이 드러난다. 이 움직임을 통해 세계가 존재한다. 마찬가지로 세계의 인식도 이에 바탕을 둔다. 동정의 관점의 하나인 움직임에 초점을 두고 움직임의 모습을 보면 움직임은 공간에서 시간 속에 이루어지며 시공간 속에서의 움직임에는 힘이 있다. 즉 시, 공, 력의 관점에서 움직임은 관찰된다.

언어에서의 셋에 의한 패턴 인식은 훈민정음 창제에서 모음 창제의 재료로 천지인을 이용한 것을 우선적으로 생각할 수 있다. 모음은 하늘과 땅과 사람의 모습이 글자를 본뜰 대상이 되었다. 하늘을 본떠 '·', 땅을 본떠 'ㅡ'를 사람을 본떠 'ㅣ'를 만들었는데, 하늘, 땅, 사람의 순서로 생겼다.

훈민정음을 만들 당시 우리 국어의 모음(단모음)은 일곱이었다고 추정한다. 이를 모음의 밝음(양성)과 어두움(음성)에 따라 나누면 밝은 소리(양성모음)에는 'ㅗ, ·, ㅏ', 어두운 소리(음성모음)에는 'ㅜ, ㅡ, ㅓ'가 있고, 중간 소리 'ㅣ'가 있다. 밝은 소리 'ㅗ, ·, ㅏ'

---

18) 天地之道, 陰陽五行而已.坤復之間爲太極,而動靜之後爲陰陽.凡有生類在天地之間者,捨陰陽而何之.故人之聲音,皆有陰陽之理,顧人不察耳.今正音之作,初非智營而力索,但因其聲音而極其理而已.理旣不二,則何得不與天地鬼神同其用也 (훈민정음 해례 제자해).

19) 坤復之間爲太極而動靜之後爲陰陽(훈민정음 해례 제자해).

가운데 ‘·’ 소리를, 어두운 소리 ‘ㅜ, ㅡ, ㅓ’ 가운데 ‘ㅡ’ 소리를, 중간 소리는 ‘ㅣ’ 소리를 기본으로 정하고 이 소리에 맞는 글자를 생각하였다.

기본 모음 글자 ‘·, ㅡ, ㅣ’를 근거로 다른 모음도 만들었다. ‘·’와 ‘ㅡ’를 합하여 ‘ㅗ’와 ‘ㅜ’를 만들었다. 하늘과 땅이 처음 사귀는 뜻을 가진 것으로, ‘ㅗ’ 소리는 ‘·’와 같되 입을 오므리는 소리이고, ‘ㅜ’는 ‘ㅡ’와 같되 입을 오므리는 소리이다. ‘·’와 ‘ㅣ’를 합하여 ‘ㅏ’와 ‘ㅓ’를 만들었는데 ‘하늘과 땅의 운용은 사물에서 출발하여 사람을 기다려서 이루어짐’의 뜻을 가진 것으로, ‘ㅏ’ 소리는 ‘·’와 같되 입을 펴는 소리이고, ‘ㅓ’는 ‘ㅡ’와 같되 입을 펴는 소리이다.

3) 체용론과 언어 인식

국어는 한국인의 사유 방법이며 동시에 사유의 체계이다. 따라서 세계에 대한 인식, 사유 방법에 근거한 국어의 연구가 진행되어야 하고, 국어의 연구는 사유 방법이나 사유의 체계 구축에 역할을 하여야 한다. 국어의 연구는 우리의 사유 방식의 방법과 체계, 좀 더 넓게 보아 동양적 사유의 방법과 체계, 그리고 세계 인식의 방법과 연계되어야 한다. 이를 바탕으로 국어에 나타나는 특징에 근거한 한국인의 사유 구조도 보편적 사유 구조와 비교적 관점에서 제시할 수 있을 것이고 우리의 사유와 언어에 근거한 문법 이론이 도출될 수 있다.

언어의 연구가 사유 구조와 밀접한 관계가 있음을 바탕으로 동양의 사유 방법이나 체계, 동양에서의 세계에 대한 인식 방법을 중심으로 국어에 이러한 인식 방법이 어떻게 드러나고 있는가, 반대로 국어에 나타나는 여러 문법 현상들을 중심으로 동양의 인식 방법이 어떻게 이루어지고 있는가를 관찰하여 국어 문법을 설명하는 국어 이론을 제시하고, 또 우리의 사유 방식을 설명하는 방법을 제시할 수 있을 것이다.

동양에서의 세계에 대한 인식 방법 가운데 음양오행 이론과 이기론, 체용론이 대표적이다. 음양오행은 다양하고 복잡한 세계의 현상이나, 신체, 마음을 분석하고 분류하기 위한 방법이다. 이기론도 우주 현상과 인간의 문제를 설명하기 위한 사유 인식의 방법으로 천지 만물을 원리와 작용의 관점에서 해석한다. 체용론도 사물의 본체와 작용에 근거한 세계 인식 방법이다. 국어 문법에서 논의된 체용의 개념을 바탕으로 이기, 체용론이 국어 연구에서 설명력 있는 인식 범주로 제시될 수 있는가의 검토는 세계의 인식과 언어 인식의 관계를 규명하는 점에서 중요하다.

(1) 이기론과 체용론

이기와 체용은 이체기용의 관점에서 이와 체, 기와 용을 동일 선상에서 보는 해석과 이와 기에 각각 체와 용이 있음을 보이는 해석, 기의 입장에서 기에 체와 용이 있음을 보이는 해석으로 요약할 수 있다.[20]

이기론은 우주현상과 인간의 문제를 설명하는 사유 인식 방법이

---

20) 이기론과 체용론은 여기서 충분히 논의할 수 있는 대상이 아니다. 국어 문법을 설명하기 위한 바탕 이론으로서의 이기와 체용의 개념을 논의하기 위해 기존 논의를 바탕으로 간단히 정리해 본다.

다. 우주의 모든 현상은 이와 기로 구성되어 있으며, 이와 기는 서로 불가분의 관계인 동시에 통합될 수 없는 관계로 해석된다. 이(理)는 모든 사물과 관련된 법칙, 원리 또는 이치, 도리로서 모든 사물을 지배하는 일체의 법칙성으로 형이상자(形而上者)이고, 기(氣)는 직접 감각할 수 있고 경험할 수 있는 사물의 구체적 성질로서 형이하자(形而下者)라 한다.[21]

이론, 이념, 이상이나, 심리, 생리, 물리, 원리, 진리에서 볼 수 있는 바와 같이, '이'는 사물의 필연 연계에 대한 지식이며, 자연 및 사회 현상 배후의 본질, 규율, 본체이다. 천지, 자연, 만물의 본체로서 '이'는 우주, 자연, 사회의 배후에서 사물을 지배하는 객관 정신이고, 사물의 규율로서의 '이'는 만물 자체가 본래 지니고 있는 규율로서 물리이다. 주체 의식으로서의 '이'로 규율이 주관화한 것이 심리이고, 사회에서의 도덕 관념이 윤리이다. 자연 현상을 나타내는 천기, 지기, 화기, 열기, 한기 등과, 생리 정신 작용을 나타내는 혈기, 정기, 용기, 신기 등의 쓰임을 통하여 '기'의 의미의 일면을 알 수 있다. 기는 물질의 개념으로 이해되기도 한다. 그러나 물질과 생명을 통일적으로 설명하는 '동적 에너지'로 파악하거나, 기가 물리적, 물질적 성격이나 생명력뿐만 아니라 정신적 성격까지 포함하는 것이라는 해석은 모두 기가 단순히 물질의 개념이 아닌 '힘'과 '생명'과 '정신'의 존재까지 확장됨을 보여준다.

이와 기는 이해 방법에 따라 다양한 학설들이 있다. 시대와 학파에 따라 의견이 다르고 의미도 다의적이다. 이기론이 이기이원론과

---

21) 이(理)라는 글자가 의미하는 바는 옥(玉)과 리(里)가 합하여 된 글자로 '옥을 다스리는 것', '흙을 반듯하게 손질한다'는 의미를 갖고 있다. 기(氣)라는 글자가 의미하는 바는 운기(雲氣)로서 구름이나 바람, 공기의 흐름이다.

이기일원론, 주리론과 주기론 등의 논의로 대립되면서 주장이 다양화된 것은 세계에 대한 인식 방법과 세계에 대한 설명의 차이를 보여주는 것이다.[22]

주희(朱熹)는 이(理)와 기(氣)를 천지만물의 본체로 규정하고, 기는 그 형상인 체를 구체화하는 작용적 자료로 보았다. 체용론의 범주로서 심성론을 설명하였는데, 심을 체와 용으로 구분하여 발(發)하기 전을 심의 체로, 이미 발한 때를 심의 용으로 설명했다. 따라서 심의 미발(未發)을 가리키는 성(性)과 심의 이발(已發)을 가리키는 정(情)도 체와 용의 관계로 설명된다. 인간존재론에서는 성을 본연지성(本然之性)과 기질지성(氣質之性)으로 나누고, 다시 성정문제로서 맹자(孟子)의 사단(四端)은 본연지성으로서 이(체로 이가 발동한 것)이고, 칠정(七情)은 기질지성으로서 기(용으로 기가 발동한 것)로 본다. 이기이원(理氣二元)의 해석이다.

노장사상에서는 기일원론을 주장한다. 기가 단순히 정신적 존재인 이에 대한 물질적 존재가 아니라 정신적인 것도 내포하고 있는 우주의 궁극적 본체로 본다. 우주의 본질은 기이고, 기는 정신적, 물질적 존재로서 기의 물질적 결정은 정(精), 정신적 결정은 신(神)이다. 기를 중심으로 정, 기, 신의 관계로서 우주와 인체가 구조, 생성된다고 본다.

---

22) 인간의 성정을 이기론으로 설명하였기 때문에, 성정과 이기의 앞 자를 따 성리학이라 한다. 이를 집대성한 사람이 주희이므로 주자학이라고도 한다. 성리학에서 이와 기의 개념은 불교 체용론을 빌아들여 이론 체계를 구축하였다. 오랜 역사 속에서 다양한 학자들에 의해 해석되어온 이와 기에 대한 개념을 여기서 간단히 규정하기는 어렵지만, 여러 연구서를 참고하여 개념을 정리한다. 여기서의 이와 기의 개념은 장원목(2000: 20-26) 참조, 송영배 외(2000)에 수록.

우리나라에서는 퇴계학파와 율곡학파가 분명한 차이를 보였다. 퇴계학파는 이와 기의 혼합을 거부하여 양자가 뒤섞일 수 없다는 '불상잡'의 관계를 강조하는 이기이원론적 입장이요, 이의 능동성을 강조하는 주리적 입장이다. 율곡학파는 이와 기의 분리를 거부하여 '불상리'의 관계를 강조하는 이기일원론적 입장이요, 이의 능동성을 거부하는 주기적 입장으로 대조된다.23)

기대승은 칠정이 발해서 절도에 맞으면 그것이 사단이 되는 것이라 하여 이기일원론을 주장하였다. 이황은 기대승과 사단칠정논쟁(四端七情論爭)을 벌이면서 사단은 이의 발(發)로, 칠정은 기의 발로 설명하였다. 이가 작용하여 기가 이에 따르기도 하고, 기가 작용하여 이가 그 위에 타기도 한다고 하여 이기이원론적인 이기호발설(理氣互發說)을 주장하였다. 이황이 자신의 논리를 설명하기 위해 사용한 것이 체용론이다. 이는 체로, 이가 상(象)으로 드러난 것을 용으로 파악하는 주희와 달리 이 자체를 체와 용으로 나누어 설명했다. 율곡은 스스로 활동 작용하는 것은 기뿐이라 하여 기일원론을 주장하였다. 율곡은 기도 무한하며 이기에는 선후가 없고, 이와 기는 본래 독립적 존재가 아니라 이물(二物)도 일물(一物)도 아닌 비일비이물(非一非二物)로서 서로가 떠날 수 없는 존재로 보았다.24)

최한기는 기를 미루어 이를 헤아리고(推氣測理), 정을 미루어 성

---

23) 이러한 '이'와 '기'에 대한 논의는 금장태(2000: 127)를 참고한 것이다.
24) 서화담도 기일원론을 주장하여 유기론을 확립했다. 우주의 본질은 기이며 후에 이와 기가 갈려도 이는 기중에 내재한 것이니 이는 별개로 존재하지 않는다 하였다. 임성주는 우주의 본체와 마음의 본체가 모두 하나의 기라고 하였다. 최한기는 신기론(神氣論)을 주장하여, 신의 신기와 사람의 신기는 본시 하나이며 신도 기의 정화요 기는 신의 기질이며 신기는 지각의 주체요 기의 통로는 감각기관이라 하였다. 이항녕(1986) 참조.

을 헤아리며(推情測性), 동을 미루어 정을 헤아리고(推動測靜), 자기를 미루어 남을 헤아리며(推己測人), 물을 미루어 사를 헤아려(推物測事) 오늘과 내일 점점 쌓아나가 은미했던 것을 드러나게 하고 드러난 것이 통하게 한다면 추측과 유행이 자연히 합하여 일리가 되어 허영이 곁에 있다가 전이되고 풍파가 밖으로부터 일어났다가 없어지게 된다고 하였다.[25]

체용론은 사물을 체와 용으로 나누어 이해하는 사고방식이다. 체는 사물의 본체, 근본적인 것을 가리키는 것이며, 용이란 사물의 작용 또는 현상, 파생적인 것을 가리키는 개념이다. 체는 본체적 존재로서 형이상적(形而上的) 세계, 용은 오관(五官)으로 감지할 수 있는 현상으로 형이하적(形而下的) 세계로 나누기도 한다.

성리학에서 본체와 현상의 관계는 체와 용의 관계를 의미하는 바, 이는 이와 기(태극과 음양), 도와 기, 형이상과 형이하, 일리와 분수리 등의 관계 문제로 구체화된다. 불상리, 불상잡의 관계로 묘사하거나 체용일원, 현미무간의 관계에 있음을 주장한다.[26] 주자의 체용을 본체와 작용, 제일성 존재와 그 파생, 보편 초월적 실체 존재와 형상계적 구체 존재로 규정하고 이체기용(理體氣用), 이체물용, 도체기용 등과 같이 체용불리(體用不離)로 보아 본체와 작용 즉 이체기용의 관점으로 해석하기도 한다. 본체와 작용, 주체와 표현, 원인과 결과로 규정하면서 도체물용, 이체사용(理體事用)과 같

---

25) 최한기의 '승순사무'와 '기측체의'에서의 논의이다. 여기서 추측은 이미 주어진 어떤 것에 의거해서 아직 주어지지 않은 다른 어떤 것을 헤아린다는 것으로 추는 측의 기초가 되므로 양자는 체용의 관계에 있다. "추는 그릇과 같고 측은 그 쓰임과 같다(推如器 測如用)." 하였다. 최진덕(2000) 참조, 혜강 최한기(2000)에 수록.
26) 장원목(2000: 55), 송영배 외(2000)에 수록.

이 적용된다고 보는 견해이다.[27]

불교에서의 체용론은 인과론과 대비된다. 원인과 결과의 관계가 바람과 파도의 관계라면, 체와 용의 관계는 물과 파도의 관계이다. 인과론에서 원인과 결과는 서로 별개의 것이지만 체용론에서 체와 용은 다른 실체가 아니다. 체용론은 체상용(體象用)의 구성으로 되어 있다. 체가 상을 통해서 용을 펼치는 삼위일체의 구성이다. 상은 단순히 사물의 형상으로 외모와 비유된다. 이에 대해, 체는 내면의 모든 것이고 용은 하는 일로 비유된다. 보통 상을 빼고 체용론이라 한다.

주자의 체용론이 불교의 체용론과 유사하다고 보기도 한다. 화엄종의 체용론은 체는 본체로서 이사(理事)의 이이며 용은 그 현상으로서 제법, 제행이다. 본체와 현상이 체용의 관계라는 것은 양자의 불일부이를 의미한다. 본체 밖에 현상이 없고, 현상 밖에 본체가 없다는 것이다. 불교의 체용이 이체사용이듯이 주자의 체용은 이체기용이라고 본다.[28]

체용에 대한 해석이 이체기용(理體氣用)인가 아닌가는 체용과 이기의 관계에 대한 중요한 해석의 차이로 제시된다. 그러나 체용과 이기와의 관계는 이체기용의 관점에서의 해석이 가능할 뿐만 아니라, 이나 기에도 각각 체와 용이 있다는 관점의 해석도 가능하다는 점에서 폭 넓은 관점의 해석이 필요하다. 언어는 사고를 전달하는

---

27) 이러한 견해와 비판에 대해서는 윤용남(1992: 2-3) 참조.
28) 즉 화엄종의 이와 사의 관계가 바로 정주의 이와 기의 관계이며 화엄종의 이는 본체로서 체이고 사는 현상으로서 용인데, 이는 정주의 체용론과 일치한다는 것이다. 이에 대해 주자의 체용론을 오해하여 불교의 체용론과 같은 것으로 보고, 주자의 체용론이 불교의 영향을 받았다는 주장도 검토할 필요가 있음이 지적되었다. 윤용남(1992: 2-3) 참조.

수단인 동시에 사고를 이루는 생각 그 자체이기도 하다. 그러나 생각과 언어를 분리적 관점에서 고찰할 때, 사고는 '이'고 언어는 '기'로 구분된다. 이황이 이 자체를 체와 용으로 나눌 수 있다고 한 점과 더불어, 최한기의 변증법적 인식은 이기와 체용의 폭넓은 해석의 관점을 보여준다.[29)]

"기의 체와 용은 누적된 사실을 통해서 증험될 수 있었고, 기의 운화는 모름지기 실지로 경험을 통해 분명히 보게 되었다."와 "천인운화는 체와 용에 두루 미쳐져 있고 말과 얼굴색에 널리 퍼져 있다."[30)]에서 볼 수 있는 바와 같이 기에는 체와 용이 있다고 본다. "신기(神氣)는 인간 존재의 존재론적 측면이요, 추측(推測)은 인식론적 측면이다. 그것은 체(體)와 용(用)의 관계를 이루는 것이나, 혜강에 있어서 체와 용은 항상 변증법적 가변관계에 있다. 따라서 추기측리(推氣測理), 추정측성(推情測性), 추동측정(推動測靜), 추기측인(推己測人), 추물측사(推物測事)의 모든 관계가 변증법적인 확충의 과정에 놓여있을 뿐이다."[31)]라는 해석은 체용이 다시 체나 용이 될 수 있는 변증법적 관계를 보여준다.[32)]

---

29) 최한기에서의 추측은 이미 주어진 어떤 것에 의거해서(推) 아직 주어지지 않은 다른 어떤 것을 헤아린다(測)는 것인데, 이는 이미 주어진 감각적 경험의 특수성에 의거해서 아직 주어지지 않은 보편적인 이를 찾아내는 것으로 추한 다음 측하는 것(推而測)이 있는가 하면, 이미 알려진 보편적 이를 헤아려 현실의 특수성에까지 확대 적용하여 그 이에 맞게 실천하는 것(測而推)도 포함한다. 최진덕(2000: 152) 참조.

30) 최한기의 「기학」에서의 논의이다. 손병욱 역(2004: 27, 211) 참조.

31) 김용옥(2003: 36) 참조. 같은 책 '혜강 최한기와 유교'(98쪽)에서는 최한기에서의 "蓋古之論說 理爲主 而氣爲用 氣學論說 氣爲體 而理爲用"(기학 2: 74)을 보여 "기가 체요 이가 용인 것이다. 이것은 이를 체로 삼고 기를 용으로 본, 재래의 모든 학문에 대한 코페르니쿠스적 반적인 것이다."라 부연하였다.

지금까지 살펴본 바와 같이 이와 기는 각각 체와 용과 짝을 이루는 이기체용의 관점에서부터, 이가 체이고 기가 용임에 비해 반대로 기가 체이고 이가 용이 되는 해석도 있을 뿐만 아니라, 이와 기가 각각 체용을 이루는 체용 관계가 있다. 즉 이기와 체용의 관계는 각각 대응의 관점에서 논의할 수 있을 뿐만 아니라, 이기의 구성을 다시 체용의 관점에서 세분하는 해석이 가능함을 볼 수 있다. 이러한 해석은 국어의 문장 구성을 해석함에 같은 방법으로 나타난다.

체언과 용언으로 구성된 문장은 문장을 하나의 체의 관점에서 볼 때 문장은 체이면서 동시에 작용인 용의 관점에서 해석할 수 있다. 문장에서 체언이 중심인가 용언이 중심인가의 논의도 추기측리의 관점에서 논의가 가능하다. 체언을 중심으로 하여 서술어가 선택된다는 관점과, 서술어를 중심으로 하여 체언이 선택된다는 관점은 체에 의한 용의 선택과 용의 관점에서 체의 선택, 또는 이에 의한 기의 선택과 기에 의한 이의 선택의 두 해석이 가능함을 보여준다.

(2) 국어 문법에서 논의된 체용 개념

국어 문법에서 체언과 용언은 체언이 '명사, 대명사, 수사' 등에 의해 구체적 대상인 체를 나타내는 표현임에 비해, 용언은 '동사,

---

32) 신기는 기의 체요, 추측은 기의 용이라 한다. 이는 신기란 우주만물의 존재론적 차원을 말하는 것이요, 추측이란 인간의 의식계에 한정된 인식론적 차원을 말하는 것이다. 추측의 바탕이 곧 신기니 신기는 체일 수밖에 없는 것이요, 신기의 통의 효용이 인간의 형기에서 발현되는 것이 추측이니, 그것은 신기라는 체의 묘용의 일례가 아닐 수 없다. 추와 측은 서로가 서로에게 체용이 되는 것이요, 서로가 서로를 보완시키고 완성시키는 변증법적 유기적 관계에 놓여있는 것이다. 바로 이러한 변증법적 유기적 관계를 "확지지요(擴志之要)"라 말한 것이라 하였다. 김용옥(2003: 118, 200) 참조.

형용사'에 의해 작용과 현상을 나타내는 점에서 체용의 관점에 근거한 개념이다. 문장성분인 주어와 서술어의 개념도 체용의 관점에서 논의될 수 있다.

체언과 용언에 대한 현행 학교문법에서의 논의는 "문장에서 주로 주어가 되는 자리에 오며, 때로는 목적어나 보어가 되는 자리에도 오는 부류의 단어들이 있다. 이들을 체언이라고 한다."와 "국어의 단어들 가운데는 문장의 주어를 서술하는 기능을 가진 말들이 있는데 이를 용언이라고 한다."에서 볼 수 있다.[33] 주어인 체언과 서술어인 용언이 체용의 개념에 근거한 것이 분명하지만, 체용론에 바탕한 설명은 국어 문법의 어디에도 없다.

체언과 용언은 초기 국어 문법에서부터 논의된 문법 개념이다. 최광옥(1908), 유길준(1909)에서는 체언과 용언의 구별이 없이, "언어는 8종으로 분한다." 하고 단어를 나누었다. 체언과 용언의 명시적 구별은 없지만, 유길준(1909: 91-95)에서 주어를 "주격의 체언이다."라 하여 체언에 대한 개념을 제시하였다. 김원우(1922)에서는 품사와 다른 문장성분으로 어체를 제시하였다. 어체에는 주체, 객체, 설명체를 원체부라 하고, 이들의 직권과 격분과 지정하는 것을 부속부라 하였다. 이는 주시경(1910)의 '임이, 씀이, 남이'의 구별과 같다.

이상춘(1925)에서는 체언과 용언에 의한 단어의 구별이 분명하

---

33) 「고등학교문법」(2002: 90-98) 참조. 이러한 내용은 남기심 외(1985, 1987: 57-59)의 "체언(임자씨)은 주체(임자)되는 자리에 나타나는 일이 많으므로 체언이라 부른다. 이들 단어류는 목적어나 서술어로 나타나는 일이 없지 않으나 뚜렷한 기능이 주어적인 쓰임이기 때문에 전통적으로 이런 이름이 사용되어 왔다. 명사, 대명사, 수사는 의미에 바탕을 둔 이름이지만 체언은 기능에 근거한 이름이다", "동사와 형용사는 공통성도 띠고 있다. 두 단어류가 다 주체를 서술하는(풀이하는) 기능을 띠고 있다. 이런 점에 근거하여 동사, 형용사를 용언(풀이씨)이라고 부른다."에 근거한다.

다. 그러나 체언, 용언이 아닌, 체어와 용어라 하였다. 체어에는 명사, 대명사가 용어에는 동사 형용사가 있다. 박승빈(1935)에서는 단어의 종류를 구분함에 있어 주요 성분에 '체언과 용언'의 구별을 분명히 하였다. 최현배(1937, 1987: 160)에서는 으뜸씨(주요사)에는 임자씨(주체사, 체언)와 풀이씨(설명사, 용언)의 두 가지가 있음을 보이고, "임자씨는 월의 임자(주체)가 되는 씨를 이름이니, 일이나 몬(물)의 이름이나 셈 같은 것을 나타내는 말이요, 풀이씨는 월의 풀이가 되는 씨를 이름이라." 하였다. 임자씨는 "개념을 들어내는 낱말이니, 월의 임자가 되는 힘을 가지며, 또 다른 자리를 차지하더라도, 늘 월의 뼈다귀(骨格)를 이룬다." 하고, "풀이씨(說明詞, 陳述詞, 用言)란 것은 일과 몬(物)을 풀이하는(說明하는) 힘(力)을 가진 씨이니, 대개는 다 일몬(事物)의 속성(屬性)조차를 함께 들어내느니라."라고 하였다.[34]

주어와 서술어의 관계는 문장성분이 문장에서 기능 중심의 해석이란 점에서 체언과 용언의 기능 관계와 구별되지만, 폭넓게 체용 관계로 해석된다. 주어(임자말)는 문장의 주인이라는 뜻으로 객, 즉 손님을 전제로 한 상대적인 말이다. 주어에 대해 객어, 주체에 대

---

34) 최현배 「우리말본」의 최초본은 1929년의 연전 출판부 간행이다. 「우리말본」에서 씨를 생각씨(관념사)와 걸림씨(관계사)로 나누고, 다시 생각씨는 으뜸씨(주요사)와 꾸밈씨(수식사)로 으뜸씨를 다시 임자씨(체언)와 풀이씨(용언)로 나눈 것은 야마다山田孝雄(1922) 「일본문법강의」에서 단어를 관념어와 관계어, 관념어를 자용어와 부용어, 자용어를 개념어과 진술어로 나눈 것이나, 품사 분류에서 체언과 용언, 부용어, 관계어를 제시한 점을 들어 문법적 영향을 받았음은 강복수(1981)에 지적된 바 있다. 초기 국어 문법이 영문법과 일본 문법 연구의 영향을 받았음은 당연하다. 초기 일본 문법에 대해 필자가 아는 바가 적어 단언할 수 없으나, 체언과 용언이라는 용어가 당시 일본 문법에서 이미 흔히 사용되었음을 알 수 있다.

해 객체가 대립적이다. 서술 또는 풀이라는 것은 사물을 나타내는 '체'에 대한 풀이이다.[35] 풀이는 물론 주어뿐만 아니라, 객어나 보어, 또는 부사어에 대한 풀이가 되기도 하지만 풀이에 대한 주 대상은 주어이다.[36]

주어와 서술어, 또는 주체와 서술어의 관계가 나타낼 수 있는 관계의 부정확성, 즉 주인에 대해서는 객이 먼저 인식되는 문제를 해소하기 위해서는 주어보다 다른 표현이 필요하기도 하다.[37] 북한 문법에서 주어 대신 '세움말'을 세운 것도 주어라는 용어가 가져올 수 있는 '주어'와 '객어', '서술어'와의 관계에서 나타나는 문제를 해소하기 위한 것이다.[38]

---

35) "풀이씨란 것은 일과 몬을 풀이하는 씨"이다. 최현배(1937, 1987: 160). 허웅(1995: 314)에서 "풀이씨는 풀이말이 될 수 있는 특권을 가진 낱말이므로, 이 말들은 모두 그 월의 임자말에 대한 '풀이의 힘'을 가지고 있다."고 하였고, 남기심 외(1995: 147)에서는 "서술어[풀이말]는 주어에 대해서 그것이 '어찌한다'든가, '어떠하다'든가, '무엇이다'든가 하는 것을 설명하는 말을 이른다. 곧 주어의 행위나 상태, 성질 등을 서술하는 것이다."라 하였다.

36) 최광옥(1908: 61-62)에서는 주어는 "사상 상에 부래하는 사물"로, 설명어는 "그 사물의 활동과 작용과 형상과 성질을 술함"으로 구분하였다. "작용을 기하며 성질을 정(呈)하기에 주되는 어라 주어"라 하고, 그 "주어의 작용과 성질을 설명하는 어를 설명어"라 하였다. 유길준(1909: 91-95)에서는 "주어라 하는 자는 사상을 발현케 하는 주격의 체언이다", "설명어라 하는 자는 주어의 상태, 작용을 표현하는 어"라 하였다. 이들은 모두 주어와 서술어의 체용 관계를 보인다.

37) 김규식(1909: 92)에서는 문장을 구어라 하고 문장의 구성을 제목어와 설명어로 나누었다. 제목어는 "언론되는 인이나 물을 현하는 바를 운함"이라 하고, 설명어는 "언본되는 인이나 불에 대하여 여하사정을 발표하는 바를 운함"이라 하였다.

38) 「조선문화어문법」(1979: 390)에서는 "세움말이란 풀이말에 의하여 풀이가 될 대상으로서 내세워진 문장성분"으로 "세움말은 풀이말과 맞물림 관계를 가지면서 두 구성문의 골격 가운데서 중요한 자리를 차지한다." 하였다.

체언과 용언이 단어를 구분한 품사에 대한 통합적 유(類) 개념임에 비해, 주어와 서술어는 문장에서의 문법적 기능에 대한 성분으로서의 개념이 국어 문법에서의 해석이다. 체언과 용언이 문장을 구성하는 재료의 관점에서 체용의 관계임에 비해, 주어와 술어는 문장 구성의 기능적 관점에서 체용의 관계이다. 체언과 용언은 단어, 주어와 서술어는 성분의 개념으로 대별되지만 체용과 이기의 인식 방법에 근거한 동일성이 있다.

국어 문법에서 체용과 관련된 논의는 체언과 용언 외에도, 부체언이나 부용언의 개념에서 볼 수 있다. 기존의 논의에서 이러한 개념을 문법 용어로서 도입한 의도는 문장 구성을 체용적 관점에서 해석하려는 의도가 내재되어 있다고 볼 수 있다. 부체언이나 부용언이란 범주가 '관형어'나 '부사어'에 비해 문법 개념을 더 명시적으로 제시할 수 있다고 단언할 수는 없지만 문장의 구성을 모두 체용의 관점에서 해석하려는 의도로 볼 수 있다.

제3장
언어 현상의 분석과 설명

분석이란 대상을 구성하는 구성 요소로 분해하는 것이다. 분석적인 방법이란 주어진 대상을 그 개개의 구성 요소로 해체하여 그 구성 요소들 간의 상호 관련성을 고찰하는 방법이다. 이에 비해 비분석적인 방법은 그 대상을 하나의 전체로서 파악하고 해석하는 방법이다. 이 두 방법론은 전체적으로 사고한다고 하는 것이 얼마나 정당화될 수 있으며, 어느 정도 분석적으로 작업을 해야 하는가의 문제가 남는다.

우리가 언어 분석에 관심을 갖는 것은 우리가 마주치는 세계의 대상들을 언어를 통하여 논의하기 때문이다. 대상과 언어는 서로 대응한다. 그러나 단어와 대상 사이는 모두 동일한 것이 아니다. 대상들 자체가 세계에서 무조건 분할되어 존재하는 것이 아니라 인간이 우리가 사용하는 언어에 의해 세계를 분할한다.

현상에 대한 설명은 그 현상에서 나타나는 모습을 중심으로 가설을 세우고 이 가설에 대해 검증을 하는 방법으로 진행한다. 가설에 대한 검증에서 다른 의견이 있으면 다른 견해를 바탕으로 가설을 수정하고 또 다시 검증을 한다. 이러한 과정을 반복하는 과정에서 현상에 내재하고 있는 원리나 규칙을 제시할 수 있다. 흔히 산성 용액에서 파란 리트머스 시험지가 빨간색으로 변하는 것과 알칼리성 용액 속에서 빨간 리트머스 시험지가 파란색으로 변하는 것을 근거로 새로운 대상이 알칼리성인가 산성인가를 판별해 낼 수 있는 것처럼, 리트머스 시험지 자체가 그러한 성질을 가지고 있음은 이러한 가실과 검증, 그리고 수정과 새로운 가실의 설정의 과정을 거쳐서 법칙과 원리로 형성된 것이다.

1 문장의 분석과 설명

언어 연구의 가장 기본이며 중심인 대상은 문장이다. 문장이 언어의 중심 단위라는 것에 대해서는 이론이 없지만, 실제로 문장이 무엇이며 어떻게 문장을 규정하여야 할 것인가의 문제는 간단하지 않다. 그럼에도 문장을 언어 연구의 대상으로 하는 것은 언어는 아주 커다란 단위이어서 그대로는 고찰의 대상이 될 수 없는데, 문장은 언어를 연구하기에 비교적 적절한 관찰의 단위가 될 수 있기 때문이다.

언어 연구의 기본적이며 중심적인 대상인 문장은 형태적으로 보아 단일한 서술어를 중심으로 이와 관련된 문장성분들과 이루어지는, 의미적으로 통일된 생각을 나타내는 독립성이 있는 언어 단위이다. 문장이 언어 연구의 대상으로 적당한 이유는 문장이 우리의 인식을 나타내는 적절한 단위이기 때문이다. 문장이 우리의 인식을 나타내는 데 적당한 단위라는 점은 소리, 뜻, 구조의 체계성의 측면에서 확인할 수 있다.

문장은 우리가 어떤 표현을 할 때 끊어서 말하는 가장 적당한 단위이다. 문장으로 끊는다는 것은 문장을 중심으로 적절한 언어 표현의 전달이 가능함을 보여준다.

문장은 인간의 언어가 다른 동물의 의사 전달 체계와는 구별되는 체계임을 보여주는 적절한 단위이다. 문장은 명사, 동사와 같은 품사와 주어, 서술어와 같은 문장성분으로 이루어지는데, 문장이 문장을 구성하는 성분들의 결합에 의하여 통합적인 단위로 확장되는 것은 언어의 분절적 특징에 의한 확장이다. 이러한 특징에 의해 언어의 체계성과 창조성이 이루어지는데 이들 현상은 문장을 바탕으로 이루어진다. 이런 점에서 문장을 언어 연구의 대상으로 할 만하다.

뜻을 가진 생각의 단위로는 단어가 문장보다 더 기본적이다. 그러나 단어는 '나무', '돌', '산', '물'과 같이 개념을 나타내지만, 이것만으로는 충분히 생각을 전달하지 못한다. '나무가 푸르다', '돌이 많다' 등과 같이 문장을 통하여 통일된 생각을 나타낼 수 있다. 이러한 특징들은 문장이 언어 연구의 적절한 대상임을 보여준다.

모든 국어 문장의 기본형은 '무엇이 무엇이다', '무엇이 어떠하다', '무엇이 어찌하다'이다. 그러나 이 기본형은 최소의 필수 성분으로 이루어진 문장의 구조로 서술어에 따라 목적어와 보어나, 위치, 견줌, 방편 등을 나타내는 문장성분들이 필수적인 성분으로 인식되어 기본 문형은 이보다 확대된다.

국어의 문장은 주어부와 서술부로 이루어진다. 주어부와 서술부를 이루는 기본 형태는 체언과 조사와 용언의 어간과 어미이다. 이두 형태가 국어를 이루는 기본이다. 체언과 조사는 학자에 따라 체언의 굴곡이나 굴절, 곡용, 체언어미, 체언토 등으로 논의되었다. 이는 조사를 단어로 인정하기보다는 체언의 일부로서 체언의 몸바꿈으로 보는 것이다.

조사를 단어로 인정하는가 안 하는가는 문법적 해석의 차이에 근거한 것이지만 체언이 조사나 체언어미와 함께 용언의 활용과 같은 형태 변화를 하는 것이 분명하기 때문에, 국어 문장은 기본문에 대한 체언의 변화와 용언의 변화로 인식하는 것이 국어 설명에 효과적이다.

'무엇이 무엇이다', '무엇이 어떠하다', '무엇이 어찌하다'에서 '무엇이' 부분과 '무엇이다, 어떠하다, 어찌하다' 부분에 대한 연구가 국어 문장 연구의 출발점인 동시에 도달점이다. '무엇이'와 관련된 체언 부분은 '무엇이'에 한정된 것이 아니라, '무엇을', '무엇에', '무엇에게' 등 체언의 몸바꿈 전체와 관련된다. 이처럼 국어에서 체언과 조사, 용언의 어간과 어미를 하나의 몸바꿈으로 접근하는 것이 국어 문장을 쉽게 이해할 수 있게 하여준다. 이러한 문장을 구성하는 문장성분과 문장의 구성은 문장의 분석에 의해서 얻어진다.

국어학이나 언어학에서 문장이 연구의 중심 대상이 되어온 것은 문장이 언어를 관찰하는데 적절한 단위이기 때문이다. 문장이 언어를 관찰하는 적절한 단위인 사실은 국어 문법서에서 논의한 내용들을 근거로 알아볼 수 있다.

문장이 '통일된 뜻을 가진 언어의 단위'라고 하는 점은 일부 명시적이지 못한 바가 있지만 문장이 우리 생각의 덩어리를 적절한 크기로 나누어준다는 점에서 언어의 연구에서 필요하다. 최현배(1955, 1982)에서는 문장은 적어도 "한 낱의 통일(하나됨)과 따로섬(獨立)"의 두 가지가 있다고 보았다. 여기서 통일은 문장을 의미적인 면에서 규정한 것이고, 따로섬은 의미와 더불어 형태를 고려한 것이다. 하나됨과 따로섬은 모두 추상적이어서 명시적으로 문장을 규정하는 데 부족하지만 문장을 다른 언어 표현과 구별시키는 데 유용하다. 낱말에 대해 "낱말이란 것은, 더 쪼가를 수 없는, 말의 낱덩이(單位)이니: 반드시 어떠한 생각을 가지고, 따로 떨어져서, 말함과 글월을 이루는 직접의 거리가 되는 것이니라." 한 점과 일치하는 바가 크다.

허 웅(1983: 184)에서의 문장의 정의는 분명하다. "글을 쓸 때에 '.', '!', '?'와 같은 부호가 놓이는 자리는 한 '월'이 끝났음을 뜻한다. 이것은, 한 월은 하나의 언어 형식으로서 다른 언어 형식과 어

떠한 말본 상의 긴밀한 관계를 맺지 않음을 뜻하기도 한다", "'월'
이린 그 지체는 하나의 통일성 있는 짜임새이면서, 다른 언어 형식
과는 짜임새를 이루지 않는 언어 형식을 말한다." 하였다. 이는
"풀이말을 중심으로 하여, 임자말과 부림말, 위치말, 방편말, 견줌
말, 어찌말, 인용말, 홀로말들이 직접적으로나 간접적으로 이에 이
끌려 하나의 통일된 짜임새로 묶여지는데, 매김말은 풀이말에 이끌
리지 않는다."고 문장을 규정하고 있다. 이러한 설명은 서술어를
중심으로 하여 이루어지는 다른 문장성분과의 관계를 문장으로 봄
으로써 문장 규정이 명시적이다.[1]

남기심 외(1985, 1989: 230)의 "국어의 모든 문장은 궁극적으로
'무엇이 어찌한다', '무엇이 어떠하다', '무엇이 무엇이다' 중의 한
가지 내용을 담고 있다."라는 설명은 문장을 구성하는 최소의 기본
성분을 제시한다. 이는 주술 구조를 갖춘 문장 구조를 문장으로 인
정하는 문장의 정형성을 제시한 해석이다. 주어와 서술어, 목적어
가 적절한 상황에서 생략이 된다는 사실은 주어, 서술어, 목적어를
비롯한 필수 성분을 모두 갖추어야 온전한 문장이고, 필수 성분의
일부가 생략된 것은 문장성분을 모두 갖춘 문장의 다른 모습으로
보는 것이다.

북한에서는 문장의 통일성과 자립성만을 강조하지 않고 문장의
표식에 비중을 두어 문장을 정의한다. 북한에서의 문장은 주어와
술어로 이루어지는 주술 구조보다 풀이성, 진술성과 같은 서술의
개념이 주가 된다.

---

1) 이러한 규정은 "월이란 것은 한 통일된 말로 들어낸 것이니: 뜻으로나 꼴(형
식)로나 온전히 다른 것과 따로선(독립한) 것이니라."의 최현배(1955, 1982)와
통한다.

문장이 통일성과 독립성을 가진 말의 단위라는 점에 대한 인식은 북한 문법도 같다. 「조선어문법 2권(문장론)」(1963: 9)의 "문장은 일정하게 완결성을 갖춘 생각을 표현하는 바", "문장은 이러저러한 문장 구성 단위들의 전일적인 통일체인 바"에서 볼 수 있다. 「조선어 이론문법, 문장론」(1986: 24-26)에서는 "문장은 무엇보다도 완결된 사상을 나타내는 단위이다. 완결된 사상이란 론리적으로 맞물리고 끝맺이가 뚜렷한 옹근사상이다", "문장은 또한 문법적으로 형식화된 언어행위의 단위이다."라고 하였다.

북한 문법에서는 문장의 표식에 대하여 깊은 관심을 갖고 서술성, 풀이성, 진술성을 제시하였다. 「조선어문법」(1963: 8)에서는 문장의 기본 표식을 '술어성'에서 찾았다. '술어성'은 진술의 내용을 현실에 귀착시키는 것으로 '현실에 관한 제 관계인 양태적 관계', '시칭', 그리고 '계층', '존칭'이 화자와 청자와의 문장론적 관계를 표현한다고 본다. 어조도 문장의 표식이다. 완결된 어조에 의하여 단어의 연결뿐만 아니라 개별적 단어들도 문장의 의의를 획득한다고 본다. 「조선문화어문법규범」(1976: 261)에서는 "문장의 표식은 말하는 내용이 현실과 맺는 련계 즉 풀이성이다."라고 하였다. 이러한 풀이성은 술어성과 동일한 개념이다. 「문화어문장론」(1983: 7)에서는 진술성을 문장의 기본 표식으로 본다. "진술성이란 진술의 내용이 현실에 대하여 맺는 련계의 성격이다. 이것은 진술된 내용에 완결성을 부여하며 언어행위의 그 토막을 문장으로 되게 한다", "진술성의 표현수단으로 되는 것은 전달의 억양과 단어의 서술형이다."라 하였다. 「조선어리론문법 문장론」(1987: 30)에서도 "언어적 수단을 통하여 진술을 현실적인 것으로 파악케 하여주는 것이 진술성이다. 진술성이야말로 문장의 현실적 내용을 실지로 파악케

하며 문장을 다른 문법적 단위와 구체적으로 구별시켜 주는 문장의 기본 표식으로 된다." 하였다.

'서술성, 풀이성, 진술성'에 의한 문장 정의는 문장 표식여부로 문장이 결정되는 것이므로, 주술 구조를 갖춘 문장인가는 다음 논의가 되었다. 문장을 짝구성문과 외구성문으로 나눌 때, 짝구성문과 상대되는 외구성문이 존재한다는 사실은 이미 문장의 표식에 의해 문장의 총괄적인 규정이 이루어짐을 보인다.

1) 직접구성성분 분석

국어 문장이 어떤 구조를 갖고 형성되는가, 우리의 사고가 어떻게 구조화되고 우리의 생각을 나타내기 위해서 어떠한 과정을 갖는가를 밝히기 위해서 문장을 분석한다. 문장을 분석함으로써 문장을 구성하는 재료가 무엇인가를 밝힐 수 있다. 문장을 의미를 가진 최소의 단위까지 분석하였을 때 뜻을 가지고 있는 최소의 단위인 형태소를 얻는다.

문장을 이루는 여러 가지 요소들은 그 요소들의 여러 가지 문법적인 특징에 의하여 문법적 단위를 이루는데, 의미를 가지고 있는 최소의 단위인 형태소부터 문장에 이르는 단위까지에는 여러 가지 중간적 범주의 문법 단위가 있을 뿐만 아니라 동일한 대상에 대하여도 다른 단위로서의 해석이 가능하다. 이러한 단위들은 그 단위를 설정하는 기준이나 목적이 나름으로 인하여 문법 단위 사이에 서로 중복되기도 하고, 단위 사이에 개념상 혼란이 야기되기도 한다.

문장을 이루는 구성은 구성 요소 사이에 우선적으로 구조를 이루는 성분이 있다. 이를 직접구성성분(Immediate Constituent)이라 한다. '저 나무가 아주 푸르다'에서 '저 나무가'와 '아주 푸르다'가 문장의 직접구성성분이다. 문장의 분석은 이러한 직접구성성분 분석 방법에 의해 분석된다. 문장이나 단어를 분석하여 최소의 구성 요소에 도달할 때까지 분석함으로 직접구성성분에 의한 분석이 이루어진다. 더 이상 분석할 수 없는 단위에 이르렀을 때 이 구성요소를 최종구성요소(Ultimate Constituent)라 한다.

우리는 맑은 하늘을 보고 이를 나타내기 위하여 '하늘이 푸르다'라는 문장의 언어 표현을 한다. 언어 표현 이전에 맑은 하늘에 대한 인식 그 자체를 이러한 문장으로 인식하는 것이라고 할 수 있다. 이러한 문장을 도구로 우리가 어떻게 인식하고 인식을 표출하는가를 이해하기 위해 문장의 구성을 분석하는데 '하늘이 푸르다'는 일차적으로 '하늘이'와 '푸르다'로 분석된다.

문장의 분석을 명시적으로 하기 위한 방법으로 언어 형식이 논의되었다. 언어 형식(Linguistic Form)은 문장을 이루는 문장의 구성 형식 모두를 나타낸다. 언어 형식은 문법 연구의 최소 단위인 '형태소'로부터 최대 단위인 '문장'까지를, 또는 그 이상을 포괄하는 문법 단위이지만 문장을 최대의 단위로 보는 것이 일반적이다. 형식의 크기에 한계가 없는 것은 언어 형식이란 '일정한 음에 일정한 의미 내용이 표시되어 있는 것'이기 때문이다.[2]

다음 문장에서 밑줄 친 부분은 모두 언어 형식이다. 그리고 괄호 안의 숫자는 언어 형식의 숫자이다.

---

2) Bloomfield(1935: 160)에서는 "A linguistic form which is never spoken alone is a form; all others are free forms. Some linguistic forms, which we call bound forms are never used as sentence. Forms which occur as sentences are free forms."라 하였다.

(1) 하늘 이   아주 푸르 다
    — — — — — (5)
    — — — —— (4)
    —— — —— (3)
    —— —————— (2)
    ———————————— (1)

　자립형식은 작게는 형태소로부터 크게는 문장에 이르는 포괄적인 범위의 문법 단위이다. 이 점이 '최소의 단위'라는 제약이 있는 형태소와 다른 점인데, 자립형식 가운데 가장 작은 언어 형식은 최소자립형식(Minimal Free Form)이다. 최소자립형식은 직접구성성분으로 분석했을 때 구속형식이 있느냐 없느냐에 따라 규정되었다. 직접구성성분 분석이 더 이상 되지 않는 것도 최소자립형식으로 규정하였다. 한 형태소로 된 자립형식(그, 매우)과 자립형식으로서 그 성분의 한 쪽이나(꽃이), 둘 다(아름답다)가 모두 구속형식인 것이 최소자립형식(말마디)이다. 최소자립형식 '꽃이' 안에 또 '꽃'이라는 최소자립형식이 있는 결과가 된다.

　최소자립형식이란 자립형식 가운데 가장 작은 것을 뜻하는데, 이 최소자립형식 안에 다시 최소자립형식이 있다는 것은 최소에 대한 개념의 모순이라 할 수 있다. 그러나 이는 직접구성성분 분석 과정에서 나타난 이중적인 '최소' 개념과 결과물에 나타난 '최소'와의 혼동으로 '꽃이'의 최소자립형식으로서의 자격과는 무관하다.

　최소자립형식을 규정하는 정의 가운데 '자립형식으로서 그 성분의 한 쪽이 구속형식인 형식'이라는 것은 이미 지적한 최소의 문제 외에도, 나머지 자립형식이 최소자립형식을 뛰어넘는 결과를 가져오기도 하는데, 이는 직접성분분석(IC분석)이 최소자립형식을 규정하는 기준이 되기 때문이다.

직접구성성분도 관점에 따라 달리 나타날 수 있는데, 두 가지 이상의 직접구성성분 분석이 가능하다. 이는 성분 분석을 형태론적 입장에서 시도하였는가, 통사론적 입장에서 하였는가의 차이라 할 수 있다.

다음 구조는 이러한 입장을 보여준다.

(2) ㄱ. [[우리는] [[[봄이] [오기를]] [기다렸다]]]
    ㄴ. [[우리는] [[[[봄이] [오기]를] 기다렸다]]

두 가지 분석의 차이는 직접성분 분석 방법의 차이 때문이다. 형태론적 입장에서의 분석은 형태론적 단위라 할 수 있는 어절이 먼저 직접성분을 형성하는 최소의 단위임을 우선적으로 고려한다. 이에 비해 통사론적 입장은 문장 구성에서 문법적 관계를 먼저 고려한다.

국어의 최소자립형식이 형태론적 해석보다는 통사론적 해석이 중시되는 것은 문장성분이 '구'나 '절'로 이루어질 때인데, 통사론적 해석은 변형생성 문법의 구문구조 분석 방법과 밀접한 관계를 가지고 있다.

2) 문장의 선적 구조

단어들이 모여서 문장을 이룰 때 어떤 성분은 문장의 앞에 오고, 어떤 성분은 뒤에 온다. 국어의 경우 문장성분의 위치가 비교적 자유스럽지만, 영어는 어순이 고정되어 문장성분의 위치가 문법성을 결정한다.

(3) ㄱ. 새들이 봄을 노래한다. Birds sing a spring.
ㄴ. 봄을 새들이 노래한다. *A spring birds sing.
ㄷ. 노래한다 새들이 봄을. *Sing birds sing spring.

언어의 어순은 문장성분 가운데 주요성분인 주어(Subject), 목적어(Object), 동사(Verb)의 순서를 중심으로 비교하는데 보편적으로 나타나는 어순은 SOV와 SVO, VSO 어순이다. 다른 문장성분들 역시 언어마다 어순이 다른데 특히 수식어와 피수식어 사이의 어순이 언어마다 다르다. 다음은 국어와 비교되는 다른 언어의 어순이다. Hawkins(1983: 2-3) 참조.

(4) ㄱ. VSO형: Lladdodd   y ddraig   y dyn. (웨일즈어: Welsh)
        죽였다   용이   그 사람을
ㄴ. VOS형: Nahita   ny vehivavy ny mpianatra. (마다가스카르어: Malagasay)
        보았다   여자를   학생이
ㄷ. OVS형: Toto   yonove   kamara. (힉스카리아나어: Hixkaryana)
        사람을 잡아먹었다 표범(재규어)이

국어의 어순이 자유롭고, SVO 어순이 아니고 SOV 어순인 점은 격조사와 관련이 있다. 주어와 목적어는 모두 명사어로 이루어지는데 명사어만으로는 어떤 문장성분인지 알 수 없다. 국어의 경우 명사어의 문장에서의 기능은 격표지에 의해 표시된다. 격표지가 있기 때문에 어순이 바뀌어도 문장성분이 분명히 표시된다.
영어는 격표시가 없이 어순에 의해 문장성분을 구분한다. 어순에 의해 성분의 기능을 표시하기에 어순이 고정될 수밖에 없다. 현대영어의 어순은 SVO이지만, 고대 영어는 SOV 어순이었다고 한다. 당시에는 성분의 자격을 표시하는 표시가 있었을 것으로 예측할 수 있다.

국어의 어순은 비교적 자유롭지만 좀더 기본적인 순서가 있다. 주어가 목적어에 앞서고 동사는 문장 끝에 온다. 수식어(관형어, 부사어)는 피수식어(체언, 용언)의 앞에 오는데 이 어순은 고정성이 강하다.[3]

부사어는 용언을 꾸미는 수식어이므로 피수식어인 용언 앞에 오는 것이 원칙이다. 그러나 부사는 용언만을 수식하는 것은 아니다. 명사, 관형사나 다른 부사, 또는 구(마디)나 문장(월)을 꾸미기도 한다.[4] 부사는 크게 특정한 성분을 수식하는 성분부사와 문장 전체를 꾸미는 문장부사로 나눈다.[5] 의미를 기준으로 볼 때 부사는 대체적으로 '강조, 시간, 빈도, 양, 장소, 정도, 태'와 같은 배열 순서를 가진다.

어순의 차이는 의미나 초점의 차이를 가져온다. 국어에서 동사는 보통 문장 끝에 오지만 특정 목적을 위해서 동사가 문장의 끝에 오지 않기도 한다. 목적어가 문장 앞에 오기도 하고 동사가 문장의 앞에 오기도 한다. 이는 모두 특정한 목적을 위한 어순 바꾸기이다.

종속적인 관계를 가지고 있는 합성어의 순서는 수식 관계에 의하

---

3) 사모아어(Samoan)의 경우 수식어, 피수식어의 어순이 국어와 반대이다.
   ㄱ. o le paopao   o Tavita
      커누   다비다의   (다비다의 커누)
   ㄴ. o le teine   puta
      소녀   뚱뚱한   (뚱뚱한 소녀)
4) 부사가 명사를 꾸미는 보기는 '바로 옆', 관형사를 꾸미는 보기로 '아주 새', 다른 부사를 꾸미는 보기로 '아주 잘'이 있다.
5) 문장부사는 성분부사와 달리 자리옮김이 자유스러운데 그 보기는 '과연, 실로, 물론, 설마, 아마, 만일, 제발, 아무쪼록' 등이다. 그리고 문장부사에는 접속부사(그리고, 그러나…)를 포함하기도 한다.

여 순서가 결정되지만, 대등적 합성어의 어순은 복합적 요인에 의하여 결정된다. '나를 가장 잘 묘사하거나 가장 잘 특징짓거나 나와 가장 비슷한 것, 그리고 나와 가까운 것이 먼저 쓰이는 것', 또는 '시간의 선후, 화자로부터의 원근, 중요성의 비중, 성별, 강약, 긍정과 부정, 상하, 내외' 등이 두 단어 결합의 순서의 근거가 된다.

시간적으로는 먼저 것이 앞에 와 '앞뒤, 여닫다, 나들이, 들락날락, 밤낮(晝夜), 전후, 개폐, 출입, 오르내리다, 오나가나'이고, 화자와 가까운 위치에 따라, '오가다, 여기저기', 중요성에 따라 '한일(韓日)', 성별에 따라 '오누이, 부모(엄마, 아빠)', 성인이 우선하여 '부자, 모녀, 노소', 강약에 따라 '총칼, 문무', 긍정이 부정보다 앞에 와 '선악, 가부, 유무'의 순서이다. '물불, 바지저고리'는 중요성의 어순으로 보기에는 무리한 바가 있다. 공간에서 '높낮이, 아래위(上下), 손발, 천지, 고저'는 위를 먼저, '안팎, 심신, 내외'는 내부를 우선하였다. 순 우리말은 가로세로이지만 한자어는 세로가로 즉 종횡(縱橫)이고, '논밭(田畓), 마소(牛馬), 죽살이(生死)'도 다르다. 고유어와 한자어와의 차이는 문화적 차이를 반영하는 것이다.

기준 시점이 없을 때는 자연 시간에 근거하고 기준 시점이 있을 때는 기준 시점에 근거한다. 예컨대 '오르내리다'의 기준점은 내린 지점, '나들다'의 기준점은 든 곳으로 제시할 수 있다. '죽자사자, 자나깨나' 등도 정상적인 상태에서 벗어났다가 돌아옴과 같은 방법으로 기준점과 관련된다.

국어 어미의 어순에서 파생접사와 같은 파생의 어미가 굴곡의 어미에 비해 어근에 가까운 것은 이 어미가 어휘적인 특질을 가지고 있기 때문이다. 또 굴곡의 어미들 가운데 문장의 통어적인 특징을 가지고 있는 어미가 화용적인 의미를 가지고 있는 어미보다 어근에 가깝게 자리한다.

주체높임의 '시'가 다른 어미에 비해 어근과 가까운 것은 이것이 문장의 주어와 관련된 통어적인 일치의 관계를 이루고 있기 때문이다. 이에 비해 문장의 종류와 종결을 나타내는 어미는 가장 뒤에 위치한다. '요'나 'ㅂ니까'에 의한 상대높임이 주체높임의 뒤에 오는 것은 이들이 문장 안의 요소가 아닌 문장 밖의 요소인 발화의 상대자와 관계하고 있기 때문이다.

보조동사는 선행 동사와 함께 동사구성을 이루어 단일한 동사의 의미로 해석되지만, 선행 본동사가 제시하는 의미는 문장의 서술어로서의 의미인 반면에 보조동사구성이 제시하는 의미는 화자의 서술 기능을 한다는 점에서 구별된다. 보조동사구성에서 선행 동사는 주체의 서술의 의미를 가지고 있지만 보조동사는 주체와 관련된 의미 관계는 없고 말하는 이의 심적 상태와 관련된 것으로 해석된다. 이러한 의미를 근거로 보조동사구성의 구조를 도표로 나타내면 다음과 같다.

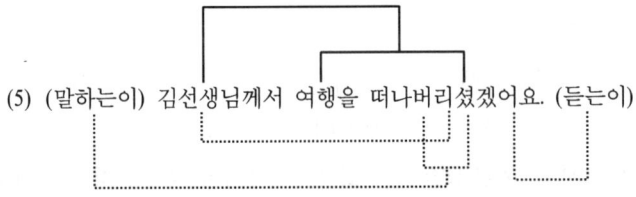

(5) (말하는이) 김선생님께서 여행을 떠나버리셨겠어요. (듣는이)

위 직선의 관계는 통어적인 계층 구조를, 아래 점선은 구성 요소의 관계를 보인 것이다.

문장의 통어적인 구조와 화용적인 구조를 심층적인 차원 하에서 하나의 구조로 나타내고 이를 표면 구조로 유도하는 것은 어려운 일이다. 문장의 구조를 구조 표시로 나타내는 것은 문장의 짜임을 이해하기 위한 수단이지 목적은 아니기 때문이다. 통어적인 구조와 화용적인 구조를 하나의 차원에서 구조화하려면 구조상의 문제가 생긴다. (5)에서도 보조동사의 구조는 주체높임의 표시가 된 문장과 연관지으면 구조상의 문제가 생긴다. 보조동사는 말하는이와 관련되지만 '시'는 주체높임과 관련되기 때문에 순서상에서 적절한 연속관계를 이루지 못한다.

화용적인 의미해석과 통어적인 구조 의미해석을 단층적이고 일차원적인 구조로 설명하는 것보다 복층적이며 다차원적인 연관으로 해석하는 것이 이런 점에서 필요하다. 그러나 이러한 짜임새는 보조동사를 양태적 의미로 해석하는 것으로, '떠나버리'를 동사의 접속이나 보문 구조로 해석하면 통어적 구조, 말하는이, 듣는이의 순서가 유지된다. 보조동사의 문법적 특징이 보조동사의 문장에서의 쓰임새를 근거로 확인되는 것이지만, 반대로 보조동사들의 적절성 여부를 판단하는 근거가 된다.

중세 국어에서 객체높임의 어미와 주체높임의 어미의 순서는 'ᄒᆞ습시논'에서 볼 수 있는 바와 같이 객체높임의 어미가 주체높임의 어미보다 어근에 가깝다. 이는 직접구성의 원칙에서 보아 목적어가 서술어보다 일차적인 결합 관계를 갖기 때문이다.

3) 문장의 계층 구조

문장을 구성하는 성분은 성분들 사이에 더 가깝고 덜 가까움에 따라 성분들의 묶음을 이룬다. 그리고 이러한 성분들의 묶음은 결과적으로 계층 구조를 이룬다. '뚱뚱한 사장님의 사모님'은 두 의미를 갖고 있는데, 이는 다른 계층 구조를 가지고 있기 때문이다.

(6) ㄱ.　　　　　　　　　　　　　ㄴ.
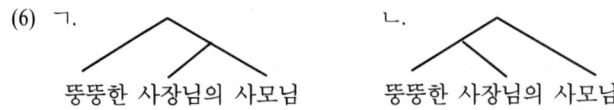
　　뚱뚱한 사장님의 사모님　　　　뚱뚱한 사장님의 사모님

　　주어, 목적어, 서술어로 이루어지는 문장은 문장성분이 셋이어서
직접구성에 의한 계층이 생긴다. 목적어와 동사가 주어보다 일차적
직접구성성분을 이룬다고 볼 만한 이유로, 먼저 타동사는 자동사와
달리 목적어를 요구하는 동사이므로 타동사와 목적어가 일차적 연
관성을 가지고 있음을 들 수 있다. 대용화에서도 주어와 목적어의
결합에 대한 대용이 불가능하지만, 목적어와 서술어에 대한 대용화
가 가능함을 근거로 들 수 있다.

　　(7) ㄱ. 우리는 책을 읽는다.
　　　　ㄴ. 그들도 책을 그런다.
　　　　ㄷ. 그들도 그런다.
　　　　ㄹ. 그들도 그것을 그런다.

　　주어와 서술어가 대립적 구조를 이루는 가운데 목적어는 서술어
에 의한 선택으로 직접구성을 이루고, 대용에서도 목적어와 서술어
가 함께 대용을 이룸을 보여준다.
　　선형 구조는 단어 또는 형태소가 순서적으로 나타나 시간적이며
평면적이다. 이에 비해 계층 구조는 단어나 형태소의 배열로 나타
낼 수 없어 공간적이며 입체적이다.
　　계층 구조를 나타내기 위해 여러 가지 방법이 고안되었다. 이들
가운데 나무그림 구조(수형도)는 계층 구조를 알기 쉽게 해 줄 뿐
만 아니라, 문장을 구성하고 있는 성분을 문법 범주로 표시하기에
적절하여 문장 구조를 나타내는데 많이 이용되었다. 괄호에 의한

문장 구조 표시도 구조를 간략히 나타낼 수 있는 이점 때문에 많이 이용된다.

'저 나무가 아주 푸르다'라는 문장을 직접구성성분 분석 방법에 의하여 분석하고 구성 성분 구조를 문법 범주와 함께 보이면 다음과 같다.

(8)

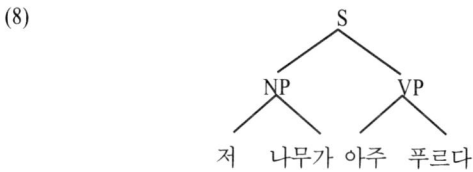

국어의 구절구조 논의에서 가장 중심적이며 다양한 해석을 가질 수 있는 구조가 동사구 구조이다. 구조의 계층성은 성분의 어순과도 밀접하게 연결되어 있기 때문에 선적 구조와 계층 구조를 같이 논의하게 된다.

동사구의 선적 구조와 계층 구조를 알아보기 위해 동사구에 여러 가지 문장성분이 포함되어 있는 경우를 살펴본다. 이러한 문장이 실제로 잘 쓰이지 않지만 가능한 문장 표현으로, 이상적인 언어 환경을 전제로 최대한의 구성을 고찰한다는 의미에서 다음 문장을 살펴본다.

(9) 성호가 진선이와 학교에서 나무로 장난감을 만들었다.

주어와 동사의 어순은 비교적 고정되어 있지만 다른 동사구 성분들, 즉 목적어, 위치어, 방편어, 견줌어 등의 어순은 자유스럽다. 주어와 서술어를 고정하더라도 동사구 내부에서 네 가지 성분의 어순의 바뀜에 따라 나타날 수 있는 문장의 유형은 이론적으로 4!(4×3×2×1=24) 24가지이다.

이 네 성분들은 동사와 분리되어 하나의 묶음을 구성하지 않는다. 즉 동사와 함께 동사구에서 한 묶음을 이룬다. 동사구 내에 있는 명사어들 '목적어, 위치어, 방편어, 견줌어'는 동사구 내의 문장 성분의 이동이 자유스럽고 표현이 다양하여 어느 어순이 가장 기본적인가를 밝히기가 쉽지 않다. 여기서는 몇 가지의 기본 원리로서 잠정적으로 다음과 같은 어순을 기본 어순으로 본다.

(10) ㄱ. 주어　견줌어　방편어　위치어　목적어　서술어
　　　ㄴ. 성호가 진선이와 나무로 학교에서 장난감을 만들었다.

(10)과 같은 어순을 기본 어순으로 한 이유는 목적어와 동사는 구조적으로 가장 밀접하기 때문이다. 즉 자동사 '가다'에 비해 타동사는 '밥을 먹다'로 짜인다. 그러므로 자동사의 서술성과 '목적어+타동사'의 서술성이 일대일 대응하는 것으로 보아, 목적어가 동사와 가장 가까운 위치에 있는 것으로 본다. 자동사의 경우에도 위치어, 방편어, 견줌어가 나타나지만 목적어는 타동사와만 공기하는 밀접성을 가지는데 이 점은 어순에도 반영된다.

위치어(위치말)를 동사와 두 번째로 가까운 위치에 놓은 이유는 위치어 가운데 간접목적어로 불리는 'N에게'가 목적어와 가장 밀접한 관계를 유지하기 때문이다. 또한 다른 위치어들도 자동사와의 공기 관계에서 볼 수 있는 바와 같이 동사와 밀접한 위치에 놓인다.

견줌어(견줌말)를 주어와 가장 가까운 위치에 둔 이유는 이 견줌어가 'N1과 N2' 같은 명사어의 이음말과 짝을 이루기 때문이다.

이러한 짝을 이룬다는 것은 주어와 견줌어가 밀접한 위치에 놓일 수 있는 근거가 된다. 결과적으로 남은 방편어는 견줌어와 위치어의 사이에 놓이게 된다.

이러한 어순을 전제로 동사구 내부 구성 성분들의 계층성 여부를 확인할 수 있다. 동사구도 계층이 있다는 전제 하에서 구성성분들의 의미 관계를 고려하면 다음과 같은 두 가지 계층 구조를 가정할 수 있다.

(11) ㄱ. [진선이와 [나무로 [학교에서 [장난감을 [만들었다]]]]]
　　ㄴ. [[[[[진선이와] 나무로] 학교에서] 장난감을] 만들었다]

(11)의 두 가지의 의미 구조 가운데 (ㄱ)을 합당한 것으로 본다. 그 이유는 명사와 동사와의 직접구성에 의한 계층적인 확장이 동사구에서 가능한 것이지 명사만의 직접구성성분을 이룬다고 볼 수 없기 때문이다. 이 구조를 나무그림으로 나타내면 다음과 같다.

(12)

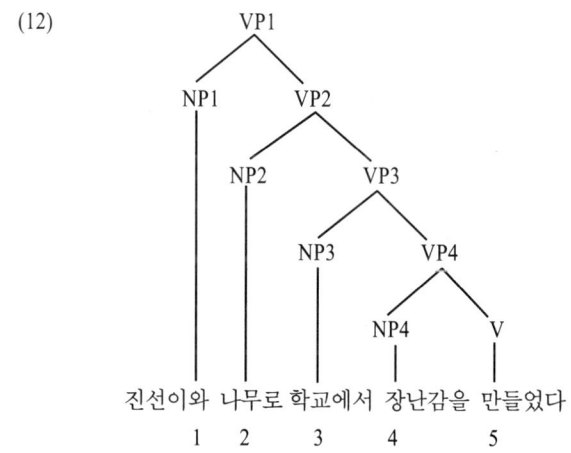

동사구 내부의 구조가 이러한 계층 구조를 가지고 있다고 보는 통사적 이유로 대용화를 들 수 있다.

(13) ㄱ. 진선이가 유미와 나무로 학교에서 장난감을 만들었다.
　　 ㄴ. 성호도 그랬다.
　　 ㄷ. 성호도 유미와 그랬다.
　　 ㄹ. 성호도 유미와 나무로 그랬다.
　　 ㅁ. 성호도 유미와 나무로 학교에서 그랬다.
　　 ㅂ. 성호도 유미와 나무로 학교에서 장난감을 그랬다.

(13)의 대용화는 (12)의 계층 구조에서 설명이 가능하다. 계층 구조와 대용화의 짝은 '(5)-ㅂ, (4+5)-ㅁ, (3+4+5)-ㄹ, (2+3+4+5) -ㄷ, (1+2+3+4+5)-ㄴ'이다. 여기서의 대용화는 용언 대용인데, (1+2)와의 대용화나 (2+3+4)의 대용화와 같이 계층 구조상에서 독립된 직접구성성분을 이루지 못하는 경우는 대용화가 불가능하다. 반드시 서술어를 기본으로 하여 직접구성성분을 형성하면서 대용화를 이룬다. 이 구조가 문제점이 전혀 없는 것은 아니다. 우선 여러 문장성분을 지배하는 동사가 구조상에서 가장 낮은 곳에 위치한다는 점이다.

국어에는 동사가 연속적으로 연결되어 다양한 의미를 표현하는 보조동사구성이 있다. 보조동사구성은 동사구 내부 구조의 어순과 계층 관계를 설명하는 데 도움이 된다. 보조동사구성의 보기도 다소 어색하더라도 이상적으로 가장 길게 나타나는 보기를 보이기 위해 다음 문장을 보기로 들고 이 구성의 어순과 계층성 여부를 파악한다.

(14) 내가 사과를 먹어 보아 주어 버렸다.

보조동사와 본동사는 보조동사구성이라는 한 묶음을 이루는 특징을 갖고 있어 이동을 비롯한 문법 작용에서 같이 행동한다. 구성이 분리된 상태에서는 이동이 불가능하다. 생략과 접속의 통사 현상도 보조동사구성이 하나의 묶음으로서 기능함을 보여준다. 본동사와 보조동사 또는 보조동사와 보조동사 사이에는 다른 문장성분이 끼어들지 못한다.

보조동사구성은 본동사가 제일 앞에 위치하는 것을 제외하고는 모두 자리를 바꿀 수 있다. 보조동사끼리 자리를 바꾸는 경우는 다른 의미를 나타내기 위한 것으로 의미가 달라지기 때문에 기본적인 어순을 구할 수 없다.

보조동사구성의 어순에 따른 의미 차이는 보조동사구성의 계층성과 밀접한 관계가 있다. 보조동사구성은 선적으로 연결되어 있어 대등적으로 보인다. 그러나 '먹어 보아 주어 버리다'의 경우를 살펴보면, '먹다'라는 본동사에 시행의 보조동사 '보다'가 합하여져서 '먹어 보다'라는 동사가 이루어지고, '먹어 보다'에 다시 도움의 보조동사가 연결되어 '먹어 보아 주다'가 이루어지고, 여기에 끝남의 보조동사 '버리다'가 연결되어 '먹어 보아 주어 버리다'가 이루어진다. 연속되는 여러 개의 보조동사들은 배열 순서에 따라 다른 의미 영역을 갖게 된다. 가장 뒤에 나타나는 보조동사가 가장 큰 의미 영역을 가진다. 보조동사구성을 계층 구조로 묘사하면 이러한 영역의 차이를 보여줄 수 있다.

이 동사의 결합체는 단일한 동사처럼 기능한다. 순서석으로 식접구성성분을 이루고, 다시 직접구성을 이루는 계층적인 구성을 가지고 있다. 구조로 나타내면 다음과 같다.

(15) [[[[먹어] 보아] 주어] 버리다]

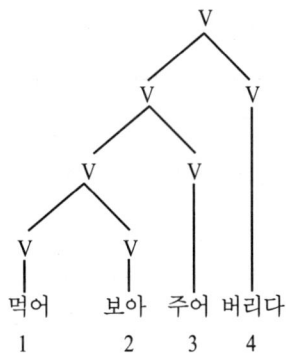

먹어　보아　주어　버리다
1　　　2　　　3　　　4

　(15)에서 1은 2와 접속하고, 1+2는 3과, ((1+2)+3)은 4와 접속하는
것이다. 이러한 구조는 어순의 차이에 의한 문장들이 가지고 있는
의미의 차이를 설명할 수 있다.
　보조동사구성의 이러한 계층 구조는 보조동사구성의 대용화를
효과적으로 설명할 수 있을 뿐만 아니라 보조동사구성의 계층 구
조를 확인하여 준다. 보조동사구성은 구성 전체나 본동사의 대용은
가능하지만 보조동사만의 대용은 불가능하다. 보조동사의 연속에서
대용화는 선행 보조동사구성에 대해서 가능하다. 이러한 보조동사
구성의 대용 현상은 다음과 같다.

　(16)　ㄱ. 나도 아기를 안아 보아 주었다.
　　　　ㄴ. 나도 아기를 그래 보아 주었다.
　　　　ㄷ. 나도 아기를 그래 주었다.
　　　　ㄹ. 나도 아기를 그랬다.
　　　　ㅁ. 나도 그랬다.

　(16ㄴ,ㄷ)은 보조동사의 연속에서 대용이 선행 보조동사구성을

대상으로 이루어짐을 보여준다. 계층 구조를 설정함으로써 대용화 현상은 간단히 설명할 수 있다.

국어에서 동사가 연속적으로 이어지는 짜임새는 합성동사, 보조동사구성, 통어적구성의 세 가지이다. 합성동사는 문접속([···V···]s+[···V···]s), 통어적구성인 동사 합성어([[V]+[V]]VP), 합성동사([V+V]v)의 순서를 거쳐 이루어진다고 볼 때, 통어적구성과 생길 수 있는 구조상의 혼동을 방지하고 보조동사가 본동사와는 다른 통사, 의미적 기능을 가지고 있는 점을 고려하여 Vaux로 범주 표시를 하는 것이 좋다.

이렇게 Vaux를 인정하더라도 두 V, 즉 단순동사 V와 보조동사구성의 V 사이의 범주를 구별할 필요가 있다. 통사, 의미적인 특징으로 볼 때 보조동사구성은 형태적 구성인 합성동사와 문장의 접속인 통어적구성의 특징을 이중적으로 가지고 있는 형태·통어적구성이다. 문장 구조적인 측면에서 보아 보조동사구성의 통어적구성으로서의 특징은 구 범주(Phrasal Category)로서의 특징이고, 형태적 구성으로서의 특징은 어휘 범주(Lexical Category)로서의 특징을 보이는 것이다.

보조동사구성은 형태·통어적구성으로서 구 범주와 어휘 범주를 두루 걸치는 중간적 범주이다. 이러한 중간적 범주를 표시하기 위해서는 X' 통사론의 개념을 받아들여, V'를 설정하는 것도 효과적 방법이다. 보조동사구성의 V'는 합성어와 통어적구성의 중간 단계임을 보여주는 것이기에 X'이론의 범수 연계성과 차이가 있지만 중간 범주를 보이기에 효과적이다.

보조동사구성이 연속적으로 이루어짐을 나타내기 위해서는 순환규칙이 필요하다. 순환규칙 'V'→V' Vaux'를 단일 동사 V와 구별되는 V'를 보조동사구성에 두면 보조동사구성의 순환적 생성을 보일 수 있다.

　본동사와 보조동사의 결합인 보조동사구성이 단일한 동사 V보다 한 차원 위의 범주인 V'로 존재하는 모습을 보이는 구조는 다음과 같다.

(17)

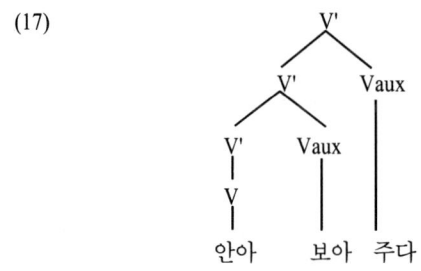

4) 속구조와 겉구조의 인식

　한 문장에 둘 이상의 의미가 있어서 중의적이라고 해석되는 문장들이 있다. 이러한 문장들은 한 형태를 갖는 문장이지만, 더 살펴보면 뜻이나 원래의 구조가 다른 문장이 같은 모습을 갖게 된 문장들이다.

　'선생님이 보고 싶은 학생이 많다'는 '선생님이 보고 싶어하는 학생들이 많다'와 '선생님을 보고 싶어하는 학생들이 많다'의 두 문장이 한 표현으로 나타난 것이고, '유성이는 성호보다 칠현이를 더 좋아한다'는 '유성이가 칠현이를 좋아하는 것은 성호가 칠현이를 좋아하는 것보다 더하다'와 '유성이가 좋아하는 것은 성호가 아닌 칠현이다'라는 두 의미가 한 표현으로 나타난다. '유성이는 성호를 자기의 책상에서 공부하게 하였다'에서는 '자기'가 유성이인가, 성호인가에 따라 다르다. '그가 말을 하는 것이 이상하다'도 두 가지 의미가 있다.

다른 두 의미를 설명하는 방법으로 심층 구조와 표면 구조를 구별하고 두 구조를 변형으로 연결하는 방법이 있는데 변형생성 문법은 이러한 배경을 가지고 있다. 영어에서의 대표적 보기인 'The chicken is ready to eat', 'Flying plane can be dangerous', 'The dog is too hot to eat'는 모두 두 의미가 있고 표면 구조에서는 한 문장이지만 심층 구조에서는 다른 두 문장으로 해석된다.

반대로 표현이 다르게 쓰인 문장들 가운데에는 결국 하나의 문장으로 해석되는 문장의 관계가 있다. '선생님이 나에게 책을 주셨다'와 '나에게 선생님이 책을 주셨다', '선생님이 책을 나에게 주셨다'는 순서가 달라 강조 등과 같은 화용 의미는 다르지만 문장 의미는 같다. 이들은 이동에 의해 관련성이 파악되는 문장이다.

'선생님은 나에게 그 모임에 갈 것을 권고했다'와 '선생님은 나에게 그 모임에 갈 것을 약속했다'는 문장 구조가 비슷해 보이지만 의미 구조가 전혀 다른 문장의 관계이다. 영어에서는 'John is eager to please'와 'John is easy to please'가 대표적인 보기이다.

두 구조를 연결하는 대표적 변형규칙으로는 이동, 삽입, 탈락, 대치가 있다. 국어에서 자주 논의되는 변형과 관련된 문장들의 보기는 다음과 같다.

(18) ㄱ. 나는 성호가 천재라고 생각한다.
　　　나는 성호를 천재라고 생각한다.
　　ㄴ. 비가 오지 아니한다.
　　　비가 안 온다.
　　ㄷ. 나는 그가 웃게 했다.
　　　나는 그를 웃게 했다.

변형 규칙과, 심층 구조와 표면 구조의 구별은 언어에서 설명하기 어려운 여러 가지 현상에 대해 설명력을 부여해 주었다.

국어 문법에서 심층 구조 또는 속구조에 대한 해석은 문법 해석에서 중요한 차이가 있다. 속구조를 문법 해석에서 도입하는가 하지 않는가는 문장의 구성을 비롯하여, 문법 단위, 복문 구조, 문장 유형의 해석을 완전히 다르게 한다.

남한의 문법에서는 속구조를 인정하는 문법 범주 인식이 있어 생략된 성분을 속구조에서 인정한다. 이에 비해 북한 문법에서는 속구조를 인정하지 않는다. 북한 문법에서 복합문은 속구조를 인정하지 않고 주어와 서술부를 갖춘 두 구성만을 복합문으로 인정하는 것이 보편적 경향이다. 북한 문법에서 속구조를 인정하지 않는 이유는 문장의 표식과 관련이 있다.

허 웅(1983: 265-276)에서는 명사절이나 관형사절, 부사절에 대한 속구조도 인정하였다. 적절한 조건에 의해서 성분이 줄어 없어진 경우도 '마디'로 다룬다. "임자말이 줄어 없어진 채로 마디로 바뀌는 일도 있다." 하며, "가기(가) 싫다", "밥을 너무 빨리 먹음은 건강에 해롭다", "아름다운 꽃(빠져나간 매김마디)", "우물을 깊게 파라/우물을 [우물이 깊게] 파라(어찌마디)"의 보기를 들었다. 속뜻으로 보아서는 주술 관계가 유지되고 있다고 보는 것이다.

「고등학교문법」(1985: 127-129)에서는 관형사절로 안김에 대한 설명을 하는 가운데 성분이 생략된 절에 대하여 논의하고 있다. 절에 대한 속구조를 인정한 해석이다. "어떤 성분이 생략된 관형사절 중에서 주어는 그대로 있고 주어 이외의 성분이 생략된 것은 '절', 주어가 생략된 것은 '구'(句, 곧 관형사구)로 보기 쉽다. 그러나 한 성분이 생략되기는 어느 쪽이나 마찬가지므로 이들을 모두 절로 본다."고 하였다. '앞발이 짧은 토끼가 뜀질을 잘하는 까닭을 알겠지', '도서관은 공부를 하는 학생들로 가득했다', '넓은 밭에는 보리가 누렇게 익어가고 있었다', '철수가 그린 풍경화가 전람회에서 특선으로 뽑혔다', '섬 주위에는 옛날의 파도의 자취가 새겨져 있는 바위가 널려있다'의 보기를 들었다.

남한에서 주술 구조를 갖춘 절이 내포된 경우 복문으로 보는 것에 비해, 북한에서는 접속문만을 단일문에 대한 복합문으로 보고, 내포문은 단순문에 대한 확대문으로 보는 분명한 차이가 있다. 이어진 문장(접속문)도 주술 구조가 겉구조에 분명히 드러나지 않은 문장은 복문이 아닌 단문으로 다루기도 한다. 속구조를 인정하지 않는 입장에서는 한 단어로 된 '관형어, 부사어, 명사어'를 문장 차원의 절로 인정할 수 없다. 따라서 문장의 한 성분으로 해석하게 된다. 속구조를 인정하는 관점에서는 안긴문을 이루는 요소들은 문장의 한 구성 성분의 역할을 하는 절을 가진 복문으로의 해석이 자연스럽다.

북한 문법에서는 '구조적 특성'에 따라 '짝구성문'과 '외구성문'의 구분을 비롯하여, 안긴문은 단순문에 대한 전개문이나 확대문으로, 이어진문은 단일문에 대한 복합문으로 다루는 점도 남한 문법과 비교된다.

5) 중간 범주와 핵어중심구조

핵어중심구조 또는 X' 구조는 선동적인 구절구조가 범주 유형의 수가 지나치게 제약되어 있어 실제 언어에서 나타나는 어휘 범주와 구 범주의 중간 범주를 나타낼 수 없고, 문장 구성 규칙의 종류를 제한하고 있음을 극복하기 위해 고안되었다. 구 범주보다는 작지만 어

휘 범주보다는 큰 범주가 존재함이 여러 가지 사실에서 증명된다.[6]

영어의 명사구 'the king of England'는 'the+king of England'로 분석이 가능한데, 'king of England'는 'the king of England'와는 같은 분포에서 쓰일 수 없기 때문에 같은 NP라 할 수 없다. 그래서 중간 범주가 필요하다.[7] 구 범주인 NP는 X' 구조에서 N"이다. 따라서 이 명사구의 구조는 다음과 같다.

(19)

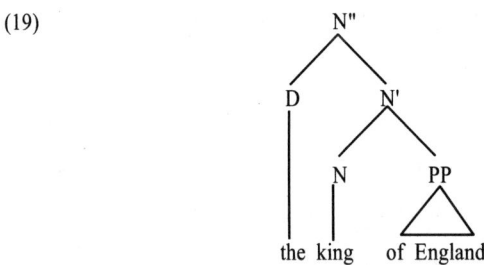

위 보기에서 'king of England'는 하나의 단위로 기능하지만, 한 어휘도 아니고 구 범주인 'the king of England'와도 구별된다.

동사구의 경우 VP와 V의 중간 범주를 설정할 필요가 여러 가지 통사 현상에서 나타난다. 'might have been taking heroin'에서 'taking heroin'은 단위로 이동할 수 있으나 'been taking heroin'이나 'have been taking heroin'은 단위로 이동할 수 없는 사실이나, 'begin'이나 'see'와 같은 동사가 하위범주로 하는 것이 전체 VP가 아닌 V'인 점 등을 그 예로 들 수 있다. Radford(1988: 231) 참조. 따라서 동

---

6) Radford(1981: 79-117, 1988: 167-280) 참조.
7) 다음은 대표적인 보기이다. Radford(1988: 69)에서는 다른 보기도 들고 있다.
  The king of England opened Parliament.
  *King of England opened Parliament.

사구는 (20)과 같은 구조를 갖는다. 이 구조에서 ASP는 'Aspectual Auxiliaries(have/be)'인데 Jackendoff(1977)에서는 지정어(Specifier)로 보았다.

(20)

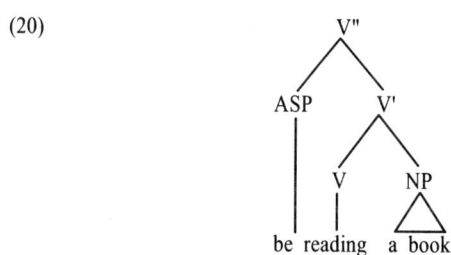

동사구에서 V'를 세우는 것은 여러 종류의 동사 수식어(Verbal Modifier)의 통사 현상을 설명하는 데 유용하다.[8] 중간 범주인 바(Bar) 범주는 구 범주보다 작은 범주라 하여 작은 구(Small Phrase) 라고도 한다.

국어의 명사수식구성 'N1 N2'와 보조동사구성 'V Vaux'는 형태적

---

8) 동사구에서도 명사구에서와 같이 보어와 부가어의 구별이 나타나는데, 명사 구에서와 같이 부가어는 V'의 자매이며 딸이고, 보어는 V의 자매이며 V'의 딸 범주임이 확인된다. 그 보기를 들어 구조로 보이면 다음과 같다. 다음 문장은 구조적으로 중의적이다. X'이론으로 이에 대한 설명이 가능하다. 전 치사구는 (ㄱ)에서는 보어이고, (ㄴ)에서는 부가어이다.

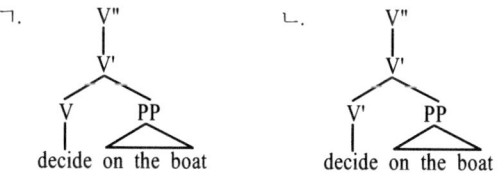

이처럼 V' 범주의 설정으로 'decide on the boat'가 가진 중의성은 구조적으 로 해석된다.

구성과 통어적구성의 양면성을 지닌 형태·통어적구성이다. 이들은 문법 단위의 측면에서는 형태적 구성인 '단어'와 통어적구성인 '구'의 양면성을 가지고 있다. 그러므로 단어와 구의 특징을 동시에 지닌 단어와 구 사이의 중간 범주를 상정하지 않을 수 없다.

명사구(NP)는 중심어(Head)가 명사(N)이고, 관형어는 부가어(Adjunct)이다. 'NP1의 NP2' 구성을 관형격 구성이라 하는 것은 'NP1의'가 관형어 구실을 하기 때문이고 'N1 N2'를 명사수식구성이라 함도 'N1'이 'N2'를 수식하기 때문이다. 여기서 'NP1의'와 'N1'을 각각 'NP'와 'N'으로 구분한 이유는 두 구성이 모두 뒤의 명사어를 수식하지만 범주상의 차이가 있기 때문이다.

관형어의 수식 범위에서 관형어는 'NP1의 NP2' 구성 전체와 'NP'에 대한 수식이 가능하여 중의적인 해석이 이루어지는데, 'N1 N2' 구성에서는 구성 전체에 대한 수식만 가능하지 'N1'에 대한 수식은 불가능하다. 'NP1의 NP2' 구성에 대한 범주 표시로는 다음과 같다.

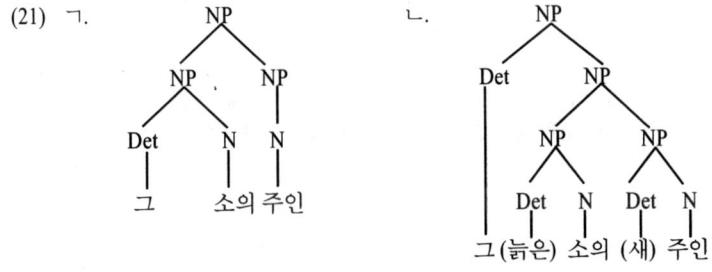

'NP1의 NP2' 구성이 'NP'인 것은 그 범주들이 관형어를 가질 수 있기 때문이다. 그러나 'N1 N2' 구성의 'N'들은 관형어가 나타날 자리가 없다.

(22) ㄱ.*   ㄴ.

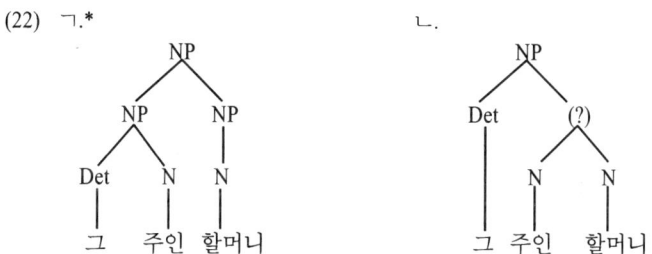

(ㄱ)이 불가함은 관형사 '그'가 '주인'을 수식하지 못하기 때문이다. (ㄴ)에서 의문되는 범주(?)가 'NP'라면 이 'NP' 아래 Det가 올 수 없는 이유를 설명하지 못한다. 그러므로 (?)는 'NP'가 될 수 없다. (?)를 'N'이라 하는 것은 '주인 할머니'를 합성명사로 보는 것이다. 이 경우 이 구성이 가진 여러 가지 통어적 특징을 설명할 방법이 없다.

단어의 범주와 구 범주의 특징을 동시에 지녔고, 어느 한 쪽 범주로 소속시키기가 어려운 형태 · 통어적구성인 명사수식구성에 대해 중간 범주로 범주 부여하는 것이 이런 점에서 논의할 만하다.

보조동사구성에 대한 문법 범주는 이 구성이 가진 형태 · 통어적 구성으로서의 특징 때문에 V나 VP, 또는 '단어'나 '구'의 범주 가운데 어느 것이라 하기 어렵다. 따라서 이 구성에 대한 중간 범주의 필요성과 가능성이 논의된다.

부사어의 수식에서 통어적구성의 경우 구성 전체뿐만 아니라 선행 동사 VP에 대한 수식이 가능하지만, 보조동사구성은 선행 본동사만의 부사어 수식은 불가능하다.

동사의 통어적구성에 의한 연결에서 이 범주가 실제로 나타나는 것은 다음과 같다.

(23) ㄱ.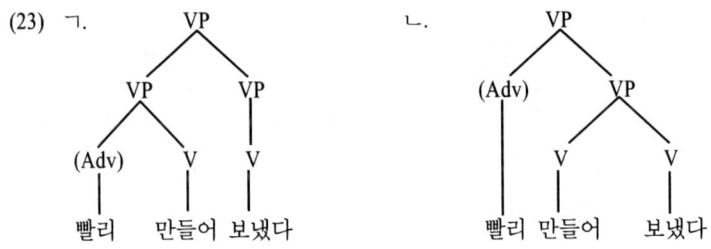

부사어가 나타나지 않을 수도 있지만 부사어가 나타나는 경우 선행 동사, 후행 동사, 동사 구성 전체를 불문하고 부사가 나타날 수 있는 자리가 있다. 그러나 보조동사구성에서는 구성 전체에 대해서만 가능할 뿐 선행 본동사에 대한 부사어의 자리가 없다. 물론 보조동사에 대한 부사어의 자리도 없다.

(24) ㄱ.*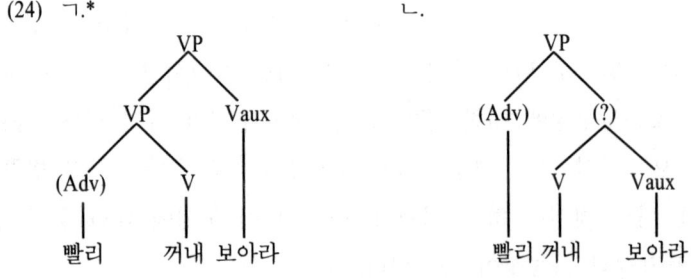

(24ㄱ)은 부사어가 본동사만 수식하는 구조로 국어에는 없다. (24ㄴ)에서 (?)범주가 VP라면 VP 아래에는 수의적이지만 부사어의 범주 Adv가 실현될 자리가 있어야 하는데 이는 불가능하다. 따라서 (?)은 VP와는 다른 범주일 것이다. 이 자리에 V가 올 것을 가정할 수 있다. 이것은 보조동사구성을 합성동사와 동일한 것으로 간주할 때 가능한 것이다. 그러나 보조동사구성은 합성동사와는 달리 통어적구성을 이룬다. 따라서 V도 적절한 범주가 될 수 없다. 결국 VP도 아닌 또 V도 아닌, 중간 범주인 V'를 설정하는 것이 이 구성의 특징을 설명하기에 적절한 방법이다.

이처럼 어휘 범주와 구 범주의 중간을 나타내는 중간 범주는 보조동사구성과 명사수식구성의 형태·통어적구성으로서의 특징을 나타내기에 적절하다.

이러한 구와 중간 범주, 그리고 어휘 범주로 이어지는 중심어를 중심으로 하는 범주의 계층성은 영어의 경우 명사구 동사구뿐만 아니라 형용사구, 전치사구에서도 나타난다. 이처럼 여러 범주에 나타나기 때문에 중심어인 명사, 동사, 형용사, 전치사 등의 모든 범주를 나타낼 수 있는 범주 변수(Variable)로서 X로 일반화할 수 있다. 보어나 한정어, 부가어도 변항을 써서 나타낼 수 있다. 동사의 보어로 명사구, 전치사구, 형용사구, 부사구가 올 수 있는데 이를 변항으로 나타내면 YP가 된다. 이 변항에 '아무것도 없는 것을 포함하는 어떤 수'라는 의미의 *표시를 도입하면 YP*가 된다. 따라서 일반화된 보어 규칙은 X'→X YP*가 된다.

이 규칙 구도(Rule-scheme)는 한 언어 속에서 다른 어순을 갖기도 하며, 언어에 따라서 어순이 다르기도 하다. 언어 보편적인 특징을 나타내기 위해 다음과 같은 규칙으로 나타낸다.

(25) X"→X', (YP) (한정어 규칙: Specifier Rule)

X'→X', YP (부가어 규칙: Adjunct Rule)

X'→X, YP* (보충어 규칙: Complement Rule)

(25)에서 X, Y는 순서 없는 집합임을 보인다. 언어에 따라서는 어순뿐만 아니라 계층 구조도 차이가 있다. 계층성 여부에 따라 다음과 같은 구조의 차이로 나타난다.

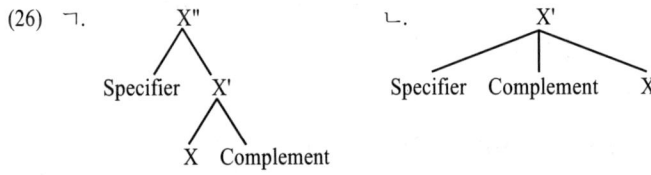

(26) ㄱ. X" — Specifier X' — X Complement

ㄴ. X' — Specifier Complement X

(ㄱ)과 같은 유형의 언어는 형상적 언어(Configurational Language), (ㄴ)과 같은 유형의 언어는 비형상적 언어(Nonconfigurational Language)라 한다. 우리말은 영어의 'X'→X YP*'와는 반대로 'X'→ YP* X'의 어순을 갖는다. 따라서 X' 구조에 따른 우리말의 기본 구조는 다음과 같다.

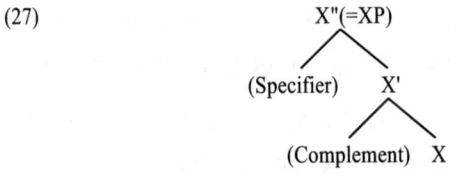

(27) X"(=XP) — (Specifier) X' — (Complement) X

이러한 구조 분석의 견해에 따라 문장을 분석하면 구가 X"의 차원이므로 문장은 X'''의 계층이 된다. 국어의 바(bar)를 두 개로 볼 것인가 세 개로 볼 것인가에 따른 다른 견해가 있다. 문장을 이처럼 중심어를 중심으로 상위 범주로 확장하는 방법으로 분석하면 최상위범주는 동사가 된다.

다음은 중간 범주를 고려하지 않고 국어의 문장을 V" 층위라고 가정한 상태에서 간략히 살펴본 변항 X' 구조 분석이다.

(28)

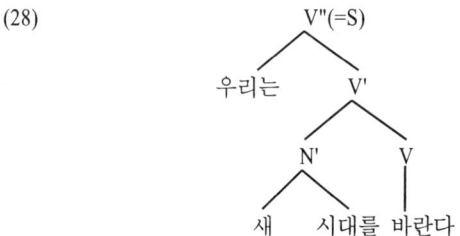

국어의 구조를 3의 층위로 분석하는 해석에서는 문장은 3바, 구는 2바, 중간 범주는 1바, 어휘는 0바의 층위가 될 것이다. 다음은 중간 범주를 고려한 문장 구조이다.

(29)

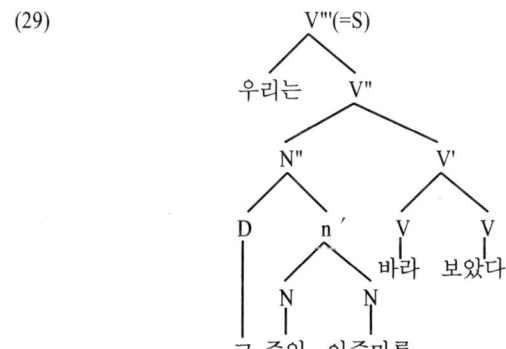

중심어를 축으로 하는 변항 구조(X' 구조)의 해석에서는 전통적인 문장 범주 S범주는 사라지고 문장은 상위 동사구로 인식된다. 물론 이러한 해석은 문장의 구조를 직접구성으로 구성되는 구성의 중심어가 상위 구성의 중심 의미와 기능을 연속적으로 보유함을 보이기 위한 것으로 문장이라는 구성으로서의 의미가 사라짐을 뜻하는 것은 아니다.

변항 구조의 내부 구조 문제에서도 문장의 S 범주는 설명력이 약하다. 명사, 동사, 부사 등의 다른 범주들이 X에 의한 변항으로 해석되어 'X"-X'-X'의 구조적인 연속성을 유지함에 비해, S는 구조의 최상위 범주로 이러한 연속적인 구조, 즉 'S"-S'-S'의 구조를 유지할 수 없는 특이 범주로 남겨둘 수밖에 없다.

문장의 S범주가 적절하지 못함은 범주 구성의 중심성의 논의에서도 제기되었다. S 범주 대신에 I, C 범주가 필요하다는 것이 그 주장이다. 'I'는 굴절, 굴곡인 'Inflection', 'C'는 보어 보문인 'Complement'의 머리자로 이들 문법 요소가 중심어를 구성한다는 견해이다.

영어에서 정문(Finite Clause)과 부정문(Nonfinite Clause)은 문장의 다른 유형을 이루는 대표적인 구별로 내포문에서 차이가 드러난다. 단순문에서는 정문 구조만 나타나고 부정문은 쓰이지 않는다. 따라서 정문과 부정문을 구별하여 주는 요소의 규명이 요구되었다.

정문과 부정문은 시제 표시에서 다르다. 정문은 시제 표시가 있지만 부정문은 없다.

    (30) ㄱ. They are anxious that [the president should go there]
          ㄴ. They are anxious for [the president to go there]

(30)에서 should의 경우 shall에 상대적인 형태로 과거가 표시되었는데 이는 정질에서는 시제와 일치를 위해 형태적 굴곡이 이루어짐을 보인다. 부정절에서는 이와 달리 본래적으로 시제와 일치가 없다. 정절과 부정절의 차이를 규정하는 것이 바로 시제와 일치이다. 이는 전통적으로 Aux에 포함되었던 것인데 이제 이를 따로 떼어내어 INFL이라 하고 이를 다시 간략하게 I라 한다. 두 절의 차이는 I에 의해 표시되기 때문에 두 절의 가장 특징적인 범주는 I이다.[9]

I가 정절과 부정절을 구별하는 대표 범주이기 때문에 S→NP I VP는 S→NP I', I'→I VP와 같이 계층성을 둘 수 있다. 이는 S를 세 구성으로 분석하거나 두 구성으로 분석하는 것인데, I와 VP를 하나의 I'로 묶는 경험적인 증거가 있다. 이 단위가 음운론적으로 묶음을 이루며, 통어적으로도 덩어리로 접속을 이룬다.[10]

따라서 S→NP I VP 의 I와 VP는 한 덩어리이고 NP와 상대적 구성을 이루는데, 전통적인 생성문법에서는 VP가 범주의 대표이었음에 비해, I가 대표 범주로 인식된다. 정절과 부정절의 차이가 I에

---

9) Chomsky(1957: 111)에서는 Aux를 VP의 하위범주로 다루었다. 'VP→Verb+NP'에서 'Verb→Aux+V'가 나타나는 것으로 구조화하였다. Aux→C (M) (have+en) (be+ ing)이다(여기서 C는 수와 시제를 나타낸다). 이후 'S→NP Aux VP'를 거쳐 'S→NP INFL VP'(또는 S→NP I VP)라 하였는데 이는 동일한 구조 해석이다.

10) 음운론적인 면에서, 'The man next door * may be moving house soon'은 NP 다음에 휴지가 오는데(억양에서의 주요 경계 표시를 *로 보임), 이것은 문장성분에서 주어인 NP와 뒤따르는 I'로 구분하는 것과 일치한다. 접속의 측면에서, 'I'm anxious for you [to enter the race] and [to win it]'이나 'Jean wants Paul-and Mary wants Jim-[to enter the race]'의 문장은 [I VP]의 연결 구조가 접속구성으로서 단일한 구성으로 기능함을 보여준다. Radford(1988: 511).

의한 것이라는 근거 때문이다.

두 문장의 차이는 I에 의해 표시되기 때문에, I는 S의 중심어가
된다. X의 최대투사는 XP, 즉 X"로서 모든 범주에 공통적이라는
범주의 대칭성에 따라 IP, 즉 I"를 최대투사로 볼 수 있다. 따라서
I는 VP를 보어(Complement)로 취해 I'를 이루고, I'는 주어 NP를 더
해 I"를 이룬다.

(31)

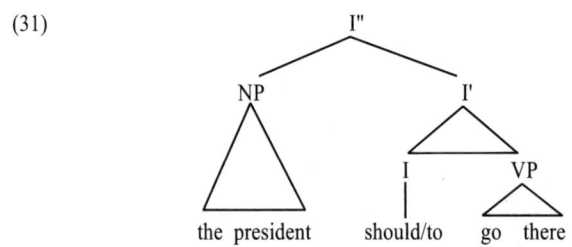

I 분석을 함으로써 S가 영 층위(Zero level) 범주라고 설정할 필
요가 없어지고, 또한 S 분석 하에서 I가 구 확장(Phrasal expansion)
이 없는 단어 층위 범주이어야 하는 X' 구조에서의 비대칭성을 제
거하여 주는 이점이 있다.

구절구조규칙 S→NP I VP는 보어절의 보문자 C(Complementizer)
를 표시할 수 없다. 다음은 보문과 이 보문의 보문자를 도입하기
위한 규칙이다.

(32) We know [that [Congress will ratify his decision]]

(33) ㄱ. S'→C S
      ㄴ. S→NP I VP

이러한 S'→C S는 내포절을 설명하기 위한 것으로 주절이나 단
문에는 C가 불필요한 것으로 보인다. 그러나 주절과 단문에 보문
자가 없어도 C가 존재하는 것으로 볼 수 있다. 주절에도 보문자가
쓰이는 언어가 많고, 고대 영어에서도 보문자가 있는 유사 구문이
있기 때문이다. 어린이 말에서도 보문자가 나타난다.

빈 보문자를 설정하는 강력한 근거는 도치된 조동사(Inverted
auxiliary)를 가지는 문장 구조이다.

(34) ㄱ. Your sister could go to college.
ㄴ. Could your sister go to college?

주어 앞을 보문자의 자리로 볼 때 의문문에서 조동사는 보문자
위치에 있다. 그리고 조동사와 보문자는 C 위치에서 배타적인데,
이것은 도치된 조동사가 C 자리에 있음을 증거한다.

이론적인 측면에서도 X' 구조에서 S'는 여러 가지 예외적인 존재
일 수밖에 없었는데, CP를 설정함으로써 전체 이론과 부합하게 되
었다는 점을 들 수 있다. 즉 S'는 S"가 불가능한 유일한 투사
(Projection)이었고, 여기서 분지되는 S'→C S에서의 C도 다른 단어
범주와는 달리 C'도 C"도 없는 변칙적인 범주이었다. 또 S를 중심
어로 본 것은, 단어보다 큰 어떠한 성분의 궁극적인 중심어도 단어
층위의 범주이어야 한다는 분명한 원리를 위배했다. 이들은 CP 또
는 C"를 설정함으로써 모두 해결된다.

국어 문법에서는 동사, 형용사와 같이 활용하는 단어의 변하지
않는 부분을 어간이라고 하고, 변화하는 부분을 어미라 한다. 이는
어간이 어미와 함께 동사, 형용사의 형태를 구성한다는 형태론적

해석이다. 이에 비해 어미가 안김, 안음이나 이어진문과 같은 겹문을 구성하는 결정 요소라고 해석하는 것은 어미를 통사, 의미론적 측면에서 해석하는 것이다.

형태론적 해석으로 보면 어미는 어간과 함께 모두 의존형태로서 구조적으로 밀접하게 연계되어 형태적 구성인 동사와 형용사를 이룬다. 그러나 통사, 의미론적 해석에서 보면 어미는 선행하는 모든 문장 구성성분을 포함하는 문장의 종류를 결정한다는 면에서, 선행 문장 전체와 상대적인 의미, 통어 기능을 가지고 있다. 이 경우 문장의 짜임새나 서법을 결정하는 것은 어말어미가 된다.

S→NP VP의 전통적 구절구조에서 동사는 V→Vst+Ve로 분석될 수 있었다. 이는 동사의 어간과 어미가 형태론적으로 상호 의존적이고 분리 불가하다는 점을 보이며, 이 결합은 음운론적, 통사론적으로도 설명력이 크다.

통사, 의미론적인 측면에서 어미를 동사 어간과 분리하는 것은 추상적인 구조 분석으로 어미의 이동(I-movement)이나 V의 이동에 의해 문장으로 실현된다고 해석하게 된다.

이러한 두 가지의 다른 해석을 잠정적인 구조로 나타내면 다음과 같다.

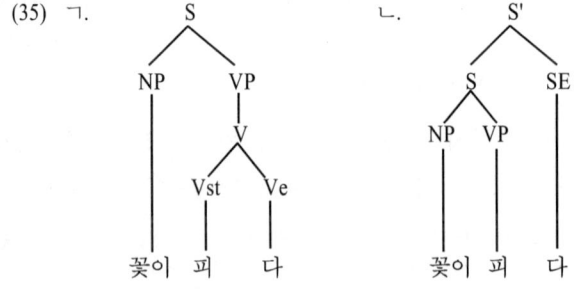

(35) ㄱ.

ㄴ.

전성어미와 연결어미는 비종결 어미로서 종결어미와 대립적인 차이를 갖지만, 어말어미로서 절을 끝맺는 점에서 공통성을 가진다. 모든 비종결어미와 종결어미는 어말어미, 또는 문말 어미인 'SE'로 나타나고 이는 종결성 여부에 따라 다시 하위분류된다.

국어의 선어말어미는 주체존대 어미와 시제의 어미가 있다. 이 어미들만으로는 문장을 끝맺을 수 없고 어말어미와 함께 쓰여 문장을 끝맺는다. 국어의 시제 어미는 영어에서 시제가 정절, 부정절을 구별하였던 것과 같은 문법적 특징을 갖고 있지 못하다. 주체존대의 선어말어미 '시'가 주격을 부여한다는 주장에 근거하여 주체존대 어미를 I를 구성하는 요소로 볼 수 있지만, 이 어미가 영어의 시제처럼 문장의 종류를 결정하는 역할을 하는 것은 아니어서 문장의 종류를 구별하는 범주로서의 'I'로 범주화할 수 있는 근거가 되지 않는다. 국어에서 시제 어미의 형태적 실현은 어말어미와 밀접한 관계가 있다. 비종결어미 가운데 특정한 어미에 따라 시제 표현의 실현 제약이 있다.

국어에서 문장의 형태를 결정짓는 것은 어말어미이다. 따라서 영어에서처럼 AGR이나 Tense를 I로 범주화하고, S→NP I', I'→I VP, 나아가서 I"→NP I', I'→I VP의 구조규칙으로 해석하는 것은 적절하지 못하다.

영어의 I와 달리 국어의 I 범주에 포함되는 어미를 어말어미를 포함하는 범주로 확장하면, I는 문장의 형태를 결정하는 기능을 가지고 있기 때문에 국어에서도 I"→NP I', I'→I VP의 구조를 갖는 것으로 해석될 수 있고 이러한 구절구조로 국어의 문장 구조를 설명할 수는 있다.

통사·의미론적인 측면에서 어미가 동사 어간과 분리된 구조는

I를 중심어로 하는 구조에서 다음과 같이 분석된다.

(36) ㄱ. 그가 우리를 떠났다.
ㄴ.

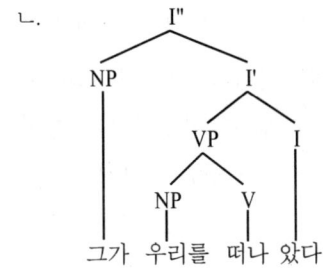

이러한 국어의 구문구조 분석은 영어의 S→NP I', I'→I VP, 나아
가 I"→NP I', I'→I VP의 구조규칙에 의한 해석이다. 영어에서의 I
는 영어의 S→NP I VP 구조에 바탕한 것으로 'I VP'가 직접구성을
이룰 수 있다는 근거에 입각한 것이다. I와 VP를 하나의 I'로 묶는
경험적인 증거로 이 단위가 음운론적으로 통어적으로도 묶음으로
인식되기 때문이다.

국어에서는 동사의 어간과 어미로서의 묶음을 이루지, 어미가
목적어를 포함하는 어간과 묶음을 이루는 것으로 해석하기 어렵다.
이 구조 원리에 따르면 국어의 구조도 'VP I'가 직접구성을 먼저
이룬다고 해석하는 것인데 동사구와 어미가 일차적 구성을 이룬다
는 증거를 보이기 어렵다.

문장과 어미와의 직접구성 관계로의 분석에 의하면 다음과 같이
분석된다.

(37) ㄱ. 그가 우리를 떠났다.

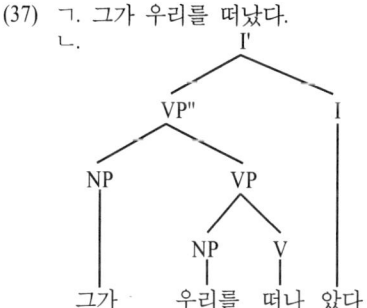

ㄴ.

국어 문장 분석에서도 보문 해석을 위해 S'→S C 또는 C'→S C
라는 구조화가 가능하다. S' 또는 C'가 온전한 문장을 의미하는 경
우로 여기서의 C는 어미를 의미하는 구조 표시이다. 이러한 구조
분석은 영어와는 큰 차이를 보이지만 전체적인 문장의 서법이나
종류를 C가 표시한다는 점에서 가능한 해석이다. 국어에서 C"를
인정하는 경우 국어의 문장 구조는 다음과 같다. (38)에서 CP는 C"
와, IP는 I"와 같다.

(38)

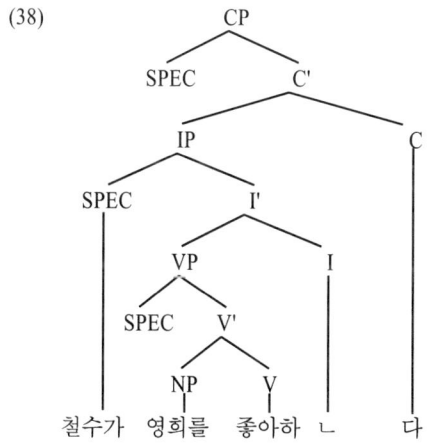

어말어미를 'C'로 나타내는 경우 '서술·의문·청유·감탄·명령'의 종결 구조와 '연결·전성'의 비종결 구조를 'C'로 총괄하여 나머지 문장성분과 상대적으로 대비시킨 구조를 제시할 수 있다는 점에서 유익하다.

국어의 어미가 가진 통사, 의미적 구실이 문장 전체에 관련되는 것이기 때문에 형태론적으로 의존 관계에 있는 어간과 분리하여 구조 관계를 설정하는 것이 타당한가에 대해서는 좀 더 논의가 필요하다.

또 어미가 모두 같은 범주로서 동일한 구조 관계를 갖는지, 아니면 선어말어미와 어말어미, 종결어미와 비종결어미 사이에 다른 구조 관계가 있는지도 확인하여야 한다. 어미를 형태론적 측면에서 의존적인 대상으로 해석하는 인식이 강한 국어의 경우, C, I 등의 범주에 의한 이러한 해석은 비판받을 수밖에 없다.

지금까지의 논의는 주어를 동사구의 범위를 벗어나서 I나 C의 지배하에 놓이는 구조로 설명하였는데 주어는 동사구의 지배를 받는 범주이고, 범주도 어휘 범주(lexical category)와 비어휘 범주(non-lexical category)로 구별하는 견해가 제기되어 타당성을 인정받았다. 다음은 이 구조에 따른 문장 구조이다.

(39)

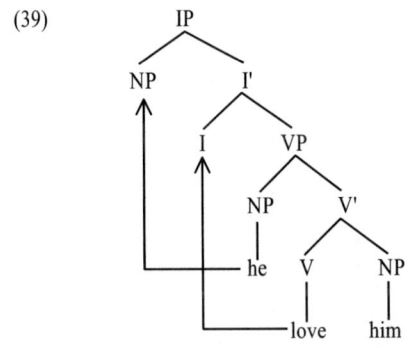

비어휘 범주는 2바까지 상위투사되고 기능어로서의 특징을 갖는 범주는 CP, IP, DP이다. 어휘 범주는 1바 수준으로 투사되고, [V], [N]의 자질을 갖는 범주는 명사, 동사, 형용사, 전치사이다. Fukui(1986), 윤만근(1997: 7) 참조.

국어의 조사도 기능 범주 중시의 관점에서 보면 중심어가 되고 조사구 KP가 된다. 격조사는 문장에서 생략되는 경우가 많고, 격조사가 연속하여 쓰이는 경우가 있어 중심어로 보기 어려운 점도 있다. 그러나 격조사가 명사어의 기능을 표시한다는 점에서 조사가 명사구의 기능을 결정하기 때문에 중심어가 될 수 있다.[11] 조사를 중심어로 보는 해석에 의하면 (40)과 같이 명사구는 분석될 수 있다. 이러한 해석에서는 명사구가 아닌 조사구이다.[12]

---

11) 조사를 중심어로 해석하는 논의로 임동훈(1991)이 있다.
12) 영어에서 한정사와 형용사를 비롯한 명사 수식어는 명사를 수식하는데 차이가 있다. 형용사나 명사 수식어들은 무한히 연속될 수 있음에 비해 한정사는 연속될 수 없으면서 명사구 밖에 위치한다.

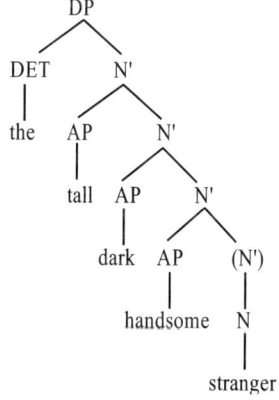

한정사구 DP는 기능어를 중심어로 갖기 때문에 비어휘 범주이다. DP의 최상위 범주 Spec은 비어 있다가 N'에서 이동한다. Fukui(1986), 유만근(1997: 82) 참조.

(40)

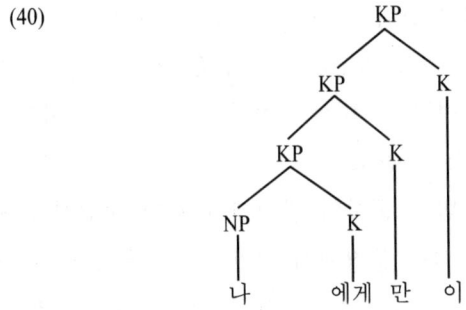

　　국어 명사구의 중심어에 대한 논의가 명사냐 조사냐에 대한 논의가 중심이 됨에 비해 영어의 경우는 한정사냐 명사냐에 따른 논의가 있다.

　　국어에는 단문에 주어가 둘 이상 나타나는 문장들이 있다. 이들 문장을 서술절이라 하는 것은 복문으로의 해석이지만 여기서는 단문이라는 입장에서 둘 이상의 주어 구조를 어떻게 설정하는가의 문제를 살펴본다.

　　'철수는 아버지가 오시고, 영희는 어머니가 오셨다'라는 문장에서 '철수가 아버지가 오셨다' 구조의 본질은 어떤 것일까? 이 두 명사구를 모두 주어로 보면 '철수가 아버지가 오셨다'는 다음과 같이 구조 해석된다.

(41)

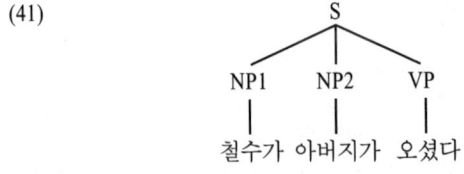

　　이러한 구조 해석에서는 지금까지의 주어-서술어로 분지되는 문

장 구성 규칙의 모든 체계를 삼분지법이 가능하게 다시 써야 한다.

다른 방법으로는 두 주어 가운데 한 성분은 주어가 아닌 다른 성분, 즉 주제어로 보는 것이다. 이는 문장 구조에서 주제어의 자리인 T(Topic)을 설정하는 것이다.

(42)

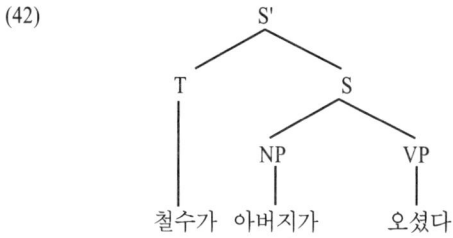

(42)에서의 주제는 단문의 한 성분으로 S'는 복문을 의미하지 않는다. 주제를 인정하는 해석에 서면 문장 구조의 해석 폭은 넓어질 수 있다. 주제를 포함하는 절을 주제절, 주어를 포함하는 절을 주어절로 나누어 볼 수 있다.

(43)

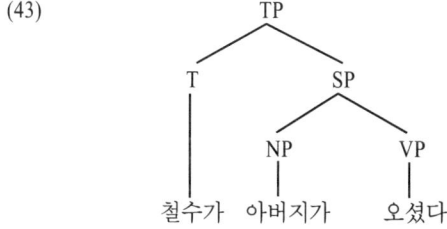

이처럼 주제어를 인정하고 어미를 중심어로 해석하는 입장에서 보면, 국어는 어미에 따라 각각 다른 문장 계층을 보일 수 있다. 국어 어미는 어말어미와 선어말어미로 나누어지는데, 선어말어미는

다시 높임과 시제로 나누어진다. 이러한 어미들이 이루는 핵구조를
각각 어말어미에 의한 보문소구, 시제에 의한 시제구, 높임에 의한
일치구로 나누어 볼 수 있다. 다음은 이러한 해석을 반영하고 있는
구조이다.13)

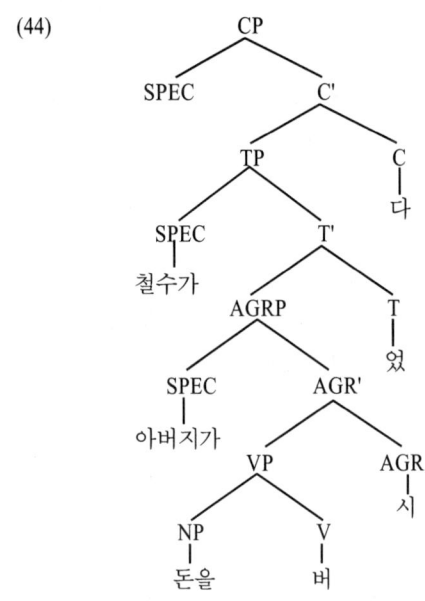

(44)

이 구조는 주체높임의 '시'는 주어와, 시제의 '었'은 주제와 관련
되었음을 전제로 한 것이다. 주제가 구절구조에서부터 구조적으로
자리를 갖고 있는가와 주제가 시제에 의해서 주제격을 부여 받는
다는 것은 동일한 문제는 아니다. 주제가 문장에서 자리를 가질 수

---

13) 이러한 구조는 유동석(1995: 35)이나 서정목(1987: 71)에서의 S"-FOCUS S'
에서 볼 수 있다. 여기서 CP는 보어절(Complement Phrase), TP는 주제어절
(Topic Phrase), AGRP는 일치절(Agreement Phrase)이다.

있는 자격이 충분한 것이 국어의 특징인가는 밝혀져야 한다.

시제가 주제와 밀접한 관계가 있음은 시제의 실현 여부가 주제어의 실현과 밀접한 관계가 있음을 보임으로 확인된다. 다음은 주제가 시제 표시의 유무에 따라 실현 가능성이 다름을 보이려는 문장들이다.

(45) ㄱ. 철수가 아버지가 돈을 많이 버시었다.
ㄴ. 우리는 철수는/가 아버지가 돈을 많이 버시었기를 바랐다.
ㄷ. 우리는 철수는/가 아버지가 돈을 많이 버시기를 바랐다.

(46) ㄱ.?순희는 영수가 아버지가 오시도록 했다.
ㄴ. 순희는 영수가 아버지가 오셔서 놀랐다.

(45ㄴ)은 시제가 있기 때문에 내포문에서도 주제의 실현이 가능하고, (46ㄱ)은 시제가 없어 내포문에서 주제의 실현이 불가능한 문장으로 다루어졌다. 유동석(1995: 59). 그러나 (45ㄴ)이 받아들여지는 문장이라면 (45ㄷ)도 같이 시제가 없어도 가능하다. (46)의 접속문에서도 가능한 듯하다. 이 문장이 가능하다면 주제어의 접속문에서의 실현은 연결어미에 따라 다른 것으로 보지 않을 수 없다.

국어에서 주제로 인정할 수 있는 문장은 여러 유형이 있을 수 있다. 위 문장들이 전형적인 주제문이고, '성호는 내가 좋아한다'는 '내가 성호를 좋아한다'에서 주제화되어 문두로 이동하고, 조사 '는'이 쓰인 것으로 주제를 가진 문장 구조에서 생성되는 문장은 아니다. '나는 영희가 좋다'는 서술어 '좋다'가 두 명사 논항을 요구하는 서술어로서 '영수가 아버지가 오셨다'에서 '영수가'가 서술어 '오다'의 논항이 아님과 구별된다.

6) 구조와 진술 목적에 따른 문장 유형

남한의 학교문법에서는 한 문장 안에 주어와 서술어가 하나씩 있어서 그 관계가 한 번만 이루어지는 문장은 홑문장(단문)이고, 한 번 이상 이루어져 있는 문장을 겹문장(복문)이라 한다. 겹문장 중에는 어떤 문장이 다른 문장 속에 한 성분으로서 들어가 안긴 것도 있고, 나란히 이어져 있는 것도 있다. 문장의 한 성분으로 기능하는 내포문이나 두 절의 연결인 접속문 모두를 복문으로 보는 것이다.

남한에서 주술 구조를 갖춘 절이 내포된 경우 복문으로 보는 것에 비해, 북한에서는 접속문만을 단일문에 대한 복합문으로 보고, 내포문은 단순문에 대한 확대문으로 보는 분명한 차이가 있다. 이어진 문장(접속문)도 주술 구조가 겉구조에 분명히 드러나지 않은 문장은 복문이 아닌 단문으로 다루기도 한다.

속구조를 인정하지 않는 입장에서는 한 단어로 된 '관형어, 부사어, 명사어'를 문장 차원의 절로 인정할 수 없다. 따라서 문장의 한 성분으로 해석하게 된다. 속구조를 인정하는 관점에서는 안긴문을 이루는 요소들은 문장의 한 구성 성분의 역할을 하는 절을 가진 복문으로 해석하는 것이 자연스럽다.

북한문법에서는 구조적 특성에 따라 짝구성문과 외구성문의 구분을 비롯하여, 안긴문은 단순문에 대한 전개문이나 확대문으로, 이어진문은 단일문에 대한 복합문으로 다루는 것이 남한 문법과 비교된다. 문장 구조에 따른 문장의 분류는 비교적 여러 문법서에서 일관성을 보인다.

「조선어문법 문장론」(1963: 30)에서는 '짝구성과 외구성문', '전개문과 비전개문', '단순문과 복합문'으로 나누었다. 복합문은 결합

복합문과 접속 복합문으로 나누었다. 복합문 구조에서 표면에 나타나 문장을 중시하여 복합문과 단순문을 구별하였는데, "나는 어제 그 책을 읽었고 오늘 그 요지를 베꼈다."를 복합문으로 보는 견해가 있음을 지적하면서 단순문으로 다루었다. 이에 비해 "하늘이 높고 물이 맑다."는 병렬적 접속 복합문으로 다루었다.

「문화어문법규범」(1972)과 「조선문화어문법규범」(1976)에서는 문장은 단순 성분으로 이루어졌는가, 확대 성분을 가지고 있는가에 따라 단순문과 확대문, 풀이의 단위가 하나 있는가 두 개 이상 있는가에 따라 단일문과 복합문으로 나누었다. 확대문은 단순문에 있는 하나 또는 몇 개의 성분이 확대한 결과에 이루어진다(1972: 311).[14] 관형사절이나 명사절과 같은 안긴 겹문을 복합문으로 다루지 않고 확대 단일문으로 보았다. "부대장으로부터 받은 영예로운 정찰 임무를 수행한 우리는 사기 충천하여 부대로 돌아왔다."

「문화어문장론」(1983)에서는 문장을 형식·구조적인 특성에 따라 단순문과 확대문, 진술단위가 하나 있는가 둘 이상 있는가에 따라 단일문과 복합문, 문장에서 진술구성의 조직적 중심이 하나 있는가 둘 있는가에 따라 외구성문과 두구성문, 진술성을 나타내는 요소들의 표현이 완전한가 또는 완전하지 못한가에 따라서 완전문과 불완전문으로 나누었다. 확대문은 성분의 확대가 일어난 문장이다.[15] 문장 구성의 겉구조에 나타나는 모양을 중시하고, 속구조는 고려하지

---

14) '훌륭한 소년이었다'는 단순문, '대단히 훌륭한 소년이었다'는 확대문이다. 단순문을 확대문으로 만드는 방법과 확대문을 단순문으로 만드는 문장성분의 확대와 관련된 변형적 인식이 있다.
15) '붉은 채송화가 곱게 피었다.'가 단순문임에 비해 '색이 붉은 채송화'나 '아주 곱게'는 확대문이 된다. '영희는 떠났는가고 물었다'가 단순문, '영희는 영수가 보천보로 벌써 떠났는가고 물었다'(180)는 확대문으로 구분한다.

않음을 보여준다. 단일문과 복합문의 구분은 전일적인 문장 구조 속에 진술단위가 하나 있는가 또는 둘 이상 있는가에 둔다.

「조선어리론문법 문장론」(1986: 230)에서는 문장 조직의 복잡성 정도에 따라 단일문과 단순문을 구별하였다. "전일적인 문장의 한 성분적 단위로 되며 또 그러한 성분적 단위에 상관하는 '부'나 '구'와 같은 단위는 복합문의 구성 부분으로 될 수 없다는 결론이 나온다"에서와 같이, 명사절, 관형사절, 부사절로 이루어진 문장은 복합문으로 인정하지 않는다. 복합문은 이어진 문장으로 이루어진 문장이다. 단일한 주어에 연결된 두 서술어는 하나의 술어부로 본다.16) 속구조를 인정하지 않는 이유는 문장의 정의와 관련성이 있다. 단일문이 "하나의 진술성, 한 번의 구획성을 가지는 전일적인 언어 행위의 단위"임에 비해, 복합문은 "상대적 구획성과 전일성이 결합된 하나의 통일체이다. 다시 말하여 상대적으로는 두 개 또는 그 이상의 진술성과 진술 억양을 가지며 총체적으로는 하나의 전일적인 진술성과 진술 억양을 가지는 통일체"(220)라는 것이다.

문장의 종류는 '진술의 목적'과 '구조적 특성'에 따라 분류된다. 진술의 목적에 따른 문장의 분류를 의향법이라고도 한다. 문장의 진술은 들을이에게 요구가 있는 경우와 요구가 없는 경우로 나누어지는데, 요구가 없는 경우는 평서문을 이루고 요구가 있는 경우

---

16) "우리는 창작열에 불탔고 투쟁의욕에 가득 차있었다."나 "조선의 하늘은 맑고 푸르다."는 "하나의 주어에 맞물리는 이음술어와 맺음술어는 하나의 진술 단위 안에서의 '동종성분'이며 전일적인 하나의 '술어적 중심'의 단위이다. 따라서 이 문장은 단일문이다". 이것을 "우리는 창작열에 불탔고 우리는 투쟁의욕에 가득 차있었다."나 "조선의 하늘은 맑고 조선의 하늘은 푸르다"와 등가적인 것으로 본다든지 모든 진술형을 곧 진술성의 담당자로 본다든지 하는 것은 극단한 론리주의적 해석이라고 비판한다(217쪽).

는 대답을 요구하는 의문문, 행동을 요구하는 명령문, 동반 행동을 요구하는 청유문으로 나누어진다. 감탄문도 들을이에게 요구가 없다는 점에서 평서문과 동일한 의향 관계를 갖는다. 국어 문법에서 감탄문은 평서문에 포함되기도 하고 따로 세워지기도 하였다.

남한의 학교문법에서 문장을 문장 종결법에 따라 '평서문, 의문문, 감탄문, 명령문, 권유문'으로 나누는 것은 북한 문법에서 '진술의 목적'에 따른 분류와 같다. 「조선어문법 문장론」(1963)에서는 문장을 '서술문, 의문문, 명령문, 권유문'으로 나누고, 문장이 '정서적 색채를 표현하는 어조를 동반하는가'에 따라 '감동문과 비감동문'으로 나누었다. 「조선어리론문법 문장론」(1986: 190)에서는 '진술의 목적'의 따른 '알림문(서술문), 물음문(의문문), 시킴문(명령문), 추김문(권유문)'으로 나누었다. '진술의 성격'에 따른 문장을 진술의 목적에 따른 문장과 구별하였는데, 이 유형의 전형은 느낌문이다. 진술의 목적에 따르는 문장에 감탄의 계기가 덧붙는 문장, 즉 진술자의 주정이 구현된 문장을 느낌문이라 하였다.

북한 문법에서 감탄문, 감동문은 진술의 목적에 따른 문장의 분류인 서술문, 의문문, 명령문, 권유문과 따로 구분하는 것이 일반적이다. 「조선어문법」(1963: 90)에서는 감동문은 화자의 정서를 표현하는 문장으로, "서술문, 의문문, 명령문, 권유문 등은 정서를 표현하는 어조를 동반하면 감동문으로 된다." 하였다.

「조선문화어문법」(1976: 346)에서 "느낌문장은 이야기의 목적에 의하여 갈라지는 문상(알림문장, 물음문장, 추김문장, 시킴문장)과는 질서를 달리하여 설정된다."는 해석도 감탄문을 다른 목적에 따른 문장과 구별하고 있다. 「조선어리론문법」(1987: 190)에서는 "진술의 목적에 따른 일반화된 문장의 갈래는 '알림문, 물음문, 시킴문'이며 독특하게 '권유문'이 설정될 수 있다." 하였다. 느낌문은 진술의 성격에 따르는 문장 유형의 전형으로 진술의 목적에 의한 문장과 분명히 구별하였다.

북한 문법에서도 감탄문을 다른 문장들과 대등한 한 문장으로 보기도 한다. 「문화어문법규범」(1972), 「조선문화어문법규범」(1976: 451)에서는 느낌문이 말하는 목적과 내용에 따르는 문장의 갈래의 하나로 '알림문, 물음문, 추김문, 시킴문, 느낌문'에 들어 있다. 그러나 "모든 문장을 다 거기에 담겨진 내용의 성격에 따라 특별한 감정적 빛갈의 억양을 동반하면서 느낌문으로 될 수 있다."고 하여 모든 문장이 느낌문이 될 수 있음을 보인 점은 정서를 표현하는 어조를 포함하면 감동문이 된다는 해석과 같은 해석이다. 「문화어 문장론」(1983: 169)에서도 문장의 기능적 분류에서 문장을 5가지로 나누지만, "느낌문은 '알림문, 물음문, 추김문, 시킴문'의 설정과는 다른 각도에서 설정된 것이라 할 수 있다." 하여 구별하였다.

감탄문의 해석이 남과 북 사이에 구별되는 것은 남한 문법에서는 느낌문의 설정을 어미, 즉 형태에 근거한 의미를 중심으로 함에 비해 북한에서는 어조에 근거한 의미 차이에 비중을 두었기 때문이다. 남한에서는 감탄문의 문장 유형으로서의 설정 자체가 문제가 됨에 비해, 북한에서는 감탄문의 문장 유형으로서의 자격이 분명할 뿐만 아니라, 다른 진술의 목적에 의한 문장 모두와 상대되는 무거운 비중을 갖는다. 이처럼 북한에서 감탄문에 비중이 주어진 것은 문장을 '서술성, 풀이성, 진술성'의 관점에서 해석하였기 때문이다.

2 단어의 분석과 설명

'강낭콩'이 어떤 과정을 거쳐 이루어진 단어인가를 모르면 '강낭'+'콩'으로 분석하는 것이 당연하고, 이때 '강낭'이라는 단어가 무엇인가 의문하게 되며, 결국은 답을 알 수 없다. '강낭콩'은 '강남콩'이 잘못 발음되다가 굳어져서 표준어로 인정된 단어이다. 이 단어는 원칙적으로 '강남' 즉 중국에서 온 '콩'을 뜻하지만, '강낭콩'만으로는 원래의 뜻을 알 수 없는 '콩'의 종류로 남게 되었다. '강낭콩'을 표준어로 정한 원칙은 어원에서 멀어진 형태로 굳어져 널리 쓰이는 것을 표준어로 삼는다는 것이다.

'냄비'는 이전에는 '남비'가 표준어이었다. 일본어의 '나베(鍋)'에서 온 말이기 때문에 원래의 형태를 밝혀 적기 위해 그렇게 정했던 것인데, 일반인이 모음동화가 일어난 '냄비'를 많이 사용하고, 구태여 어원을 밝힐 필요가 없어 '냄비'가 표준어가 되었다. 그러나 형태나 어원의 분석에서는 '남비'에서 '냄비'로 소리 변화가 이루어진 점이 확인된다.

'한길'과 관련된 '행길'도 같은 원리이다. '한길'은 '크다'의 '한'과 '길'이 합하여 이루어진 합성어이다. 국어의 소리 현상에 의해 '항길'로 소리나게 된다. 이러한 소리를 유사한 소리인 '행길'로 발음하게 되면서, 이 단어의 원래 뜻이 '행로(行路)'와 관련된 '행길(行길)'에서 온 것으로 생각하게 되고, 이 소리가 굳어져 '한길'을 사용하지 않고 '행길'이 일반이 사용하는 말이 되었다.

'삭신이 쑤시다'에서 '삭신'은 '몸의 근육과 뼈마디'라고 사전에 풀이되어 있다. 그러나 이 단어의 원래 소리는 '색신(色身)'이다. '색신'은 '부처나 보살의 육신', 또는 '색상(色相)이 있는 몸, 맨 눈으로 보이는 형체 곧 육체'를 뜻하는 불교 용어이다. 불교 용어가 확대되어 쓰이는 과정을 보여준다.

'그 사람 주책이 없다'라는 말에서 '주책'은 '주착(主着)'에서 소리가 변한 말인데, 한자어 어원을 버리고 새로운 표준어로 굳어진 것이다. '지루하다'도 '지리(支離)하다'에서 온 말이지만, 이제는 한자와는 관련 없는 말이 되었다. '김치'도 '침채(沈菜)'에서 왔다고 해석되는데, 역시 원래의 한자어와 소리가 달라지면서 우리말로 인식되는 표준어가 되었다.

'지붕'은 '집+웅'으로 '기둥'은 '긷+웅'으로 분석이 된다. '집'은 현대 국어에서 단독으로 쓰여 분석이 쉽지만, '긷'은 현대 국어에서 쓰이지 않기 때문에 분석을 하지 않게 된다. 어원적으로 단어이지만 현대의 공시적 측면에서는 단어가 아닌 경우이다.

1) 다른 단어의 같은 모습

문장 구성의 통어적구성인 관형격 구성과 명사수식구성은 모두 '명사+명사'로 이루어진 합성명사를 이루어 형태는 유사하지만 내용은 다른 합성동사를 이룬다. 관형격 구성(NP1의 NP2)은 '소년의 아버지'로, 조사 '의'가 생략되어 '소년 아버지'로도 나타날 수 있다. 명사수식구성(N1 N2)은 '소년 아버지'로, '소년인 아버지'의 뜻이다.

합성명사에는 '강물, 눈물, 땀방울, 개다리, 개집, 벌집, 낮잠, 밤일, 꽃무늬, 허리띠, 꿀단지' 등과 같이 생성적인 면에서 'NP1의 NP2' 구성, 즉 '강의 물, 눈의 물, 땀의 방울, 새의 다리'에서 연유된 것과, '소금물, 밥물, 쌀밥, 보리차, 실바람, 회오리바람, 들놀이,

주먹코, 솜털, 실고추, 꽃장수, 일벌, 가죽가방, 종이연'과 같이 '*소금의 물, *쌀의 밥, *실의 바람, *주먹의 코'가 아닌 'N1 N2' 구성 즉 '소금이 든 물, 밥을 짓는 물, 쌀로 만든 밥' 등에서 연유된 합성명사가 있다.

'소금물'은 가능하지만 '소금의 물'이 불가능한 것은 중심어에 대해 이를 꾸미는 속성어가 포함 관계를 이룰 수 없기 때문이다. 소금물이란 물이 중심어가 되어 물에 소금이 포함된 의미 관계로, 그러한 관계임을 소금이 수식하면서 물의 종류를 한정하는 것이다. 그러나 '소금의 물'은 'NP1의 NP2' 구성에서 중심어인 '소금'에 그 속성으로서 물이 포함되는 관계를 나타내는 것이 가능하기 때문에, 의미상의 모순이 되어 쓰이지 않는다. 이에 비해 소금에 포함되는 속성이 되는 '농도', '색', '성분'은 가능하다.

명사수식구성은 하나의 단어 즉 합성명사와 같은 형태적 구성으로서의 기능과, 문장 구성인 통어적구성으로서의 기능을 모두 갖고 있다.

형태적 특성으로는 'N1 N2' 구성은 'N1'과 'N2' 사이에 다른 문장성분 특히 관형어가 끼어듦을 허용하지 않아 '소년 새 아버지'는 불가능하다. 관형격 구성은 '소년의 그 아버지'가 가능하다. 명사수식구성의 관형어는 'N1'만을 수식할 수 없고 반드시 'N1 N2' 구성 전체를 수식하는 수식 범위를 갖는다. '그 소년 아버지'의 '그'는 '아버지'만을 수식할 수 없다. 명사수식구성에서 'N1 N2' 구성은 대용화에서 후행 명사의 대용화 즉 '소년 그'는 불가능하고, 구성 전체의 대용은 가능하다. 'N1 N2' 구성은 동일성에 의한 'N1'이나 'N2'의 생략이 가능하기도 불가능하기도 하다.

통어적인 특징은, 선행 명사와 후행 명사로 이루어지는 'N1 N2'

구성은 합성명사와 달리 생산적으로 구성을 이룰 수 있는 점과 'N1 N2' 구성은 선행 명사 'N1'만의 대용화가 가능하여 이 구성이 하나로 굳어진 합성명사가 아님을 보이는 점이다. '나는 소년 가장을, 그는 소녀 가장을 만났다'는 '나는 소년, 그는 소녀 가장을 만났다'로 쓸 수 있는데, 같은 'N2' 중 하나가 생략될 수 있다.

명사수식구성이 하나의 명사처럼 기능하는 것에 초점을 맞추어서 이 구성을 합성명사로 보고 합성명사 형성 규칙에 의하여 이 구성이 이루어진다는 해석도 가능하다. 관형격 구성은 통사적 속격 구성이 존재하는 통사적 합성명사를 이루고 명사수식구성은 통사적 구성이 존재하지 않는 형태적 합성명사를 이룬다는 해석이다.

2) 복합 단어의 분석과 설명

단어는 구성 형태로 보아 단순어와 복합어로 나누고, 복합어는 다시 합성어와 파생어로 나눈다. 합성어는 둘 이상의 어근이 합하여 이루어진 것이고, 파생어는 접사와 단어로 분석된다.

단순어는 단어 차원에서는 더 분석하지 않지만 용언의 활용에서는 어간과 어미로 분석한다. 어간과 어미는 활용을 하는 단어들을 활용할 때 변하는 부분과 변하지 않는 부분으로 구분한 것이다. 부사의 경우 '빨리, 자주'는 활용을 하지 않기 때문에 어간과 어미의 구별이 없지만, 동사의 경우 '가다'는 어간 '가'와 어미 '다'로 나눈 것이다. 어간은 다시 어근과 파생접사로 구분되는데, '깨뜨리다'의 경우 '깨뜨리'와 '다'로 어간과 어미가 나누고 어간은 어근 '깨'와 파생접사 '뜨리'로 나눈다.

어근이나 접사에 의한 결합이 일대일 대응 관계로 이루어진 경우, 분석은 간단하다. '밤낮, 책상, 큰아버지, 돌아가다'는 분명한 합성어이고 '헛소리, 빗나가다, 휘돌다'는 분명한 파생어이다. 그러나 파생과 합성이 혼합되고, 어근과 접사를 합하여 형태소의 수가 셋을 넘는 경우 직접구성성분을 어떻게 분석할 것인가는 논의의 대상이 된다.

'엉덩이'의 경우 '엉덩-이'와 '엉-덩이'의 분석 가운데 어느 분석이 설명력이 있는 것인가는 의문이다. '엉덩-방아'를 고려하면 '엉덩'으로 분석하는 것이 바람직하지만, '살-덩이, 고기-덩이'를 고려하면 '덩이'가 먼저 분석되기 때문이다. '엉덩-방아'는 '엉덩이'와 '방아'가 합성된 것으로 해석될 수 있어 '엉덩-이'의 분석 가능성을 높인다. '궁덩이', '방덩(뎅)이'를 고려하면 '덩이'가 떨어져 나온다. 소리의 길이로 보면 '엉:덩이'와 같이 '엉'이 길게 소리가 나서 '엉'과 '덩이'로 구분된다.

'밥벌이'의 경우는 '밥벌다'라는 합성동사가 없고 '벌이'라는 파생명사가 활발히 쓰이기 때문에 '밥-벌이'로 분석된다. 이와 같은 유형의 복합어로는 '윷놀이, 닭구이, 밭갈이, 물굽이, 말먹이', '눈웃음, 까치걸음, 돈놀음, 돈내기, 널뛰기' 등이 있다.

'시집살이', '고기잡이'는 '시집살다', '고기잡다'가 잘 쓰이지 않고, '살이', '잡이'도 홀로는 잘 안 쓰인다. 그러나 '살이', '잡이'가 '머슴살이, 귀양살이, 옥살이, 처가살이, 하루살이', '말잡이, 바람잡이, 손잡이, 칼잡이, 왼손잡이'에서와 같이 상대적으로 새로운 말을 만드는 힘이 커 '시집-살이', '고기-잡이'로 분석된다. 그러나 '시집 사는', '고기 잡는'과 같이 통어적구성이 가능하기에 '시집살-이', '고기잡-이'로 분석하는 것이 합리적이라는 견해의 타당성도 부인하기 어렵다.

이와 유사한 유형의 복합어로 '귀걸이, 목걸이, 옷걸이, 발걸이', '바람막이, 보막이', '바람받이, 물받이, 턱받이', '점박이, 금박이, 토박이', '꽃꽂이, 책꽂이' 등은 '귀걸다', '턱받다' 등이 완전히 불가능하고 '걸이'가 상당히 독립성을 가지고 있는 것으로 보여 먼저 분석된다. '일가붙이, 금붙이'에서 '붙이'는 새로운 접사로 재구조화된 것으로 보인다. '안경잡이', '상투잡이'에서의 '잡이'도 '고기잡이, 손잡이, 칼잡이'에서의 '잡이'와는 완전히 다르게 재구조화된 것으로 접미사화되었다고 할 만하다.

'재떨이', '걸음걸이', '가슴앓이', '해돋이', '구두닦이' 등의 경우 '속앓이'의 '앓이'를 제외하고는 '떨이', '걸이', '돋이', '닦이'가 홀로 쓰이거나 새로운 말을 만드는 힘이 적어, 오히려 '재떨다', '걸음걷다', '해돋다', '구두닦다'가 먼저 형성된 것으로 볼 만하다. '마구잡이'는 부사 '마구'와 동사 '잡'이 먼저 직접구성을 이룰 것으로 보아 '마구잡-이'로 분석될 수 있다. 김창섭(1983, 1996) 참조.

'절름발이', '육손이'는 '발이', 손이'의 독립적인 쓰임이 전혀 없어 '절름발-이', '육손-이'로 분석된다. '절름발', '육손'은 독립적 쓰임이 있다. '까막눈이', '삼발이', '곰배팔이'도 마찬가지이다.

'줄넘기'는 '줄넘다'에 비해 '넘기'가 비교적 독립성이 있다. 이러한 종류에는 '팽이치기', '엿치기', '술래잡기', '줄다리기', '보물찾기', '널뛰기', '모심기', '모내기', '김매기', '본보기' 등이 있다. '모내다', '김매다'는 따로 쓰인다. '콩심기, 나무심기', '밭매기'와 같은 '심기', '매기'의 합성어 생성의 힘으로 보아 '모-심기'로 분석한다. '빼닫이'는 '빼닫다'라는 행위를 나타냄의 의미로 보아 '빼닫-이'로 분석된다. '여닫다', '뛰놀다'와도 상관성을 가지고 있다.

비슷한 짜임을 가지고 있는 경우라도 형태소 분석의 타당성은 달라질 수 있다. '해돋이'는 '해돋다'라는 동사가 존재하지 않아 '해'와 '돋다'의 명사형 '돋이'가 결합되어 이루어진 것으로 분석되지만 '여닫이'는 '여닫다'라는 동사가 있어 이 동사에서 명사형이 파생된 것으로 형태소 분석하는 것이 자연스럽다. '오줌싸개, 똥싸개', '불돋우개, 심돋우개', '이쑤시개', '밑씻개'도 '싸개', '돋우개', '쑤시개', '씻개'가 어느 정도 독립적 쓰임이 가능하여 먼저 파생이 이루어진 것으로 분석된다.

'입덧'에서는 '덧'이 분석되는데 '덧'에 대한 사전에서의 해석은 명사로서 '덧: (이) 짧은 시간'이라는 뜻과, 접두사로서 '덧-: 거듭이나 더 붙이는 뜻'으로 설명되고 있다. '입덧, 발덧(길을 걸어서 생기는 병), 뱃덧(먹을 것이 체하여 음식을 잘 받지 않는 병)'의 뜻이나, '햇덧(짧아가는 가을날에 발라지는 행의 동안)'이라는 의미는 없다. '덧나다(병이나 상처 따위가 나아가다가 다시 도지다)'라는 동사의 의미에서 '입덧'과 같은 뜻의 '덧'이 나타난다. '덧'에 대한 의미는 이러한 방법으로 찾을 수 있다.

어근만 셋 이상 연결되어 합성어를 이루기도 하는데 이들의 분석도 직접구성에 의한 분석이 가능하고 이들은 계층성을 갖게 된다. '땅콩기름', '단팥죽' 등을 보기로 들 수 있다. '단팥죽'의 분석이 '단-팥죽'이 되는 것은 '단팥'의 '죽'이라기보다는 맛이 '단' '팥죽'이기 때문이다.

(1) 어근이 모여 하나 됨: 합성

한정된 어휘를 통해서 다양한 생각을 나타내기 위해서는 여러 가지 언어 표현 방법이 동원된다. 합성법도 그 가운데 하나이다.

합성어에 대한 관심은, 단일어에서 복합어로, 단문에서 복문으로의 확대라는 차원의 하나로서, 그리고 확대된 언어 표현의 새로운 어휘 의미와 기능의 획득이라는 관점에서 국어 또는 언어 연구의 관심 대상이 되어 왔다.

합성어는 둘 이상의 단어의 결합이므로 합성어가 하나의 단어로 구실하게 굳어진 것인가, 즉 합성어와 문장 구성인 통어적구성과의 구분이 합성어의 확정과 분석의 출발이다. 합성어가 통어적구성에서 비롯된 것인가, 아니면 통어적구성과 다른 방식에 의해 이루어졌는가에 따라 통어적 합성어와 비통어적 합성어로 구분되고, 합성어의 품사에 따라서도 명사, 동사, 형용사, 관형사 등의 합성어로 구분된다.

문장 구성을 위한 단어들의 결합을 통어 현상이라 하고 통어적구성이라 한다. 따라서 합성어도 통어적 합성어와 비통어적 합성어가 바람직하다. 통사구성보다는 통어구성이 더 적절한 표현이라고 생각하기 때문이다. 그러나 통사적 합성어와 비통사적 합성어라고 하는 연구도 많다.

합성어와 통어적구성을 구별하려는 시도는 중간에 쉼이 있는가, 강세의 변화나 음소의 변화가 있는가와 같은 음성과 관련된 현상을 보거나, 어순, 내적 확장, 외적 결합 관계, 관형화, 부사나 조사 등 다른 형태소의 삽입, 대용, 환원 가능성, 생략 등의 통어 현상을 살피거나, 관용화, 심층적 의미 관계의 차이 등의 의미 중심으로 이루어졌다.

의미나 통사 현상이 통어적구성과 완전히 다른 것만을 합성어로 보는 해석이 엄밀한 합성어의 구별이 된다. '작은집(첩의 집, 화장실, 동생의 집), 큰집(종가, 교도소 형의 집)'이나 '밤낮(밤과 낮, 항상)', '돌아가다(우회, 회전, 죽음)'는 통어적구성과 의미가 다르다.

의미가 통어적구성과 분명히 구별되는 경우만을 합성어로 처리하면 사전적인 처리의 간편함을 비롯한 실용적인 편의성과 합성어를 이은말과 구별할 수 있는 기준이 쉽게 마련될 수 있다. 그러나 어느 정도의 의미 변화를 합성어 설정의 기준이라 할 것인가 하는 점과, 의미적으로 완전히 이은말과 다르다고 할 수는 없으나, 하나의 동사처럼 구실하여 이은말과 구별되는 것들을 모두 통어적구성인 이은말로 볼 수 있는가 하는가는 문제이다.

음운적, 형태적 변화가 있는가, 통어적으로 다른 특징을 보이는가도 두 구성을 비교하는 구별의 기준이다. '콧등, 등불, 봄비, 댓잎, 물약', '좁쌀, 접때, 머리카락, 수캐, 안팎', '화살, 부나비, 소나무, 마소, 싸전', '섣달, 숟가락, 사흗날, 쇠고기' 들은 통어적구성과 비교할 때, 음운적인 변화가 있는 합성명사들이다.

통어적구성으로 분석이 되지 않는 합성어들이 있다. 이들을 생성적 측면에서 보아 비통어적 합성어라 한다. '늦더위, 늦잠, 검붉다', '풀쳐생각, 비켜덩이, 거듭닿소리', '흔들의자, 부슬비, 어둑새벽' 같은 합성어가 있다.

단어나 형태소가 반복되어 새로운 단어가 만들어지는데, 나름대로 독특한 형성 원리와 의미 관계를 이루고 있다. 반복어는 반복의 정도에 따라 전체 반복과 부분 반복으로 나누어진다. 전체 반복을 반복되는 품사에 따라 나누면 다음과 같다.

명사가 반복 되어 '나날(나날이), 연년, 집집, 쌍쌍, 겹겹, 고을고을, 거리거리, 골목골목, 군데군데, 가지가지'와 같이 명사나 부사로, '*다달(다달이), 그날그날, 차례차례, 무리무리, 굽이굽이, 갈기갈기'와 같이 부사가 된다. 반복어가 되는 명사는 주로 시간이나 공간을 의미하는 명사나 분류사이다. '깊이깊이, 꼭꼭, 고루고루, 동동, 멍멍, 바삭바삭, 와글와글'은 부사가 반복되어 다시 부사가 되는데, 의성 의태어에 많다. '꽤(*꽤꽤), 잘(*잘잘), 좀(*좀좀), 더(*더더)'에서와 같이 모든 부사가 반복 가능한 것은 아니다. 어떤 부사만 반복 가능한가는 논의할 만하다.

용언의 반복은 '쓰디쓰다, 크나크다', '생김생김, 알음알음', '띄엄띄엄, 주섬주섬'과 같이 어미나 파생접사와 함께 이루어진다. '그럭저럭, 들락날락, 굵직굵직, 구불구불, 누릇누릇'은 어근에 부사화 접사가 더해져 이루어진다.

부분 반복은 단어 가운데 일부만 반복되는 것이다. 이들 가운데 많은 수는 종래에 단일어로 보아온 것이다. 어두 반복은 '두둥실, 더더욱, 더더구나, 땍때굴, 아리아리랑', 어중 반복은 '아사삭, 따르릉', 어말 반복은 '아차차, 어머머, 쿵작작, 얼떨떨', 다른 형태 첨가는 '스리슬쩍, 두리둥실'이다. '사르르, 소르르, 스르르, 주르르'의 '*사르'는 형태소 자격을 부여하기 어렵지만, '살(살금, 살짝, 살살), 솔(솔솔, 소록소록), 슬(슬그머니, 슬쩍)'과 유연성이 있다. '붓(붓다, 부슥부슥), 때굴(*때구르-때구르르), 핑글(*핑그르-핑그르르)' 등도 부분반복으로 본다.

다음과 같은 어휘들은 그 모습으로 보아 동일한 형태소의 반복이지만, 분석하기 어려운 것들이다. '넉넉하다, 반반하다, 심심하다, 삼삼하다, 튼튼하다, 단단하다, 든든하다, 씩씩하다, 끈끈하다, 똑똑하다, 밋밋하다, 수수하다, 변변하다'는 형태소의 반복으로 보기 어렵다. 우연한 동음의 겹침은 반복형이라 할 수 없다. 유일형태소로 이루어진 '호락호락, 오순도순, 다짜고짜', '하하, 꼬꼬, 허허', '곤지곤지, 부라부라, 섬마섬마, 따로따로'는 반복어로 볼 만한 바가 있다.

반복어는 새로운 의미를 나타내기 위해 만들어지는 것이다. '집 집이(명-부), 됨됨이(동-명), 드문드문(동-부)'과 같이 품사가 바뀌며 새로운 단어를 만들기도 하고 '드문드문, 내림내림, 희끗희끗'과 같이 복수를 나타내고, '깊이깊이, 자꾸자꾸, 더더욱'과 같이 강조의 의미를 더한다. 이밖에도 음수율을 위해서 '두둥실, 두리둥실, 따르릉'이 계속, 반복, 강조를 나타내는데 '불긋불긋, 울긋불긋, 실룩샐룩' 등이 쓰인다.

반복어들은 음성적 차이를 가져오면서 반복어를 이루기도 하는데, 이를 유음반복어라 한다. 모음교체에는 '피장파장(이/아), 티격태격(이/애), 일기죽얄기죽(이/야)', '흥이야항이야(으/아), 물끄럼말끄럼(우/아), 뒤숭대숭(위/애)', '괴발개발(외/애)'이 있고, 자음교체에는 '아기자기(ㅇ/ㅈ), 우물쭈물(ㅇ/ㅉ), 울렁출렁(ㅇ/ㅊ), 아둥바둥(ㅇ/ㅂ)'이, 음절교체에는 '안달복달(ㅇ/ㅂ), 애걸복걸(ㅇ/ㅂ), 어슷비슷(ㅇ/ㅂ), 이만저만(ㅇ/ㅈ), 이것저것(ㅇ/ㅈ), 이모저모(ㅇ/ㅈ), 욱신덕신(ㅇ/ㄷ)' 등이 있다.

(2) 통어적구성과 합성어

합성명사는 내부 구성으로 보아 '명사+명사'로 이루어진 것(쌀밥), '명사ㅅ+명사'로 이루어진 것(햇빛), '용언 어간 활용형+명사'로 이루어진 것(건널목, 큰절), '용언 어간+명사'로 이루어진 것(접칼)이 있다.

'명사+명사'로 이루어진 합성명사는 통어적구성과 합성명사 사이에 관형격 구성과 명사수식구성 등의 구성이 존재한다. 이 구성의 보기는 다음과 같다.[17]

(47) ㄱ. 'NP1의 NP2'(관형격 구성): 소년의 아버지
     ㄴ. 'NP1(의) NP2'(관형격 생략구성): 소년(의) 아버지
     ㄷ. 'N1 N2'(명사수식구성): 소년 아버지(소년인 아버지)
     ㄹ. 'N1N2'(합성명사): 화살

두 단어나 형태소가 합하여 합성명사가 될 때, 앞 말의 끝소리가
울림소리이고, 뒷말의 첫소리가 안울림 예사소리이면, 뒤의 예사소
리가 된소리로 변하는 일이 있다. 이 때, 앞말이 모음으로 끝나면
사이시옷을 받침으로 적기 때문에 사잇소리 현상이라고 한다[18]

(48) ㄱ. 촛불(초불)-초뿔, 뱃사공(배사공)-배싸공
     ㄴ. 밤길-밤낄, 봄비-봄삐, 산길-산낄, 촌사람-촌싸람, 등불-등뿔, 말
        소리-말쏘리, 길가-길까, 물독-물똑

앞말이 모음으로 끝나고 뒷말이 'ㅁ, ㄴ'으로 시작되면, 'ㄴ' 소
리가 덧나는 경우가 있고, 뒷말이 모음 'ㅣ'나 반모음 'ㅣ'로 시작
될 때는 'ㄴ'이 하나 혹은 둘이 겹쳐 나는 경우가 있다. '집일, 부
엌일, 솜이불, 논일, 물약, 솔잎'과 같다. '내과, 총무과, 외과' 등의
한자도 표기법에서는 사이시옷을 쓰지 않지만 사잇소리가 나서
'내꽈, 총무꽈, 외꽈, 고까(高價)'로 소리가 난다.

---

17) 'NP1의 NP2' 구성을 속격 구성으로, 'NP1 NP2' 구성을 관형 구성으로, 'NP1
ㅅNP2' 구성을 사이시옷 구성으로 나누고, 'NP1의 NP2' 구성에서 조사
'의'가 생략된 것을 'NP1 NP2'로 보는 견해의 'NP1 NP2'와 이 글에서의
'N1 N2'는 그 대상이 다르다.
18) 안울림소리 뒤에 예사소리가 오면 그 예사소리가 된소리로 발음되는데, 이
를 '된소리되기'라 한다. '입고-입꼬, 앞길-압낄, 젖소-젇쏘, 책도-책또' 등이
있다. 끝소리가 'ㄴ, ㅁ'인 용언 어간에 예사소리로 시작되는 활용 어미가
이어지면 그 소리는 된소리로 발음된다. 넘고-넘꼬, 넘더라-넘떠라, 신고-신
꼬, 신지-신찌'가 있다.

그러나 사잇소리 현상은 뚜렷한 규칙성이 없어서 '고래기름, 기와집, 은돈, 콩밥, 말방울'에서는 사잇소리가 나지 않고 따라서 사이시옷도 쓰이지 않는다. 한자어의 경우도 '방법, 고가(高架), 간단(簡單)'과 같이 사잇소리가 나타나지 않는다. 동일한 단어에 대하여 지역과, 시대에 따라 사잇소리의 출현에 차이가 있고 개인도 때에 따라 혼동될 때가 있다.

사이시옷에 대해서는 음운론적 설명 외에도, 통사·의미론적 설명이 있다.19) 사이시옷이 나타나는 의미 관계는 대부분 앞 명사의 뒤 명사의 소유 관계이지만, 이러한 의미 관계가 아닌 경우도 사이시옷이 나타나며, 이러한 관계라고 모두 사이시옷이 나타나는 것도 아니다.

다음은 사잇소리인 사이시옷이 가능하고 가능하지 않은 경우를 두 명사 사이의 의미 관계를 중심으로 사이시옷의 실현 여부를 정리한 것이다. 김창섭(1996) 참조.

(49) 사이시옷이 나타나지 않는 경우
ㄱ. 형상: 반달, 실비, 여우별, 뱀장어, 줄담배 (머릿돌, 코뿔ㅅ소)
ㄴ. 재료: 쌀술, 금가락지, 종이배, 콩밥 (콩ㅅ국, 김ㅅ밥)
ㄷ. 수단, 방법: 불고기, 전기다리미, 물방아 (눈칫밥)
ㄹ. 동격: 누이동생, 수양버들, 종달새 (종달ㅅ새, 동짓날)
ㅁ. 소유주, 기원: 개다리, 돼지고기, 새우등 (모기ㅅ소리, 벌ㅅ집)

---

19) 사이시옷 구성 제2요소의 두음이 유성음화되는 것을 방지하기 위해 사이시옷이 개입한다는 설명과 제2요소를 경음화하여 주의를 환기한다는 설명은 모두 음운론적 설명인데 유성자음과 무성자음의 대립이 국어에서 변별적이지 못하다는 점이 지적되었다. 통사 의미적인 설명도 설득력에 대한 비판을 받았다. 전철웅(1990), 김창섭(1996: 43).

(50) 사이시옷이 나타나는 경우

ㄱ. 시간: 아침ㅅ밥, 밤ㅅ잠, 여름ㅅ방학 (봄부채)

ㄴ. 장소: 안ㅅ방, 촌ㅅ사람, 물ㅅ개 (물뱀, 들국화, 코감기)

ㄷ. 기원, 소유주: 솔ㅅ방울, 초ㅅ불, 밀ㅅ가루 (장미색, 콩기름)

ㄹ. 용도: 고기ㅅ배, 잠ㅅ자리, 술ㅅ잔

두 명사 사이의 의미 관계가 사이시옷 실현의 절대적 구분이 되지 않을 뿐만 아니라, 이러한 관계에서 사이시옷이 다르게 실현된다. 아직 그 원인이 확연히 밝혀지지 않은 상태이다.

관형격, 소유격 또는 속격의 의미와 기능을 가지고 있는 조사 '의'와 '사이시옷'은 중세 국어에서 선행 체언의 의미 특성에 따라 '이/의'와 'ㅅ'이 각각 다르게 쓰였다.[20] 중세 국어의 이러한 특징을 기반으로 사이시옷이 나타나지 않는 경우는 국어의 통사 구조상 속격 표현이 불가능한 의미 관계이거나, 속격 표현이 가능하더라도 이전에 'ㅅ'이 아니라 '이/의'의 표지를 가지던 경우로 해석하기도 한다.[21]

이러한 통사·의미적인 해석으로 사이시옷의 다양한 실현들이 모두 설명되지 않는다. 이들 가운데 일부 명사들은 형태론적으로 연결되는 두 명사 가운데 반드시 'ㅅ'을 앞에 두는 명사와 'ㅅ'을 뒤에 두는 명사들이 있다. 이들을 각각 'ㅅ 전치명사', 'ㅅ 후치 명사'라 한다.

---

20) "속격조사가 결합하게 될 때, 선행 체언이 유정물 지칭의 평칭이면 속격조사 이/의가 결합하고 무정물 지칭이나 유정물 지칭의 존칭체언이면 속격조사 'ㅅ'이 실현된다." 안병희·이광호(1990: 174).

21) 병렬 구성인 '손발, 논밭, 눈비, 물불'에 비해, 관형 구성은 비속격적인 '고추잠자리, 쌀밥, 불고기, 누이동생'과 속격적인 중세 국어에서 '이/의'의 '노루발', 중세 국어에서 'ㅅ'으로 나타나는 '봄ㅅ비, 산ㅅ돼지, 햇빛, 잠ㅅ자리'의 구별이 있다.

(51) ㄱ. 전치: 담배ㅅ가게, 연탄ㅅ가게, 땅ㅅ값, 술ㅅ값, 반ㅅ값,
　　　　고기ㅅ국, 김치ㅅ국, 북어ㅅ국, 고개ㅅ길, 들ㅅ길, 벼슬ㅅ길
　　　ㄴ. 후치: 옛ㅅ날, 예ㅅ이야기, 개ㅅ가재, 개ㅅ버들, 뒤ㅅ골목, 뒤ㅅ
　　　　일, 우ㅅ돈, 우ㅅ사람, 아래ㅅ간, 아래ㅅ길

　이러한 ㅅ 전치성과 ㅅ 후치성이 생기게 된 원인은 사이시옷이
나타나는 의미 특질인 시간, 장소, 기원 등의 의미와 관련성이 있
다고 해석한다.

　사이시옷의 다양한 실현과 그 설명 방법의 다양함은 이 표현이
역사적으로 일부 표현에서 화석화를 이루면서 새롭게 구성을 형성
하여 새로이 형성된 표현과 기존의 표현이 섞이면서 일관성 있는
법칙을 유지할 수 없게 되었기 때문으로 보인다.

　현행 맞춤법에서 사이시옷을 적는 이유는 순 우리말로 된 합성
어에서 뒷말의 첫소리가 된소리로 나거나, 동화된 소리 'ㄴ'이나
'ㄴㄴ'이 나는 것을 표시하기 위해서이다. '개구멍, 새(鳥)집, 머리
말'과 달리 '나룻배, 맷돌, 모깃불, 바닷가'는 뒤 단어의 첫소리가
된소리가 나기 때문에 사이시옷을 적어 소리 현상을 보인다. '개똥,
보리쌀, 허리띠, 개펄, 배탈, 허리춤'과 같이 뒷 단어의 첫소리가
된소리나 거센소리인 경우에는 사이시옷을 붙이지 않는다. 뒷말의
첫소리 'ㄴ, ㅁ' 앞에서 'ㄴ' 소리가 덧나는 '아랫니, 뒷머리, 잇몸,
냇물, 빗물', 'ㄴㄴ'이 덧나는 '뒷일, 베갯잇, 깻잎, 나뭇잎, 댓잎' 등
도 사이시옷을 적는다.

　순 우리말과 한자어로 된 합성어로서 앞말이 모음으로 끝난 경
우도 사이시옷을 적는다. 뒷말의 첫소리가 된소리로 나는 것은 '귓
병, 샛강, 자릿세, 전셋집, 찻잔, 콧병, 텃세, 핏기, 햇수'이고, 뒷말

의 첫소리가 'ㄴ, ㅁ' 앞에서 'ㄴ' 소리가 덧나는 것은 '곗날, 제삿날, 훗날, 양칫물' 등이 있고, 'ㄴㄴ'이 덧나는 것은 '가욋일, 사삿일, 깻잎, 훗일' 등이 있다.

한자어로 이루어진 합성어는 '곳간(庫間), 셋방(貰房), 숫자(數字), 찻간(車間), 툇간(退間), 횟수(回數)'에 한하여 사이시옷을 붙인다. 한자어의 경우에는 사이시옷을 붙이지 않는 것을 원칙으로 하는데, 이 여섯 단어는 사이시옷을 인정하지 않으면 단어를 제대로 나타내기 어렵다고 판단되어 예외를 인정한 것이다.

합성동사와 통어적구성과의 관계, 합성동사의 생성에 대한 공시적·통시적 해석, 합성어의 통어적 기능과 의미를 비롯하여 합성동사의 생산성과, 재구조화, 중간 범주, 사전에서의 처리, 기능 동사의 문제는 합성동사에 대한 중요한 논의 대상이다.[22]

합성동사는 주어+서술어, 목적어+서술어, 부사어+서술어, 동사+동사, 부사+서술어, 어근+동사의 내부구조를 갖고 있고, 통어적구성과 비통어적구성으로 이루어졌다. 이러한 문장성분에 의한 내부구조의 분석은 합성어의 생성과 연결된다. 합성어의 형성은 변형론적 관점과 어휘론적 관점으로 나눌 수 있다.[23]

합성동사로 다루어지는 많은 동사들이 통어적구성에서의 통어 현상을 유지하고, 의미도 본래 단어가 가지고 있는 의미의 주변 의미를 벗어나지 않아 합성동사라고 하기 어려운 바가 있다. 합성동

---

22) 합성어의 연구에 대한 전반적인 검토로는 먼저 김규선(1970)과 서정수(1981), 김창섭(1990)을 들 수 있다. 임홍빈(1982), 유구상(1992), 송철의(1992), 김창섭(1992) 등에서도 합성동사에 대한 검토가 있다.
23) 남기심 외(1985: 209-210)에서는 합성어의 구조를 문장성분과도 관련짓는데 품사로만 구분한 최현배(1937, 1982: 667)과 구별된다.

사를 엄밀히 제약하면 합성동사로 다루어질 수 있는 동사는 그리 많지 않다.

합성동사와 통어적구성의 관계는, 사전에 나타나는 합성동사를 모두 합성동사라고 인정하는 입장에서 세 가지 관점으로 나누어 볼 수 있다.

합성동사와 통어적구성의 관계를 합성동사를 이루는 빈도가 높은 '동사+어 먹다' 구성을 중심으로 살펴보면 다음과 같다.

(52) ㄱ. 합성동사로 사전에 제시되어 있는 '존재하는' 것
　1. 통어적구성이 가능한 것: 갉아먹다 긁어먹다 까먹다 따먹다 떨어먹다 떼어먹다 뜯어먹다 발라먹다 빌어먹다 벌어먹다 베어먹다 등
　2. 통어적구성이 불가능한 것: 갈겨먹다 놀아먹다 놓아먹다 부려먹다 알아먹다 팔아먹다 해먹다 등
ㄴ. 사전에는 등록되어 있지 않으나 통어적구성으로 가능하며, 합성동사로 볼 수 있는 '가능한' 것
거두어먹다 깎아먹다 꺼내먹다 끓여먹다 담아먹다 싸먹다 만들어먹다 찢어먹다 바꾸어먹다 누워먹다 앉아먹다 넣어먹다 사먹다 등
ㄷ. 통어적구성도 '불가능한' 것
*갚아먹다 *끓어먹다 *남아먹다 *뛰어먹다 *벗어먹다 *신어먹다 *웃어먹다 *죽어먹다 *지켜먹다 *던져먹다 *나무라먹다 *뻗어먹다 등

이들 합성동사들은 통어적구성에 거의 가까운 경우와 통어적구성을 연상할 수 없을 정도로 통어적구성에서 멀어진 동사들이 있다. 통어적구성에서 연상할 수 없는 비유적인 의미를 일관성 있게 가지고 있어 보조동사화하여 가는 과정에 있는 동사라 할 만한 동

사들도 있다.

통어적구성에서 합성동사가 되는 과도적 범주로 임시적 형성(Nonce Formation)이 있다. 중심 의미를 가진 임시적 결합을 합성동사로 보는 경우 합성동사의 수와 범위가 아주 넓어지지만 비유적인 의미를 가진 동사, 즉 의미적인 변화가 일어난 경우로 한정할 때는 그 수가 아주 적어진다. 여기서의 임시적 결합은 문법적으로 통어적구성과 어휘 범주의 중간 범주를 형성하는 문법 범주로 정립시킬 수 있다.

"합성어와 이은말 또는 통어적구성은 언어 사용자의 말버릇(언어습관)으로 말미암아 길러진 말마음(언어의식)이 결정하는 것이다." 최현배(1982: 667). 국어 사용자들의 합성어에 대한 말버릇과 말마음을 찾아내기 위하여 사전에 합성동사가 어떻게 반영되어 있는가를 조사하는 것은 제일 쉽고 또 반드시 해야 할 일이다.

'주어+서술어'의 짜임을 가지고 있는 합성동사들(여기서는 형용사를 포함하지 않음) 가운데 후행 동사의 빈도수를 중심으로 그 수가 많은 동사를 조사하면 '나다', '들다', '서다', '되다', '먹다'의 순이다.24) '목적어+서술어'의 구조를 가지고 있는 합성동사도 사전

---

24) 이 가운데 가장 빈도수가 높은 '나다'는 다음과 같다.
가하나다 갈급령나다 갈등나다 감질나다 강시나다 개염나다 겁나다 결나다 결단나다 결말나다 결판나다 골나다 곰팡나다 광나다 구경나다 궐나다 귀나다 귀정나다 금나다 길나다 난봉나다 날나다 남북나다 낯나다 넌더리나다 녹나다 동강나다 동나다 동티나다 말나다 멀미나다 모나다 몸나다 물고나다 바닥나다 바람나다 병나다 봉나다 난봉나다 부도나다 부아나다 부정나다 빛나다 살인나다 상피나다 생혼나다 성나다 세나다 소수나다 솟나다 소수나다 수나다 시위나다 신나다 신명나다 야단나다 역정나다 열나다 요절나다 욕지기나다 위각나다 윤나다 자국나다 정신나다 조각나다 쥐나다 증나다 증세나다 화증나다 싫증나다 지각나다 진저리나다 집나다 짓나다 짬나다 찜나다 창나다 칠나다 축나다 충나다

에서 나타나는 후행 동사에 따라 그 빈도수를 조사하면 '놓다', '떨다', '먹다', '맺다', '받다', '보다', '부리다', '쓰다', '잡다', '주다', '치다', '타다…' 순이다. 동사와 동사가 연결어미 '아/어'에 의하여 연결되는데, 이들도 후행 동사의 빈도수가 높은 것을 들어보면, '가다', '나다', '놓다', '들다', '먹다', '버리다', '보다', '서다', '오다', '주다', '치다…' 순이다.

'주어-술어', '목적어-술어' 구조를 가지고 있는 합성동사는 통어적구성과의 구별이, '동사+연결어미+동사'로 연결되는 합성동사는 통어적구성과의 경계 문제와 더불어 보조동사구성과의 연관성이 설명되어야 한다.

특정 동사들이 각 구조에 따라 합성동사를 생산적으로 이루는데, 이들이 생산적으로 합성동사를 이루는 이유는 무엇이며, 생산적으로 나타나는 이들 동사들은 통어적구성과 비교할 때 어떠한 문법적 특징을 가지고 있는가의 이유는 아직 분명히 밝혀지지 않았다.

합성동사와 보조동사구성 사이의 구별은 생산성의 문제로 확연히 구별된다. 그러나 합성동사와 보조동사구성은 이러한 차이를 가지면서도 밀접한 연관성을 가지고 있다. 공시적이거나 통시적인 원인에 의해서 통어적구성은 합성동사로 형성되어가고 합성동사 가운데 일부가 보조동사구성을 형성하는 것일 것이라는 추론은 이처럼 보조동사구성과 합성동사와의 긴밀한 연관성 때문에 가능하다.

충나다 탈나다 탐나다 트집나다 파나다 파투나다 판나다 펑크나다 표나다 피새나다 혼나다 화나다 화증나다 흠축나다 홍나다

(3) 보조동사구성과 중간 범주

보조동사는 동사이지만 다른 동사와 구분되는 문법적 특징을 가지고 있어서 하위범주로 구분된다. 보조동사에 관한 기본적인 의문은 보조동사를 본동사(주동사)와 구별하여 따로 세울 만한 특징이 있는가 하는 점이다.

보조동사에 대한 해석은 본동사와 동질성의 관점에서 이질성을 해석하는 입장과 이질성의 관점에서 동질성을 인정하는 입장으로 나누어진다. 동질성의 관점에서 이질성을 해석하는 입장은 보조동사를 상위문의 동사로 보는 것이다. 이는 보조동사가 아닌 본동사로의 해석으로 보조동사가 상위문의 본동사로서 서술 기능을 함을 의미한다. 본동사와 구별되는 보조동사의 특수한 특징은 구조적 특징 때문으로 해석하는 것이다.

이질성의 관점에서 보조동사를 해석하는 입장은 보조동사를 본동사와 구별되는 하위 동사로 해석하는 것인데 이에는 보조동사로의 해석과 합성동사로의 해석으로 다시 나누어진다. 보조동사로의 해석이 본동사와 다른 문법적 특징에 초점을 맞추는 것이라면, 합성동사로서의 해석은 보조동사와 본동사로 이루어지는 보조동사구성의 긴밀성에 근거한 것이다.[25]

보조동사는 반드시 선행 동사와 함께 연결되어 쓰인다. 그래서

---

25) '보조동사, 조동사'는 본동사와 상대적인 관점에 있는 동사로서의 이름이고, '상위동사'는 본동사와 같은 관점에서 보조동사를 해석하는 입장에서의 이름이다. '보조'와 '조'의 구별에는 문법적인 의도는 없다. 보(補)나 조(助) 모두가 도움의 의미를 가지고 있고 이를 겹친 보조(補助)도 도움의 의미를 벗어나지는 않는다. 문법의 용어에서는 보조-어간, 어근, 용언, 동사 등의 어휘가 자연스럽게 사용되어 왔고, 조사에서만 '조'가 홀로 쓰여 조사와 보조사를 구별하고 있다.

이 동사의 연결을 보조동사구성이라 한다. 보조동사구성은 복합문의 통어적구성이나 형태적 구성인 합성동사의 특성을 모두 가지고 있는 형태·통어적구성이다.

두 문장의 결합에서 동일 성분이 생략되어 동사의 결합 '[V1]+[V2]'가 얻어질 수 있다. 이 통어적구성의 두 동사는 외견상 밀접히 이어져 하나의 동사구를 이루는 듯하지만 각각 주어와 지배 관계를 갖고, 독립적이며 개별적인 서술어이다. 이에 비해 합성동사는 둘 이상의 동사가 완전히 하나의 동사로 굳어진 것으로 [V1+V2]v의 구조를 갖는다.

(53) 통어적구성(복합동사구성): [······V1]s+[······V2]s
    ㄱ. 성호가 돌을 꺼내, 던졌다.
    ㄴ. 성호가 상자를 열고, 보았다.

(54) 형태적 구성(합성동사): [V1+V2]v→[V]
    ㄱ. 선생님께서 돌아가셨다.
    ㄴ. 성호가 뛰어왔다.

(55) 형태·통어적구성(보조동사구성): [V+VAux]v
    ㄱ. 성호가 잘못을 용서해 주었다.
    ㄴ. 성호가 사과를 먹어 보았다.

보조동사구성은 통어적구성이지만 합성동사처럼 단일한 동사와 같은 통어 기능을 한다. 보조동사구성이 형태·통어적구성임은 여러 가지 문법 현상에서 드러난다. 주체높임을 나타내는 어미의 표시는 보조동사구성의 형태·통어적구성으로서의 특징을 보인다. 보조동사구성의 경우 주체높임을 나타내는 어미 '(으)시'는 보조동사에만 표시되거나, 본동사와 보조동사 모두에 표시될 수도 있다.

    (56) 선생님께서 성호를 만나보셨다/?만나셔보았다/만나셔보셨다.

  주체높임의 어미가 보조동사에만 붙는 것은 보조동사구성을 형태적 구성으로 인식한 결과인데, 이 때가 가장 자연스러운 문장을 이룬다. 주체높임의 어미가 본동사에만 나타나는 경우는 찾아보기 어렵다. 보조동사를 어휘라기보다는 양태적 의미를 지닌 어미처럼 인식할 때, 주체높임의 표시가 본동사에만 이루어져도 용인 가능하다.
  합성동사의 주체높임은 두 동사 중에 후행동사에만 표시될 수 있는데, 이는 합성동사가 완전히 하나의 동사로 굳어졌기 때문이다. 두 동사를 분리시키는 작용을 하는, 두 동사 모두의 주체높임의 표시가 불가능하다. 합성동사의 선행 동사에만 주체높임의 표시를 할 수 없는 것도 같은 이유 때문이다.
  통어적구성은 두 동사가 각각 독립성을 가진 행위의 결합이므로 개별적인 두 동사에 주체높임이 가능하며, 또한 필요하다. 이 점은 보조동사구성에서 잉여적이었고 합성동사에서는 불가능했던 점과 구별된다.
  보조동사는 의존적이므로 본동사와 분리하여 쓰일 수 없다. 그러나 보조동사와 본동사 사이에는 특정한 보조사가 삽입될 수 있어 어느 정도의 분리성이 있다. 합성동사도 보조사 삽입이 가능하기도 하다.

    (57) *잡아(서) 주었다. *오르는내렸다. ?돌아는가셨다.(죽음)

이와 같은 현상은 이들이 통어적구성으로 이루어진 형태적 구성이기 때문이다. 보조사의 삽입 현상에서는 보조동사구성과 통어적 합성동사가 동일한 현상을 나타낸다. 그러나 비통어적 합성동사와 통어적구성에서의 의미와는 완전히 바뀐 통어적 합성동사는 보조사 삽입이 불가능하다.

보조동사구성에서의 생략은 보조동사구성 전체에 대한 생략만 가능하고 본동사만의 생략이나 보조동사만의 생략은 불가능하다.

(58) ㄱ. 성호는 서류를 찢어버리고, 진선이는 태워버렸다.
ㄴ.*성호는 서류를 찢어, 진선이는 태워버렸다.
ㄷ. 성호는 웃고 진선이는 울고 있다.

보조동사구성의 이와 같은 생략 현상은 보조동사의 분리가 불가능함에 따른 것으로, 보조동사구성의 형태적 구성으로서의 특징이다. 보조동사구성 가운데 어미 '고'로 연결되는 보조동사구성은 구성 전체의 생략이 가능할 뿐만 아니라 통어적구성과 같이 일부 동사의 생략도 가능하다. 이러한 현상은 어미 '고'가 가지고 있는 나열의 의미에 원인이 있는 것으로 판단된다.

형태적 구성인 합성동사는 하나의 단일한 동사로 굳어진 것이므로 동사를 분리하여 생략할 수 없고, 합성동사 전체에 대한 생략만은 가능하다.

보조동사구성의 대용화는 보조동사만의 분리 대용은 불가능하다. 이 점은 분리 대용이 모두 가능한 통어적구성과, 분리 대용이 모두 불가능한 합성동사의 중간 단계인 형태·통어적구성으로서의 특징을 보여준다.

(59) 진선이가 우유를 마셔버렸다.
　ㄱ. 진선이도 (우유를) 그래버렸다.
　ㄴ.*진선이도 (우유를) 마셔그랬다.
　ㄷ. 진선이도 (우유를) 그랬다.

　본동사만의 대용화가 가능함은 합성동사에 비해 본동사와 보조동사가 어느 정도 통어적구성으로서의 특징을 가지고 있음을 보이는 것이다. 보조동사가 동작상이나 양태성 의미를 갖고 어미와 같은 구실을 하는 점도, 본동사만의 대용화가 가능한 이유가 될 수 있다.
　보조동사들은 연속으로 이어날 수 있고 동일한 보조동사도 반복적으로 이어날 수 있다.

　(60) ㄱ. 나는 그녀를 만나보아주었다.
　　　ㄴ. 나도 그처럼 떠들어대버렸다.
　　　ㄷ. 나는 나무를 뽑아내어버렸다.

　(61) 나는 실없이 웃어버려버렸다.

　보조동사가 두 번 연속될 때까지는 자연스러운 문장이지만 보조동사가 세 번 이상 연속되면 자연스럽지 못하다. 보조동사의 연속은 보조동사끼리의 자리바꿈과 밀접한 관련을 가지고 있다. 보조동사들은 자유스럽게 자리를 바꿀 수 있다.
　합성동사는 완전히 굳어졌고, 굳어진 상태에서 의미를 나타내는 것이므로 합성동사를 이루는 동사끼리 자리를 바꿀 수 없다. 통어적구성은 동사들의 동작 사이에 선·후 관계에 따른 제약이 있다.
　동일한 보조동사를 반복할 때 강조의 의미가 나타난다. 그러나 보조동사의 반복은 '먹어보아봐라', '떠들어대댄다'와 같이 일부 보조동사만 가능하고 일반적인 특징은 아니다.

보조동사구성은 부사의 수식이 구성 전체에 이루어져 형태적 구성으로서의 특징을 보인다. 합성동사도 구성 전체에 대한 수식만 가능한데, 통어적구성은 부사의 수식이 구성 전체에 이루어질 뿐만 아니라 선행 동사에만 이루어지기도 한다.

(62) 나는 문을 빨리 열어 주었다.

(63) ㄱ. 나는 그 책을 안 [읽어보았다]/안 [찢어버렸다].
　　 ㄴ. 나는 그 책은 [읽어보]지 않았다/[찢어버리]지 않았다.

통어적구성의 의미에서 부사의 수식은 선행 동사에만 이루어지고 보조동사구성의 의미로서 부사의 수식은 합성동사와 같이 보조동사구성 전체에 이루어진다. 통어적구성에서 선행 동사에만 부사의 수식이 이루어짐은 두 동사의 자립성과 분리적 서술 기능으로 말미암은 것이다. 부정을 나타내는 '아니'와 '못'도 부사이므로 부사의 수식에서와 같이 부정의 범위에 따라 문장의 의미가 달라진다.

보조동사구성은 분리될 수 없는 구성이기 때문에 반드시 한 덩어리로서 구성 전체의 이동만이 가능하고 분리 이동은 불가능하다. 합성동사도 보조동사구성과 같이 분리되지 않고 이동한다. 통어적구성도 독립적인 두 동사가 하나의 동사구성으로 이동할 수 있는 점은 보조동사구성이나 합성동사와 같다. 그러나 통어적구성은 이와 같이 구성 전체의 이동이 가능할 뿐만 아니라 분리 이동도 가능하다.

보조동사는 생산적으로 보조동사구성을 형성한다. 그러나 보조동사구성은 보조동사에 따라 생산성의 차이가 있다. 보조동사들 가운데에는 선행 본동사의 제약이 거의 없는 보조동사도 있지만, 결코 적다고 할 수 없는 제약이 있는 보조동사들도 있다. 생산적으로 보조동사구성을 이루는 보조동사로는 어미 '어'와 연결되는 것 중에 '가다', '버리다', '보다', '주다', '가지고'가 있고, 어미 '고'와 연결되는 보조동사 가운데 '있다', '말다', '나다'를 들 수 있다.

　　보조동사구성이 동일한 형태의 통어적구성과 중의적인 관계에 있을 뿐만 아니라 통어적구성으로는 성립할 수 없는 동사의 연결이 동일한 형태의 보조동사구성에서 가능한 점은, 보조동사구성이 생산적이라는 것을 보여준다.

　　(64)　ㄱ. 땅이 갈라져간다.
　　　　　ㄴ.*땅이 갈라져(서) (땅이) 간다.

　　(65)　ㄱ. 나는 진선이를 깨워 버렸다.
　　　　　ㄴ.*나는 진선이를 깨워(서) (진선이를) 버렸다.

　　생산적인 보조동사구성도 개별적인 보조동사의 의미로 인해 어느 정도 제약이 있다. 보조동사 '가다'는 '진행, 진행의 과정'이라는 의미를 가지고 있어서, 본동사가 순간적인 동작을 보이는 것일 때에는 보조동사구성이 부자연스럽다. 그러나 순간적 동작이 반복적으로 계속되면 결과적으로 지속의 의미를 나타내게 되므로, 이와 같은 보조동사구성도 가능한 표현이 된다. '주다'는 선행 본동사와 함께 쓰여 도움을 주는 행위를 나타내는 것이 아닌 동사와는 잘 쓰이지 않지만, 이러한 문장들도 적절한 환경에서 선행 행위가 결과적으로 도움을 주는 행위가 되면 가능하다.

(66) ㄱ. 촛불 백 개를 다 켜간다.
ㄴ. 다행히 그 때 내 목소리가 떨려주었다.

선행 본동사와의 선택 제약이 비교적 큰 보조동사들이 있다. '놓다', '두다', '내다', '쌓다', '지다'는 생산성이 낮다. 보조동사 '놓다'는 선행 동사가 '감정동사', '도구동사', '착용동사', '자동사'일 때는 잘 연결되지 못해 보조동사구성을 이루지 못한다. 이기동(1979) 참조. '내다'는 '완수'나 '종결'의 의미를 가지고 있는데 '보유', '지님'의 의미를 가진 선행 동사와는 잘 연결되지 않는다. '내다'가 가지고 있는 의미와 선행 동사의 의미가 충돌하기 때문이다. '대다'도 선행 행위가 반복적으로 일어나기 어려운 동사와 제약이 있다. '대다'가 반복을 뜻하기 때문에 동작이 한 번에 끝나는 의미를 가진 동사와는 의미가 충돌한다. 특정 문맥에서 가능함을 보여준다. 주어가 복수이어서 반복을 나타낼 수 있으면 가능한 문장이 된다.

(67) ㄱ.?나는 학교에 가놓았다.
ㄴ. 자기만 혼자 가놓고는 오히려 내 잘못이라 한다.

(68) ㄱ.?나는 웃어내었다.
ㄴ. 우리가 그 극중에서 잘 웃어낼 수 있을까?

(69) ㄱ.*그가 죽어댄다.
ㄴ. 병사들이 자꾸 죽어대고 있다.

종래에 보조동사로 다루어졌던 일부 보조동사 '나다', '바치다'

와, 최근에 보조동사로 다루어져야 한다는 주장이 있는 '먹다'나 '들다'는 이미 살펴본 보조동사와 비교하면 생산성이 극히 없다. 그러므로 이들은 보조동사가 아닌 합성동사를 이루는 동사이다.

보조동사구성이 보이는 형태·통어적구성으로서의 특징 가운데, 통어적구성으로서의 특징은 '두 동사에 주체높임, 특정 보조사의 삽입, 본동사만의 대용, 보조동사의 연속과 자리 바꿈, 동일한 보조동사구의 반복, 보조동사구성의 생산성'이고, 형태적 구성으로서의 특징은 '구성 전체의 서술, 보조동사의 의존성, 구성 분리의 불가, 분리 생략 불가, 보조동사만의 대용 불가, 구성 전체의 대용, 구성 전체의 대한 부사의 수식, 구성 전체에 대한 부정의 범위, 구성의 분리 이동 불가, 구성의 단순 의미성'이다.

보조동사의 의미는 동일한 형태의 본동사와 구별되는데, 보조동사의 의미는 본동사의 주변적 의미라기보다는 본동사와 구별되는 보조동사로서의 새롭고 일관된 의미이다. 보조동사구성은 두 동사가 연결되어 이루어진 구성이지만 단일한 행위로서의 의미를 가지고 있어 하나의 동사처럼 기능한다.

(70) ㄱ. 나는 맥주를 마셔보았다.
ㄴ. 책을 읽어버렸다.
ㄷ. 성호는 학교에 가고 있다.

본동사 '보다'는 '눈의 시각으로 대상의 존재나 상태를 느끼는 것'이라는 중심 의미 외에도 문맥에 따라 '살피다(눈치를 보다)', '지키다(집을 보다)', '생기다(아들을 보다)', '치르다(시험을 보다)'의 주변의미를 가지고 있다. 이러한 본동사의 의미에 비하여 보조동사 '보다'는, 보조동사구성을 이루어 선행 동작의 '해보기', '시도'이라는 의미를 일관되게 가지고 있다. 또 보조동사 '보다'는 '해보기', '시도' 외에도 '경험', '완곡', '가정'의 의미가 주변 의미로서 문맥에 따라 나타난다.

'버리다'는 본동사일 때는 '쓰이지 못할 것을 던짐'의 중심 의미를 가지고 있지만 문맥에 따라 미세한 의미 차이가 있다. 이에 비해 보조동사 '버리다'는 '완결'의 의미나 '심리적으로 부담되는 것의 제거', '기대의 어긋남'의 의미를 가지고 있어 본동사와 구별된다.

본동사 '주다'는 '어떤 것을 남에게 넘기는 것'의 의미를 가지고 있지만, 보조동사 '주다'는 '선행 행위를 함으로 도움을 줌'의 의미를 가진다. 본동사 '놓다'는 '어떤 자리에 있게 함'의 의미와 '잡은 것의 힘을 풂'의 두 가지 의미를 가지고 있고 보조동사 '놓다'는 '끝남'의 의미가 있다. 어미 '고'와 함께 보조동사구성을 이루는 보조동사들도 본동사와 구별되는 일관된 의미를 가지고, 단일한 의미를 가진 보조동사구성을 형성한다. 보조동사 '있다'는 본동사와 의미가 크게 다르지 않지만 진행이라는 일관된 의미를 가지고 있다. 본동사 '있다'는 '존재'를 중심의미로 하여, '지님(돈이 있다)', '머무름(학교에 있다)' 등의 의미를 가지고 있다. '앉다', '자빠지다', '말다'는 본동사와는 아주 다른 의미를 가지고 있다.

연결어미 '아'로 이루어지는 보조동사구성의 경우 대부분 보조동사의 특징을 가지고 있어서 보조동사로서 구실함을 확인할 수 있다. 연결어미 '고'로 연결되는 보조동사구성도 보조동사구성으로서의 특징을 대부분 가지고 있어서 보조동사로서 의심스럽지 않다. 연결어미 '어야'로 연결되는 당위를 나타내는 보조동사구성도 보조동사구성으로서의 문법적 특징을 두루 가지고 있다.

보조동사로서의 자격이 의심스러운 것은 연결어미 '게'로 연결되는 사동구성의 보조동사구성과 연결어미 '지'로 연결되는 부정 구성의 보조동사구성이다. 사동구성은 주체높임에서 보조동사구성과 다른 특징을 보인다.

사동구성이나 부정 구성은 두 동사의 분리가 가능하다. 보조동사구성에서도 보조사가 구성 사이에 끼어들기도 하지만 이들 구성은 부사나 문장성분들이 사이에 끼어들 수 있다. 사동구성과 부정구성은 생략에서도 통어적구성처럼 전체 구성의 생략과 일부 생략이 가능하다. 사동구성은 두 동사의 분리대용이 가능하다. 부정 구성에서 선행 동사의 대용화가 불가능한 것은 명사구 내포문의 상위 동사의 대용화가 불가능한 것과 동일한 현상이다. 사동구성과 부정 구성은 부사의 수식이 선행 동사에도 이루어질 수 있는 점에서 보조동사구성으로서의 자격이 의심스럽다. 사동구성은 부정의 범위에서도 부사의 수식처럼 두 동사에 각각의 부정이 가능하다. 이는 두 동사가 자립성이 있음을 보여주는 것이다.

그러나 사동구성과 부정 구성은 여러 가지 현상에서 보조동사구성과 동일한 통어·의미적인 특징을 가지고 있기도 하다. 대표적으로 이들 구성이 의미적으로 사동과 부정의 의미적인 구조화를 이루면서 생산적으로 쓰이고 있는 점을 들 수 있다. 사동구성에서 '허용'과 같은 의미가 나타나는 것은 통어적구성에서는 없는 것이다. 그럼에도 보조동사로 문법 범주화되었는가는 한계를 가지고 있음이 분명하다. 즉 통어적구성과 구별되는 문법 범주로서 완전히 범주화되었다고 보기 어렵다.

시인 구성은 관련된 동사 반복 구성과 연관성을 가지고 있어 보조동사로 보기 어려운 바가 있지만 보조동사구성으로 다루는 것이 합리적이다.

'가기는 힌다'는 '가기는 간다'의 대용화로서 통어·의미적인 측면에서 다른 범주라고 보기 어렵다. 그러나 시인 구성은 반복 구성과 차이가 있다. 주체높임에서 반복 구성의 '가시기는 가신다'는 좋지만 '*가기는 가신다, *가시기는 간다'는 불가능하다. 시인 구성의 '가시기는 하신다'가 가장 적절하고 '가기는 하신다, 가시기는 한다'가 충분한 높임이 되지 못하는 것은 이 동사 연결의 두 동사가 각각 본동사로서 구실하기 때문이다.

동사 반복 구성은 두 동사 모두에 부정이 이루어져야 하고 선행 동사만의 부정은 불가능하다. 선행 동사는 부정을 하고 후행 동사는 긍정을 하는 것은 논리적으로 불합리하기 때문이다.

> (71) ㄱ. 안 가기는 안 간다/*안 가기는 간다.
> ㄴ. 안 먹기는 안 먹는다/*안 먹기는 먹는다.

> (72) ㄱ.?안 가기는 안 한다/안 가기는 한다.
> ㄴ.?안 먹기는 안 한다/안 먹기는 한다.

이에 비해 시인 구성은 선행 동사의 부정에 대해 후행 동사인 '하다'가 긍정하는 수식 관계를 가지고 있어 논리적 모순이 일어나지 않는다. 즉 부정의 해석이 선행 동사 '가기'에 대해 이루어지고 시인은 부정인 '안 가기' 전체에 이루어지는 점에서 부정의 수식 범위는 선행 동사에 한정된다. 선행 동사 부정에 대한 부징이 다시 이루어지는 문장의 해석으로는 (72)도 가능하다.

대용화에서 '그러기는 간다'는 불가능하지만 '그러기는 한다'는 가능하다.

(73) ㄱ. 진선이도 가기는 간다.
     ㄴ.*진선이도 그러기는 간다.
     ㄷ. 진선이도 그러기는 한다.

'가기는 간다'는 두 자립적인 동사의 연결이지만 굳은 형태로서 하나의 단위를 이룬다. '가기는 한다'는 자립적인 두 동사의 짜임보다는 보조동사로서의 새로운 의미 구조를 어느 정도 가지고 있어 구별되는 바가 있다. 이러한 문법적인 특징은 시인 구성을 보조동사구성으로 보게 한다.

희망 구성과 추측 구성도 통어·의미적인 특징에서 보아 보조동사구성의 특징을 가지고 있지만 특징의 강약은 다르다. 희망 구성의 '가고 싶다'는 하나의 서술어로서의 의미를 가지고 주어에 대한 서술 기능을 한다. 따라서 이 두 동사는 연결되어 하나의 동사처럼 기능한다. 그러나 '가다'라는 동작과 '싶다'라는 상태의 이중성은 이 구성을 단일한 구성이라기보다는 이중적인 구성으로 해석하게 한다. 추측 구성의 경우 '가는가 보다'에서 '가다'와 '보다'의 서술은 더 구별된다. 선행 동사가 문장 주어의 서술어임에 비해 '보다'는 주어와는 완전히 구별되는 화자의 추측이기 때문이다.

(74) 나도 그 섬에 가고 싶다.

(75) ㄱ. 나도 그 섬에 가는가 보다.
     ㄴ. 눈이 오는가 보다.

(74)는 '나도 그 섬에 가고 (나도) 싶다'라는 문장에서 연유한 것으로 해석할 수 있다. 그러나 '가고 싶다'라는 동사의 연결을 하나의 동사로 인식하는 해석이 더 강하다. (75ㄴ)은 '*눈이 오는가 (눈

이) 보다'는 근원적으로 불가능하고, (75ㄱ)의 '가는가 보다'도 한 동사로 인식하는 의미도 크다. 이러한 특징은 이들을 보조동사구성으로 보게 하는 것이다.

희망 구성과 추측 구성의 경우 선행 동사로는 동작동사가, 후행 동사는 상태동사(형용사)가 오는 짜임을 갖고 전체적으로는 상태동사로서 기능하는 경우가 많다. 이는 동적인 움직임과 정적인 상태가 결합한다는 점에서 역동적인 정적 상태를 표현하게 된다. '가고 싶다', '오는가 보다'는 모두 움직임에 대한 상태 표현이다. 이러한 동작과 상태라는 이중성이 부각되면 하나의 서술로의 해석이 약화된다. 이때 보조동사구성으로서의 인식이 약해진다.

보조동사구성은 통어적 방법에 의해 구성되지만 형태적 구성의 특징도 가지고 있는 형태·통어적구성이다. 이러한 보조동사구성의 특징이 반영되는 구조 해석은 동사구 접속 구조, 계층 구조, V' 표시구조이다.

보조동사구성을 동사 접속으로 보는 것은 이 구성을 내포문이나 문장의 접속에 의한 동사의 연결로 볼 수 없기 때문이다. 보조동사를 내포문을 가진 상위문의 동사로 보는 것은 보조동사가 홀로 자립할 수 있으며, 서술어로 기능함을 전제로 해야 가능하다. 그러나 보조동사는 본동사와 분리된 상태에서는 어떠한 구실도 할 수 없다. 그러므로 보조동사구성은 복합문 구조로 설명될 수 없다.

보조동사구성은 문장 접속에 의한 통어적구성과는 달리 형태적 구성으로서의 특징도 가지고 있다. 이와 같은 형태적 구성으로서의 기능은 심층에서부터 동사의 결합이 이루어지는 것으로 보는 동사구 접속 구조에서 드러난다. 보조동사구성을 계층적 구조로 해석하는 것은, 보조동사가 연속될 때 의미영역의 차이에 따른 의미 차이를 보이기 때문이다. 보조동사구성은 구성 전체나 본동사의 대용은 가능하지만 보조동사만의 대용화는 불가능하다. 이는 보조동사구성의 계층성을 설명하여 준다.

보조동사를 안긴문을 가진 안은문의 상위 서술어, 또는 보족문을 가진 상위 서술어로 해석하기도 한다. 보조동사구성을 동사 보족절 포유문 구조로 보는 것은 보조동사의 의존성이나 단독적인 서술 기능이 없음과 같은 특성에 대한 고려보다 추상적인 서술어의 존재를 인정하는 것으로, 이는 언어 표현의 구체적이며 실제적인 통어 현상보다는 추상적인 구조화에 관심을 가지고 있는 것이다. 동사 보족절에 의한 해석은 보조동사의 서술성과 자립성을 추상적인 존재로서 인정하고 출발한다.

보조동사구성을 중간 범주로 보는 해석에 대해, 목적어나 보족어와 같은 명사항이 어떤 동사에 의해서 투사된 것인지를 명시적으로 나타낼 수 없다는 비판이 있다. 그러나 보조동사구성에서는 중심어가 선행 본동사이기 때문에 선행 본동사가 목적어나 주어의 논항을 부여한다. '눈을 감아 버리다'의 경우 보조동사 '버리다'는 논항 부여를 할 수 없음에 비해 본동사인 '감다'가 중심어로서 논항을 부여하는 것으로 적절한 통어 표시이다. 보조동사구성 전체인 '감아버리다'가 논항을 부여한다는 해석도 가능하다. 이는 중간 범주로서의 해석에서 자연스러운 현상이다. 동사와 논항과의 관련에서 의존적이며 홀로는 서술성이 없는 보조동사 '버리다'가 논항을 부여하는 것으로 해석하는 것이 오히려 문제로 지적될 수 있는 것으로, 보조동사도 논항을 부여할 수 있다는 추상적인 해석에서 보조동사구성의 본동사가 중심어로서 논항을 부여하는 것을 거부하는 것은 설득력이 없다.

보조동사구성이 선행 본동사만의 대용이 가능한 점은 보조동사가 양태적인 의미를 가지고 어미와 같은 구실을 하는 특징으로 지적된 바 있다. 동사의 대용화가 목적어와 같이 이루어질 수 있는데, 보조동사는 대용화에서 목적어와 본동사와 같이 이루어질 수도 있고 본동사만의 대용화만 이루어지기도 한다. 목적어와 본동사가 보조동사와 분리되어 대용화되는 점에서 보조동사와 서술부의 분리성이 인정된다. 중간 범주 해석은 이를 명시적으로 설명하기 어려운 바가 있다. 그래서 이 보조동사의 구조를 어미와 같은 차원에서 다룰 수 있는 가능성도 있다. 그러나 중간 범주로서의 구조화가 보조동사로서의 특징을 나타내기에 더욱 효과적인 것은 이 중간 범주가 보조동사구성이 갖는 형태·통어적구성으로서의 특징을 잘 드러내고 보조동사가 가지고 있는 의존적이며 홀로는 서술성이 없는 특징을 잘 드러내기 때문이다.

보조동사구성은 '안아보아주었다'처럼 보조동사가 연속하여 나타날 수 있는데, 대용화에서 '그래보아주었다', '그래주었다', '그랬다'로의 대용이 가능하다. 대용화의 과정에서 목적어는 대용화에 포함되기도 하지만 포함되지 않기도 한다.

(76) ㄱ. 개가 고기를 먹어버리자, 고양이는 생선을 그래버렸다.
ㄴ. 개가 고기를 먹어버리자, 고양이는 생선을 그랬다.
ㄱ'. 개가 고기를 먹어버리자, 고양이도 고기를 그래버렸다.
ㄴ'. 개가 고기를 먹어버리자, 고양이도 고기를 그랬다.

목적어가 대용화에 포함되지 않는 경우의 구조 해석을 위해서, 동사 보족절의 해석에서는 보족절의 서술어, 즉 본동사와 상위문의 서술어인 보조동사를 한데 묶는 절차가 필요하다. 이 구조에서 의존동사는 머리 성분이고 보족절을 구성하는 선행 동사는 의존동사를 한정하는 종속 성분이다. (76ㄱ,ㄴ)에서 목적어 '생선'을 제외하고 본동사 '먹어'와 보조동사 '버리다'를 묶어주는 규칙이 필요하다. 그러나 중간 범주에 의한 해석은 동사 보족절에 의한 해석에서와 같이 보족절의 동사, 즉 본동사를 목적어와 분리하여 상위문의 동사인 보조동사와 연결시키는 과정이 필요하지 않다.

대용화는 서술성을 가진 동사에 이루어진다. 따라서 대용화가 이루어지지 않는 동사는 서술어로서의 자격을 부여하기 어렵다. 상위문의 서술어로서도 마찬가지이다. 보조동사는 대용화에서 보조동사만의 대용화는 불가능하다. 서술성의 힘이 약한 인용문 구조 문장의 상위 서술어와 비교할 때 보조동사의 서술성은 더욱 분명해진다. 이는 보조동사구성에서의 보조동사는 다른 안은문의 서술어와 구별되는 동사로서, 보조동사구성의 중간 범주적 해석의 합리성을 보여준다.

(77) ㄱ. 그가 왔다고 했다/그가 왔다고 그랬다.
　　　 ㄴ. 나도 가려고 했다/나도 가려고 그랬다.
　　　 ㄷ. 나도 마셔 버렸다/나도 *마셔 그랬다.

보조동사구성은 합성동사나 통어적구성과 비교하여 볼 때, 통어적구성에서 합성동사로, 합성동사의 일부 후행동사가 보조동사로 진행하는 문법적 과정으로 추정된다. 이러한 관점에서도 보조동사구성은 통어적구성이나 합성동사와 관련된 접속구성으로서의 특징을 가지고 있다. 문법적 현상에 대한 구조화는 이러한 점까지 설명할 수 있을 때 더욱 설명력을 갖게 된다.

보조동사를 안긴문을 가진 안은문의 상위 서술어로 해석하는 것은 보조동사구성 문법화의 중간 단계로 설명이 가능하다. 보조동사 구성은 문장 접속의 통어적구성에서 문법화가 이루어진 것이다. 연결어미 '어'로 이루어지는 문장 접속은 종속 접속이기 때문에 후행 절은 부사절과 같은 기능을 한다. 따라서 문장 구조는 보어를 갖는 구조와 유사하다. '버리다'가 본동사의 의미를 가질 때 문장 접속의 통어적구성은 다음과 같은 구조를 갖는다.

(78)

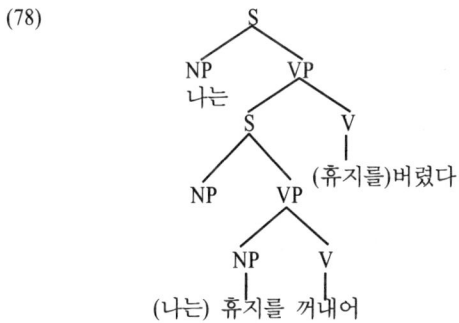

동사 보족절 구조를 주장하는 구조는 이 구조와 거의 유사하다.

(79)

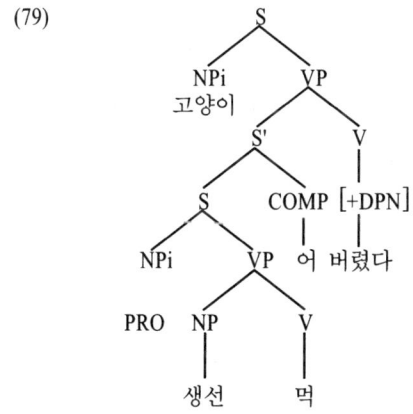

이 구조는 의존동사가 머리 성분이고 보족절을 구성하는 선행동사는 의존동사를 한정하는 종속 성분이라는 것이다. 보조동사의 문법화를 초기 단계의 문법화로 인식한 것이다.

동사 보족절 해석은 의존적 서술어에 대해 서술 기능을 부여하고, 안긴문과 안은문의 서술어가 연결되어 하나의 합성동사처럼 기능하는 것으로 해석한다. 보어를 가진 문장 '그가 장군이 되었다'의 경우 '되다'는 보어를 필요로 하는 부족한 서술어이지만, 논항을 부여하는 서술어로서의 서술 기능을 분명히 한다. 그러나 '그가 떠나 버렸다'에서 주서술어는 본동사인 '떠나다'이다. 보조동사 '버리다'가 상위문의 서술어로 이 문장의 논항을 부여하고 주서술어의 의미 기능을 하고 있다고 해석하기 어렵다. 이 문장의 서술 의미는 '떠나다'가 담당하고 논항도 이 본동사가, 엄밀히 말해 문법화된 서술 구성인 보조동사구성 전체가 부여하는 것이다.

문장의 구조는 언어 사용자의 언어 인식과 문법 현상이 내재하고 있는 짜임새 자체이며, 언어 인식과 문법 현상을 가장 잘 반영할 수 있는 짜임새이어야 한다. '그가 떠나 버렸다'라는 문장에서 주어 '그'에 대한 중심 서술어가 '떠나다'인가 '버리다'인가는 언어 인식의 문제와 관련이 되어 있다. '그'에 대한 서술어는 본동사인 '떠나다'이고, 보조동사 '버리다'는 화자의 바람이 사라짐 등의 의미에서와 같이 주어에 대한 서술이라기보다는 화자의 인식의 표현이라는 점에서 양태적인 의미로 해석되는 것이다. 즉 '그'에 대해 논항을 부여하는 서술어는 '떠나다'라는 점에서 본동사와 보조동사의 개념이 유효한 것이다.

보조동사는 여러 가지 어휘와 유형을 가지고 있으며, 이들 보조동사들은 통어·의미적인 특징에서 모두 일치하지는 않는다. 따라서 어느 보조동사는 보조동사로서의 특징을 더 가지고 있고 어느 보조동사는 덜 가시고 있다 하겠다.

우리는 범주를 통하여 사고 지각, 행동, 언어 활동을 한다. 범주 (Category)는 공통의 속성을 기반으로 한다. 대상에 대한 인식이나 행위를 할 경우 모두 범주화를 통하여 한다. 사물은 어떤 공통 속성을 공유할 때 범주를 이룬다. 그러나 범주 가운데에는 어느 구성원이 다른 구성원보다 더 전형적인 것이라고 할 만한 것이 있다. 이를 전형성(Prototype)이라 한다. 범주를 정의하는 공통 속성을 가지고 있지 않아도 같은 범주의 구성원이 될 수 있다. 그리고 범주의 구성원 가운데에는 다른 것에 비해 더 전형적인 것이 있을 수 있다. 범주를 구성하는 생성원은 중심적이며 전형적인 것이다. 이 구성원들 사이에는 적어도 몇 가지 단계가 있는데 명확한 경계가 있는 것은 아니다.[26]

보조동사 범주도 이 범주를 문법 범주에 설정하게 한 전형적인 경우가 있고, 복합적인 모델의 집합이 있다. 보조동사구성의 중심적인 문법 현상은 이 동사가 자립성이 없이 선행 본동사와 함께 단일한 서술어로서의 구실을 한다는 점이다. 서술성이 없는 동사에 대해 추상적인 의미에서의 서술성을 인정한다면 이미 보조동사라는 범주는 존재할 필요가 없다.

보조동사 범주를 형성하게 된 전형적인 구성은 연결어미 '-어'로

---

26) Lakoff(1987)는 「Women, Fire, and Dangerous Things」에서 고전적인 범주화 이론과 전형성 이론이라는 새로운 범주 이론에 대해 논의하고 있다. 범주를 구성하는 구성원 가운데에는 가장 전형적인 구성원이 있을 수 있다. 즉 '새'라는 범주를 구성하는 구성원 가운데 '참새'는 '오리'에 비해 새의 범주를 구성하는 더 전형적인 구성원이라 할 수 있다.

연결되는 보조동사구성이고 '고'로 연결되는 구성이 다음이다. 보조동사구성의 전형적인 구성인 '어' 연결어미 구성을 중심으로 볼 때 보조동사구성의 전형적인 특징은 단일한 동사로서의 기능을 들 수 있다. 보조동사구성이 합성동사와 같은 인식을 우리에게 주는 것은 이러한 통어·의미적인 응집성 때문이다. 물론 이는 보조동사의 의존성과 맞물려 있는 것으로 선행 동사에 의미의 중심성이 있고 보조동사가 선행 동사에 대한 보조적인 의미 기능을 가지고 있다는 인식을 반영하는 해석이다.

(4) '하다' 구성

'하다'는 여러 가지 모습을 가지고 다양한 상황에서 쓰이는 단어이기 때문에 그 본질의 파악이 어렵다. '하다'의 연구는 크게 두 가지로 나누어지는데, '하다'가 가지고 있는 다양한 문법적 특징을 열거하고 그 특성을 설명하려는 견해와, 이들 사이의 공통적인 면을 추출하여 하나의 문법적인 대상으로 규정하려는 해석이다. '하다'의 여러 가지 특징을 있는 그대로 인정하는 '하다'의 다기능적 해석과, 본동사, 대동사, 형식동사 가운데 하나의 기능만을 인정하여 통일된 문법 범주로 해석하려는 견해가 있다.

'하다'의 여러 가지 기능은 본동사에서 여러 기능으로 변화, 확장 되었다 할 만하다. 다음은 다기능적 해석에서의 '하다'의 범주 해석으로, 최현배(1955, 1982)에서의 보기이다.

(80) ㄱ. 본동사: 우리는 공부를 한다
　　 ㄴ. 파생접미사: 동사; 공부하다, 구하다, 반짝반짝하다
　　　　　　　　 형용사; 행복하다, 착하다, 둥글둥글하다

ㄷ. 보조용언: 부정; 아니하다, 못하다
추측; 듯하다
가식; 척하다
과기; 뻔하다
시인; 기는 하다
당위; 어야 하다
사동; 게 하다

형식동사로서의 해석은 의미 서술 기능은 선행어가 하고, '하다'는 형식적 서술 기능만을 한다는 주장이다. 박승빈(1935)에서는 '하다'를 '문법상 동사됨의 세'를 표시하는 형태로 해석하였고, 서정수(1975)에서는 '하다'를 형식동사와 대동사로 나누었다. '운동하다'에서는 형식동사로, '밥하다'에서는 대동사로 기능하는 것으로 구별하는데 선행어에 따라 기능이 다른 '하다'가 연결되는 것으로 해석한다.

선행어에 대한 연구가 자세히 이루어졌는데, 실체성 명사인 '남자, 개, 집, 물, 마당, 아침'은 '하다'를 뒤에 둘 수 없다. 비실체성 명사는 동작성, 작용성, 상태성으로 다시 나누어지는데, 일반적으로 이들은 형식동사 '하다'와 어울린다. '절, 굿, 손질, 운동'은 동작성 명사, '사망, 변화, 건조, 성장'은 작용성 명사, '얌전, 다정, 간결, 편리'는 상태성 명사이다.

'하다'는 서술성을 가지고 있고 논항을 부여하기 때문에 본동사가 아니라고 보기 어렵다.

(81) ㄱ. 성호가 열심히 어려운 공부를 한다.
ㄴ. 성호가 어려운 공부를 열심히 한다.
ㄷ. 성호가 어려운 공부한다.
ㄹ. 성호가 어려운 공부 열심히 한다.

'하다'를 본동사로 보면 '공부하다', '밥하다'는 합성동사로 해석된다. '공부'가 '어려운'의 수식을 받을 수 있는 것은 명사이기 때문이다. '어려운 공부한다'도 '공부한다'의 중간에 휴지가 없이도 가능한데, 이는 '아는 척하다', '예쁜 듯하다', '올 법하다' 등과 같은 현상이다. 이 점은 '*어려운 가다'가 불가능한 점과 비교된다.

목적어가 이중으로 나타나는 문장도 이와 유사한 관련성을 갖는데, 이러한 문장의 '하다'에 대해 어근, 주 서술어, 내부 목적어, 모문 서술어 등의 여러 가지 해석이 있다.

(82) ㄱ. 성호가 민속을 공부를 한다.
ㄴ. 성호가 민속( ) 공부( ) 한다.
ㄷ. 성호가 민속 공부를 한다.
ㄹ. 성호가 민속을 공부한다.

위에서 (ㄱ)이 [[민속을 공부]를 한다]라는 직접구성을 가진 것인가, [[민속을][공부를 한다]]의 구조를 가진 것인가는 이들 문장의 구조를 밝히는 데 중요한 문제이다. (ㄴ)은 모두 조사를 의식하는 경우로 (ㄱ)과 동일하다. (ㄷ)은 '공부'가 '민속'의 명사 수식을 받는 경우로 하나의 명사처럼 기능하는 것으로 (ㄱ,ㄴ)과는 구별되는 다른 문장이다. (ㄹ)은 '공부한다'가 하나의 동사처럼 기능한다는 의식을 가지고 있는 경우이다. 분리성 선행 요소를 가지고 있는 '명사+하다'의 경우, 합성동사라기보다는 통어적구성의 합성어적인 쓰임이라는 해석을 벗어날 수 없다.

(5) 어근과 접사가 모여 하나 됨: 파생

어근과 접사가 합하여 새로운 단어를 이루는 것이 파생법이고 이러한 방법에 의해 이루어진 단어가 파생어이다. 국어의 접사는 굴곡 어미를 포함하는 포괄적인 의미로 쓰이는 경우와 파생접사를 한정하는 의미로 쓰이는 경우가 있는데 여기서의 접사는 파생접사를 뜻한다.

어간과 어미의 구별이 의미와 기능적인 측면에서 분석될 만한 두 형태를 하나의 용언으로 다루기 위해 생겨난 구별이라면, 파생어에서의 어근과 접사는 단어의 형성인 파생의 방법을 제시하기 위한 것이다.

굴곡 어미는 넓은 의미에서 접사에 포함되어 굴곡접사로 불린다. 굴곡접사와 파생접사를 구별하는 요인으로는 접사가 붙을 수 있는 선행 어간의 제약성, 어간과의 밀접성, 새로운 단어를 만드는가 여부, 어근과의 밀접성이 있다. 굴곡 어미는 선행 어간의 제약이 별로 없고 새로운 낱말을 만들지 못하는데 파생접사는 새로운 낱말을 만드는 힘이 있지만 선행하는 어간에 제약이 크다. 이러한 차이는 구성의 경향이 내적인가 외적인가, 단어 형성이 규칙적인가 불규칙적인가, 통어범주를 바꾸는가, 새 단어를 이루는가, 여럿이 결합될 수 있는가로 달리 표현되기도 한다.

파생접사는 합성어의 어근과 구별이 어려운 경우가 있다. 명사와 접두사의 구별이 어렵고 관형어·부사어와 접두사의 구별, 명사·동사와 접미사의 구별이 어렵다. 그 보기는 다음과 같다. 이석주(1989) 참조.

(83) ㄱ. 명사와 접두사: 곁가지, 알몸, 꾀병, 개꿈, 들깨, 웃어른, 햇보리
     ㄴ. 관형어와 접두사: 간밤, 첫사랑, 된장, 선무당, 맨주먹, 한길, 한눈
     ㄷ. 부사어와 접두사: 갓나다, 덧대다, 되넘기다, 휘감다
     ㄹ. 명사와 접미사: 네년, 네놈, 손님
     ㅁ. 동사와 접미사: 궁상맞다, 멋쩍다, 심술궂다

파생어는 접사의 위치에 따라 접두, 접미 파생법으로 나뉘고, 품사별로 명사, 동사, 형용사, 부사 파생어로 나뉜다. 대표적인 파생접사는 다음과 같다.

(84) ㄱ. 명사 파생 접사: 이, 음, 기, 개, 님 등
     ㄴ. 동사 파생 접사: 사동, 피동의 이, 히, 리, 기 등, 치, 거리다, 대
        다, 뜨리, 지, 하다 등
     ㄷ. 형용사 파생 접사: 앟/엏, 다랗, 스럽, 롭, 하다 등
     ㄹ. 부사 파생 접사: 히, 로, 오/우, 이(리) 등

이들 파생접사들이 파생어를 이룰 때 선행 어간들과 어떠한 선택제약의 특징이 있는가는 파생어 연구의 중요한 관심사이다. '거리다, 대다'의 선행 어간이 의태어인 경우 동작성을 가진 것(끄덕거리다)과 상태성을 가진 것(?졸깃거리다)의 파생 가능성이 달라지고, 의성어인 경우(쿵쾅거리다)는 이러한 구별이 없는 점 등이 그 예이다.

단순히 명사 범주로의 파생이라면 여러 가지 파생접사가 필요하지 않을 것이다. 여러 가지 파생접사가 존재하는 것은 이들 접사에 의한 파생어의 의미가 다르기 때문이다.

파생명사를 이루는 접미사는 명사 뒤에 붙는 '이(곰배팔이, 애꾸눈이), 아지/아기(바가지/싸라기), 웅(지붕), 꾼(구경꾼, 일꾼), 장(끝

장), 사귀(잎사귀), 깔(빛깔)'과 동사 뒤에 붙는 '이(길이, 깊이), 음(웃음, 걸음), 에/에(마개/코뚜레), 엄(무덤, 주검), 기(기울기, 모내기), 시(낚시), 개/게(덮개/집게), 정이(늙정이)'가 있다. 이들 파생 접미사는 역사적 관점에서 보면 어근이었던 것이 접미사로 문법화한 것으로 볼 만하다. 현대의 공시적 측면에서는 접사로 해석된다.

파생접사 '음, 기'는 동일한 형태가 명사형 어미로도 기능하기 때문에 두 문법 형태가 다의적인가 동음이의적인가 하는 문법적 해석의 문제가 제기된다.

  (85) ㄱ. 나는 그가 달리기를 바랐다.
       ㄴ. 나는 그가 달리기에서 이기기를 바랐다.
       ㄷ. 나는 우리가 너를 믿음을 말하고 있다.
       ㄹ. 나는 너의 믿음을 말하고 있다.

'음, 기'를 파생접사로서의 쓰임과 명사형 어미로서의 쓰임으로 분명히 구별하는 것은 서술어로서의 기능과 명사로서의 기능이 엄격하게 구별되기 때문이다. 이들이 의미나 기능에서 유사성을 가지고 있음에도 이들의 범주를 달리하고 구분하는 것은 분명한 문법적 차이가 있기 때문이다.

동일한 형태를 가진 두 문법 형태가 다른 문법 범주를 갖게 되는 과정은 먼저 역사적으로 명사 파생접사의 쓰임이 확대되어 명사형 어미가 형성되었고 일부 파생명사들은 화석으로서 남게 되었다고 추정할 수 있다. 반대로 명사형 어미에 의한 용언의 명사형 일부가 굳어져 화석이 되어 파생접사가 되었다는 추론도 가능하다.

이들 추론 가운데 어느 것이 분명하다는 확증은 제시하기 어렵지만 통어적구성에서 형태적구성으로의 화석화 과정이 일반적인 관계임을 보아, 생산적인 명사형 어미에서 파생어가 형성되었다는 해석이 좀더 일반성을 갖는다.

현대 국어에 나타나고 있는 '음, 기'에 의한 파생명사를 선행 어간과 파생의 복합성에 따라 보기를 일부 들면 다음과 같다.

> (86) ㄱ. 가르침, 가뭄, 걸음, 놀림, 뉘우침, 느낌, 다짐, 도움, 모임, 물음,
>   믿음, 배움, 보탬, 배움, 새김, 싸움, 울음, 웃음, 움직임, 흐름
>   (선행 동사: 동작)
>   ㄴ. 기쁨, 게으름, 설움, 수줍음, 슬픔, 아픔 (선행 동사: 상태)
>   ㄷ. 굶주림, 보살핌, 되새김, 비웃음 (복합파생)

> (87) ㄱ. 달리기, 걷기, 나누기, 누르기, 던지기, 더하기, 뒤집기 (선행 동사:
>   동작)
>   ㄴ. 굳기, 세기, 밝기, 빠르기, 크기 (선행 동사: 상태)
>   ㄷ. 글짓기, 줄넘기, 소매치기, 싫증기, 파도치기 피돌기 (복합파생)

중세 국어에서는 명사 파생접사와 명사형 어미가 형태상 구별되었다. 명사형 어미에는 반드시 '오/우'가 같이 쓰였다. 파생명사는 일부가 '오/우'와 쓰였다.

> (88) ㄱ. 됴흔 여름 여루미(월석 1: 12), 날로 뿌메 便安킈 ᄒᆞ고져(훈민),
>   가샴 겨샤매(용 27), 終은 ᄆᆞᄎᆞ미라(훈민)
>   ㄴ. 그림, 어름, 뜸, 너김, 거름, 잠, 게을음, 늣김
>   ㄷ. 춤, 우슘, 우룸, 사룸, 노룸, 깃붐

명사형 어미에서는 반드시 '오/우ㅁ'이 쓰였지만, 파생명사에서 절대적이지 않음은 명사형 어미와 파생명사의 구별이 엄격하지 못

하였던 것으로 보인다. '오/우'는 15세기부터 그 사용법이 변화하기 시작하여 16세기에는 잘 쓰이지 않게 되었다.

파생명사의 역사적 형성 과정에 대한 추론이 가능하다고 현대 국어 용언의 명사형과 파생명사를 동일시 할 수는 없다. 공시적인 관점에서는 파생명사가 파생의 조어법에 의해 파생이 이루어지고 있다고 해석하는 것이 역사적인 화석의 결과로 보는 해석보다 설명력이 있다. 명사 파생접사를 인정하고, 존재하는 파생접사를 근거로 하여 파생에 의한 조어법을 문법에서 논하는 것이 문법 설명에 합리적이다. 역사적인 생성과 공시적인 문법적 해석은 구별할 필요가 있다. '기'도 '음'과 동일한 문제가 있다.

명사형 어미 '기'와 '음'은 의미적으로 어느 정도 상보성을 가졌다. 이들의 의미 차이는 여러 차례 논의된 바 있다.27) 두 접사의 의미 차이에 대해 깊이 있는 논의가 없었던 것은 명사형 어미는 문법적인 면에서 구별되지만 파생접사로서는 의미적으로 유사한 것으로 간주되기 때문이다. 명사형 어미와 파생접사로서의 차이가 통사적인 기능이나 범주 형성의 기능에서의 차이는 있지만 의미에서의 차이를 찾기 어렵다.28)

접사 '기'에 의한 파생명사를 명사형 어미에서 굳어진 것으로 한정하기 어려운 것은 이 파생명사가 가지고 있는 새로운 말을 만드는 힘 때문이다. 현대 국어에서 학교 교육 용어나 운동 경기 용어

---

27) 임홍빈(1974)은 [±대상화], 심재기(1982)는 [±실제성], [±결정성]의 의미로 두 명사형 어미의 의미를 구별하였다.
28) 김창섭(1996)에서는 파생접사 '기'가 갖는 '규식성' 의미를 명사형 어미에서 찾을 수 없다고 보았다. 이는 김홍수(1975)에서의 '과정과 기술'과 같은 개념이라 하였다.

를 만드는 과정에서 이루어진 '누르기, 돌려차기, 구석차기, 던지기, 더하기, 빼기, 곱하기, 나누기, 안다리 후리기, 뒤집기' 등의 파생은 통어적구성과의 상관성을 가지고 있지만 형태론적 측면에서 조어력이 있음을 보여준다.

파생접사 '이, 개'는 명사형 어미가 없는 파생접사이다. '이'는 선행 행위를 명사로 만드는 파생접사인데, 상태동사가 선행어로 오면 척도를 나타내는 명사가 된다. '짧이, 얕이, 낮이, 좁이'는 불가능하다. '크기/작기, 빠르기/느리기, 굵기/가늘기, 밝기/어둡기'와 비교된다. '구이'는 동작의 결과이다.

> (89) ㄱ. 구이, 놀이, 다듬이, 마무리, 먹이, 몰이, 벌이, 풀이, 떨이
> ㄴ. 길이, 깊이, 높이, 넓이
> ㄷ. 재떨이, 옷걸이, 책꽂이, 고기잡이, 구두닦이, 때밀이

> (90) ㄱ. 가리개, 날개, 누르개, 덮개, 베개, 싸개
> ㄴ. 불쏘시개, 이쑤시개, 머리쓰개

복합 파생어는 동작주, 동작의 대상, 동작의 수단 등의 다양한 의미를 가지고 있다. '개'는 선행 동작이 이루어지는 도구의 의미를 가지고 있다.

접두사에 의한 파생으로는 '덧(구두, 날, 널, 문, 물, 버선, 셈, 신, 줄), 숫(국, 처녀, 총각), 헛(걸음, 고생, 기침, 소리, 소문, 수고, 웃음, 일), 빗(금, 면, 변), 핫(바지, 저고리), 홀(어미, 아비, 몸), 홑(몸, 이불, 청), 웃(거름, 국, 돈, 사람, 어른)'이 있다. '홀'과 '홑'의 차이는 '홀몸'과 '홑몸'에서 드러나는데, '홀몸'은 가족이 없는 사람, '홑몸'은 임신하지 않은 사람이다.

파생에는 새로운 의미만을 더하는 파생과, 문법 범주를 바꾸는 파생이 있다.

명사를 형용사로 파생시키는 접사로는 명사에 붙는 '지: 값지다, 흩지다, 답: 꽃답다, 사내답다, 롭: 보배롭다, 자유롭다'가 있고, 형용사나 동사에 붙는 '다랗: 굵다랗다, 드리: 엎드리다, 지르: 엎지르다, 앟/엏: 까맣다/둥그렇다, 업/읍: 간지럽다/우습다' 등이 있다.

사동, 피동 접사에 의한 파생은 문법 범주를 바꾸는 파생이다. 다음은 형용사에서 타동사로의 파생과, 자동사 또는 타동사의 타동사로의 사동 파생이다.

(91) 이: 눅이다, 높이다, 널리다, 불리다
     히: 붉히다, 넓히다
     추: 낮추다, 늦추다
     애: 없애다

(92) 이: 죽이다, 속이다, 먹이다
     히: 앉히다, 잡히다
     리: 날리다, 돌리다
     기: 웃기다, 남기다, 안기다
     우: 깨우다, 비우다
     구: 돋구다
     으키: 일으키다
     이키: 돌이키다

형용사 어간에 붙는 사동의 접사는 타동사를 파생하는 의미와 기능을 갖고 있다. 사동사 파생이라기보다 타동사 파생이다. 사동 접사의 선택은 완전히 규칙적이지는 않지만 음운적 환경에 의한다.

피동 접사에 의한 파생은 타동사에서 자동사로의 파생이다.

(93) 이: 보이다
     히: 먹히다, 잡히다
     리: 열리다
     기: 안기다

사동과 피동의 접사는 생산적으로 쓰이고 문장의 구조를 바꾸기 때문에 굴곡 접사 즉 어미로 볼 만한 특징을 갖고 있지만, 파생 어간이 한정되어 있고, 이 제한의 규칙성을 찾기 어려워 파생으로 다룬다.

사동 접사에 의한 사동, 피동 접사에 의한 피동이 가능한 동사와 불가능한 동사를 구별하려는 작업은 여러 차례 시도되었다. 사동사 파생은 재귀적 동사(재귀화만을 허용하는 동사: 안다-안기다)에서만 일어나고, 비재귀적 동사(재귀화와 비재귀화를 함께 허용하는 동사: 박다-박히다)에서는 일어나지 않는다는 해석(박양규, 1987)이 있고, 감각형용사는 사동사를 이루지만 감정형용사는 사동사를 잘 이루지 못하며 '하다'계, 수여동사, 수혜동사, 대칭동사 등은 사동사를 잘 이루지 못한다는 해석도 있다(송철의, 1989).

사동의 의미를 직접 사동과 간접 사동으로 나누고 국어의 자동사와 타동사의 직접성 및 간접성과 관련지어, 직접성 동사는 사동사로 파생될 수 있고(물을 끓인다, 색종이를 붙인다) 간접성 동사는 사동사로 파생될 수 없다(개를 짖인다)는 설명(류성기, 1994)도 있다.

피동법에 대한 연구에서도 이러한 논의가 있었다. 피동의 가능성은 동사에 대한 주어의 속성이 의지와 통제가 가능한가에 따라 달라진다는 설명이다(유동준, 1983). 동사에 대한 주어의 의지력, 통제력의 행사를 통하여 목적어는 일시적 혹은 영구적인 성격의 변화를 입을 수 있는데, 그러한 의지력, 통제력의 행사를 기대할 수 없는 수용자 주어 구문에서는 목적어가 성격 변화를 입을 수 없기 때문에 피동의 접미사가 붙을 수 없다는 해석이다.29)

이와 같이 사동사, 피동사 파생이 가능한 경우를 의미로 설명하는 시도는 예외가 존재하는 점에서 문제가 남아있다. 이는 이들 해석의 문제이다. 그러나 형태적 또는 어휘적이라는 설명의 한계를 가진 대상에 대해 설명을 부여한다는 점에서 의미 있는 일이다.

파생 접미사가 새로운 단어를 만든다는 전통적 견해와 달리 통사적 파생법이 존재한다는 해석이 있다. 이러한 연구로는 김창섭(1984), 임홍빈(1989)이 있다.

(94) ㄱ. 그는 [경기에서 이긴 사람]답다.
　　　ㄴ. 오늘은 [그가 옴 직]스럽다.

(ㄴ)이 문법적인 문장인가는 의심스러운 바가 있으나, 파생 접미사의 선행 요소에는 어간만이 온다는 견해에 대해 구나 절도 선행 어간의 자리에 올 수 있는 점이 지적된 것은 파생법의 시야를 넓힌 것임이 분명하다.30)

---

29) '잃다'의 경우 주어는 서술 행위에 대한 통제력이 없다. 이처럼 수용자 주어 구분을 갖는 농사는 '잃다'를 비롯하여 '닮다, 안다' 등이 있다.

30) 이 외에도 통사적 접미사로 다루어진 접사로 '그들은 밥을들 많이들 먹었다'에서 볼 수 있는 '들'을 들 수 있다. 나아가 임홍빈(1989: 186)에서는 조사나 어미가 체언이나 동사에 연결되는 것이 아니라고 지적하고 있다. 이는 형태론적 분석보다는 통사론적 측면의 분석을 우선할 때 자연스럽게

시정곤(1994: 57)에서는 접사를 어휘적 접사와 통사적 접사로 일차 구분한 후 통사적 어휘 접사에 '답'과 지정의 서술어 '이다'의 '이'와 '같', '되', '거리' 등을 포함하고 있다.

형태가 없는 접사의 존재를 인정하는 영파생과 모음이나 자음이 교체되어 새로운 단어의 파생이 이루어진다는 내적 변화에 의한 파생도 있다.

형태의 변화 없이 다른 문법적인 구실을 하는 단어들을 영변화라고 하는 것과 영접사를 인정하여 파생의 자격을 부여하는 해석은 구별된다. 영변화는 품사 전성이나 품사 통용으로 해석하는 것이다.31) 동일한 형태가 다른 문법적 기능을 가지고 있기 때문에 어느 문법 범주가 기본적인가 하는 점과, 동일한 형태를 가지고 있지만 영변화라고 볼 수 없는 짝의 존재에 대한 해석이 문제가 된다.

동일한 형태를 가지고 있는 '신/신다, 띠/띠다, 품/품다, 배/배다, 발/밟다, 해/희다, 불/붉다'와 같은 어휘가 역사적인 측면에서 어느 품사형에서 다른 품사형으로 이루어졌는가의 통시적 해석과 공시적인 해석의 문제가 제기된다. '누비/누비다, 자/재다, 되/되다, 절/절다' 등도 이러한 보기이다.

구체적인 대상을 나타내는 명사 어휘가 움직임을 나타내는 용언

제기되는 문제로 기본적으로 최소자립형식의 분석과도 연결된다.

31) 최현배(1982)에서는 품사 전성으로, ① 이름씨가 어찌씨로 전성되는 것: 참말, 어제, 오늘 ② 내일 어찌씨가 이름씨로 전성되는 것: 다, 모두, 조금, 스스로, 서로 ③ 움직씨 줄기가 이름씨로 전성되는 것: 가물다, 신다, 띠다 ④ 그림씨가 움직씨로 전성되는 것: 크다, 돋다, 붉다, 가다 등을 들었다. 홍기문(1947)에서는 품사 통용으로 설명하고 있다: 신/신다, 길/길다, 잘못(부사)/잘못(명사), 붉는다/붉다. 영접사 파생을 세운 것으로는 안병희(1965), 이기문(1972)을 들 수 있고, 심재기(1982), 이병근(1986), 송철의(1989)에 영접사에 대한 논의가 있다.

어휘에 비해 먼저 이루어졌을 것이라는 해석도 개연성이 있고, 용언들이 명사형 접미사에 의해 명사가 이루어지는 경우(놀다/놀음, 자다/잠, 꾸다/꿈 등)를 보면 동사에서 명사가 이루어지는 과정이 일반적일 수 있다는 해석도 개연성이 있기 때문이다. 일반적으로 간단한 형태에서 복잡한 형태로의 파생이 역사적인 경향을 가지고 있지만 이는 기원적인 현상이고, 역사적인 변화에서 파생의 방향은 쌍방향이 가능하다.

동일한 형태와 유사한 의미를 가지고 있다고 모두 영변화는 아니다. '깊이(명사, 부사)'는 두 가지의 다른 문법적 기능을 가지고 있어 다른 것으로 구별된다. 이에 비해 '가까이(명사, 부사)'는 명사 파생 접미사 '이'가 형용사 어간과 결합할 때는 정도가 큰 것을 나타내는 형용사와 결합하므로(넓이, 깊이, *좁이, *얕이) 파생명사라 볼 수 없어 부사에서 바뀐 것으로 해석할 수밖에 없다.

영접사 파생의 짝인지 아닌지를 결정하기 어려운 보기로 '못하다(동사, 형용사)'가 있다. '공부를 못한다/동생보다 못하다'에서 '못하다'의 해석은 각각 합성이거나 각각 파생일 수 있고 또 동사 파생과 영형용사 파생의 관계일 수 있다. '부사+하다=형용사'는 드물기 때문이다.[32]

모음이나 자음의 교체에 의하여 새로운 의미를 나타내는 표현에 대해서는 동일한 단어의 음성적인 변화인가, 완전히 구별되는 두

---

32) 파생의 방향을 추정하는 방법은 구조적 특성에서 보아 설명할 수 있다. '잘못'의 경우 '부사+부사=명사'는 없는데 비해, '부사+부사=부사'는 가능하므로, 부사에서 명사 영파생으로 해석된다. '밤낮'은 '명사+명사=부사'보다는 명사가 타당한데, 명사에서 부사가 영파생된다. '가까이'는 가깝+이(명사파생)가 불가능하고 부사파생은 가능하므로, 부사에서 명사 영파생된다. 송철의(1989: 205) 참조.

단어로 보아야 하는가의 해석이 대립된다.

(95) ㄱ. 구부정하다/고부정하다, 씁쓸하다/쌉쌀하다, 둥글다/동글다
    ㄴ. 반짝반짝/번쩍번쩍, 반짝반짝/빤짝반짝

이러한 음운의 교체는 상징어인 의성어와 의태어에 많다.

3) 단어의 분석과 어원

단어를 분석하다 보면 단어의 어원을 추론할 수 있다. '아버지, 어머니, 오빠, 누나, 언니, 아저씨, 아줌마', 그리고 '아들, 딸'은 분석을 통해 어원이 드러난다.

'아버지'는 '압+어지'로 분석된다. '송아지, 망아지, 강아지' 등에서 '아지'나 '어지'가 분리될 수 있음을 알 수 있다. '압'에 '이'가 연결된 것은 '아비'이다. '아빠'는 '압+아'로 분석되고 'ㅂ' 소리가 덧났다.

이에 비해 '어머니'는 '엄+어니'로 분석된다. '어니'는 '주머니', '도가니'나 '사타구니' 등과 관련하여 분석 가능성을 보여준다. '어미'도 '엄'에 '이'가 연결되었다. '엄마'는 '엄+아'에서 'ㅁ' 소리가 덧난 것이다. '어머니'를 뜻하는 단어에는 '엇'도 있었다.

'할아버지', '할머니'는 크다는 뜻의 '한'이 '아버지', '어머니'와 합하여 '한+아버지', '한+어머니'를 이룬 후 '한'이 '할'로 바뀌어 이루어졌다. '아저씨', '아줌마'는 각각 '앚+어씨', '앚+움마'로 분석되는데 '앚'은 모두 '옺', 즉 '작은'이라는 뜻을 가진 말이다. '아찬설'은 '작은 설'을 뜻한다.

'딸'은 경음화되기 이전에는 '딸'로 표기되었다. '딸'은 '뚤>쑬>딸'의 과정을 거쳤음은 문헌을 통해 알 수 있다. 「계림유사」에 '女兒曰 寶姐'이라 하였다. '뚤'은 'ㅂ둘'로 분석이 가능하다. 한편 아들도 15세기에는 '아둘'이었음을 고려하면 아들은 '아', 딸은 'ㅂ'로 구분되고 '둘'은 접미사로 분석된다. '둘'은 지금의 복수 접미사인 '들'과 연관지을 수도 있다. 그러나 '앋+올'과 '볃+올'로의 분석도 가능하다. 이때 '올'은 '알'의 의미로 분석이 가능하고 아들과 딸의 의미는 각각 '앋', '볃'이 갖는다.

이러한 형태소 분석은 비교 언어학적인 연구의 도움을 받아서 추론의 단계를 넘어 어원을 밝히는 단계로 간다.

'오빠'의 옛말은 '오라비'이다. '올+아비'로 분석된다. '올'은 '올벼, 올밤' 등에서 볼 수 있는 바와 같이 자라거나 익는 정도가 이른 것을 뜻한다. 따라서 '올+아비'는 '아비'가 곧 될 사람의 의미를 가지고 있다고 하겠다. '올+어미' 즉 '오러미'가 없는 것은 의문이다. '오빠'는 '오라비'를 부르는 말 즉 '오랍+아'에서 이루어진 것으로 보인다.

'누나'는 '누이'와 관계되고 '누이'는 옛말에 '누비'이었다. '누비'는 '누븨'가 되었다가 '누이'가 되었다. '누브야'가 일부 지역에 남아 있는 것은 이 때문이다. '누나'는 '누이'를 부르는 말에 'ㄴ'이 덧나서 이루어진 것으로 보인다.

'다리'는 형태적으로 '달+이'로 분석된다. 그러나 '달'이라는 단어는 쓰이지 않는다. 따라서 다리와 관련된 '달리다'의 옛말인 '닫다'와 '다리'의 '달'과의 관련성을 예측힐 수 있다. '머리'와 '마리', 그리고 '맏아들'의 '맏'이 서로 상관성이 있는 것은 말음의 'ㄷ'과 'ㄹ'이 역사적으로 관련성이 있었음을 예측할 수 있게 한다. 서정범(1989: 36) 참조.

4) 새말 만들기

합성이나 파생에 의한 단어 만들기는 오랜 역사 속에서 만들어진 것들이지만, 최근에도 새로운 방법에 의해 새로운 단어들이 끊임없이 만들어지고 있다. 새로운 말 만들기에 대한 관찰은 존재하는 단어가 어떻게 형성되었는가를 분석을 통하여 추론하는 과정과는 다르게 생성의 과정을 현재 우리가 직접 볼 수 있다.

최근에 새말 만들기의 모습을 보면 외국어를 우리의 국어처럼 사용하는 것을 들 수 있다. 이러한 현상은 특히 회사의 이름에서 볼 수 있는데, 국제화 시대에 기업들이 국제적인 인지도를 높이기 위한 방법이다. 그러나 그 이름만 보면 어느 나라의 기업인지를 알기 어려운 지경이다. 'KT&G(담배인삼공사), KT(한국통신), LG(럭키금성)' 등을 볼 수 있고, 제품들은 '하나포스, 메가패스' 등 외래어가 아닌 로마자를 직접 이용하는 조어법이 주류를 이룬다. 회사 이름인 '코롱(KOLON)'은 'Korean Nylon'을, '비나폴로(Venapollo)'라는 약 이름은 'Venus'와 'Apollo'를 합하여 만든 이름이다.

새말의 생성 과정은 크게 두 가지로 나눌 수 있는데, 하나는 자연적으로 생겨나는 새말과 계획에 의해 만든 새말이다.

계획에 의해 만든 새말은 역사적 상황에서 발생한 우리말의 오염을 말 다듬기를 통하여 바로 세우려는 목적에서 이루어졌다. 한자어에 대한 고유어, 일본어를 비롯한 외래어에 대한 우리말의 관점에서 고유어와 우리말 살리기 운동으로 말 다듬기가 이루어지고 이 과정에서 많은 새말이 만들어졌다.

어려운 한자어에 대해 교육 과정에서 제시된 '더하기(가산), 빼기(감산), 나누기(제산), 곱하기(승산)이나, 홀소리(모음), 자음(닿소리),

지름(직경), 별자리(성좌)’ 등은 잘 만들어져 정착된 것이다. ‘세모(삼각형), 네모(사각형)’도 잘 만들어져 사용된 것이지만, ‘다섯모(오각형), 여섯모(육각형)’ 등이 적절하지 못한 사용의 한계가 있다.

일본어에 대한 말다듬기에서 비롯한 새말들도 크게 사용되었다. 아직 ‘가락국수’를 ‘우동’이라고 하는 사람은 있으나, ‘단무지’를 ‘닥꽝’이라고 하거나, ‘젓가락’을 ‘와리바시’라고 ‘통조림’을 ‘간스메’라고 하는 사람은 이제는 거의 없다.

새로운 문물이 들어올 때 새로운 단어가 필요하기 마련이다. 외국어가 그대로 쓰이는 단계를 잠깐 거친 후 새말이 만들어지거나, 외래어로 정착된다. ‘양복, 양옥, 양산, 양배추’ 등은 모두 개화기에 서양 문물이 들어오면서 생긴 말이 굳어진 것이다. ‘석유, 석탄’ 등도 새롭게 만들어진 말이고, ‘활동사진’이란 말은 ‘영화’로 대체되었다. ‘버스, 라디오’ 등이 외래어로 굳어지고, ‘지엠시’라는 차 회사 이름이 ‘트럭’을 가리키는 말로 쓰인 적이 있는가 하면, ‘바바리’는 원래 회사 이름이지만 지금도 ‘외투’를 가리키는 말로 쓰인다. ‘건널목, 나들목(인터체인지), 병목 현상’ 등은 교통 환경을 표시하기 위해 새롭게 만들어 낸 말로 잘 정착하였다.

자연적으로 생긴 말은 누가 만들었는지 모르지만 누군가에 의해 사용되기 시작하여 널리 쓰이게 된 말이다. ‘노래방, 비디오방, 피시방’ 등으로 나타나는 ‘방’으로 이루어진 새말 등이 있다. ‘불고기, 구두닦이, 신문팔이, 아빠’ 등도 누가 만들었는지는 모르지만 사용되면서 생명을 얻었다. 남기심(1983, 1996 재수록) 참조.

3 형태소 분석과 설명
1) 형태소의 분석

　뜻을 가진 최소의 단위인 형태소는 자립성에 따라 자립형태소와 의존형태소, 그리고 의미와 기능의 다름에 따라 어휘형태소와 문법형태소로 나눈다. '하늘이 푸르다'에서 '하늘'은 자립형태소이고 '이', '푸르', '다'는 의존 형태소이며, '하늘, 푸르'는 어휘형태소이고 '이, 다'는 문법형태소이다.

　그러나 형태소의 분석은 이처럼 간단하지 않다. 어디까지 형태소를 분석하여야 적절한가 하는 분석의 한계에 대한 문제를 갖고 있다. '하늘'은 '天'의 의미를 갖고 있는데, 이를 음절 단위로 더 분석하여 '하-늘'로 나눈다면 하늘이 가지고 있는 의미를 잃어버린다. 그래서 이 단어, 형태소는 더 이상 분석할 수 없다. 그러나 형태소 분석을 단어 형성의 측면이나, 공시적이 아닌 통시적인 측면으로 확대하면 이 단어는 더 분석할 수 있다. 즉 '하늘'은 '한-을'로 분석을 시도할 수 있다. '한길(행길)', '한가위', '한글', '한밭'에서의 '한'은 '큰'이란 의미를 갖고 있는데 '하늘'에서도 이와 같은 의미인 '한'을 분석하여 볼 수 있다. '을'은 현대 국어에서 동일한 형태의 어휘를 가지고 있지는 않지만 '울타리'를 의미하는 '울'과 연관시킬 수 있다는 점에서 분석의 근거로 삼을 수 있다. 물론 이는 단어 형성이나 통시적 측면에서의 해석이기 때문에 현대 국어 문장 구조의 공시적 분석과는 구별하여야 함을 전제한 분석이다.

　'지붕'이나 '기둥'도 마찬가지이다. '지붕'은 '집+웅'으로 '기둥'은 '긷+웅'으로 분석이 된다. '집'은 현대 국어에서 단독으로 쓰여 분석이 쉽지만, '긷'은 현대 국어에서 쓰이지 않기 때문에 분석을 안하게 된다. 그러나 이들은 역사적 측면에서는 모두 분석 대상이다.

한자어의 경우 형태소 분석은 더욱 어렵다. 한자어는 한 글자마다 뜻을 가지고 있어서 대부분의 한자 음절은 한 형태소라 할 만하다. '학생'은 '학'과 '생'으로의 분석이 가능하다. 그러나 이렇게 분석을 하면 '민족, 국가, 생존, 처지' 등을 모두 분석하여야 한다. 국어의 형태소를 분석할 때 보통 이들 한자어가 한 단어로 쓰이는 것을 더 분석하지 않고 그대로 형태소로 다루는 것은 이러한 이유 때문이다. 물론 엄밀하게 형태소를 분석할 경우 이들은 모두 형태소로 분석된다.

형태소의 분석에서 분석된 형태소의 의미를 확인하기 어려운 경우가 많은데 이는 통시적인 변화의 결과로 보인다. '개구쟁이'의 '쟁이'는 '멋쟁이, 수다쟁이' 등의 다양한 쓰임을 비교하여 볼 때 '개구'와 '쟁이'로 분석할 수 있다. 그러나 '개구'의 형태소로서의 위치는 불안정하다. '곰배팔이'는 병으로 팔이 꼬부라져 붙거나 팔뚝이 없는 사람을 뜻한다. '곰배'라는 말이 단독적으로 거의 쓰이지는 않지만 '곰배-팔이'를 통해서 '곰배'의 의미를 알 수 있다. '곰배'는 '고무래(농기구)'와 같은 뜻이다. '곰배-말'은 등이 굽은 말이고, '곰배-팔'은 팔이 구부러지거나 팔뚝이 없는 팔이다.

합성어 가운데에는 자립성이 없고 합성어를 구성한다고 보기 어려운 형태소가 있다. '하다'와 관련된 '깨끗', '분명', '거무스름', '나직'이나 '움직이다'의 '움직' 등을 어근으로 해석하는 것과 '갈림길'의 '갈림', '새김질'의 '새김', '생김새'의 '생김'을 잠재어, 임시어로 분석하는 것은 이들이 합성어를 구성하는 요소로서의 특징을 가지고 있기 때문이다.

음성이나 음운만으로도 형태소를 이룰 수 있다. 형태소는 '최소의 유의미적 단위'라는 정의에서 그 단위는 최소의 한계로는 어절에서 음절을 지나 음운(음소), 더 나아가 음운 자질도 될 수 있다. 음운자질도 엄밀한 의미에서 유의미적 단위일 수 있기 때문이다. 그러나 음운들과 형태소로 다루어지는 음운들 사이에는 차이가 있다.

'살다/살리다, 살았다/살렸다, 누다/뉘다'에서 사동을 나타내는 음절 '이/i'나, '리/ri'뿐만 아니라 반모음 /j/도 사동의 의미를 나타낸다. '산/살린, 살/살릴'에서 관형사형 어미 'ㄴ', 'ㄹ'도 음운인 /n/, /l/이 형태소 구실을 한다. '불'과 '풀'에서 의미의 차이를 가져오는 것은 음운 '/ㅂ/'과 '/ㅍ/'이고, 이들은 유기성 자질의 유무로 구분된다. 이들이 다른 음운으로 다루어지는 것도 이러한 의미적인 분화를 일으키기 때문이다.

의미를 분화시키는 음운 '/ㅂ/'이나 '/ㅍ/', 또는 [유기], [긴장]의 자질을 형태소로 다루지 않는 것은 이유가 있다. '/ㅂ/', '/ㅍ/', '/ㅃ/'이 [유기], [긴장]에 의해 결과적으로 의미의 차이를 가져오지만 그것만으로는 아무 의미를 갖지 못하기 때문이다. 사동 접미사로서 /j/나 관형사형 어미로서의 /n/, /l/은 그것이 비록 음소이지만, 사동과 관형이라는 의미가 이 음소만으로도 나타난다. 그래서 음소만으로도 형태소의 자격을 갖는다. 그러나 '불', '풀'에서의 '/ㅂ/'이나 '/ㅍ/'은 다른 음운과 함께 또 다른 단위, 즉 형태소 전체가 이루어진 후에야 의미 분화가 가능하기 때문에 형태소일 수 없다. 이에 비해 사동의 /j/나 관형사형 어미 /n/, /l/은 분리될 수 있다.

단순히 음운적인 효과를 위한 것이고 의미에 영향을 미치지 않으면 형태소일 수 없다. '으'를 매개모음으로 볼 경우나 사잇소리를 음운 현상으로 볼 때, 이들은 형태소가 아니다. 그러나 사잇소리 또는 사이시옷을 의미나 통사적인 특징을 가진 단위로 인정하게 되는 경우 형태소가 된다.

표준어의 결정도 형태소의 분석에 따라 달라지기도 한다. '오세요', '가세요'에서 어미 '세요'는 '시+어+요'로 분석이 불가능하다. 높임의 의미가 분명히 들어 있기 때문에, 주체높임의 '시'와 비격식의 상대높임인 '요'의 분석은 가능한데, '에'는 종결어미로 홀로 쓰이는 바가 없어 형태 분석이 어렵다. 현대 국어에서 '에'는 단모음이고, 역사적으로는 '어이'로 분석된다. 형태 분석의 합리성으로 보면 종결어미는 '어'이고 '시+어'의 결합은 '셔'이다. '오시어요'를 줄이면 '오셔요'가 된다는 분석의 원리이다. 이를 근거로 '셔요'가 표준어가 되었고 학교에서 교육하였다. 그러나 실제로는 '오세요'가 더 일반적으로 쓰이기 때문에 결국은 사용 중심을 존중하여 이를 표준어로 수정하게 되었다.

(1) 형태소 분석의 한계

형태소 분석에서 어디까지 분석해야 하는가는 분석의 한계 설정이라는 점에서 중요한 문제이다. 몇 가지 복합적인 형태로 이루어진 구성을 하나의 형태인 것처럼 기술하는 경향, 즉 '아서/어서, 고서, 에서, 에게서, 께서'의 '서'를 분리하지 않거나, '는데, ㄴ/는다, 는구나'를 분리할 수 없는 것으로 보는 견해에 대한 비판이 있다.

전통문법서에 제시된 어미들은 형태소 분석에서 더 분석될 만한 것들이 있다. 단일한 어미로 다루어진 것 가운데 베풂꼴의 '(으)ㅁ세, (으)ㄹ소냐, (으)ㄹ손가, 세다' 등을 비롯하여, 이음꼴의 '(으)ㄹ진대, 거든, 니까, 면서, 는데, 든지, ㄹ 뿐더러, ㄹ수록' 등은 더 분석될 가능성이 있다.

그러나 이 어미가 가지고 있는 의미와 기능을 분석한 형태에서 찾을 수 없다면 이러한 분석의 의의에 대한 의문이 제기된다. 역사적인 증거나 공시적인 면에서 형태소로서의 분석의 정당한 근거를 충분히 제시하는 가운데서 이러한 분석이 이루어져야 할 것이다. 종결어미, '니다', '니까'에서 '니'를, 연결어미 '느라고, 는데, 는바, 는지' 등에서 '느'를 분석하기도 하고, 종결어미 중에 '는다, 는구려, 는군, 는구나, 는가, 는데, 는지'를 비롯하여, '는걸, 을걸, 을까, 을래, 으라고'를 비롯한 많은 어미들도 분석의 대상이 된다.

주요 분석 대상인 어미들은 서술형과 의문형의 아주높임의 '(읍)니다, 느이다, 나이다, 노이다, (오)이다', '(ㅂ)니가, 느이가(나이가)'와 서술형 아주 낮춤의 '다, (으)니라, (더, 리)라, (으)마, 느니라(나니라), 노라, 구나, 도다, 거든'이 있다. '는다'를 한 어미로 다루기도 한다. 서술형과 의문형의 예사높임에는 '오, 으오, 소, 지요, 아요(어요)'가 같은 형태로 쓰인다.

연결어미(이음법)는 대부분 어미들의 결합에 의한 융합형으로 분석이 가능하지만 분석하면 어미들이 가지고 있는 의미와 기능은 사라진다. 구속형 중에서 가정의 '(으)면, (으)ㄹ 것 같으면, (으)ㄹ진대(댄), 거든, (더)ㄴ들', 사실의 '(으)니, (으)니까, (으)ㄴ즉, 아/어(아/어서), 나니, (으)매, (으)므로, (으)ㄴ/는/(으)ㄹ지라, 거늘, 기에, 기로, 거든, 거니, 건대, 관대', 필요의 '아/어야, 아/어야만', 나열형의 '(으)면서, (으)며, 고(고서), 아(아서), (으)며, 고, 거니', 설명형의 '는바(은바, 던바), (으)되, (으)니, (더)니, 노니, 나니, (으)ㄹ새' 등은 모두 분석의 대상이 된다.

'습니다/ㅂ니다'나 '사옵니다, 옵니다', '습니까/ㅂ니까' 등에서 '니다'와 '니까'는 서술형 어미로 분석할 수 있다. '니다'와 '니까'는 반드시 '옵, 습, 읍, ㅂ'이 선행하여야 하는데 이 둘은 분리하고, '니'는 분리하지 않는 어미의 분석이 많았다. 이들처럼 어미 가운데에는 더 분석될 수 있는 것들이 많다. '습니다, 습니까'를 하나의 어미로 굳어진 것으로 보아 더 분석하지 않는 견해도 있다.

지정사(서술격조사) 뒤에만 쓰이는 '야만'은 '야'와 '만'으로, '라도'는 '라'와 '아도'로 분석된다. '다면, 자면, 라면' 등도 '다, 자, 라'와 '면'으로 분석될 수 있다. 형태 분석에 의해 어미가 가지고 있는 의미와 기능이 그대로 유지되는가는 이 어미의 분석을 어디까지 할 수 있는가를 결정하여 준다.

형태소 분석을 극단적으로 밀고 나가 관형사형 어미 '은, 을'도 중세 국어나 고대국어의 해석을 고려하여, 동명사형 어미로 보며 동명사적 특징을 제시하기도 한다. '기에, 기로, 으매, 으므로'는 명사형 '음, 기'에 격조사가 붙은 것이고, '으며, 으면'도 기원적으로 명사형 '음'에서 발달한 접속어미로 해석하고, 나아가 '을까, 을지'는 동명사형 어미 '을'과 관련된 것으로 해석한다. 더욱 심화되어 재분석하는 분석에서는 '으나', '으니', '으며', '으러' 등은 동명사 어미 '은', '음', '을'과 어말어미 '아/어', '이', '고' 등으로 재분석하고, '게, 거든'에서 '거'를 분석하는 것을 들 수 있다. 이러한 분석에 대해서는 현대 국어에 대한 형태 분석이 통시론적 사실을 고려하지 않고 분포와 기능을 중시한 분석 구조주의의 공시론적 분석이었음을 비판받기도 한다.

형태소의 의미나 기능을 파악하기 위해 통시적 현상을 이용하는 분석이나 형태소 분석을 극한적으로 시행하는 것은 언어 형식의 최소 단위를 발견한다는 점에서 바람직한 일이다. 그러나 형태소 분석에서 공시적 해석과 통시적 해석을 구별할 필요가 있을 때는 구별해야 한다. 관형사형 어미를 역사적인 관점을 고려하여 동명사로 해석하는 것이 한 가지 보기이다.

예컨대 '으나', '으며'를 각각 동명사 '은'이나 '음'으로 분석하기도 하는데 '으며'에서 '음'의 명사형 어미의 기능이 파악되지 않을 뿐만 아니라 '은'이 동명사형 어미라는 해석은 역사적으로 가능할 수 있는 해석이지만, 현대 국어의 공시적 측면의 분석과는 동떨어진 것이다.

어간과 어미 사이의 형태소 분석 논의에서 고룸소리(매개모음)로 널리 알려져 있는 '으'의 분석은 형태소 분석의 바른 방향이 어떠한 것이며, 분석된 대상의 해석은 어떻게 하여야 하는가의 문제를 제시하여 준다.

형태소 분석의 한계 문제는 어미들의 결합체로 분석될 수 있는 대상들에 많이 있다. '는걸'과 '을걸'을 '는 것을'과 '을 것을'로 분석하는 것이 적합한가 아닌가 하는 문제도 이와 같은 내용이다. 분석하였을 때, 분석되기 이전과 의미가 다르다면 이 분석이 의미있는가 하는 의문이 제기된다. '이번에는 우리가 이길걸!(이길걸요, *이길 것을)'에서의 확신의 의미와, '이번에는 우리가 이길걸…(*이길걸요, 이길 것을)'에서의 아쉬움의 의미가 있다. 전자는 분석이 불가능하지만 후자는 가능하다. 이는 같은 형태를 가지고 있지만 의미가 다르고, 분석 가능성도 달라짐을 알 수 있게 한다.

종결어미나 연결어미에서의 '는데', 즉 '내일은 비가 오겠는데', '비가 오는데 나가지 말아라'에서도 '는'이나 '느'와 '데'가 분석된다. 그러나 이 어미를 분석할 경우, 종결 또는 연결어미로서의 의미와 기능은 찾을 길이 없어진다. 공시적으로 더 분석하지 않는 것이 바람직하다는 견해는 이러한 이유 때문이다.[33]

종결어미 '다니, 냐니, 자니, 라니, 단다' 등은 더 분석할 만한 어미들이다. 이들은 '다, 냐, 자, 라'의 어미들이 존재하고 있고, '다고 하다'와 같은 형태에서 축약된 것으로 볼 만하다. 선행 어간이나 선어말어미들과의 통합 관계에서도 이러한 사실이 증명된다. 그러나 축약되기 전과 축약된 이후의 의미와 기능이 달라졌기 때문에 이들을 같은 형태의 축약 관계로 보기 어렵다.[34]

서술어의 통어적구성이 축약되어 나타나는 언어 표현 '르게, 런다, 고프다'나 '래도', 인용구문의 '단다, 답니다, 대, 런다' 등은 문법적, 의미적 기능 변화가 일어났기 때문에 음운론적 축약과 구별하여 융합(Fusion)으로 구분한다. 융합이 이루어진 어미들은 어미대로의 문법적 논리를 갖게 되어 분석하기 어렵다. 따라서 새로운 범주로서 다루어지기도 한다.

(2) 형태소 분석에서 선택

'으'의 형태소의 분석에서 '으'를 어간이나 어미의 일부로 분석하는가, 아니면 고름소리나 매개모음으로 분석하는가는 국어의 많은 어간과 어미의 기본 형태를 어떻게 설정하여야 하는가 하는 문

---

33) 남기심(1982)에서는 극한 분석이 공시적 문법체계를 기술하기 위한 최선의 것인가에 대한 의문을 '는다, 는구나, 는, 는야(느냐)'를 자료로 제기하여, 이들을 후속하는 어미의 일부분으로 보는 것이 공시적 기술에서 타당성이 있음을 지적하였다.

34) 고영근(1976, 1989)에서는 이를 더 분석하지 않고 있으며 한 길(1991)에서는 복합 형태 접미사로 다루고 있다. 남기심(1973: 83)에서 축약으로 설명되지 않는 '단다'와 '다네'에 대하여 문체론적 변이형으로 설명하는 것은 형태음운론적 축약형과 문체론적 변이형의 공시적인 차이에 초점을 맞춘 것이다. 임홍빈(1981)의 지적은 형성 방법이나 통시적 현상을 근거로 하는 형태소 분석에 입각한 공통점에 초점을 맞춘 해석이다.

제와 맞물려 있다. '잡으니, 잡으며, 잡으면서, 잡으시, 잡은, 잡을, 잡으마'와 '가니, 가며, 가면서, 가시, 간, 갈, 가마'에서 '으'는 자음과 자음 사이에 끼어들어 자음끼리의 연결을 부드럽게 하여 주는 것으로 보인다. 그러나 '잡다, 잡고, 잡니?, 잡지, 잡나'의 경우는 자음이 연속되지만 '으'가 연결되지 않고 오히려 '*잡으다, *잡으고, *잡으니?, *잡으지, *잡으나'는 연결이 불가능해 설명력이 없어진다.

즉 고룸소리나 매개모음으로의 해석에서는 '다, 고' 등의 환경에서는 '으'가 나타나지 않음에 비해 '니, 며,' 등의 환경에서는 '으'가 삽입되는 이유를 설명해야 하고, 또 여러 가지 모음 중에서 왜 하필이면 모음 '으'가 매개모음이어야 하는가를 설명해야 한다.

'다, 고'의 자음 앞에서는 '으'가 나타나지 않는 이유를 설명하기 위해 '으'의 구실이 단순히 소리를 부드럽게 하기 위한 매개모음이라기보다는 선행 형태를 보호하기 위한 것이라는 견해가 제시되고, 또 왜 모음 '으'가 고룸소리나 매개모음으로 나타나는가에 대한 설명도 시도되었다. 선행어의 형태를 보호(선행어에 의해 후행어의 본형이 음운화를 겪게 되는 것을 막음)하기 위해 '으'가 삽입되는 것으로 해석한다.

어간이나 '시'와 같은 어미는 중요한 형태소이어서 형태를 보호한다는 것이다. 예를 들면, 어간 형태의 보호는 '잡으니(잠니), 잡으며(잠며), 잡으러(잠러)', 선어말어미의 형태 보호는 '잡으시고(잡씨고), 얻으시며(얻씨며)', 종결어미의 형태 보호는 '하오: 가오, 잡으오, 감으오, 하소서: 잡으소서, 심으소서', 접미사의 형태 보호는 '누르스름, 푸르스름, 불그스름, 거무스름, 불그데데, 불그뎅뎅', 조사의 형태 보호는 '산으로'이다. 김성화(1992) 참조. 모음 '으'가 선택되는 이유로는 이 모음이 중설모음이면서 동시에 고모음인데, 모음 중에서 간극이 가장 작은 4도의 음인 것을 이유로 든다.

'으'를 어미의 일부로 보면 '으'를 고룸소리로 보는 해석에서 발생하는 이러한 문제가 일시에 해소된다. 즉 '으니, 으며, 으면서'의 '으'는 어미의 일부이며 '니, 며, 면서'는 '으'가 탈락된 이형태가 되는 것이다. 이에 비해 '다, 고, 니?'는 그것이 형태소로서 '으'를 가지고 있지 않은 것으로 해석된다. 이러한 이유로 '으'에 대한 연구는 이를 어미의 일부로 해석하는 경향으로 많이 기울어졌다.

그러나 이에 대한 비판적인 견해도 적지 않다. 국어에서 '으' 두 음을 갖는 형태소란 극히 일부이고, 주체높임의 '시'의 경우 '으시'를 기본형으로 보기 어려우며, '끝으머리(으머리), 감으잡잡하다(으잡잡하다), 붉으죽죽하다(으죽죽하다)' 등의 경우도 '으'를 가지고 있는 어미로 보기 어려운 점이 지적되었다.

2) 형태의 여러 가지 모습

(1) 대표형태와 이형태

대표형태 또는 기본형태는 여러 가지 꼴을 가지고 있는 형태들을 대표하기 위해 세워진 것이다. 따라서 형태소의 분석과 불가분의 관계가 있다. 기본형태의 선택은 선택의 결과가 설명력을 가지고 있는 것을 원칙으로 하는데, 음운 조건과 형태 조건이 함께 나타나는 경우는 음운 조건을 기본으로, 음운 조건의 경우도 통계적으로 우세한 것, 형태의 생산성이 높은 것, 형태 생성의 규칙성이 있는 것, 설명의 힘이 있는 것, 이러한 원칙이 적용 안 될 때는 추상적인 형태를 설정한다는 원칙에 따른다. 김석득(1992) 참조.

대표형태는 형태 가운데 대표라는 관점이고, 기본형태는 변이형태로 변화하는 기본의 형태라는 관점이다. 변이 형태는 변이형이 나타나는 조건에 따라 음운론적 변이형태와 형태론적 변이형태가 있다.

음운론적 변이형태는 음운론적 환경에 따라 형태가 달라지는 것이다. '값'이 '갑'이나 '감'으로 변이하는 것은 '값'을 대표 형태로 볼 때, '갑'은 뒤에 자음이나 음절 경계가 오는 환경에서, '감'은 비음 'ㅁ'이 오는 환경에서 나타나기 때문에 음운론적 변이 형태라 한다.

조사인 '이/가, 은/는, 을/를, 와/과'는 모두 음운론적 이형태들이다. 이들의 기본형태를 정할 때에는 여러 가지 원칙이 적용된다.

'이/가'의 경우 기본형태로 '이'를 정하는 것이 일반적이다. 이때 '이'를 대표형태로 정한 것은 공시적 기준에 의한 것은 아니다. 공시적인 면에서는 대표성을 정할 기준이 마땅하지 않다. 이런 경우 통시적인 근거도 대표를 결정하는 요인이 되는데, 역사적으로 이른 시기에는 '이' 형태만이 주격 조사로 쓰였기 때문이다.

'은/는'의 기본형은 공시적인 측면에서는 '는'이 합리적이다. '는'이 대표형태인 경우 '은'의 변이형은 자음 충돌을 피하기 위해 'ㄴ'이 탈락되는 것으로 설명하기 쉽지만, '은'을 대표형으로 하는 경우 'ㄴ'이 삽입되는 것을 설명하는 것은 탈락보다 어려운 일이기 때문이다. 그러나 역사적으로는 '은'이 더 타당성을 가지고 있다. 역사적으로 '은'이 먼저 있던 것으로 조사되기 때문이다. '을/를'도 기본형으로 '를'을 정하는 것이 합리적이나 역시 역사적으로는 '을'이 선행하여 나타난다. 따라서 기본형과 그 변이형의 설정에는 공시적인 측면에서의 합리성이라는 측면 외에도 역사성도 고려하게 된다.

'는'과 '를'의 형성을 'ㄴ'과 'ㄹ'의 중가로 보아 음운의 삽입으로 설명하는 것은 역사적 관점에서 가능성이 높은 해석이다. '이 나무 은 크다'에서 '이 나문 크다'가 생기고, 여기에 조사의 형태를 분명히 하려는 의도에서 '이 나문은 크다'의 '은'의 중가가 이루어짐으로 '이 나무는 크다'가 형성되는 것으로 보는 해석이다.[35] 그러나 관형사형 어미 '은/을'은 중가되지 않으므로, 중가는 형태소 외형에 의해 결정되는 것이 아니라, 음운론적 표상화에 들어가기 이전의 형태론 단계에서 형태소별로 미리 적부가 지시된다고 해석하게 된다. 이 해석은 공시적인 현상에 대해 공시적인 설명을 시도한 것인지 통시적인 해석을 한 것인가의 구별을 명확하게 할 필요가 있다. 조사는 음운론적인 중가가 일어나고 어미는 음운론적인 중가가 나타나지 않는 이유의 설명이 필요하다. 홀소리 아래 'ㄹ'만 붙어서는 한 음절이 늘어나지 않기 때문에 부림말의 표시가 분명히 되지 않을 염려가 있다. 그러므로 여기에 다시 토씨를 겹쳐서 그 표시를 분명히 한 것으로 추측된다는 해석도 마찬가지이다.

음운현상에 의한 변동으로 다루어지는 겹받침 줄이기(앉다→안다, 꺾다→꺽다), ㅎ 끝소리되기(놓다→노타), 일곱 끝소리되기(말음법칙, 귀착, 받침법칙), 닿소리 이어바꿈(ㄴ의 ㄹ되기: 천리→철리, ㄹ의 ㄴ소리 되기: 종로→종노, 콧소리되기: 압력→암녁), 소리의

---

35) 이러한 견해로 김완진(1975)이 있다. 여기서 음운론적인 중가는 음운론적 요청에 의한 것이며, 의미의 복합 내지 복수화, 반복에 의한 강조의 의미를 수반하지 않는 것으로 형태소의 중가로 인한 의미, 기능상의 차이가 없다고 해석하였다.

닮음은 모두 음운론적 조건에 의한 이형태이다.

(2) 모습은 같지만 내용이 다른 형태

형태소 분석이 전체 문법의 상관성이나 통시적 형태의 변화 등의 원인에 의해 분석이 달리 이루어질 수 있다. '는다', '는구나'와 '는가'에서 '는' 또는 '느'를 분석할 수 있다. 어미 '는'은 서술형의 '먹는다'에서 '는', '간다'에서 'ㄴ', '예쁘다'에서 'Φ', 관형사형의 '먹는'에서 '는', 의문형의 '먹는가'에서 '느' 또는 '는', 감탄형의 '먹는구나'에서 '는', 연결형의 '는데'에서 '는', '느라고'의 '느' 등과 같이 다양한 어미와 연관성을 갖고 있다. 그러나 이들을 모두 같은 형태소의 이형태라고 보기는 어렵다.

이 형태소는 연결되는 형태가 다양한 문법형태소이다. 각 어미마다 나타나는 형태에 대한 해석도 다양하다. 서술형과 의문형에서의 '는'을 모두 같은 것으로 보기도 하지만, 서술형의 현재를 나타내는 '는'과 의문형의 직설법을 나타내는 '느'로 구별하거나 '는다'를 굳어진 어미로 보기도 한다.

여러 문법 형태와 관련된 '는'의 형태나 통어적인 다양성은 통시적인 변모 속에서 이루어진 여러 다른 형태, 통사 현상들과의 역학관계의 산물이며, '는'이 여러 형태의 다양성에도 불구하고 의미적 일관성을 갖는 것은, 이 형태가 다양한 형태와 통어 관계를 갖지만 동일한 근원을 가지고 있으며 같은 형태가 여러 가지 모습으로 실현되었기 때문이다.

여러 문법 범주에 나타나는 '는'의 의미는 다른 것으로 해석되기도 한다. 그러나 여러 형태들은 형태의 다양성에도 불구하고 비교적 일관된 의미를 가지고 있다. '다'와 '는다'는 선행 어간이 동사인가 형용사인가에 따른 상보적 대립이다. '느다'의 선행 어간은 반드시 동사이어야 하지만 '다'의 선행 어간은 제약이 없다. 그러나 '다'와 '는다'의 대립이 일어나는 것은 선행 어간이 동사일 때에 한해서이고 둘은 분명히 다른 의미를 가지고 있다.

이들은 다른 서술형 어미 '어, 어요, 지, 네'와 대립 관계를 갖는다. 의문형 어미 '는가'도 '어, 어요, 지, 나'와 대립 관계를 이룬다. 서술형 '는다'와 의문형 '는가'에서 나타났던 의미적인 동질성은 감탄형과 관형사형에서도 같은 문맥에서 찾아볼 수 있다. 여러 문법 범주에서 다양한 형태로 나타나지만 의미적인 면에서는 '는'이 가지고 있는 공통성을 추출할 수 있었다. 따라서 여러 범주에서 다양한 형태로 나타나는 '는'을 하나의 형태로 볼 수 있는 가능성이 있다.

서술형 '는다'는 '었다', '겠다'와 비교되어 형태소 '는'이 추출될 뿐만 아니라, '었', '겠'과 공존할 수 없다. 이는 '는'을 '었', '겠'과 상대되는 형태소로 보게 한다. 이 점은 감탄형 '는구나'에서도 같다. 이에 비해 의문형에서 '는가'는 '었는가', '겠는가'에서처럼 '었', '겠'과 공존할 수 있다. 따라서 의문형의 '는' 또는 '느'는 서술형 '는다'의 '는'과 구별되는 형태소로 보게 된다.

의문형에서 '먹는가'는 '먹을까'와 '는'과 '을'의 대립 관계를 이룬다. 이에 비해 서술형은 '먹는다'와 '*먹을다' 사이의 대립 관계를 이루지 못한다. 의문형에서도 '*먹은가'는 불가능하여 '는', '은', '을'의 대립 관계를 이루지 못하는데 비하여, 관형사형에서는 '먹는', '먹은', '먹을'의 정연한 대립 관계를 가져 서술형과 의문형에서 나타난 이론적인 체계에서의 빈 칸이 없다.

현대라는 공시적인 관점에서 볼 때, 형태 '는'으로 대표되는 현재 또는 현실을 나타내는 때매김의 어미는 형태의 측면과 다른 어미와의 통어적 결합의 면에서는 다른 점이, 의미적인 측면에서는 같은 점이 부각된다.

선행 어간이 동사냐 형용사냐에 따라 어미의 형태가 선택되는 점, 서술형에서 '는다'와 '다'의 의미적 대립, 서술형 '는다'와 의문형 '는가'가 시간 부사와 보이는 호응 관계, 다른 어미들과의 사이에서 보이는 평행 관계를 통해 서술형 '는다'와 의문형 '는가'의 의미적 동일성을 확인할 수 있다. 이것은 감탄형과 관형사형에서도 같은데, 감탄형은 서술형과, 관형사형은 의문형과 짝을 이룬다.

서술형과 의문형에서의 '는'은 다른 어미와의 결합, 즉 '었'과 '겠'과의 결합에서 '*먹었는다', '먹었는가'로 대표되는 차이를 가진다. 따라서 현대 국어 공시적 측면에서는 둘을 다른 것으로 볼 수밖에 없다. 그러나 통시적 현상은 공시적 현상에 설명을 줄 수 있다.

'는다'를 음운론적 유인에 의한 형태소의 중가로 또는 '먹는다'형의 생성을 유추로 본다. '먹는다', '놓는다' 등은 'ㅎㄴ다'에서 '흔다'로 변화하는 중에 유추되어 일어난 변화라는 것이다. 유추는 '먹+ㄴ다'의 불가능의 해소로서 'ㄴ'의 본래 형태인 'ㄴ'를 회복시켜 '먹+ㄴ+ㄴ다'를 구성하는 것이다. 이는 '먹+ㄴ다'의 불가능에 대하여 '흔다'가 'ㅎㄴ다'에서 주는 것처럼 '먹ㄴㄴ다'에서 '먹는다'가 생긴다는 해석과 차이가 있다. 이 형태론적 해석은 'ㄴ다'라는 언어 구조체가 언어 사용자에게 하나의 형태로 인지되었음을 가정하는 것이다. 'ㅎㄴ다'가 안긴문에서 '흔다'로 되는 반면, '먹ㄴ다'는 변화가 없다가 'ㅎㄴ다'가 사라지고 '흔다'만 남음으로써 'ㄴ다'를 고정된 형태로 인식하게 되고, 이 형태에 어간이 연결되면 '먹+ㄴ+

ㄴ다'와 같이 '먹는다'가 형성되었다고 보는 해석이다.

서술형 '먹었는다'가 불가능한 것은 '었'과 '는'의 충돌로 해석된다. 15세기의 'ᄂᆞ'가 현대 국어에서 여러 형태로 나타나는 '는'의 원형이다. 서술형에서 'ᄂᆞ'는 16세기 'ᄒᆞᆫ다'형을 거쳐 17세기 '먹는다'형이 되었다. 이 시기는 15세기 말부터 발달한 완결지속형의 '엇'형이 완성되는 것으로 보이는 시기와 일치한다. '먹엇는다'의 '엇'은 이 시기에 '어 잇'에서 '엇'으로 음운론적인 변화와 더불어 완결의 의미가 고정되었다. 완결의 의미를 형성한 '앗'과 '는다'의 형성에 의한 '는'은 서로 의미적 충돌을 가져서 연결되지 못해 결국 '먹었는다'는 불가능하게 되었다.

이에 비해 의문형에서 '갔는가'는 가능하다. 이것은 서술형에서와 같은 'ᄒᆞᄂᆞ다'형의 'ᄒᆞᆫ다'형, '먹는다'형으로의 변화가 없었기 때문에 '아 잇'이 '앗'으로 바뀌는 음운적 현상이 자연스럽게 이루어졌다. 비록 17세기 이후에 '앗'이 굳어져서 결과적으로 '는'이 충돌할 수 있는 여건은 동일하게 되었지만, 음운론적인 현상이 선행되어 굳어진 표현은 이러한 의미적인 충돌을 넘어설 수 있게 하였다. 이러한 통시적 현상에 의한 해석은 '는다'와 '는가'의 형태와, 다른 어미와의 결합이라는 통사 현상에서의 이질성을 설명하는 데 기여한다. 이것은 '는'의 원형인 'ᄂᆞ'가 현대 국어에서 여러 형태로 변모하였지만 그 의미나 기능은 일관되게 유지하고 있고, 여러 형태, 통어상의 차이들은 각 문법 범주에서 통시적인 변화의 역학 구조에서 생겨난 결과적 현상이라고 해석할 수 있다.

3) 규칙이 안 보이는 규칙

선행 모음이 양성이냐 음성이냐의 모음조화나, 선행어가 받침이 있는 자음인가 받침이 없는 모음인가에 따라 결정되는 이형태들은 음운론적인 조건에 의해 결정되는 이형태의 규칙적인 실현이다. 형태들이 서로 밀접한 관계가 있음에도 불구하고 음운론 관계 설명이 불가능하여 음운론적으로는 설명할 수 없다는 포기가 형태적 조건에 의한 변이형태이다. 그러나 이러한 현상들은 역사적으로 보면 설명이 가능한 경우도 많다.

국어의 형태론적 변이형태는 불규칙활용에서 쉽게 찾아 볼 수 있다. 활용이 불규칙하다는 것은 규칙의 관점에서 보면 예외적인 것인데, 이 불규칙은 불규칙의 양상이 규칙적인 것과 불규칙한 것으로 나눌 수 있다.

종래에는 '쓰다'의 어간이 바뀌는 것을 '으' 불규칙활용(쓰고→써)이라 하였다. 그러나 어간이 변한다는 점은 다른 어간들의 활용에 비해 불규칙한 현상이지만, 이 소리를 갖는 모든 용언 어간이 예외 없이 규칙의 적용을 받는다는 점에서 규칙 현상이다. '쓰다, 담그다, 따르다, 아프다, 크다' 등 모든 '으'를 갖는 어간들이 활용에서 '으'가 탈락되기에, 규칙적인 불규칙이라 할 수 있다. 'ㄹ' 불규칙활용(울+니=우니)으로 다루어진 어간의 변화도 '다, 고, 지, 면' 앞에서는 'ㄹ'이 유지되고, 'ㄴ, ㅂ, 오, 시' 앞에서 탈락된다는 점에서 불규칙 속의 규칙이어서 지금의 학교문법에서는 불규칙활용에서 제외되었다. '울다, 불다, 줄다, 살다, 멀다, 졸다, 떨다' 등도 예외 없이 'ㄹ'이 탈락한다.

이에 비해 'ㅅ' 불규칙활용, 'ㄷ' 불규칙활용, 'ㅂ' 불규칙활용,

'르' 불규칙활용은 모두 불규칙한 불규칙이다. 이들은 어휘적 특징에 의해 설명할 수밖에 없다.

'ㅅ' 불규칙활용의 경우를 보면, '벗다, 빗다, 웃다, 빼앗다, 씻다'는 규칙적인 활용을 함에 비해 '잇다, 짓다, 젓다, 붓다, 긋다, 낫다'는 '잇고, 잇자'와 같이 'ㅅ'이 남아 있는 활용과 '이으니, 이어, 이어라'와 같이 'ㅅ'이 탈락된 활용을 한다. 경상도 지역에서는 '지서, 지스니'와 같이 'ㅅ'이 탈락하지 않기도 한다.

'ㅂ' 불규칙활용의 경우를 보면, '잡다, 접다, 집다, 뽑다, 씹다, 업다, 입다', '굽다(曲), 좁다' 등은 규칙적으로 활용함에 비해, '굽다(炙), 깁다, 눕다, 돕다', '덥다, 곱다, 가볍다, 무겁다, 더럽다, 어둡다, 간지럽다, 노엽다' 등은 '돕고, 돕지'와 같이 'ㅂ'이 남아 있는 활용과 '도우니, 도와, 도와라'와 같이 'ㅂ'이 탈락된 활용을 한다. 이 두 유형의 동사와 형용사의 구별은 규칙적이지 않아 불규칙 활용이라고 한다.

'ㄷ' 불규칙활용(묻고/물어), '르' 불규칙활용(흐르고/흘러)도 같은 원리이다. 이들에 대해 생성음운론적인 견해에서는 'ㅅ'불규칙에서 탈락되는 'ㅅ'은 평음 /s/가 유성음 사이에서 /z/로 되어 탈락한다고 보거나 원래 /z/음이라고 본다.[36] 그러나 이러한 해석은 이들을 어휘론적인 것으로 보는 것에 지나지 않는다. 또한 'ㅂ' 불규칙을 /w/를 가진 불규칙이 자음 어미 앞에서 /p/로 변하는 것으로 해석하거나, 폐구조음 원칙으로 설명하려는 것(기본형태 '물-'이 자음어미 앞에서 '묻'으로 바뀜)은 역사적인 변화에 부합하지 않는 문제점을

---

36) 불규칙 용언의 'ㅅ'이 유성음 사이에 나타나는 'ㅂ, ㄷ, ㄱ'과 같이 평음임에 비해, 규칙 활용을 하는 'ㅅ'은 'ㅍ, ㅌ, ㅋ'과 같은 유기음 계열로 본다. 김진우(1971) 참조.

가지고 있다.[37)]

'ㅅ'과 'ㅂ' 탈락의 조건들을 볼 때, 탈락되는 것은 장모음이고 탈락되지 않는 것은 단모음이라는 일관성이 있다. '벗다, 빗다, 웃다, 빼앗다, 썻다, 붓다'는 모두 단모음임에 비해 '잇다, 짓다, 잣다, 젓다, 붓다, 긋다, 줏다, 낫다'는 장모음이고, '잡다, 접다, 집다, 뽑다, 씹다, 업다, 입다, 굽다(曲), 좁다'는 단모음임에 비해 '굽다(炙), 깁다, 눕다, 돕다', '덥다, 곱다, 가볍다, 무겁다, 더럽다, 어둡다, 간지럽다, 노엽다' 등은 장모음이다.

국어의 형태론적 변이형태로 대표적인 것은 '하' 다음에 오는 '여, 였'이다. 이는 어미의 불규칙활용으로 다루어지는데, 어미의 불규칙활용에는 이 외에도 '거라, 너라'가 있다.

'여'에 대한 형태론적 이형태로서의 설명은 공시적 설명으로는 더 이상 불가능하지만 역사적인 설명은 가능하다. 'ᄒ'의 소급형을 '히'로 해석하는 것이다. '병잠개예 해 히이ᄂ니(소학언해)', '사도ᄅ 히이샤; 爲司徒(소학언해)'에서 볼 수 있는 바와 같이 '히' 형태가 발견된다. 이 '히'에 사동의 '이'가 붙으면, '히이어'가 되어 '히이여'가 된다. '히-아'가 '히-야'가 되고 하향이중모음과 상향이중모음의 겹침에서 하향이중모음의 /j/가 탈락되어 'ᄒ-야'로 변동한다고 본다. 이러한 변동과 유사한 현상으로 다음의 보기가 있다. '히(懷, 破, 傷): 히야다니, ᄒ야디놋다', '히(使): 히야곰, ᄒ야곰', '미야지(駒): ᄆ야지, 뭉아지 미아지' 등이 있다.

소급형 '히'는 본래 사동의 의미를 가지고 있고, '히여'에서와 「병

---

37) 생성음운론적인 견해로는 김진우(1971), 김영기(1973), 손한(1977)이 있고, 최명옥(1982)에는 문제점이 지적되어 있다. 남기심 외(1985: 134-146) 참조.

자본 천자문」에서의 '히일녕'은 히가 가지고 있는 사동의 의미가 분명히 인식되지 않는 표기자의 문법 의식이 사동을 분명히 인식하기 위하여 '이'를 표시한 것으로 해석하기도 한다. 이등룡(1993) 참조. 이러한 설명은 '히'가 본래부터 사동의 의미를 가지고 있었다는 기본적인 전제의 타당성이 좀 더 검증되어야 한다. 그러나 형태론적 변이형태로서 설명의 한계 지대에 있던 문법형태소에 설명을 부여하는 점에서 의의가 있다.

4) 지금 현상의 역사적 설명

시간적인 측면에서는 특정한 시기의 언어 현상을 중심으로 연구하는 공시적인 연구와 시간적인 흐름 속에서의 언어의 변화를 연구하는 통시적인 연구가 있는데 국어의 연구에서도 이러한 연구 방법에 따라 현상에 대한 해결의 방법이 달라진다. 형태소 분석이 전체 문법의 상관성이나 통시적 형태의 변화 등의 원인에 의해 분석이 달리 이루어질 수 있음은 국어 용언 어미의 분석에서 자주 확인된다.

공시적인 해석을 중심으로 형태소를 분석하면 '낚시'는 '낚'+'시'로 분석될 수밖에 없는데 통시적 현상을 고려하면 '낫'+'이'로 소급할 수 있어 형태소 분석의 설명력을 제공한다. 공시적 현상에 대한 문법적인 설명에 통시적 현상이 기여하는 것이다. '좁쌀'의 형태소 분석에서 'ㅂ'의 존재는 역사적으로 쌀이 '뿔'이었기에, '암닭'의 '닭'은 역사적으로 '암ㅎ'의 존재로서 설명된다. 구개음화가 '굳이, 해돋이, 미닫이, 같이, 묻히' 등에서 나타남에 비해 '디디다(드듸다, 드디다), 견디다(견듸다), 티끌(틧끌), 느티나무(느트나무, 느틔나무),

잔디(잔듸)'에서 구개음화가 나타나지 않는 것은 이것들이 역사적으로 '의'의 음가를 가지고 있었기 때문으로 설명되는 것이나, 경상도 지역의 의문에서 '어디 가노?', '너도 가나?'와 같은 구별이 있는 것은 중세 국어의 의문법을 비교할 때 설명이 가능하다.[38)]

대과거 또는 단속상, 경험 등의 의미를 가지고 있는 것으로 설명되는 '었었'의 형태는 '막았었다', '먹었었다'는 가능하지만, '막았았다'나 '먹었았다'는 불가능하다. 모음조화의 원칙이 충실히 적용된다면 '어어어'로 연결되는 '먹었었다'뿐만 아니라, '아아아'로 이어지는 '잡았았다'도 자연스럽게 쓰여야 할텐데 실제로는 불가능하기 때문에 모음조화 이외의 다른 설명이 필요하다.

쉽게 생각할 수 있는 것은 '았었'이나 '었었' 앞의 '았/었'과 뒤의 '었'을 분리하는 것이다. 즉 앞의 '았/었'은 모음조화의 영향을 받는 과거 또는 완료의 형태소이고, 뒤의 '었'은 이형태가 없는 단속, 경험의 형태소라는 것이다. 그러나 이러한 설명으로는 왜 같은 형태를 갖고 있는 단속, 경험의 형태소는 모음조화를 이루지 않는가를 설명하기 어렵다.

이처럼 현대 국어의 공시적 관점에서 볼 때, 설명이 불가능하면 역사적 과정으로 설명하는 방법을 택할 수 있다. 역사적으로 형태소 '았'은 '아잇'에서 비롯되었다. 즉 상태 지속을 나타내는 '아잇'이 '앳' 또는 '앗' 등의 형태로 나타나다가 '았'으로 굳어졌다. 이러한 역사적 이유는 뒤에 오는 '았'은 불가능하고 '었'만이 가능한 이유가 된다. 국어에서 '이' 모음 다음에는 항상 '어'가 나타나고

---

38) 중세 국어에는 의문의 어미뿐만 아니라 의문 조사도 있었다. 그리고 이들은 의문사 여부에 따라 '가', '고'로 나누어 쓰이었다.

'아'는 나타나지 않는 것은 일반적 음운 현상이기 때문이다.

　'잡히어, 막히어, 이기어' 등이 '이' 모음 뒤에는 반드시 '아' 형태가 아닌 '어' 형태가 나타남은 앞의 았이 '아 있'에서 비롯하였기에 뒤에 오는 형태는 '어' 형태로 굳어지게 된다. 역사적으로 '았/었'으로 굳어서 화석이 되었음에도, 원래의 형태에서 가졌던 특징을 그대로 유지하려고 하는 모습을 보인다.

　중세 국어의 주체높임이 연결형과 녹아 붙어 있는 '샤'의 분석도 두 가지 해석이 가능하다. '샤'를 '시+아'로 분석하는 것과, 더 분석되지 않는 형태소로 보는 것이다. 이 형태를 분석하는 경우는 연결어미 '아'가 모음조화를 이루지 않기 때문에(모음 /이/ 다음에 '어' 변이형이 오는 것이 일반적이다) 모음조화의 예외를 인정해야 하고, 분석하지 않는 경우는 이 형태가 연결형 어미 '아'의 자리에서만 나타나는 특이성을 인정해야 하는 문제가 있다. '이' 모음 다음에는 음성의 변이형 '어', '었'만이 온다는 점은 결국 주체높임의 어미 '샤'를 추론하고 인정하게 하며, 역사적으로도 향가를 비롯한 차자표기법에서 '賜'가 '샤'를 나타냈다는 점과 일치한다.

4 의미의 분석과 설명

　단어는 소리와 의미로 이루어져 있다. 말의 소리가 다른 소리와 다른 점은 말소리에는 의미가 들어 있는 점이다. 물론 파도 소리는 파도가 존재함을, 바람 소리는 바람이 부는 것을 알지만 언어에서의 의미 관계와는 다르다. 단어의 의미와 소리 사이에는 필연적 관계는 없다. '사람'을 뜻하는 소리가 언어마다 '[사람: saram],

[맨: men], [히도: hido], [렌: ren], [옴므: homme]'와 같이 다른 소리를 가질 수 있다.

의미는 추상적이기 때문에 구체적으로 보이는 형태나 통어 현상에 비하여 연구에 어려움이 많다. 의미 연구에서 언어 표현과 대상 사이의 관계가 반드시 일대일은 아니다. '신, 눈, 배, 말'은 표현보다 대상이 많고, '범'과 '호랑이', '이순신'과 '충무공'은 대상보다 표현이 많다. 표현의 의미 경계가 불분명한 것으로는 '먼지, 흙, 모래, 왕모래, 자갈, 돌멩이, 바위'와 '모종비, 가랑비, 웃비, 이슬비, 는개, 부슬비, 보슬비, 모지랑비, 몽당비' 등이 있다. 관습, 상황, 화자의 의도나 심리적 태도에 따라 의미가 달라진다. '밤낮', '발이 넓다', '누워 떡 먹기', '커피 한 잔 주실 수 있으세요?', '날씨 좋다'는 관용적 사용이나 사용 의미에 따라 다른 의미를 가지고 있다.39)

말의 의미란 무엇인가? 이는 의미의 정의와 관련된다. 의미에 대한 기본적 정의의 하나는 의미는 말소리가 나타내는 지시 대상이라는 것이다. 지시 대상은 구체적인 실재물과 추상적 대상일 수도 있다. 이러한 의미에 대한 해석을 지시적 의미론이라 한다. 나무의 의미는 나무 그 자체를 지시하는 것이다. 지시적 의미는 추상적 존재의 지시에 어려움이 있다. '사랑, 평화'와 같은 추상적인 개념이나 '가, 도, 었, 겠'과 같은 문법 개념은 지시에 의하여 설명되기 어렵다.

의미에 대한 다른 규정은 의미를 사람의 마음이나 정신 속에 그 표현과 연합되어 나타나는 관념이나 개념으로 해석하는 것이다. 언

---

39) 의미론의 종류에는 1. 어휘의미론 2. 통사의미론(문장의 의미) 3. 형식의미론(형식논리의 체계를 기초로 문장의 진리조건과 함의관계를 밝히면서 문장의 의미를 연구하는 분야) 4. 화용의미론이 있다.

어 표현의 의미를 정신 속에 그 표현과 연합되어 그려지는 심리적 영상으로 해석하는 심리적 의미 해석은 의미의 문제를 개념에 의해 설명하는 것이다. 개념이란 대상을 공통된 성질에 의하여 통일된 생각으로 결합시킨 관념이다. 개념은 지각과 기억과 상상에 나타나는 개체적인 표상에서 공통된 속성을 추상하여 결합시켜 언어로 만든 사상적 통일체이다. '산, 나무, 꽃, 사랑, 우리의 희망' 등은 모두 각각 표상의 전체를 일반적으로 지시하는 것이다.

개념은 사유 기능, 사고 작용에 의하여 여러 표상이 가지고 있는 공통 속성을 추상화한 것으로 이를 총괄하여 언어로 기호화한다. 모든 삼각형의 표상을 비교하여 모든 삼각형이 공통적으로 삼각을 가지고 있다는 속성을 추리고, 또한 세 개의 직선으로 포위되어 있다는 속성을 추려 삼각형이라고 이름 지어 삼각형의 개념을 만드는 것이다. 개념의 성립 과정은 표상, 비교, 추상, 총괄, 명명의 과정을 밟아 완성된다. 김준섭(1955: 35) 참조. 개념과 개념이 비교될 때에는 동일한 순서의 과정을 밟아 한층 추상적인 개념이 성립된다. 사람과 소와 말 등의 개념을 비교하여 포유동물이라는 더 추상화된 개념을 얻는다.

대상의 지시는 대상의 성질이나 속성, 상태 등을 지시하는 것도 포함한다. 단어가 지시하는 대상들의 나열인 전체의 모습은 단어의 외연이고, 단어가 지시하는 대상이 갖고 있는 속성(attribute)의 전부는 내포이다. 개념의 내포는 개념을 구성하는 속성의 전부를 의미하며, 개념의 외연이란 개념의 속성을 가지고 있는 개체의 종류 진체를 의미한다. 예를 들어 삼각형의 내포는 세 개의 직선으로 포위된 평면형인데, 외연은 '정삼각형, 이등변삼각형, 직각삼각형' 등 삼각형의 속성을 가진 모든 삼각형이다.

개념의 내포와 외연은 분리시킬 수 없다. 개념은 반드시 내포와 외연을 가지고 있다. 내포와 외연의 관계는 서로 반대의 방향으로 증감된다. 내포가 증가하면 외연은 감소하고, 내포가 감소하면 외연은 증가한다. 내포를 증가하는 것은 그 개념을 더욱 한정하는 것이고, 외연을 증대하는 것은 그 개념을 일반화하는 것이다. 한정에 따라 외연은 작아지고, 일반화에 따라 내포는 작아진다. 인간의 외연은 '동양인, 서양인, 한국인, 일본인' 등이고, 내포는 '유생, 이성' 등의 속성이다. 이성이라는 내포 속성을 줄이면 외연은 동물이 되어 증가한다. 내포와 외연이 동일한 단어는 동의어가 된다. '심장과 염통', '콩팥과 신장', '허파와 폐'는 동일한 내포와 외연을 가지고 있다고 할 만하다. 그러나 외연의 동일성은 변하지 않지만, 내포의 경우 한자어와 고유어 사이에 보이는 의미적 차이는 있어, 완전히 내포가 동일하지는 않다.

1) 의미 자질과 성분분석

단어의 의미를 규명하기 위해 단어를 의미 성분들의 구성체로 보고, 이 성분을 분석해 내려는 것이 성분분석이다. 성분은 자질과 통한다. 성분과 자질에 의한 분석은 어휘들의 유의, 반의, 함의, 하의와 같은 의의 관계를 효과적으로 보여 줄 수 있다. 남자와 여자는 [MALE]에 따라 반의적 의미 관계를 이룬다.

의미 관계가 다수일 경우는 어떤 성분이 대립되는가에 따라 어휘의 대립도 달라진다. '어머니, 아버지, 딸, 아들'의 관계는 '아버지'는 [+MALE], [+ADULT], [+HUMAN]', '어머니'는 [−MALE], [+ADULT], [+HUMAN], '아들'은 [+MALE], [−ADULT], [+HUMAN], '딸'은 [−

MALE], [−ADULT], [+HUMAN]이다. 물론 성인이 된 아들, 딸에게는 다른 대립의 자질이 필요하다.

이들은 [+HUMAN]을 공유하지만, [MALE], [ADULT]에 따라 반의 관계, 또는 유사 관계를 이룬다. 모든 성분이 동일하고 한 가지만 다른 '아버지, 어머니', '아들, 딸', '아버지, 아들', '어머니, 딸'이 대립 관계이고, 가장 반의적이다. 아버지와 딸, 어머니와 아들은 두 성분이 대립 관계를 이루어 대립성이 오히려 약화된다.

성분 분석은 문장의 의미 구조의 해석과 의미 생성 과정의 설명에 이용된다. 문장성분의 의미가 결합하여 문장의 의미를 구성한다는 해석은 문장의 의미는 문장을 구성하는 부분의 의미에 의하여 형성된다는 합성성의 원리에 근거한다. 어휘부의 의미가 문장으로 실현되는 과정을 투사라 한다. 문장의 의미는 어휘부에 있는 문장성분들의 투사에 의하여 실현된다.

생성의미론에서는 단어의 의미를 의미상으로 더 분석할 수 없는 의미 원소, 의미 자질로 분석하고 이 성분 원소들의 합성에 의하여 단어의 의미를 형성하는 것으로 해석한다. kill을 'CAUSE-BECOME-NOT-ALIVE'로 분석하는 것을 어휘 분해라고 하는데 이는 성분 분석에 기반하고 있다.

이러한 자질에 의한 공통성과 차이점의 구별은 명사와 동사의 특징에 근거한 명사 자질과 동사 자질 [±동사], [±명사]가 동사와 명사뿐만 아니라 형용사와 전치사의 특징도 구별하여 낼 수 있는 것과 같다. 영어의 형용사는 [−동사], [+명사], 전치사는 [−동사], [−명사]의 특징을 가지고 있다.

자질은 '±'의 양분법을 근본으로 하고 있는데 이는 많은 수의 자료를 처리하는 방법 중에서 가장 정확하고 간단한 방법이기 때문이다. 이에 대하여 다분법이 필요한 경우가 있다는 비판적 견해가 제시되었다.

동사를 시간의 관점에서 나누어 본 연구 가운데 국어 연구에서 많이 참고하였던 연구로 Vendler(1967)와 Chafe(1970)를 들 수 있다. 벤들러는 동사류가 시제를 표현하는 것은 동사류의 사용이 시간의 개념을 전제하고 있음을 보여주는 것이라 하고 시간과 동사의 특성을 관련시켰다. 동사를 진행형인 'be V-ing'의 결합여부에 따라 'activity, accomplishment, achievement, stative'의 네 가지로 나누었다. 먼저 지속적인 시제(continuous tense)를 가진 동사와 비지속적인 시제를 가진 동사를 구분하고, 지속적인 시제를 가진 동사를 끝남이 없는 것, 즉 동작(action)으로 나누었다. 그리고 비지속적인 시제류는 순간적으로 이루어져야 하는 것과 조금 지속적인 것으로 구별하여 성취(achievement), 상태(state)로 각각 구분하였다.

체프는 어떤 어휘가 어떤 상태에 있는 것을 표현하는 상태성(state)과 그 반대의 개념인 비상태성으로 구분하고, 비상태성은 다시 과정성(process)과 행동성(action)으로 구분하였다. 이 외에도 상태성, 기동성, 결과성이 있다. 체프에 따라 국어 동사를 분류한 연구로는 Abasolo(1977)가 있다.

Fillmore(1971)는 어휘 사전은 생성문법의 한 기관으로서 여러 가지 정보를 제공하여야 한다고 주장하면서 동사류의 기본 자질로 순간성(momentary), 지속성(continuative) 등을 나누고, 순간성 동사류는 다시 반복성(repeatable), 상태 변화성(change of state)으로 나누었다. 행동성 동사(verb of motion)도 방향, 속도, 중량, 표면 등이 관련되어 나누어진다고 하고 이어 성취성(achivement), 의도성(intentional), 무의도성(non-intentional)이 있다고 하였다.

국어 동사의 상적 연구를 보면, [±상태성]이 동사를 구별하는 중요한 특징으로 제시되었다. [+상태성]은 '싫다, 예쁘다'와 같이 문법 범주상 형용사이고, [−상태성]은 '가다, 먹다'와 같이 동사이다. 이 자질을 반대로 [±동작성]으로 나타내기도 한다.[40) [+상태]의 상적 자질은 갖고 있는 동사들을 상태동사라 하고 [−상태] 자질을 가지고 있는 동사들을 비상태동사 또는 동작동사라고 한다. 비상태성 동사들은 다시 여러 상적 의미 자질에 의하여 하위분류 된다.

[−상태]인 동사는 행위의 결과가 어떻게 나타나는가에 따라 완성동사와 비완성동사로 구별할 수 있다. 행위의 결과로 어떤 결과가 완성되었는가 여부에 따라 [완성]이라는 상적 자질이 인정될 때 [결과]의 상적 자질도 같은 내포, 외연적 의미를 나타낸다. 비완성동사로 '웃다, 울다, 놀다, 날다' 등과 '끌다, 사랑하다, 좋아하다' 등을 들 수 있다. 완성동사에는 '입다, 벗다, 신다' 등과 '비우다, 익다, 지다, 내리다' 등이 있다.

동작이 순간적으로 일어나는가 여부에 따라 [±순간]의 의미 차이를 갖는다. 이는 동작이 시작되어 끝날 때까지 시간의 폭이 있는가 없는가에 따른 의미 차이이다. [+순간성]의 자질을 가지고 있는 동사들은 순간성동사라고 하고, [−순간성] 자질을 가지고 있는

---

40) [상태] 자질을 동사의 분류에서 논의한 동사 분류와 관련된 연구는 Abasolo (1977)를 비롯하여, 서정수(1975), 油谷幸利(1978), 정문수(1984) 등이 있다. 서정수(1975: 13)에서는 '하다'를 다음과 같이 나눈다.

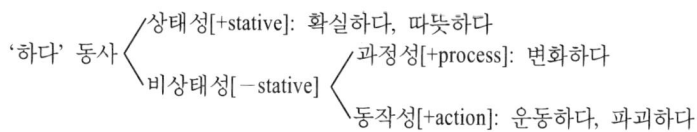

동사들은 과정동사라 한다. 행위가 순간적으로 일어나는 동사에 '끝나다, 죽다, 잃다, 얻다'와 '맺다, 끊다, 쥐다, 잡다, 알다' 등의 동사들이 있다. [-순간성]을 가진 동사는 순간적으로 행위가 일어 나지 않는 동사로 '가다, 먹다, 밀다, 살다' 등이다.

[-상태]의 자질을 가지고 있는, 즉 [±순간]의 자질을 가진 모 든 동사들은 다시 [결과]의 자질을 가지고 있는가 여부에 따라 나 누어질 수 있다.41) 이 자질은 동작의 완결 상태를 갖는가 갖지 못 하는가에 의한다. '종을 치다', '사과를 먹다'는 동작의 결과가 있 지만, '영희가 울다', '성호가 산다'는 동작의 변화가 없어 달라진 결과가 없다.42) 엄밀하게 보면 행위의 결과가 없는 행위는 없다. '울다'의 행위는 시작이 우는 것이지만 결과도 우는 것이다.

여기서의 결과란 행위가 이루어짐으로 변화된 결과가 이루어짐 의 의미인 자질로서 [결과]이다. 따라서 [결과]는 [완성]과 같은 맥락에서 해석된다. 행위의 결과로 어떤 결과가 완성되었는가 여부 에 따라 [완성]이라는 상적 자질이 인정될 때, [결과]의 상적 자질 도 같은 내포, 외연적 의미를 나타낸다.43) 그러나 결과를 행위 이

---

41) 油谷幸利(1978)는 '동작 작용이 행해진 결과 주체의 상태가 변화함'이 있 는가에 따라 [+결과]를 의미 자질로 세웠다. 이 동사들은 '어 있다', '고 있다'와 연결되어 결과 상태를 보인다. 국어의 동사들이 이 두 구성과의 연결에서 제약이나 의미의 차이를 갖지만 이들이 결과 동사의 의미로 확 연히 구분되는 것은 아니라는 점에서 [+결과]의 자질로서의 자격은 의심 스럽다.

42) 옥태곤(1988: 41)에서는 동사가 나타내는 일이 시간의 경과에 따라 상태변 화의 의미를 가지느냐[상태성], 동사가 나타내는 동작이 시간의 폭을 가 지느냐[순간성], 동사가 나타내는 동작에 의해서 주어가 동작의 결과 상 태를 가지느냐[결과성]에 따라 동사를 분석하였다.

43) 정문수(1984)에서는 [+순간성]인 동사들은 [±결과성]을 가짐에 비해, [-순 간성]인 동사들은 [±완성성]을 갖고 [+완성성]을 갖는 동사들만 다시 [±결

후의 결과 상태를 갖는지의 여부로 보는 것은 행위 과정에서 이루어짐에 의한 결과로서의 완성을 결과와 동일시함과는 구별된다. [+순간]을 갖고 있는 순간 동사들은 행위의 과정 속에서 결과를 얻는 완성의 의미를 갖지 않는다. 이러한 순간 동사들의 행위의 결과가 있는가 없는가에 따라 [±결과]로 결과를 나누기도 하는데 이들이 동사의 상적인 자질을 나타내는 데 의미 있는 것인지는 의심스럽다.[44)]

[상태], [순간], [결과 또는 완성]의 의미 자질을 동사들이 가지고 있는가를 검증하는 방법으로 시간과 관련된 여러 가지 통사 현상의 실현을 살펴볼 수 있다. [상태] 자질은 현재를 나타내는 어미 '는'이나 진행구성 '고 있'과의 연결 가능성으로 구별된다. 결과 지속의 의미를 나타내는 '아/고 있'과의 연결이나 명령, 청유의 실현도 다르다. [+상태]인 '예쁘다'는 '*예쁜다, *예쁘고 있다. *예뻐 있다, *예쁘자', [-상태]인 '가다'는 '간다, 가고 있다, 가 있다, 가자'로 다르다.

[순간] 자질은 동작이 순간적으로 이루어지는가의 검증으로 진행구성이나, '기 시작하다'와의 연결이 있다. [+순간]인 '붙다'는 '?시험에 붙고 있다, ?시험에 붙기 시작해서 다 붙는데 오래 걸렸다'

과성]을 갖는다고 보았다.

44) 결과성 여부에 따라 다음과 같이 동사를 구별하는데 여기 제시된 [-결과성] 동사들이 완성의 의미의 결과가 아닌 행위 결과가 있는가 없는가의 결과라면 이들이 결과가 없다고 하기 어렵나.

[+순간성, +결과성]: 닿다, 붙다, 놓다, 죽다, 도착하다
[+순간성, -결과성]: 깜짝이다, 차다, 뛰다, 던지다
[-순간성, +결과성]: 입다, 매다, 피다, 뽑다
[-순간성, -결과성]: 만들다, 그리다, 먹다

에서와 같이 불가능하고, [-순간]인 '먹다'는 '음식을 먹고 있다, 먹기 시작해서 다 먹는데 오래 걸렸다'에서와 같이 가능하다.

[완성] 자질은 행위의 시작이나 끝이 동일하여 완성이 없는 경우와 행위로 인하여 행위를 완성하는 차이가 있다. 자동사인 경우에는 행위 결과 지속을 나타내는 '아 있다'와의 연결에서 대립적 분포를 보이는데 의미적으로는 이러한 대립적 분포를 보여야 할 이유는 없다. [-완성]인 경우 '웃어 있다, 울어 있다, 놀아 있다, 기어 있다'와 같이 결과 지속과의 연결이 불가능하고, [+완성]인 경우는 '익어 있다, (해가) 져 있다, (날씨가) 개어 있다, 떠 있다'와 같이 가능하다.

동사의 상적 자질 분석은 분석의 정밀성 정도나 분석의 기준에 따라 자질이 달라질 수 있다. [+상태] 동사도 상태가 변화하는 상태의 움직임이 있어, 움직임을 가진 상태와 움직임이 없는 상태와 구별한다. 동사를 움직임이 있는가 여부에 따라 [기동]의 자질로 구분하는데, [-기동]은 움직임이 일어나지 않은 상태이고 [+기동]은 움직임이 일어난 상태이다. [-기동]의 동사로는 '깨끗하다, 크다, 맑다'를 든다. 움직임이 있는 상태도 내면 행위이어서 관찰할 수 없는 경우와, 행위를 관찰할 수 있는 행위로 구분하여 [내면] 자질로 구분된다. [+내면]의 자질을 갖는 동사는 '좋다, 기쁘다, 슬프다, 아프다, 밉다' 등 감정이나 감각을 나타내는 동사들이다. '어 하다'와의 연결이 가능한 점이 [-기동]의 동사와 구별된다. 황병순 (1988: 44) 참조.

국어의 서술어는 이러한 방법에 의하여 하위 분류될 수 있고 국어의 문장 유형도 세분화될 수 있다. 심리동사, 감각동사와 같은 서술어의 분류와 구문 유형의 분류는 이러한 의미 자질적 특징을 바탕으로 하는 것이다. [+기동], [−내면]의 자질을 갖는 동사들은 [−상태]의 동사들로, 다시 [순간], [과정], [종결]의 자질로 나눌 수 있다. 과정 상태를 확인할 수 없고 종결 상태만 지속되는 동사는 '있다, 맡다, 잡다, 맺다, 붙다, 죽다' 등을, 과정 상태와 종결 상태를 함께 지닌 동사로 '매다, 입다, 신다' 등, 종결 상태 없이 과정 상태가 지속되는 동사에 '먹다, 듣다, 읽다, 버리다' 등을 든다.45)

2) 단어의 의미 구조와 의미 관계

단어 가운데에는 간단하고 단순한 뜻을 가지고 있는 단어가 있는가 하면 여러 가지 복잡한 뜻을 가지고 있는 단어가 있다. 물건에 대한 이름은 비교적 단어의 뜻이 간단하다. '개, 의자, 하늘, 나무, 돌' 등은 단순한 의미를 가지고 있다. 그러나 이들의 의미도 단순하지만은 않다. 개라는 단어 속에 '진돗개, 푸들, 치와'와 등 여러 종류의 개들이 포함되는 범주 형성의 의미 관계를 이룬다. '나무'는 식물의 이름이 중심 의미이지만 '재목'이나 '땔감'의 의미도 가지고 있고, '돌'은 '광물'의 이름이 중심 의미이지만 '머리가 나쁘다'는 의미로 확대된다. 이러한 의미의 확대는 다의의 의미 관계를 이루는데, 같은 소리를 가지고 있지만 뜻이 분명히 다른 동음이의어와 구별된다.

---

45) 황병순(1988: 52) 참조. 동사를 상적으로 분석한 다른 연구에서는 다른 상적 자질로 동사를 구분하여 보았는데 김영희(1980)의 [연장성], [무한성], [균질성], [결과성], [예비성], 이남순(1981)의 [동적], [정적], [국시적], 이지양(1982)의 [일점성], [동적], [완성점] 등이 있다.

소리는 같은데 뜻이 다른 단어들이 있는가 하면, 단어의 형태 즉 단어의 글쓰기는 같지만 소리와 뜻이 다른 단어들이 있다. 이들은 각각 동음이의어와 동형이의어이다. 소리가 같지만 뜻이 다른 동음이의어로, '때(시간, 더러운 물질), 잠기다(문이, 물에)' 등은 고유어끼리, 출가(出家, 出嫁), 시속(時速, 時俗) 등은 한자어끼리, '사랑'과 '舍廊', '볼'과 'ball'과 같이 고유어와 들어온 말끼리도 동음이의어를 이룬다. 글자로 나타난 형태는 같지만 소리와 뜻이 다른 단어로는 동음이의어로 다루어진 많은 단어들은 여기에 속한다. '먹는 배, 신체의 일부인 배, 해상 운송 기구인 배'는 모두 형태가 같지만 소리의 길이가 다르고 뜻도 다르다. '눈'과 '눈:', '말'과 '말:'도 쓰기는 같지만 소리의 길이가 다르다. 국어에서 한자어들은 장단에 따라 다른 단어들이 많다. 경상도 지역에서는 '말斗(낮은 소리), 말語(가운데 소리), 말馬(높은 소리)'과 같이 소리의 높이에 따라 단어가 다르다.

(1) 유의어, 반의어, 하의어

단어들 가운데에는 의미를 중심으로 어떤 관계를 맺는 단어들이 있는데 이들의 관계에는 유의 관계, 반의 관계, 하의 관계가 있다.

유의어는 소리는 다르지만 의미가 비슷한 단어들이다. 동의어라고도 하는데 엄밀하게 동일한 의미는 없어 유의어가 적절하다. 우리말에는 고유어와 한자어의 사이에 유의어가 많다. '범-호랑이', '다달이-매달', '어머니-모친', '배앓이-복통'이 있다.

단어들의 의미 관계는 계열 관계에 있는 어휘들의 비교에서 구별하기 쉽다. 국어의 동사는 움직임의 방법을 나타내는 동사와 움직임을 나타내는 동사로 나눌 수 있다. 움직임의 방법을 나타내는 동사로는 '뛰다, 날다, 기다, 빌다, 끌다' 등이 있고 움직임을 나타내는 동사로는 '가다, 놓다' 등이 있다.

'달리다 - 뛰다'는 모두 움직임을 나타내는 동사이다. 그러나 두 동사는 '말(택시가)이 달린다', '말(*택시가)이 뛴다'에서와 같이 쓰임이 다르다. '달리다'는 주체의 움직임 과정에서 표면과의 접촉이 지속적으로 이루어지든 반복적으로 이루어지든 모두 가능하다. 이에 비해 '뛰다'는 접촉 관계가 반복적인 경우만 가능하다. '택시가 뛰다'가 불가능한 것은 '뛰다'라는 동사가 상하 운동을 하기 때문이다.

'꾸다 - 빌리다'의 두 단어는 거의 동일한 의미 구조를 가진 것으로 보이지만, 유사성보다는 차이점이 더 많다. 목적어를 대치하여 보면 그 차이가 드러난다. '나는 영수한테 돈을 꾸었다/빌렸다'는 같이 쓰이지만, '나는 차/운동장/모자/?쌀을 빌렸다', '나는 *차/*운동장/*모자/쌀을 꾸었다'는 다르다. '빌리다'의 목적어는 써서 없어지는 것이 아니다. 차가 조금 나빠지거나, 운동장이 더러워지거나, 모자가 닳거나 하는 변화는 있을 수 있지만, 빌려 주었던 대상이 되돌아 올 수 있는 것들이다. '꾸다'의 목적어는 일단 빌려 주면 그것을 소비한 다음 동일한 종류이지만 다른 것으로 받는 차이가 있다.

두 동시는 목적어가 가지고 있는 성질에 따라 '빌리다'는 [+원형성], '꾸다'는 [−원형성]으로 구별할 수 있다. 그러나 '네 애인 히루만 꾸어주라', '반찬 좀 빌려 줄래?' 등과 같이 문맥이나 쓰임에 따라 가능하기도 하다.

'참다 - 견디다'는 '나는 그 더위를 견딜/참을 수 있다'에서와 같이 뜻이 비슷하면서도 약간의 차이가 있다. '견디다'가 외부적인 힘이나 조건을 극복하는 것을 의미한다면 '참다'는 외부의 힘보다는 내적인 조건이 극복하게 만들어 주는 것이라 할 수 있다. '그 나무(기계)가 100kg의 무게를 견딜/*참을 수 있을까?', '나는 그 고문을 견뎌냈다/참아냈다', '나는 웃음을 ?견딜/참을 수 없었다'에서 같이 차이가 드러난다. 둘의 차이는 주어가 유생물일 때에는 '참다'가 주로 쓰여 유생과 무생의 차이가 주요 구별 기준이다.

'뽑다-빼다'와 '꽂다-끼다'는 반대어를 형성하면서도 미묘한 양상을 보인다. '나는 벽에 있는 못을 뽑다/빼다', '선생님은 병원에서 이를 뽑다/뺐다', '그 여자는 고개를 길게 뽑고/빼고 기다린다'에서 '뽑다'와 '빼다'는 동일한 의미이지만, '너는 마당에 있는 풀을 뽑아라/?빼라', '나는 어머니의 흰머리를 뽑아/?빼 드렸다'에서와 같이 차이를 보여, '뽑다'는 박히어 완전히 고정된 것을 꺼내는 것이고 '빼다'는 느슨한 상태에서 꺼내는 것이 아닌가 생각할 수 있다.

그러나 '나는 책장에서 책을 뽑아/빼 놓았다'에서 볼 수 있는 바와 같이 '뽑다'는 느슨한 상태에도 쓰인다. '새 대통령을 뽑았다/*뺐다', '제비를 뽑았다/*뺐다', '선수를 뽑다/*빼다', '셋에서 하나를 *뽑으면/빼면 둘이 된다'에서도 둘의 용인 가능성이 다르다. '뽑다'의 경우는 여러 사람 중에서 특별히 어떤 사람을 선택하는 것이고 '빼다'는 이미 있는 상태를 어떤 이유로 하여 줄이는 것으로, 다시 넣을 수는 있지만 선택의 의미는 없다.

'잡다-쥐다'는 모두 어떤 물건을 손에 접촉하여 그 접촉 상태를 유지하는 차이가 있다. '농구공을 잡다/?쥐다', '탁구공을 잡다/쥐다', '칼자루를 잡다/쥐다'에서와 같이 '잡다'는 대상을 유지할 수 있는 정도의 접촉이면 충분하나, '쥐다'는 그 표면 접촉이 전면적이다.

'놓다 - 두다'는 '책상 위에 화분을 놓다/두다', '콜라를 냉장고에 넣어 놓았다/두었다'에서와 같이 미묘한 어감의 차이를 느낄 수도 있지만 대체로 같다. 그러나 '오늘 전화를 놓았다/*두었다', '의자를 거기에 놓아라/두어라', '그런 나쁜 사람을 집에 *놓으면/두면 안 됩니다'에서와 같이 의미의 차이나 문법성의 차이를 보인다. '전화를 놓다'는 일정한 구조물을 설치하는 것을 말하는데 이것은 상태의 변화를 일으킨 후, 그 상태가 있게 되는 것을 말한다. 전화를 일정한 장소에 두는 의미의 확장이다. '의자를 두다'는 의자가 현재 있는 상태에 그대로 있게 하는 의미임에 비해 '의자를 놓다'는 움직임이 부각된다.

'끌다 - 당기다'는 '손잡이를 꼭 잡고 힘껏 끌어라/당겨라'에서와 같이 같은 문맥에서 사용되지만 쉽게 차이가 드러난다. '의자를 끌다/당기다', '시체를 질질 끌고/*당기고 가다', '의자를 바싹 책상에 끌어/당겨 앉다', '방아쇠를 *끌다/당기다'에서 알 수 있는 것은 '끌다'가 단순히 장소의 이동을 나타낸다면 '당기다'는 목표점이 있다.

'붓다 - 쏟다'는 '물을 마당에 부었다/쏟았다'에서는 비슷하지만, '술을 잔에 부어라/*쏟아라', '물을 독에 부어라/쏟아라', '적금을 부었다/*쏟았다'의 의미 차이나 가능성의 차이에서 볼 수 있는 바와 같이 '붓다'는 대상을 붓는 용기가 있음을 전제한다.

이 외에도 '따다 - 떼다', '디디다 - 밟다', '끊다 - 자르다', '끄르다 - 풀다' 등과 같이 유의적 의미를 통해 의미 관계를 살펴볼 만하다.

의미의 문제는 형태나 통사적인 문제보다 그 특질을 규정하기가 어려워 기준을 세우기 어렵다. 이 점은 일부 국어 동사의 의미를 구별하는 과정에서 볼 수 있었다. 성분 분석을 근거로 한 분석은 성분 분석이 가진 설명력과 한계성을 동시에 보여준다. 한 단어나 문장은 한두 가지의 의미 자질로 구분될 수 있는가 하면 여러 자질이 겹쳐 선이 불확실한 것도 많다. 이 겹침을 잘 해체하고, 이 해체된 조각들 가운데 언어학적으로 일반성을 가진 것을 발견하고 확인해야 한다.

어휘들의 의미 관계는 의미장으로 파악할 수 있다. 의미장이란 어휘들이 가지고 있는 개념의 내적 관계이다. 계열적인 의미 관계는 서로 대치될 수 있는 의미 관계이고, 통합적 의미 관계는 구성들의 결합에 의한 의미 관계이다. 이들이 의미장을 이룬다.

계열적 관계는 서로 대치될 수 있는 어휘들의 관계이기에 의미상 유사하다. 품사는 대표적인 대치 관계로 문법적 대치 관계이다. 명사라는 범주는 유사한 의미나 기능적 특징을 공유하는 무리들이 같은 범주로 묶인 계열 관계이다. 인공물에는 '도구, 가구, 거주지' 등이 있고, 가구는 '식탁, 의자, 침대'를, 의자는 '공원의자, 책상의자, 식탁의자'를 하의어로 갖는데 이들은 각각 계열적 대치 관계를 이룬다. 색채어(빨강, 파랑, 노랑), 새의 종류(참새, 까치, 독수리), 날씨(덥다, 춥다, 서늘하다, 선선하다, 싸늘하다) 등도 동일한 대치 관계를 이루는 계열 관계어들이다.

반의어는 서로 반대되거나 짝을 이루는 의미 관계를 이루는 단어들에 '배우다-가르치다', '검다-희다', '남자-여자', '형-아우' 등이 있다. 한 쌍의 단어가 반의 관계를 이루려면 두 단어는 공통적인 의미를 갖고 있으면서 한 요소가 달라야 한다.

단어의 의미 관계가 다중으로 얽혀 있을 때 반의 관계가 단순하지 않다. '아버지'의 반의어는 '어머니'가 될 수도 있지만, '아들'도 될 수 있고, 나아가 '딸'도 반의 관계가 아니라고 할 수 없다. 의미 자질로 보면 '아버지와 어머니'는 성별에 의해, '아버지와 아들'은 성숙의 관계에 의해 대립되지만, 아버지와 딸이나 어머니와 아들은 성과 성숙의 두 자질에서 반대를 이루기 때문에 반의 관계는 오히려 강한 듯하면서도 약하다.

상, 하의 관계는 한 단어가 다른 단어에 포함되는 관계로 사물을 분류할 때 형성되는 의미 관계이다. 다른 단어에 포함되는 단어를 하의어, 다른 단어를 포함하는 단어를 상의어라 한다. 생물-동물-인간의 관계에서 생물은 동물의 상의어이고, 동물은 생물의 하의어이며 동시에 인간의 상의어이다.

(2) 내 마음은 호수: 은유

한 언어 표현을 통하여 다른 언어 표현의 의미를 나타내려고 하는 것이 은유이다. 은유는 문학이나 수사학에서만 있는 것이 아니라 우리의 일상 언어에 널리 퍼져 있다. 또 언어만이 아닌 생각과 행위에도 있다. 은유는 우리가 지각하고 생각하는 것에 대한 구조이다.

은유는 근원 영역(source domain)에서 다른 영역인 목표 영역(target domain)으로의 체계적인 연계이다. 근원영역은 우리의 일상생활에 근거한 비교적 구체적이며 물리적이고 구조화된 개념이다. 이에 비해 목표 영역은 추상적이고, 비물리적이고 구조화되지 않은 개념이다.

'내 마음은 호수다'라는 문장에서 '호수'라는 구체적이고 물리적인 근원 영역의 대상을 통하여, '푸르고 넓음'이라는 추상적인 호수의 목표 영역을 제시함으로써 마음과 연계하는 것이다. '인생은 나그네길이다'에서도 '나그네길'이라는 근원 영역을 통하여 '인생'

이라는 목표 영역을 나타낸다. '시간은 돈이다', '시간을 낭비하다'와 같이 시간을 돈과 연계하는 은유도 있다.

은유를 구조적 은유, 방향적 은유, 존재론적 은유로 나누기도 한다. 구조적 은유란 한 개념이 다른 개념에 의하여 은유로 구조화되는 것이다. 논쟁이나 정치, 운동을 전쟁과 연계하는 구조나, 인생과 여행을 연계하는 관계는 구조적 은유를 이룬다. '나는 나의 주장을 방어할 수 없었다'와 같이 논쟁을 전쟁으로 표현하는 것이다. 논쟁을 전쟁이 아닌 댄스로 반영하는 언어가 있다면, 이는 다른 문화적 방법으로서의 은유 구조화이다.

방향적 은유는 대부분 위-아래, 안-밖, 앞-뒤 등의 공간적인 방향과 관련된다. 방향의 은유는 자의적인 것이 아니라 물리적이며 문화적인 경험의 근거가 있다. 문화마다 방향이 다르기도 한데 미래가 앞인 언어가 있는가 하면 뒤인 언어도 있다. 행복, 의식, 건강과 인생, 통제를 하는 것은 올라가고, 더 보태는 것은 올라가고, 덜게 되는 것은 내려간다. 많은 것과 좋은 것은 올라가고, 적은 것 나쁜 것은 내려간다. '월급이/인기가 올랐다', '기분이 떴다/가라앉았다', '사기를 높이다/떨어뜨리다' 등과 같다. 공간화는 물리적·문화적인 경험과 관련되어 있다.

은유는 경험적인 근거에 의해서 개념을 이해할 수 있는 도구이다. 감정적인 것이 위이고 차분한 것이 아래이다. '마음이 떠있다/들떠 있다', '마음이/분위기가/목소리가 가라앉았다', '마음이 차분하다/흔들린다', '마음이 가볍다/무겁다'와 같다. 최근에는 '기분이 업(up)/다운(down)되었다'와 같이 영어와 혼용하여서 쓰기도 한다.

존재론적 은유란 추상적인 것을 구체적인 것으로 은유하는 것이다. '시간, 마음'과 같이 추상적인 것을 구체적 존재인 사물로 나타낸다. '시간이 길다/있다/흐르다/남다', '마음이 크다/더럽다/아프다' 등과 같다.

생리적 영향은 정서를 나타낸다. 언어에서 생리적 영향이 어떻게 언어로 나타나는가를 보는 것은 흥미롭다. '기쁘다, 슬프다, 화나다, 즐겁다, 사랑하다' 등의 감정은 이러한 어휘에 의해서도 표현되지만 관련된 생리적인 영향을 나타내는 언어에 의해서도 나타난다.

화가 나는 경우를 보기로 들면 화가 나는 정서의 표현은 '화가 난다, 화가 머리끝까지 난다, 성질이 난다, 화를 낸다'와 같이 '화'라는 단어에 의해 직설적으로 나타나고, 다음에 '화'와 관련된 표현들에 의해 비유적으로 나타난다. 화가 나면 여러 가지 생리적인 현상이 나타나는데 우선 몸의 온도가 올라가고, 얼굴이나 몸이 붉은 색이 되며, 체내의 압력이 증대하고, 몸과 마음이 동요하며 정상적인 지각이 어렵다. 이러한 정서적인 변화가 언어로 나타난다. '속이 끓는다, 피가 끓는다, 가슴이 탄다, 열난다, 열 받는다, 불난다, 열불난다, 열 오르네, 열통 터진다, 얼굴을 붉히다, 얼굴이 벌게지다, 얼굴이 파래지다, 얼굴이 노래지다, 얼굴이 까매지다, 머리카락이 곤두선다, 눈알 뒤집힌다, 눈이 돌아간다' 등이 신체의 변화에 따라 나타나는 현상이 화가 나는 표현을 대신한다.

'열이 난다', '불이 난다' 등의 표현은 모두 화를 열이나 불로 나타내고, 이러한 열이나 불의 온도가 오르는 것은 화가 심해짐으로 나타냈다. 또 '열통 터진다'와 같이 열의 한계는 화의 한계를 나타내고 이를 담고 있는 그릇이 화의 한계임을 나타낸다. 일굴의 변화가 감정의 변화를 나타내는데 얼굴이 붉어지거나 파래지는 것은 화가 난 경우 외에도 여러 감정에 나타난다.

신체를 통한 감정의 표현은 다양해서 신체 일부의 작용을 통해 나타내는 경우가 많다. 국어의 경우, '간을 졸이다, 간이 콩알만해졌다, 애간장을 태우다, 입맛이 쓰다, 씁쓸하다, 속 쓰리다, 똥끝(똥줄)이 탄다, 가슴이 저리다, 아리다' 등을 통해 긴장이나 안타까움 등을 나타낸다. 슬픔, 즐거움, 사랑의 표현도 이와 같은 원리이다.

(3) 청와대는 알고 있다: 환유

환유란 한 표현을 인접한 다른 표현을 지칭하는데 사용하는 것이다. 청와대라는 한 실재 건물을 청와대라는 정부 조직 실재를 가리키는데 사용하는 것과 같이 청와대라는 건물을 나타내는 표현은 대통령의 집무실이라는 다른 표현과 인접해 있다.

'냄비 안의 음식이 끓고 있다'라는 표현을 나타내기 위해, '냄비가 끓고 있다'라고 하는 것은 지시물을 통해 지시물의 내용물을 대신하는 환유를 보인다. '여론이 냄비 끓는 듯하다'라고 하면 직유의 비유 표현이 되고, 나아가 '여론이 끓고 있다'고 하면 은유가 된다.

환유를 이루는 두 표현의 인접성의 관계는 '생산자:생산품의 관계—반도체는 삼성(삼성 반도체)이 최고이다', '건물, 장소, 기관:사람의 관계—청와대에서 주장했다', '부분:전체의 관계—가슴이 크다', '소유물:소유자의 관계—저 바바리 누구니?' 등이다.

환유의 원리는 사물이나 사태를 확대하거나 축소하여 지칭하는 것이다. 부분을 통하여 전체를 해석하거나, 전체를 통하여 부분을 제시하는 방법이다. 확대 지칭을 통한 환유와 축소 지칭을 통한 환유의 보기를 살펴보면 다음과 같다. 임지룡(1997: 193-201) 참조.

(96) ㄱ. 새 얼굴(사람)이 필요하다

　　　ㄴ. 우수한 두뇌(학자)가 많이 배출되었다.

　　　ㄷ. 보는 눈(사람)이 너무 많다.

　　　ㄹ. 저 사이드카(경찰관)가 넌 부른다

　　　ㅁ. 나도 손을 들었다(꼈다).

(97) ㄱ. 그는 가슴(폐)이 나쁘다.

　　　ㄴ. 삼성(삼성 휴대폰)이 잘 터진다.

　　　ㄷ. 청와대(대통령)가 경제에 관심을 보이기 시작했다.

　　　ㄹ. 아침(아침 밥) 먹었다.

(96)은 확대 지칭, (97)은 축소 지칭의 보기이다.

5 소리의 분석과 설명

세상에는 많은 소리가 있다. '바람 소리, 새 소리, 차 소리, 아이들이 떠드는 소리'. 이러한 소리들은 소리 자체로서 높은 소리, 낮은 소리, 무거운 소리, 가벼운 소리의 다름이 있다. '차의 엔진 소리'는 차의 상태를 나타낼 수 있고, '바람 소리'는 바람의 세기에 따라 추위나 시원함을 나타낼 수 있다는 점에서 우리에게 정보를 제공하지만 이 소리가 소리 자체로서의 의미를 가지고 있는 것은 아니다. 언어적 관점에서 소리는 뜻을 가지고 있는가 아니면 뜻이 없는 소리인가로 구분된다.

　사람의 말은 크게 뜻과 소리로 나눈다. 소리는 뜻을 담는 그릇이다. 우리의 생각은 소리로 나타나고 다른 이에게 전달된다. 이 소리를 들음으로 남의 생각을 이해한다. 생각을 나타내는 언어의 소리는 어떻게 이루어졌을까? 소리에 대한 관찰은 우리의 말의 소리가 어떻게 나고 또 어떻게 전달되며 이 소리는 어떤 짜임을 가지고 있는가에서 시작된다.

말의 소리는 우리의 입을 통해 나온다. 사람의 소리내기는 말의 소리를 내는 음성기관에 의하여 이루어지는데 폐에서 공기를 내뿜어 목청에서 소리를 내고 입에서 소리를 다듬는 과정을 가진다. 이들을 각각 발동부, 발성부, 발음부라 한다. 입에서 나온 소리는 공기를 통해 파동을 이루어 귀에 도달하고 귀에서는 고막을 울려 소리를 듣는다. 소리에 대한 연구는 소리 내기와 소리 전하기, 소리 듣기 세 관점에서 이루어지는데, 각각 생리 음성학, 음향 음성학, 청취 음성학으로 나눈다.

1) 음절의 구성

소리의 분석은 우선 소리내기와 소리듣기에 의하여 할 수 있다. '하늘이 푸르다'라는 문장을 우리가 말했을 때 이 문장은 형태소로서는 '하늘', '이', '푸르', '다'로 분석된다. 더 이상 분석을 할 경우에는 의미를 가지고 있지 못하기 때문이다. '하늘'은 '하'와 '늘'로 '푸르'도 '푸'와 '르'로 분석할 수 있지만, 이 때 분석된 언어 형식은 더 이상 의미를 가지고 있지 않다. '하늘이 푸르다'는 소리나는 대로 쓰면 '하느리 푸르다'가 되므로 '하, 느, 리, 푸, 르, 다'로 분석하는 것이 더 정확하다.

이들은 뜻을 가지고 있지는 않지만 소리의 측면에서 한 뭉치의 소리의 덩어리인 음절을 이룬다.[46] 음절이란 분절되는 소리인 자음과 모음으로 이루어진 자연스러운 자립적 단위의 음성이다. 국어의 음절은 초, 중, 종성이 홀로 또는 서로 합하여 이루어진다. 국어 음절 구조는 보통 '(C)V(C)' 구조로 형식화하는데 'C'는 자음을 'V'는 모음을 뜻한다. 이는 'V'형과 'CV'형, 'VC'형과 'CVC'형들의 모임이다.

자음은 모음과 결합하여야 소리가 난다. 자음은 음절에서 모음을 분리함으로써 분석된다. 소리의 연구에서 소리를 분석할 때 제일 먼저 모음과 자음으로 나누는 것은 이러한 소리의 분석에서 얻어진 결과이다. 모음과 자음은 소리를 낼 때 소리를 막는 과정이 있는가 없는가에 따라 구분한다. 또 소리를 이루는 관점에서 홀로 소리를 이룰 수 있는가 없는가에 의해서도 구별된다.

'이, 에, 애, 아, 오, 오, 우'와 같은 모음은 그대로 소리를 이루지만 자음인 'ㄱ, ㄴ, ㄷ, ㄹ, ㅁ'은 반드시 모음과 함께 하여야 '가, 나, 다, 라, 마'처럼 소리를 이룰 수 있다. 모음을 모음(母音)이라 하고 닿소리를 자음(子音)이라고 하는 것은 이러한 관계를 나타내려는 것이다.

모음에는 단모음과 복모음(겹홀소리)이 있다. 복모음도 음절을 이룬다. 단모음들은 반자음 '이, [j]'나 '우, [w]'와의 결합에 의하여 복모음을 이룬다. 즉 복모음들은 단모음과 반자음으로 분석된다.

국어의 복모음은 '야, 여, 요, 유, 예, 얘, 와, 워, 왜, 웨, 위, 의'의 12개이다. 이 가운데 '야, 여, 요, 유, 예, 얘'는 반자음 또는 반모음 [j]와 '아, 어, 오, 우, 에, 애'가 결합된 것이고, '와, 워, 왜, 웨'는 반자음 [w]와 '아, 어, 애, 에'가 결합된 것으로 분석된다.

---

46) 말은 크게 성절음과 비성절음 즉, 크게 들리는 소리와 작게 들리는 소리가 규칙적으로 갈음되어서 나타나는 데서 일종의 율동(리듬)이 생겨나도록 되어 있는데, 이 율동의 한 단위가 음절이다. 허 웅(1983: 97) 참조.

'의'는 '이'를 성절음으로 인식하는 경우 '으'와 '이'의 결합으로, '으'를 성절음으로 인식하는 경우 '으'와 '이'의 결합으로 분석된다. '위'는 보통 단모음으로 다루어지지만 복모음으로 인식되는 바가 적지 않아 복모음에서도 논의된다. '이'가 성절음이 되는 발음에서 '우이'로 소리난다.

모음이라고 모두 음절을 이룰 수 있는 것은 아니다. 단모음 '이, 에, 애, 아, 어, 오, 우, 으, 위, 외'는 모두 음절을 이룰 수 있지만 이중모음으로 이루어진 음절 가운데는 이론적으로는 가능하지만 실제로는 나타나지 않는 음절이 많다. '에(이+이), 위(이+우+이), 외(이+오+이)'의 발음은 가능하지만, 실제로 쓰이지 않는다.

이들 이중모음이 불가능한 이유는 '에 (이+이)'의 경우 동일한 소리를 계속 내는 효과를 가져 장음의 기능을 보일 뿐 이중모음으로서의 변별성이 없다. '위(이+우+이)'와 외 (이 +오+이)'의 경우는 반모음과 모음이 세 번이나 연속되어 음성적 변별 효과가 약하기 때문인 것으로 보인다. '애'와 '예'는 '애'와 '에'가 단모음화되어 사용된다. 반모음 '오'와 '우'에 의한 이중모음 '왜(오+애)와 와(오+아), 웨(우+에)와 워(우+어)'는 가능하지만, 다른 이중모음은 불가능한 것도 이중 모음의 결합 결과가 모음으로서의 구실을 제대로 할 수 있는가 여부에 따른다.

자음은 모음 앞에서 음절을 이룰 뿐만 아니라 모음 뒤에서도 음절을 이룬다. '악, 안, 앋, 알, 암, 압, 앗' 등은 모음과 자음의 연결이 중성과 종성만으로 연결된 것이다. '각, 간, 갇, 갈, 감, 갑, 갓' 등은 자음, 모음, 자음, 즉 초, 중, 종성으로 이루어진 음절로 각각 분석된다. '없다, 흙, 넓다'에서와 같이 복자음이 표기법에서 받침으로 표기되지만 동시에 소리가 나는 것이 아니다. 각각의 자음들을 내재하고 있음을 보이는 표기법의 방법으로 실제의 소리와 구별된다.

초중성형인 CV형은 자음과 모음으로 이루어진 음절이다. 이론적으로는 19개의 자음이 모두 초성에 올 수 있다. 그러나 받침의 'ㅇ'과 'ㄹ'은 어두 자리에 올 수 없다. 또 현대 국어에서는 /ㄷ, ㅌ, ㄸ, ㅅ, ㅆ, ㅈ, ㅊ, ㅉ/은 /이/ 계통의 이중모음 앞에 올 수 없다. 즉 음절을 이루지 못한다. 중종성형인 VC형은 모음과 자음으로 이루어졌다. 받침인 종성에는 초성 가운데 일곱 소리만 나타난다. 음절을 끝맺는 종성에는 내파음만이 올 수 있기 때문이다.

현대 국어의 자음은 19개로 정리된다. 한글로 자음의 소리를 나타내면 'ㄱ, ㄴ, ㄷ, ㄹ, ㅁ, ㅂ, ㅅ, ㅇ, ㅈ, ㅊ, ㅋ, ㅌ, ㅍ, ㅎ'과 'ㄲ, ㄸ, ㅃ, ㅆ, ㅉ'이다. 파열음에 'ㅂ, ㄷ, ㄱ'류가, 파찰음에는 'ㅈ'류가, 마찰음에는 'ㅅ'류가, 비음에는 'ㅁ, ㄴ, ㅇ'이, 유음에는 'ㄹ'이 있다. 모음도 각 소리마다의 특성에 따라 소리를 분류할 수 있다. 모음을 나누기에 적당한 기준은 소리가 나는 자리, 소리를 낼 때 혀의 높이, 소리를 낼 때의 입술의 모양이다.

모음과 자음 외에도 소리의 길이와 높이, 세기는 말에서 중요한 구실을 하는데 현대 국어에서 길이는 '눈이 멀다, 길이 멀:다'처럼 뜻의 차이를 가져온다. 높이는 경상도 방언에서 뜻의 차이를 보이는데 '말'의 경우 '낮은 말은 斗, 가운데 말은 語, 높은 말은 馬'를 뜻한다. 세기는 뜻을 달리하지는 않는다.

2) 음소와 음성

말의 소리는 소리의 연속체이다. '나무'라는 소리를 말했을 때

이 소리는 연속적으로 나타난다. 그러나 이 소리는 분리된 소리로 인식된다. 동일한 소리를 내기 위해 발화된 소리는 실제로는 아주 다르다. 그럼에도 이러한 소리를 같은 소리로 인식한다. 이러한 차이는 물리적 실재와 심리적 실재의 차이라고 할 수 있다. 이 심리적 실재를 음소라 한다. 음소는 실제로 발음되는 실재의 소리라기보다는 추상적인 존재이다.[47]

말의 실제 소리는 사람에 따라 또는 상황에 따라 여러 모습으로 나타난다. 따라서 이 소리 그대로는 말소리의 특징이나 본질을 관찰하기 어렵다. 실제 소리를 관찰 가능한 소리로 바꾸어 놓은 것이 음소이다. 음소는 실제의 소리라기보다는 우리 머리 속에서 인식되는 소리이다. 음소는 음성에 비해 객관적인 소리의 단위로 준동음어 관계, 상보적 분포를 통하여 확인되는데 이것이 음운의 분석 방법이다. 준동음어와 상보적 분포 등의 음소를 찾는 방법에 의하여 결정되는 국어의 음소와 음성간의 관계는 자음에 많고 모음은 적다.

소리 가운데 분명히 관련된 소리이기는 하나 실제로는 다른 소리들이 있다. '고기'에서 앞의 'ㄱ'은 울림이 없는 소리로 음성기호 [k]로 나타낼 수 있는 소리임에 비해, 뒤의 'ㄱ'은 울림이 있는 소리로 음성기호 [g]로 나타낼 수 있다. 이들이 분명히 다른 소리임에도 불구하고 우리는 보통 같은 소리로 인식하고 이러한 인식 때문

---

47) 심리적 실재로서 음소는 Sapir(1925)로 대표된다. 이에 반해 음소는 엄연히 물리적인 실재이며, 발화된 음파 속에서 일정불변의 모습으로 존재하는 음성적 실재라는 반론이 있었다. 음소는 실제로 발음되는 대상이 아닌 추상적인 존재라고 했으나, 이음의 경우도 마찬가지이다. 이음도 발음되는 그 자체가 아니라 무한히 많은 서로 다른 음의 실현을 편의상 몇 개의 하위 범주로 나눈 것에 불과하다. 실제로 발음되는 것은 절대로 같을 수 없는 그때그때 나타나는 음이며, 그런 의미에서 이음도 추상적 존재인 것이다. 전상범(1977: 3) 참조.

에 모두 'ㄱ' 글자로 쓰고 있다. 또 '속'이라는 단어에서의 'ㄱ'은 앞의 두 'ㄱ'과 소리가 다르다. 이를 음성기호 [k¯]로 나타낸다. '고기'에서의 'ㄱ'과 '속'에서의 'ㄱ'이 서로 다르지만 '속이'에서와 같이 받침의 'ㄱ'이 '고기'에서와 같은 'ㄱ'의 소리가 나는 것으로 보아 이 소리는 서로 연관되어 있음을 알 수 있다. 다만 이들은 서로 상대의 자리에 나타날 수 없다. 이를 서로 위치에서 상보적 또는 배타적이라 한다. 즉 상보적 배치, 배타적 분포는 같은 소리가 서로 다른 자리에서는 다른 소리로 나는 소리와의 관계를 말한다. 이 관계를 정리하면 'ㄱ, /k/: [k]가다, [g]아기, [ɣ]아기, [k¯]박'이다.

국어 자음의 대표음인 음소와 변이음들의 관계는 다음과 같다.

(98) ㄱ. /ㄱ/: /k/   [k]가다, [g]아기, [ɣ]아기, [k¯]박
　　 ㄴ. /ㄷ/: /t/   [t]돌, [d]바다, [t¯]맏이
　　 ㄷ. /ㅂ/: /p/   [p]바다, [b]우비, [β]우비, [p¯]입
　　 ㄹ. /ㅈ/: /ts/   [ts]자다, [ds]가지
　　 ㅁ. /ㅅ/: /s/   [s]소, [ʃ]쉽다

'ㅎ'은 음절 말에는 나타나지 못하여 분포의 제약이 있지만 음소로 인정된다.

현대 국어의 단모음은 열 개이다. '긴 ㅓ'와 '짧은 ㅓ'는 '길이 멀:다'와 '눈이 멀다'에서와 같이 길이에 따라 의미가 다르다. 그러나 이러한 길이에 의한 의미 차이는 완전하지 않고 수의적으로 교체된다. 자유 변이(free variation)의 상태이다.

음소를 음운이라고도 한다. 그러나 음운은 음소와 운소를 합한 것이다. 운소는 운율적 특질을 가진 세기, 높이, 길이, 연접, 월가락

이다. 현대 국어에서 세기나 높이는 모두 뜻의 차이를 가져오는 변별적 자질이 아니다. 일부 단어에서 길이는 변별적 기능을 하고, 월가락은 문장의 종류를 결정한다. '눈(雪)'과 '눈(眼)'은 길이에 달라 뜻이 달라지고, '너도 가'라는 문장은 월가락에 따라 의문, 평서, 명령, 청유의 의미로 구분된다.

음소체계는 음운론적 대립의 총체이다. 음소는 대립의 체계 내에서 가치를 갖는다. 대립에는 양면 대립, 다면 대립이 있다. 두 음소가 공통으로 가지고 있는 소리 자질이 다른 음소에는 발견되지 않을 때 일원 대립, 또는 양면 대립이라 한다. /ㅅ/과 /ㅆ/은 [+갈이], [−거센]의 특징을 공통으로 가지고 있다. 두 음소 사이의 관계가 다른 음소 사이에도 나타날 때 음소 사이들이 관계를 비례 대립이라 한다. /ㅂ/과 /ㅍ/의 대립은 /ㄷ:ㅌ/, /ㄱ:ㅋ/, /ㅈ:ㅊ/에도 나타나 비례 대립을 이룬다.

다음은 국제 음성 기호 가운데 한국어에 필요한 것을 추린 것이다. 국어의 로마자 표기는 한글과 로마자의 관계를 비교하기 위한 참고 자료이다.

(99) 국제 음성 자모

Consonants(Pulmonic)

	Bilabial	Labiodental	Dental	Alveolar	Post-alveolar	Retroflex	Palatal	Velar	Uvula	Pharyngeal	Glottal
Plosive	p　b			t　d		ʈ　ɖ	c　ɟ	k　g	q　ɢ		ʔ
Nasal	m	ɱ		n		ɳ	ɲ	ŋ	N		
Trill	ʙ			r					R		
Tap/Flap				ɾ		ɽ					
Fricative	ɸ　β	f　v	θ　ð	s　z	ʃ　ʒ	ʂ　ʐ	ç　ʝ	x　ɣ	χ　ʁ	ħ　ʕ	h　ɦ
Lateral Fricative			ɬ　ɮ								
Approximant		ʋ		ɹ		ɻ	j	ɰ			
Lateral Approximant			l			ɭ	ʎ	ʟ			

Vowels

	Front		Central		Back	
Close	i　y		ɨ　ʉ		ɯ　u	
		ɪ　ʏ		ʊ		
Close-mid	e　ø		ə		ɤ　o	
			θ			
Open-mid	ɛ　œ		ə			
			ɜ		ʌ　ɔ	
	æ		ɐ			
Open	a　ɶ				ɑ　ɒ	

(100) 한글의 로마자 표기

한글	예일	메킨라이샤워	루코프	문교부안(1959)	조선과학원	문화관광부(2000)
ㅂ	p	p, b	p	b	p	b, p
ㅍ	ph	p	ph	p	ph	p
ㅃ	pp	pp	pp	bb	pp	pp
ㄷ	t	t, d	t	d	t	d, t
ㅌ	th	t	th	d	t	t
ㄸ	tt	tt	tt	dd	tt	tt
ㅅ	s	s	s	s	s	s
ㅆ	ss	ss	ss	ss	ss	ss
ㅈ	c	ch, j	j	j	ts	j
ㅊ	ch	ch	jh	ch	tsh	ch
ㅉ	cc	tch	jj	jj	tss	jj
ㄱ	k	k, g	k	g	k	g, k
ㅋ	kh	k	kh	k	kh	k
ㄲ	kk	kk	kk	gg	kk	kk
ㅁ	m	m	m	m	m	m
ㄴ	n	n	n	n	n	n
ㅇ	-ng	-ng	-ng	-ng	-ng	ng
ㄹ	l	l, r	l	l, r	r	r, l
ㅎ	h	h	h	h	h	h
ㅣ	i	i	i	i	i	i
ㅟ	wi	wi	wi	wi	wi	wi
ㅔ	ey	e	e	e	e	e
ㅖ	yey	ye	ye	ye	ye	ye
ㅞ	wey	we	we	we	we	we
ㅚ	oy	oe	ö	oe	oi	oe
ㅐ	ay	ae	a	ae	ai	ae
ㅒ	yay	yae	ya	yae	yai	yae
ㅙ	way	wae	wa	wae	wai	wae
ㅡ	u	Lj	ʉ	eu	Lj	eu
ㅓ	e	ʒ	ø	eo	ʒ (?)	eo
ㅕ	ye	yʒ	yø	yeo	yʒ (?)	yeo
ㅝ	we	wʒ	wø	weo	wʒ (?)	oe
ㅏ	a	a	a	a	a	a
ㅑ	ya	ya	ya	ya	ya	ya
ㅘ	wa	wa	wa	wa	wa	wa
ㅜ	wu	u	u	u	u	u
ㅠ	yu	yu	yu	yu	yu	yu
ㅗ	o	o	o	o	o	o
ㅛ	yo	yo	yo	yo	yo	yo
ㅢ	uy	Lji	(ʉi)	eui	Lji	ui

3) 소리의 분류

자음은 소리를 내는 방법과 자리에 따라 여러 가지로 다시 나눌
수 있다. 소리를 내는 자리는 음성 기관에서 자음을 발음하는 위치
이다.

(101)
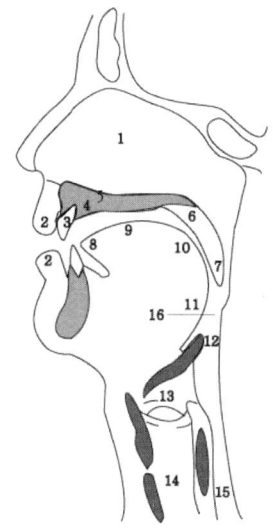

    1. 코안
    2. 입술
    3. 이
    4. 윗잇몸
    5. 센입천장
    6. 여린입천장
    7. 목젖
    8. 혀끝
    9. 앞혓바닥
    10. 두혓바닥
    11. 혀뿌리
    12. 울대마개
    13. 목청
    14. 기관(숨통)
    15. 식도(밥줄)
    16. 인두벽

자음을 소리를 내는 자리에 따라 한글로 나타내면 다음과 같다.

(102) ㄱ. 입술에서 나는 소리, 입술소리(순음): ㅂ, ㅃ, ㅍ, ㅁ
       ㄴ. 잇몸에서 나는 소리, 혀끝소리(설음): ㄷ, ㄸ, ㅌ, ㅅ, ㅆ, ㄴ, ㄹ
       ㄷ. 센입천장에서 나는 소리(경구개음): ㅈ, ㅉ, ㅊ
       ㄹ. 여린 입천장에서 나는 소리(연구개음): ㄱ, ㄲ, ㅋ, ㅇ(받침)
       ㅁ. 목청소리: ㅎ

자음은 소리를 내는 방법에 따라서도 분류된다. 소리를 낼 때 소리의 울림이 있는가 없는가에 따라 울림소리(유성음)와 안울림소리(무성음), 소리를 낼 때 소리를 완전히 막았다가 터뜨리면서 내는 터짐소리(파열음) 또는 폐쇄음, 공기가 발음 기관을 통해 나올 때 마찰을 하면서 생겨나는 갈이소리(마찰음), 터트림을 하면서 순간적으로 마찰의 소리가 나는 붙갈이소리(파찰음)가 있고, 이 외에도 코로 소리가 나는 콧소리(비음), 혀 옆으로 소리가 흐르며 나는 소리인 흐름소리(유음)로 나누어진다.

제4장
언어의 체계

1 소리의 체계와 규칙

현대 국어의 자음은 19개로 설리된다. 한글로 자음의 소리를 나타내면 'ㄱ, ㄴ, ㄷ, ㄹ, ㅁ, ㅂ, ㅅ, ㅇ(ㅇ), ㅈ, ㅊ, ㅋ, ㅌ, ㅍ, ㅎ'과 'ㄲ, ㄸ, ㅃ, ㅆ, ㅉ'이다. 파열음에 'ㅂ, ㄷ, ㄱ'류, 파찰음에는 'ㅈ'류, 마찰음에는 'ㅅ'류, 비음에는 'ㅁ, ㄴ, ㅇ', 유음에는 'ㄹ'이 있다. 이를 표로 나타내면 다음과 같다. 「고등학교문법」(1996: 24) 참조.

(1)

소리내는 자리 / 소리내는 방법		두 입술	윗잇몸, 혀끝	경구개, 혓바닥	연구개, 혀뒤	목청 사이
안울림 소리	파열음	ㅂ,ㅃ,ㅍ	ㄷ,ㄸ,ㅌ		ㄱ,ㄲ,ㅋ	
	파찰음			ㅈ,ㅉ,ㅊ		
	마찰음		ㅅ,ㅆ			ㅎ
울림 소리	비음	ㅁ	ㄴ		ㅇ	
	유음		ㄹ			

모음도 각 소리마다의 특성에 따라 소리를 분류할 수 있다. 모음을 나누기에 적당한 기준은 소리가 나는 자리, 소리를 낼 때 혀의 높이, 소리를 낼 때의 입술의 모양이다.

앞에서 논의한 모음사각도는 소리가 나는 자리 소리를 낼 때의 혀의 높이를 반영하고 있는 그림이다.

(2)

혀의 자리 / 입술 모양 / 혀의높이	앞[-뒤]		뒤[-앞]	
	안둥근 [-둥근]	둥근	안둥근 [-둥근]	둥근
+높은	이	위	으	우
-높은 -낮은	에	외	어	오
+낮은	애		아	

소리와 소리가 연결되면 홀로 쓰일 때와 달리 소리의 변화가 일어난다. 이러한 소리의 변화에는 일정한 규칙이 있는데 음운 규칙이라 한다. 음운 규칙은 주로 형태소들의 연결 속에서 그 특징이 나타나기 때문에 형태 음운 규칙이라고도 한다. 국어 음운론에서는 국어의 음운 분석을 통하여 음운의 목록을 확인하고 이를 바탕으로 음운 체계를 세우고, 음운 사이에 나타나는 음운 규칙을 비롯한 음운 현상을 기술하여 이러한 현상을 이루게 되는 원인을 설명하는 것을 목표로 한다.

국어의 대표적인 음소의 변동 규칙으로 음절의 끝소리 규칙과 자음, 모음동화 규칙, 구개음화를 비롯하여 모음조화, 축약과 탈락, 된소리되기를 들 수 있다.

국어의 음절 끝소리는 'ㄱ, ㄴ, ㄷ, ㄹ, ㅁ, ㅂ, ㅇ'만이 쓰인다. 다른 소리들은 같은 서열의 약한 소리로 바뀐다. 'ㄲ, ㅋ→ㄱ(낚다, 부엌)', 'ㅅ, ㅆ, ㅈ, ㅊ, ㅌ→ㄷ(옷, 있다, 낮, 꽃, 밭)', 'ㅍ→ㅂ(팥)' 등의 변동이 생긴다. 이를 음절의 끝소리 규칙(또는 일곱 끝소리되기, 말음법칙, 귀착, 받침법칙)이라 한다. 뒤에 모음이 오면 다음 음절의 첫소리로 나타난다. 'ㅎ'이 받침인 경우는 '좋다'에서 볼 수 있는 바와 같이 'ㅎ'이 'ㄷ'과 자리를 바꾸어 'ㅌ' 소리로 난다. 음절 끝소리 규칙은 음절의 짜임새를 맞추려는 점에서 겹받침 줄이기(앉다→안다, 없다→업다)와 관련된다.

자음끼리 또는 모음끼리 연속될 때 비슷한 소리로 바뀌는데 이를 이어바뀜, 또는 동화라 한다. 자음 닮음에는 ㄴ의 ㄹ 되기(천리, 칼날), ㄹ의 ㄴ 소리되기(종로, 남루), 콧소리되기(압력, 밥물, 국물) 등이 있고, 모음 닮음으로는 'ㅣ' 소리 닮기, 또는 'ㅣ' 역행 동화(아비: 애비, 잡히다: 잽히다, 먹이다: 멕이다)가 있다. 그러나 이들은 표준 발음으로 인정되지 않는다.[1] 현대 국어에서의 모음조화는 의성어(졸졸, 줄줄)와 의태어(팔랑팔랑, 펄렁펄렁)에서 뚜렷하다.

현대 국어의 구개음화는 끝소리가 'ㄷ, ㅌ'인 형태소가 모음 'ㅣ'나 반모음 'ĵ'로 시작되는 형식 형태소와 만나면 그 'ㄷ, ㅌ'이 'ㅈ, ㅊ'으로 되는 현상이다. 구개음화에는 이밖에도 '김치-짐치', '힘-심', '량식-냥식-양식'에서도 나타난다.

구개음화는 '굳+이, 해돋+이, 미닫+이, 같+이, 묻+히, 붙+이' 등과 같이 형식형태소와 이어지거나 형태소의 경계가 있는 자리에서 나타나기 때문에 구개음화가 일어나는 조건을 명시적으로 지적할 수 있다. 형태소 내부에서는 '디디다, 견디다, 티끌, 느티나무, 잔디'에서와 같이 구개음화가 나타나지 않는다.

국어의 구개음화를 설명하기 위해서, 구개음화는 형태소 경계를 뛰어넘어 적용되나 단어 경계는 뛰어 넘어 적용되지 않는다는 구개음화의 경계에 의한 해석이 있다. '김치>짐치', '힘>심'에서는 이

---

[1] 다만 다음 단어 '내기(서울, 시골, 신출, 풋), 냄비, 동댕이치다'는 동화가 적용된 형태를 표준어로 삼았다.

해석이 적용되지 않아 일반적인 원칙이 되지 못한다. 구개음화의 공시적인 설명을 위하여 'ㅣ'모음에 두 가지가 있다는 주장 즉 '굳이'와 '잔디'의 두 'ㅣ'가 다른 'ㅣ'라는 해석도 있다.

구개음화의 공시적인 설명은 한계를 가지고 있고 역사적인 환경을 고려하여야 설명력을 갖게 된다. '디디다(드듸다, 드더다), 견디다(견듸다), 티끌(틧끌), 느티나무(느트나무, 느틔나무), 잔디(잔듸)'는 역사적으로 '의'의 음가를 가지고 있었기 때문에 'ㅡ'가 구개음화를 저지한 것이란 해석은 역사적 변화를 고려한 해석인데 설명력이 있다.

소리들은 서로 연결되면서 줄어들거나 없어지기도 한다. 소리의 축약과 탈락이다. 일부 자음들은 'ㅎ' 소리와 합하여 거센 소리가 된다(막히다→마키다, 좋고→조코). 'ㅎ' 끝소리 자리 바꾸기(놓다→노타)도 자리를 바꾸면서 동시에 한 음소가 된다. 이는 음소의 축약이다.[2] 이에 비해 음절의 축약은 두 음절이 줄어 한 음절이 되는 것이다. '오+아서→와서', '그리어→그려'의 앞 형태소는 반모음이 된다.[3]

---

[2] 맞춤법에서도 '하'에서의 '아'가 줄며 거센 소리가 된 경우(간편하게-간편케, 다정하다-다정타)와 '하'가 준 경우(거북하지-거북지, 넉넉하지-넉넉지)는 준 대로 적는다.

[3] 맞춤법에서는 이들 준말은 본 모양을 밝히지 않고 준 대로 적음을 허용한다. '그것은-그건, 타아-타, 베어-베, 하여-해, 꼬아-꽈, 가지어-가져, 싸이다-쌔다, 누이다-뉘다, 그렇지 않은-그렇잖은, 적지 않은-적잖은'의 표기를 허용한다.

2 단어의 체계

현행 학교문법은 1963년에 공포된 학교문법 통일안의 9품사 체계를 기반으로 하고 있다. 먼저 기능을 기본으로 '체언, 관계언, 용언, 수식언, 독립언'을 나누고 다음에 의미에 따라 나누었다. 문장의 주체(임자)되는 자리에 나타나는 단어들을 체언(임자씨)이라 한다. 체언에는 명사, 대명사, 수사가 있다. 관계언은 이 말이 붙은 말과 다른 말과의 관계를 표시하는 기능을 가진 단어로 조사이다. 주체를 서술하는(풀이하는) 기능을 가지고 있는 단어들은 용언으로 형용사와 동사가 있다. 다른 문장성분과 관계하지 않고 독립해서 쓰이는 단어들은 독립언이라 한다.

(3)
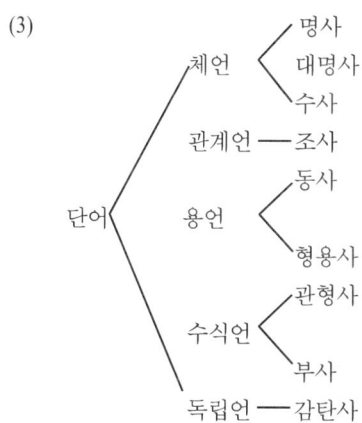

품사의 분류에서 조사가 난어인가 아닌가의 단어 설정의 문제와, 지정사가 서술어인가 조사인가의 품사 구분의 문제가 중요 쟁점 사항이다. 현행 학교문법에서는 '조사'를 단어로 인정하고, '이다'는 서술격 조사로 분류한다.

3 문장의 체계: 체언과 용언

세계에는 대상이 있어, 그 대상이 존재하여 어떤 상태로 있거나, 움직이거나 한다. 이러한 세계의 현상을 언어로 나타낼 때, 언어에도 대상인 무엇이, 있거나 어떠하거나 어찌하거나 한 모습으로 나타난다. 세계에 대한 우리의 인식이 언어로 드러난 것이 문장이다. 몸과 쓰임의 관점이 체와 용, 즉 체언과 용언의 문장을 이루는 단어의 두 유형으로 나타난다.

문장은 주체(임자)가 되는 부분과 주체를 서술하는 부분으로 나누어진다. 주체가 되는 부분을 이루는 단어들을 체언(임자씨)이라 하고, 서술어를 이루는 단어들을 용언이라 한다. 체언부와 용언부는 어휘 형태와 문법 형태로 이루어진다. 체언부는 체언과 조사, 용언부는 용언의 어간과 어미의 연결이다. 어휘 형태는 체언과 용언을 중심으로 부사와 관형사가 포함되고, 문법 형태는 조사와 어미이다. 어휘 형태와 문법 형태의 관계를 정확히 기술하고 생성 방법을 규명하는 것이 국어 문법 연구의 중심이 된다. 체언과 용언의 관계는 근본 개념이 체용론에 기반한 것이라는 점에서 체용의 관점에서의 해석이 필요하다.

우리의 생각은 구체적인 언어를 통해서 확인할 수 있는데, 일반적으로 '무엇이 무엇이다', '무엇이 어떠하다', '무엇이 어찌하다'라는 기본 문장으로 나타난다. 여기에 '어떻게', '어떤'이 부가되어 세밀한 의사를 나타낸다. '무엇이다, 어떠하다, 어찌하다'는 모두 어떤 동작이나 상태 또는 지정을 서술하기에 문장을 이루는 구성 성분 가운데 서술어로 다루어진다.

문장을 구성하는 요소들을 기능적 관점에서 나눈 것을 문장성분이라 하는데 문장성분에는 '주어, 목적어, 보어, 서술어, 관형어, 부사어, 독립어'가 있다. 문장성분은 문장 구성에 반드시 있어야 문장이 성립될 수 있는 필수성분으로서의 주성분과 이에 딸리는 수의적 성분으로서의 부속성분이 있다. 부속성분은 주성분의 내용을 꾸며 주는 구실을 하는 성분으로서 문장 형성에 꼭 필요한 것은 아니라고 본다. 주성분에는 '주어, 목적어, 보어, 서술어'가 있고 부속 성분에는 '관형어, 부사어', 독립성분에는 '독립어'가 있다.

언어로 표현된 문장성분은 우리가 세계를 어떻게 인식하는가를 보여준다. 문장이 세계의 인식을 바탕으로 형성된 언어의 중심 단위이지만, 반대로 문장을 통해서 우리의 세계 인식을 살펴볼 수 있는 것이다. 주어로 드러나는 주체와 목적어로 드러나는 객체의 관계 서술어의 유형에 따라 이루어짐을 타동구문에서 볼 수 있다.

1) 이기와 체용에 의한 국어 해석

이기, 체용 이론이 세계를 설명하는 기본 틀이며 인식 방법이기 때문에 언어 현상도 이기, 체용 이론으로 설명할 수 있을 것으로 예측할 수 있다.

소쉬르는 언어를 대상으로서의 관점에서 랑그(Langue)라 하고 직접 경험 관찰할 수 있는 연구 재료로서의 언어 현상을 빠롤(Parole)이라고 하였다. 랑그는 추상적이고 사회적이며, 빠롤은 개인적이다. 허 웅(1983: 21-24)에서는 랑그와 빠롤을 머리 속에 기억되어 있는 (갈무리된) 말과 부려 쓴 말로 구별한다. 이들은 각각 사회성과 개별성, 지속과 순간, 유한과 무한, 정신과 물질의 대립을 이룬다.

랑그와 빠롤은 이기나 체용의 관점과 연계될 수 있는 개념이다.

언어 표현은 실제로 부려쓰인 빠롤과 갈무리된 랑그로 달리 해석될 수 있는데, 여기서 빠롤은 '기', 랑그는 '이'의 개념과 일치한다. 이 때 이와 기는 분리될 수 있는 것이 아닌 하나의 대상에 대한 다른 인식이다. 즉 불상리의 관계이고 이기일원론적 해석이다. 음성과 음운의 관계나 변이음과 대표음의 관계, 형태와 형태소의 관계, 그리고 변이형태와 대표형태의 관계인 랑그와 빠롤 개념은 이기일원론의 관점에서 이기와 동일하다.

문장의 인식은 단어의 인식과 구별된다. 명사 '나무, 들, 산, 희망'이나, '푸르다, 예쁘다, 가다, 먹다' 등은 단어로서 개별적 인식이다. 예를 들어 '나무'는 나무라는 대상만, '푸르다'는 푸르다는 상태만을 의미한다. 단어의 인식이 장면을 이루는 개별 요소, 또는 성분에 대한 인식으로 통일성이 없는 개별 구성원으로의 인식임에 비해, '나무가 푸르다'의 문장으로서의 세계인식은 주술 구조를 기반으로 하는 이원적 인식이다. 국어처럼 주어가 흔히 생략되는 언어도 언어 인식 자체에 주술적 인식이 없는 것은 아니다.

우리의 생각은 보통 '무엇이 무엇이다', '무엇이 어떠하다', '무엇이 어찌하다'라는 기본 문장으로 나타난다. 모두 '무엇'에 대한 동작이나 상태 또는 지정을 서술하기에 '무엇'으로 나타나는 성분과 이에 상대되는 서술어로 이루어진다. 이처럼 문장은 주어와 서술어를 중심 성분으로 하고, 여기에 덧붙는 부속어로 구성된다. 주어를 주체라 하고 서술어를 풀이말이라고도 하는 관점에서 볼 때, 주어는 본체적 요소이고 서술어는 작용의 요소라는 점에서 이체기용(理體氣用)의 관점에서는 주어는 체로서 이(理), 서술어는 용으로서 기(氣)와 각각 연계된다.

문장은 주어와 술어의 이분적 관점에서 보면 각각 체와 용으로서 구별되는 성분이므로 두 성분은 이원적이다. 이러한 주어와 술어로서의 구분은 문장의 형태와 기능의 관점이다. 이는 이와 기의 혼합을 거부하여 양자가 뒤섞일 수 없다는 '불상잡'의 관계를 강조하는 이기이원론적 입장과 합치된다. 그러나 주어와 술어의 관계를 의미적인 관점에서 보면 주어에 의한 상태나 동작이라는 점에서 하나의 사건이다. 즉 주어와 풀이말인 술어와의 관계는 둘로 구별되는 관계가 아니라 하나의 의미를 가진 사건이 주어와 술어의 형태인 문장 형식으로 나타난 한 관계이다. 이런 점에서 보면 주어와 서술어라는 것은 '불상리'의 관계로 이기일원적 관점으로 해석된다.4) 의미적인 면에서 하나일 수 있는 것이, 형태와 기능적인 면에서 둘로 구분된다는 점에서 모두 합당한 견해가 될 수 있음을 알 수 있다.

문장이 체언과 용언이라는 두 구성으로 이루어진다는 사실은 문장을 체용 관계로 해석하는 것이다. 그러나 문장은 통합적 관점의 체용 관계로도 인식된다. 체와 용의 합체인 문장도 하나의 체이며 동시에 용이다. 여기서 체는 주어와 서술로 나누어지는 체와 용의 관계가 아닌, 체가 본체로서 작용의 용을 가지고 있는 체용의 관계이다. 이러한 인식은 체용일원의 관점의 해석이다. 즉 체와 용은 각각 다른 구성으로서 하나의 통합 관계를 이루기도 하지만, 한 체는 그 안에 체와 용을 동시에 가진 것으로의 이중적 해석이 가능

---

4) 동일한 문장에 대해서 형태적인 면과 의미적인 면에서 이러한 해석은 "이기는 두 가지가 아니요 또한 한 가지도 아니다(理與氣非二物, 亦非一物)."라 하여 발동하지 않을 때는 합하여 있지만, 발동한 다음에는 긱긱이 뒤섞일 수 없는 것이라는 논의나 이에 대한 비판 "이기는 비록 서로 떠날 수 없지만, 형이상으로 말하면 리와 기는 결단코 두 가지이다."를 참고할 수 있다. 금장태(2000: 135)에서 다룬 '퇴계학파의 리기론' 가운데 김학배와 이현일 사이의 비판 참고.

하다. 이는 체용 이원의 관점과 체용 일원의 관점이 모두 가능하다는 것이다.

세계의 본체나 본성의 인식이 이기 일원론, 또는 이기 이원론 중의 하나의 원리로 설명될 것이 아니라, 두 원리가 모두 가능한 해석일 수 있음을 보인다. 이는 이기호발론, 기일원론, 또는 이일원론으로의 설명 가능성도 열려 있음을 보여준다. 문장 구성의 원리를 통하여 이기론의 합리적 설명의 방법을 제공할 수 있다.

이기론의 상반된 이론은 형태와 기능, 그리고 의미적 해석의 관점의 차이에서 기인한 것임은 문장 구성의 원리를 통해 설명된다. '이기이원론'의 관점은 체언과 용언, 주어와 서술어의 두 성분을 균형적 관점에서 해석하는 것이고, '기일원론'의 관점은 용언과 서술어를 중심으로 하여 문장이 형성되고, 체언은 '기'인 서술어에 의해 선택되는 대상이라는 관점과 일치된다. 서술어 중심의 문장 해석이 기일원론의 관점과 가깝고, 이기이원론을 바탕으로 '이'를 중심에 두는 해석은 문장의 주체인 체언에 문장 구성에 대한 비중을 두는 해석이다. 이런 점에서 볼 때, 문장은 의미의 관점에서 일원적이다.

'말이 달리다'에서 '말'과 '달리다'는 주어와 서술어, 체언인 명사와 용언인 동사의 범주로서 문장을 구성한다. 이 문장을 이기의 관점에서 보면 '말'은 '이', '달리다'는 '기'로 해석될 수 있다. 또 체용의 관점에서는 '말'은 '체'로서, '달리다'는 '용'으로 해석된다. '이'를 중심으로 보아 '말'이 주체로서 존재의 중심이 되어 '달리다'라는 부수적 현상으로 해석하는 것은 '이' 중심적 해석이고, '기'를 중심으로 보아 용언이 동사 '달리다'가 중심이고 체언을 부수적 현상으로 보는 것은 '기'를 중심으로 보는 것이다.

주어는 문장에서 주요한 '체' 즉 주체가 되는 말이다. 이에 대한 서술어는 주체에 대한 풀이 즉 서술을 하는 말이다. 주어와 숨어의 주술 관계는 문장의 본체와 서술인 작용의 체용 관계이다. 문장의 중심이 되는 '주어'가 존재하고 이 '주어'를 풀이하는 주술 개념은 술어인 '용'보다 '체'를 중심에 놓는 의식의 반영이고, 이는 '기'보다는 '이'를 중심에 놓는 의식의 반영이다. 서술어 중심의 문장에 대한 논의가 이루어지는 현대 언어학 연구의 관점에서 보면, 이기 이원론적 관점에서 언어를 해석하더라고 중심적 관점은 '기'에 두는 주기적 해석이라 할 수 있다.5)

문장을 이루는 주어와 술어 가운데 어느 성분이 더 기본적이냐 또는 중심적이냐는 오랜 관심사이다. 주어와 서술어의 관계를 실체와 속성의 관계로 파악한 서양 철학에서는 본질과 속성의 관계에서 본질(substance)을 우선적으로 고려하였다. 이러한 철학에서의 인식은 서양 문법에도 그대로 이어졌다. 주어(subject)라는 개념 자체가 본질의 문제와 관련되어 있다. 따라서 전통적으로 주어가 문장에서의 핵으로 인식되었다.

변형문법의 변화 과정에서 제시된 핵어중심문법(X' 이론)의 관점에서 보면 문장의 중심은 명사 즉 체언으로 나타나는 주어가 아니라, 동사로 대표되는 서술어이다. 그래서 동사 범주인 V가 문장의 범주를 대표한다. 핵어중심은 어휘가 아닌 굴절표시인 I, C 국어에서는 어미로 대치되기도 하였다. 서술어인 동사가 주어나 목적어를 비롯한 성분에 대해 격을 부여하는 기능을 갖는다는 해석도 문장을 서술어 중심으로 해석하는 것으로 체보다는 용을 중심으로, 또

---

5) 최한기의 「기학」에서의 기가 체용 가운데 체가 될 수 있다는 해석은 서술어 중심의 문장 해석과 연관된다.

이보다는 기를 중심으로 하는 해석이다.

문장을 이루는 주어부와 서술어부는 체언과 조사와 용언의 어간과 어미로 이루어진다. 이 두 형태가 국어를 이루는 기본이다. 체언과 조사는 체언의 굴곡이나 굴절, 곡용, 체언어미, 체언토로 논의되기도 하였다. 체언이 체언 어간과 그 어미인 조사, 용언은 용언의 어간과 어미로 구성되었다는 것은 체언의 어간과 어미, 용언의 어간과 어미가 각각 체용의 관계를 다시 형성하고 있는 것으로 해석된다. 문장이 체용의 관계로 구성되었으며, 다시 문장을 구성하는 성분은 어휘형태와 문법형태간의 체용을 구성하는 것으로 인식되는 것이다. 이는 문장을 구성하는 문장성분에 대한 분석적 관점에서의 체용 관계이다. 이기체용이란 이가 체를 기가 용과 연계됨을 뜻한다. 그러나 이와 기는 각각 체용을 갖고 있다는 해석이 가능하다. 기에도 체용이 있다는 해석은 최한기의 '기학'에서 기의 체용(氣之體用)에서 볼 수 있다.

문장 구성에서 이기와 체용은 이체기용의 관점에서 각각 동질성을 가지며 주어와 서술어와 대응한다. 또한 문장은 통합적 관점에서 전 문장이 체로서 작용을 하는 용의 구성으로서 해석되며, 반대로 분석적 관점에서는 체언은 체언과 조사, 용언은 용언과 어미로서 각각 체용 구성을 하는 것으로 해석된다. 이처럼 체용 관계는 단순히 문장을 구성하는 재료로서 체언과 용언을 넘어서 문장 구성의 원리로서 통합과 분석의 관점에서 이해된다.

(1) 체용론에 의한 문장의 생성

현대 문법에서 문장의 생성 과정은 구절구조규칙으로 나타낸다.

우리가 나타내려고 하는 생각을 문장 S라 할 때 문장의 구조 결합 과정을 보이는 것이 구절구조규칙인데 문장 생성의 과정이며 원리이다. 문장 생성의 과정은 문장이 직접구성성분에 의하여 분석되는 분석 과정의 반대이다.

문장 S는 명사구 NP와 동사구 VP로 구성된다. 문장의 구절구조 'S→NP VP'는 문장의 구성 구조 분석과 문장 생성 과정을 모두 보여준다. 'S→NP VP'가 문장이 명사구와 동사구로 이루어진다는 구성 재료 중심의 해석이라면, 'S→NP PredP'는 문장이 주어와 서술어로 이루어진다는 주술 관계 중심의 해석이다. 구절구조규칙에서 'VP→NP V'는 타동사가 반드시 목적어를 가짐을 자동사문과 구별하기 위한 것이다. 'VP→(NP) (NP) V'는 목적어를 비롯한 다른 명사구가 동사구에 존재함을 보인다. 명사구는 국어에서 관형어와 명사의 구성인 'NP→Det N'으로 또는 'NP→D N'으로 나타난다. 부사는 문장수식부사(확실히, 진실로, 다행히 등), 서술어수식부사(완전히, 상당히, 진실로 등), 동사수식부사(매우, 빨리, 잘 등)에 따라 'S→(Adv) NP PredP', 'PredP→(Adv) VP', 'VP→NP (Adv) V'로 구분된다.

구절구조규칙에 의한 문장 생성 해석은 체용론에 의한 해석과 일치한다. 문장은 형태적으로 주어와 서술어, 즉 체언과 용언으로 구성되는 체용의 구성이다. 즉 '문장→체-용'으로 구성된다. 타동사에 의한 동사구 구성 'VP→NP V'는 '용→체-용'의 관계로 설명된다.

문장의 관점에서 볼 때, 주어와 서술어 사이의 체용의 관계가 한 번만 이루어지는 것으로 보이지만, 체-용의 관계는 일회적인 것이 아니라, '체'에 다시 체-용 관계가 있고, '용'에 다시 체-용의 관계가 순환된다.

주어, 목적어, 서술어로 이루어지는 문장은 문장성분이 셋이어서 직접구성에 의한 계층이 생긴다. 목적어와 동사가 주어보다 일차적 직접구성성분을 이룬다고 볼 만한 이유는 타동사는 자동사와 달리 목적어를 요구하는 동사이므로 타동사와 목적어가 일차적 연관성을 가지고 있고, 대용화에서도 주어와 목적어의 결합에 대한 대용이 불가능하지만, 목적어와 서술어 성분에 대한 대용화가 가능함을 근거로 들 수 있다. 타동문에서의 목적어에 대한 직접구성 구조는 체용 관계에 의해 명시적으로 드러난다. 타동문은 목적어가 주어와 직접 성분을 이루는가와 동사와 직접구성을 이루는가에 따라 다음과 같이 두 가지 구조 해석이 가능하다.

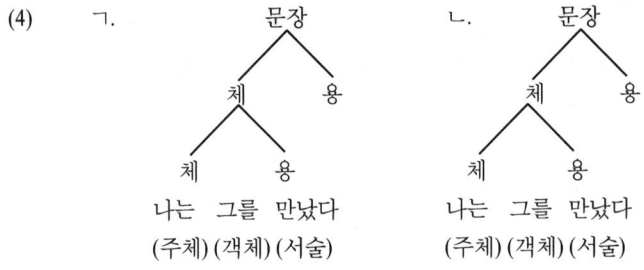

체용 관계에서 볼 때, 목적어인 객체는 (ㄱ)과 같이 주어와 일차적 구성성분을 이루기보다는, (ㄴ)과 같이 서술어와 일차적 관계를 이룬다. (ㄱ)에서는 객체인 체가 '용'으로 해석되는 구조상의 문제가 있음에 비해, (ㄴ)은 체용의 자연스러운 관계에 의해 객체가 체의 범주에서 명시된다.

관형어는 체를 꾸미는 버금 체로서 부체(副體), 부사어는 용을 꾸미는 부용(副用)으로서 문장을 구성한다. 체용의 관점에서 관형어와 명사의 구성인 명사구는 '체 →부체 체'로 부사어는 문장수식부사, 서술어수식부사, 동사수식부사에 따라 '문장→(부용)체-용', '용→(부용) 용', '용→체 (부용) 용'의 관계를 이룬다.

(2) 문장의 체용 구성

문장성분은 문장에서 일정한 자격을 갖고 있기 때문에 격과 연계지어 논의된다. 체언과 격과의 관계는 체언이 문장에서 갖는 자격이라는 면에서 체언이라는 본체와 이 체언의 문장에서의 작용이라는 관점의 해석이 가능하다. 즉 격을 나타내는 격조사들에 의해 체언에 대한 용의 작용이 드러난다. 따라서 각 문장성분들은 성분 내에서 체용의 관계를 이룬다. 문장 구성의 관점에서 주술 관계로 이루어지는 체용과 문장성분에서 이차적으로 드러나는 체용을 중심으로 국어 문장 구성이 체용의 관점에서 해석된다.

자동사문은 주어가 대상(Theme)과 행위자로서 체를 이루고, 서술어인 자동사는 작용의 용을 이룬다. 주어의 의미역이 대상인 자동사들은 '날씨가 개다'에서와 같이, 대상 주체인 주어에 대해 서술어는 대상의 작용, 현상을 나타내고, 행위성 자동사는 '그가 (운동장에서) 논다', '그가 산으로(에) 갔다' 등과 같이 행위자가 행위주체를 이루고, 자동사는 행위 동작의 용을 이룬다. 체용이 드러나는 배경인 위치는 '서울에 홍수가 났다'에서와 같이 부사어 즉 부용언에 의해 제시된다. 심리 자동사 구문의 주어는 '그가 천둥소리에 놀랐다'에서와 같이 경험자로서 경험주체이다. 경험자는 심리적인 행위자로 볼 수 있다. 행위자인 주어와 더불어 행위의 상대가 되는 논항인 '명사+와'가 나타나는 대칭구문은 '그가 영희와 다툰다'에서와 같이, 주어인 행위자는 주체로서의 체, 행위의 대상은 객체로서의 체이다.

　타동문은 주어 목적어의 두 논항에 의해 주체와 객체의 체와 동작의 용으로 구성된다. 위치어를 비롯한 부사어는 부용을 이룬다. 타동문은 행위자의 행위를 받는 피행위 대상(북을 쳤다), 행위자에 의해 이루어지는 생성물(집을 지었다), 행위를 직접적으로 받지 않는 지각의 대상(영화를 보았다)과 같이 서술어에 따라 목적어인 객체가 다르다. 주어는 목적어와 타동사를 포함하는 서술어와 일차적 체용 관계를 이루고, 목적어와 타동사는 이차적 체용 관계를 이룬다. 주어와 술어와의 일대일 대응 관계만을 볼 때는 주어가 서술어보다 중심 요소로 인식되는 것이 철학적 문법에서의 전통적 해석이지만 목적어와 서술어와의 체용적 관점에서 보면 서술어가 가진 타동성 요구에 의해 목적어가 선택되는 것이 분명한 점에서 서술어 중심의 해석이 더 힘을 갖는다.

　위치 부사어 가운데 일부는 목적격 조사로 교체되고, 목적격 조사는 방편격조사로 교체되기도 한다. 격 교체가 이루어진 성분의 의미역할은 같지만 격 교체로 인해 의미는 달라진다. '나는 차에 짐을 실었다'에서 '차에'가 위치를 명시함에 비해, '나는 차를 짐으로 실었다'에서 '차를'은 위치보다는 대상의 의미가 강하고, 목적어 '짐을'에 비해 '짐으로'는 방편격으로 인해 대상의 의미보다는 '방편화된 대상'의 의미가 강하다. 체용의 관점에서 볼 때, 격 교체가 된 '차를'은 형태로서는 체를 나타내지만, 객체의 관계라기보다 부용의 의미이고, 객체의 관계는 '짐으로'가 담당하고 있다. 형태를 바탕으로 하는 체용 관계와 의미를 바탕으로 하는 체용 관계가 이중적으로 존재함을 보여준다. '나는 차를 물로 닦았다'에서의 목적어나 방언어와는 의미 관계가 다르다.

　서술어가 형용사일 때 문장의 주어는 대상이나 경험자의 의미역을 갖는다. 대상의 의미역을 주어로 갖는 형용사는 객관형용사로 '몸이 가볍다', '산이 높다'에서와 같이 주어는 체, 형용사는 용의 관계를 이룬다. 주어의 의미역이 대상인 형용사 가운데 대칭형용사나 기준형용사는 '인간이 동물과 다르다', '인간이 동물에 가깝다'에서와 같이 견줌어가 객체로 제시되어 이중의 체용 구성을 이룬다.

　심리형용사의 주어는 경험의 주체로 경험자로 해석된다. '좋다'와 '싫다'는 주체의 심리를 나타내는 주관형용사의 의미뿐만 아니라, 좋고 나쁨을 나타내는 객관적 형용의 뜻이 동시에 있다. '선호가/는 한약이 좋다'는 '선호에게는 한약이 좋다'와 '선호가 한약이 좋다(좋아한다)'의 두 가지 의미로 해석된다. 두 문장은 동일한 서술이지만, 의미역할이 위치역인가, 심리 행위주인가에 따라 구별된다. 주관 형용사를 서술어로 하는 문장의 주어가 주체임에 비해 보어는 객체로서 이중 체용 관계를 이룬다.

　지정 구문은 '샛별은 금성이다'에서와 같이 동질성, '고래는 포유동물이다'에서와 같이 포함 관계를 나타내는 것이 기본 의미이다. 문장의 구성상 주어인 '샛별은'이 체이고 '금성이다'가 용이다. '금성이다'는 다시 체인 금성과 용인 '이다'로 나누어진다. '샛별은 금성'을 체, '이다'를 용으로 분석하거나, '샛별은'과 '금성이다'를 각각 체로 분석하는 것은 체용의 관계가 아닌 체-체의 관계가 된다는 점에서 체용 관계에 맞지 않는다. 이 문장 주어의 의미역할은 대상이고, '금성'도 동질성의 관점에서 대상이다. 그러나 '고래는 포유동물이다'는 '고래는 포유동물에 있다/속하다'와 같은 의미로 해석될 수 있는 점에서 '금성'의 의미역할은 대상이 아닌 위치

(Location)로 해석될 수 있다.

국어에서 존재는 서술어 '있다'로 대표되고, 대상의 존재는 위치어로 드러난다. 문장으로는 '무엇이 어디에 있다'로 나타난다. 존재문을 이루는 주어는 체, 서술어는 용의 관계를 이룬다. 부사어는 부용어이지만, 주어와 서술어가 갖는 체용 관계가 이루어지는 배경이다.

존재는 소유와 연결되기도 한다. 존재와 소유와의 연결은 존재자와 존재 위치의 관계에 의하여 이루어진다. '나에게 돈이 있다'에서 소유가 존재를 바탕으로 한다. 위치어는 주어화되어 이중주어 문장을 이룬다. '내가 돈이 있다'에서와 같이 이중주어문에서는 소재가 제일 주어로 나타나기 때문에 소유의 의미가 강화된다. 이중주어로 실현되어 통사적으로 주어로 나타나도 의미역은 위치어로 해석된다. 형태적 체용과 의미적 체용의 이중성이다. 이중주어에 의한 소유의 의미가 강조되면, '나'와 '돈'은 주체와 객체 관계를 이루고 '돈이 있다'가 용에서의 체용을 이룬다. 형태를 통해 변화된 의미가 고정됨을 보인다.

언어의 연구는 언어 현상에 대한 기술을 통하여 문법의 체계를 보이고, 이러한 문법이 나타나는 원인에 대하여 설명적 타당성을 제시하려는 작업이다. 설명적 타당성은 인간의 인지와 연결되는 것이기에 인지 문법적 논의는 문장의 생성 방법을 제시하는 문장 생성론과 더불어 언어 연구의 중심을 이룬다. 국어 문법에 나타나는 문장 생성 원리를 비롯한 문법 현상들이 인지적 인식, 사유 방법과 일치한다.

동양의 인식 방법은 음양, 오행, 이기, 체용에서 볼 수 있는 바와 같이 세계의 존재에 관통하여 나타나는 보편적 인식을 밝히는 것이다. 하늘과 땅 사이에 있는 만물은 음양과 오행의 원리에 의해 이루어지고, 이 원리를 떠날 수 없다는 인식이나 본체와 심성에 대한 이기와 체용의 인식이 모두 세계가 이들 범주에 의해 인식될 수 있다는 논리에 근거한다.

이들 인식 원리가 세계를 해석하는 보편적 원리를 제공한다는 점에서 언어를 설명하는 보편 원리로 이용될 수 있다. 그러나 언어 현상의 설명에서 이 보편적인 원리가 개별적인 현상들을 모두 설명할 수 있는 것은 아니다. 문장은 체용 관계로 이루어지고 또 체언과 용언은 다시 체용의 관계로 이루어짐을 확인할 수 있지만, 체용 관계가 언어를 설명할 수 있는 모든 원리는 아니다. 체용의 원리로 시간이나 사동, 피동의 문법적 현상을 효과적으로 설명하기 어렵다. 이들 문법 범주들은 동정의 원리가 현상을 효율적으로 설명할 수 있고, 음성과 음운의 설명에는 「훈민정음」 제자해에서 볼 수 있는 바와 같이 음양, 오행의 원리가 효율적임을 확인할 수 있다.

이기 체용 인식이 국어 문장의 구성원리를 보여주는 데 효율적인 동양적 사유 방식임을 보였고, 또 이기론에서 나타나는 이기이원론, 이기일원론, 주리론, 주기론 등의 여러 해석은 문장 해석의 관점에서 볼 때, 형태와 기능 그리고 의미 사이에서 어떤 관점을 중시하는가에 따라 선택될 수 이론임을 볼 수 있다.

주역에서 구성 원소인 음(--)과 양(—)이 천지인의 세 구분의 관점에 의해 셋이 모여 팔괘를 형성하고 다시 이 소성괘인 팔괘를 두개 중첩하여 64괘인 대성괘를 만든다. 음과 양의 두 요소만으로 다양한 세계를 설명하는데 나타나는 한계를 극복하기 위하여 하위 구분을 한 것으로 작위적인 면이 없지 않으나, 음양의 결합에 의하여 이루어지는 구성 원리에 바탕을 둔 해석이라는 점에서 음양의 원리를 벗어나지 않는다. 음양의 원리를 기본으로 하지만, 사상, 팔괘, 육십사괘로의 확장이 제시되는 것은 세계를 설명하기 위해서는 더 세분화된 관점이 필요하기 때문이다. 이와 같은 인식 방법도 언어 현상의 설명에 효과적 방법으로 응용될 수 있을 것으로 기대된다. 문장이 체언과 용언의 체용 관계에서 부체언과 부용언으로, 또 체언과 용언은 각각 조사와 어미와의 관계에서 체용의 관계로 확대되는 것은 체용의 확대 구조를 보여주는 것이다.

체용의 관점에 근거하고, 체용과 연계된 이기의 관점을 고려하여 문장 구성의 논리를 설명하는 논의는 이기 체용론이 음양 동정론, 오행 이론 등과 더불어, 국어 문법 현상을 효율적으로 설명할 수 있는 논리가 될 수 있음을 보인 것으로 동양적 인식 방법에 의한 국어 인식 방법론의 제시라는 점에서 가치가 있다.

2) 체언

(1) 체언의 분류

체언에는 명사, 대명사, 수사가 있다. 이러한 하위 분류는 의미에 근거한 것으로 문법적인 측면에서는 모두 동일한 기능을 한다.

명사는 사물의 이름을 가리키는 품사이다. 명사는 감정을 가지고 있는가에 따라 유정명사, 무정명사로, 눈으로 볼 수 있는가에 따라 구체명사와 추상명사로 나눈다. 사용 범위에 따라 같은 대상에 두루 쓰일 수 있는 보통명사, 다른 것들과 구별하기 위한 고유의 명사인 고유명사로도 나눈다. 자립성 여부에 따라서도 자립명사와 의존명사로 나눈다.

(5) ㄱ. 유정명사(사람, 새), 무정명사(꽃, 돌)
ㄴ. 구체명사(사람, 꽃), 추상명사(사랑, 시간)
ㄷ. 보통명사(사람, 강), 고유명사(김기혁, 한강)
ㄹ. 자립명사(사람, 산), 의존명사(수, 이, 것)

이러한 명사의 분류는 의미와 문법적으로 중요하다. 유정성에 따라 서술어와 선택 관계가 제한되거나 문장성분의 제약이 있다. '그가 잠들어 있다'와 '?돌이 잠들어 있다'의 차이는 주어 명사의 유정과 무정에 따른 문법성 차이인데, 비유적인 상황 하에서 가능하지만 기본적으로 불가능하다.

보통명사와 고유명사는 '수'에서 문법적 차이가 나타난다. 고유명사는 기본적으로 복수 표현이 나타나기 어렵다. 그러나 '수많은 홍길동들이 나타났다'에서와 같이 특정 상황 하에서는 가능하다.

대명사는 사물의 이름을 대신하는 명사이다. 사람을 대신하는 인칭대명사(나, 너, 당신)와 사물을 대신하는 지시대명사(이것, 무엇, 여기)가 있다. 인칭대명사 '이애, 이사람, 이이'는 모두 통어적 구성이지만 쓰임새로 보아 대명사로 굳어졌다 할 만하다. 지시대명사 '이것, 어느것, 아무것'도 같다.

국어 문법사에서 체언은 명사와 대명사 수사가 하나의 명사로 다루어지기도 하고 명사와 대명사만을 나누거나 모두 명사로 다루기도 하는 다양한 분류가 있었다. 주시경(1910)에서는 명사, 대명사, 수사를 나누지 않고 '임'이라 하고, '임'을 '제임'과 '넛임'으로, '제임'은 '두로'와 '홀로', 대명사인 '넛임'은 '사람(나, 너), 언잇(이, 큰이), 셈(한아, 둘, 더러, 얼마)'으로 다시 나누었다. 김희상(1911)에서는 명사와 대명사를 나누고, 형용대명사에 수사(여럿, 멸, 하나)를 두고 김희상(1927)에서는 수량대명사에 수사를 두었다.

명사에 대한 하위 분류는 '홀로임, 두루임, 꼴있는 임, 꼴없는 임'을 비롯하여 '고유명사, 집합명사, 무형명사, 통상명사', '보통명사, 특별명사, 유형명사, 무형명사'와 같이 의미를 중심으로 한 분류를 비롯하여, '완전명사, 옹근이름씨'와 '불완전명사, 안옹근이름씨'의 대립에서 볼 수 있는 바와 같이 자립성을 바탕으로 한 분류를 중시하게 되었다.

명사는 의미적으로 신체어, 천체어 등과 같이 분류서에서 분류하였던 것처럼 다양한 분류가 가능하다. 이러한 분류는 문법적 특징과 구별되는 순전히 의미적인 근거에 의한 것으로 어휘의미론에서 다루는 대상이다

(2) 명사와 문법 현상

명사는 감정의 유무, 구체성 여부의 의미에 따라 나눈다. 감정을 가지고 있는가에 따라 '사람', '개'와 같이 유정명사, '돌', '나무'와 같이 무정명사로 나눈다. '나무'가 무정명사라고 하면 나무가 화낼지도 모른다. 이들은 모두 눈으로 볼 수도 만질 수도 있어 구체명사라 하지만, '바람'이나 '희망', '조국'과 같은 단어들은 눈으로는 볼 수 없는 추상명사이다. 그러나 명사가 사물의 이름만을 나타내는 것은 아니다. '성공', '실패'와 같이 움직임을 나타내기도 하고, '정직', '성실'과 같이 상태를 나타내기도 한다. 이들 명사들은 '성공하다', '정직하다'와 같이 '하다'와 연결되어 동사나 형용사를 이룬다.

명사는 문장에서 주어, 목적어나 관형어, 부사어를 이룬다. 대부분의 경우 격조사에 의해 이러한 문장에서의 기능이 표시된다. 그

러나 이러한 조사 없이 관형어나 부사어로서 기능할 뿐만 아니라 동작이나 상태 서술로 기능하기도 한다.

명사와 명사가 직접 연결되어 선행 명사가 후행 명사를 꾸미는 관계를 갖는 경우는 우선 '명사(인) 명사', '명사(의) 명사' 관계로 '사장(인) 친구', '사장(의) 친구'와 같다. '명사 명사'의 관계로 중간에 관형사형이나 관형격 조사를 필요로 하지 않는 경우는 '애인 사이, 여자 행원, 동물 병원, 남자 화장실'을 들 수 있다. 이들은 '애인인 사이, 여자인 행원, (사용자가) 동물인 병원, 남자(가 사용하는) 화장실'에서 온 것으로도 보이나, 명사 자체가 어떠한 생략 현상 없이 관형어로 구실하는 측면이 강하다.

서술성 명사의 선행어에는 '한국이, 한국의, 한국 승리', '미국을, ?미국의, 미국 격파'에서와 같이 주어나 목적어 외에도 관형어가 올 수 있고, 관형격조사가 생략될 수도 있다. '진짜', '가짜', '거짓'은 '진짜가 어디 있냐?'에서와 같이 명사이지만, '그것은 진짜 거짓이다'와 같이 관형어로도 쓰인다. '진짜인 거짓'이라고 보기 어렵기에 명사의 관형어로서의 쓰임으로 본다.

명사가 부사처럼 구실하는 경우가 있다. '나는 오늘 왔습니다', '나는 그를 처음 만났습니다', '다소 멀다', '잘못 알았다'에서와 같이 '오늘', '나중', '다소', '잘못'은 부사로 구실한다. 이에 대해 이 명사가 원래 '나중에'와 같이 조사가 쓰일 수 있는 것은 조사의 생략, '오늘'과 같이 조사가 쓰일 수 없는 것은 부사 파생이 이루어진 것으로 볼 수 있다. 또 명사가 부사 구실을 하는 것으로 품사 통용의 관점에서 해석할 수도 있다. 또는 명사와 부사의 두 품사를 모두 세울 수도 있다.

명사가 서술어처럼 구실하는 경우, 그 명사를 서술성 명사라 한다. 동작을 나타내는 서술성 명사에는 '출발, 협상, 결정, 처리, 의논' 등이 있고, 상태를 나타내는 서술성 명사에는 '냉정, 부족, 만연, 팽배, 정직' 등이 있어, '한국팀 아테네로 출발', '정치판에는 거짓이 만연' 등으로 나타난다. 이들은 '한국팀 아테네로 출발/출발하다/출발을 하다', '정치판에는 거짓이 만연/만연하다/*만연을 하다' 등과 같이 '하다'에 의해 서술성이 구체화된다.

(3) 명사의 문법화

일부 명사들은 의미의 추상화가 심화되어 새로운 의미가 형성되고 문법적으로도 원래의 명사와는 다른 의미와 기능을 나타내기도 한다. '비가 오는 바람에', '모두 갈 모양이다', '다 그런 법이야' 등에서 볼 수 있는 바와 같이 '바람, 모양, 법'은 원래 명사의 의미와 다른 의미로 추상화되어서 새로운 의미를 갖게 되었고, 기능적 측면에서 명사라기보다 양태를 더해 주는 의미 기능이 강하다.

의존명사는 홀로는 쓰일 수 없고 반드시 관형어를 앞에 둔다. 의존명사는 다른 어휘와 문법 형태소와 더불어 역사적으로 많이 바뀌었다. 이전 시기에 쓰이던 것들이 사라지고, 새로운 의존명사가 생성되었다. 동일한 의존명사라도 쓰임새가 달라진 것들이 있다. 15세기에 쓰인 의존명사를 보면 다음과 같다. 허 웅(1975: 300)에 제시된 것이다.

> (6) ㄱ. 전체구성을 임자씨처럼 기능하게 함
> 　　 1. 여러 가지 매김말, 여러 가지 토씨와의 연결이 비교적 자유로운 것: 바, 것, 이, 줄, 디/듸, 곧, 던, 분, 적, 양, 곁, 앟, 닷/탓, 젼ᄎᆞ, ᄯᆞᄅᆞᆷ, 녁, ᄲᅮᆫ, ᄀᆞ장, 만(마, 맛감)

2. 앞뒤에 연결되는 말이 극히 국한되는 것: 드, 디, 스, 대, 다
   등
3. 수의 단위를 나타내는 것: 섬, 말, 되, 홉, 잫, 치/츠/척, 히,
   돌, 날, 리, 량, 돈, 설, 볼, 동, 디위, 번, 가지, 사름, 즈륵, 마
   리, 낱 등
ㄴ. 전체구성을 어떤 한 가지 월 성분으로만 기능하게 함
   1. 어찌말로만: 자히, 닷, 드시/드시/디시
   2. 위치말로만: 이어긔, 그에, 뎌에, 거긔, 게, 손디

현대 국어의 의존명사는 여러 가지 관형어나 조사와 쓰임이 자
유스러운 보통 의존명사와, 쓰임의 제약이 있는 제약 의존명사로
나눈다. 수 단위 의존명사는 보통 의존명사이지만 의미적으로 특이
하여 따로 다룬다.

보편성 의존명사에는 '바, 것, 이(人), 데'가 있다. 앞 뒤에 연결
되는 말이 제한되는 것들 가운데 지정사의 보어로서 구실하는 것
들은 서술성 의존명사라 하는데, '터, 따름, 나름, 뿐, 때문'이 있다.
'지, 수, 리, 나위'는 주격 조사와 쓰여 주어로만 구실하기 때문에
주어성 의존명사라 한다.

부사성 의존명사는 관형사형 뒤에 쓰이는 '줄, 양, 척, 체, 뻔,
듯'과 관형사형뿐만 아니라 명사 뒤에도 쓰이는 '대로, 채'가 있다.
명사 뒤에 쓰일 때는 조사로 보는 것이 합당하다. '수록'도 의존명
사와 동일한 환경에서 쓰이지만, 어미로서의 특징이 강하다.

수 단위를 나타내는 것들은 조사와의 결합이 자유스러워 보편성
의존명사와 비슷하지만, 의미적으로 수 단위를 나타내는 공통성이
있어 단위성 의존명사라고 한다. '섬, 말, 되, 홉, 자, 치, 푼, 양, 돈,
푼, 환, 전, 리' 등이 있다.

의존명사들은 근원적으로 자립명사가 문법화 과정을 거쳐 의존명사가 된 것으로 추론된다. '이'나 '수'를 보면 이들은 각각 '사람', '방법'의 의미를 나타내는 자립명사, 또는 완전명사에서 문법화된 것이 분명하다. 의존명사들은 다른 서술어와 연결되어 하나의 서술어처럼 굳어지는 특징이 있다. '것이다', '것 같다'를 비롯하여 보조용언을 이루는 '듯하다, 척하다, 양하다, 뻔하다'는 하나의 서술어처럼 구실한다.

'것이다' 구성은 현대 국어에서 판단 서술형 문장으로 많이 쓰여 이 구성의 문법화와 생산성을 보여준다. '것'의 다양한 쓰임은 대용 기능의 '것'에서 문법 기능의 '것'으로의 문법 범주화로 볼 수 있다. 판단 서술의 문장이 나타나는 것은 이미 중세 문헌에서부터이다.

'것' 명사절은 재분석에 의해 형성되었을 것으로 추정되는데, 다음의 과정을 밟았을 것이다.

(7) 그가 떠난 것이 분명하다.
ㄱ. [[그가 떠난]s 것n이 분명하다]s'
ㄴ. [[그가 떠난 것]s.n이 분명하다]s'

'관형사절+것'에 의한 분리된 구성에서 불완전 명사 '것'을 '관형사절+것'의 통합적 구성인 명사절로 재분석하여 '관형사절+것'이 명사절로서 기능하게 되었다. 이 재분석은 명사절 형성의 재분석이다.

'것이다'는 명사절과 다른 관점에서 구조 해석이 필요하다. 내포문 구조에서 동사구로 재구조화되어 판단 서술문을 구성한다. 구조적으로 [[[유익한] 것]이다]→[[유익한 것]이다]→[유익한 것이다]의 과정이다. '서술어+것이다'가 서술 구성으로 재분석되는 것은 판단 시술의 표현 욕구에 의해서이다. 이러한 새로운 구조가 형성되는 과정은 문법화의 과정으로, 범주화와 문법 범주화의 원리로 설명된다. '것'이 이루는 명사절과 판단서술문은 재분석(Reanalysis)의 문법화 기제에 의하여 형성되는 것으로 추론된다.

판단 서술의 문법화를 인정하지 않을 경우, 다음과 같은 문장에서 '이다'의 선행 명사어는 '절'이 되어 '무엇은 무엇이다' 문장 구조에서 '무엇이다'만 있는 문장이 된다. 이 문장은 '불이다'와 같은 문장과는 구별된다.

(8) ㄱ. 드디어 우리에게 때가 온 것이다.
    ㄴ. 드디어 우리에게 때가 온거야.

[[때가 온] 것이다]로의 해석은 '무엇이다'만이 존재하는 문장으로 보이지 않는 주어의 존재를 인정하게 되고, [때가 [온 것이다]]로의 해석은 '온 것이다'라는 새로운 서술형이 문법화되어 사용됨을 보인다.

'것이다' 구성은 '것+이다'의 분리성이 약하다. 사이에 보조사를 비롯한 문법 요소가 끼어들 수 없다. 주체높임은 선행 서술어에 주어지고, '이다'에서는 자연스럽지 않다. 시간 표현은 주로 '이다'에 나타나고, 선행 용언은 관형사형(아는, 안, 알)으로 나타난다.

(9) ㄱ.?선생님께서도 그를 아는(알, 안) 것이다.
    ㄴ. 선생님께서도 그를 아시는(아실, 아신) 것이었다.
    ㄷ.*선생님께서도 그를 아시는(아실, 아신) 것이시다.

'알다'와 '이다'를 서술어라 할 때 '선생님'은 '이다'의 주어일 수 없다. '이다'를 무주어를 주어로 하는 서술어로 보기도 어렵다. 이 문장을 [무주어Φ [선생님께서도 그를 아는 것]이다]로 보기 어려운 것은 이 문장의 주어 '선생님'의 서술어는 '알다'이고 '아는 것이다'는 '알다'의 판단서술의 형식으로 나타나고 있기 때문이다. 그러나 '알다'와 '이다'의 두 서술어의 결합이라는 근본성의 문제는 유지되어 두 서술어로서의 의미와 기능이 남아 있다.

(4) 대명사, 수사의 문법 현상

대명사는 사물의 이름을 대신하는 명사이다. 사람을 대신하는 인칭대명사(나, 너, 당신)와 사물을 대신하는 지시대명사(이것, 무엇, 여기)가 있다. 인칭대명사 '이애, 이사람, 이이'는 모두 통어적 구성이지만 쓰임새로 보아 대명사로 굳어졌다 할 만하다. 지시대명사 '이것, 어느것, 아무것'도 같다.

국어의 대명사 가운데 특이한 의미와 기능을 보이는 것은 인칭대명사인 '우리'나 '저희'이다. 이들은 모두 '나'와 '저'에 대한 복수 표현이다. '우리'는 화자와 청자와 더불어 제삼자를 포함하거나, 제삼자를 배제하기도 한다. 그러나 '저희'는 화자를 낮추기 때문에 청자를 포함할 수 없다. '우리'는 복수를 나타내는 인칭대명사이지만, '우리 마누라'에서와 같이 단수에서도 쓰이고, '우리 집, 우리 오빠, 우리 학교'와 비교하여 '내 집, 내 오빠, 내 학교'가 자연스럽지 않다. '우리나라'를 '제 나라'나, '내 나라'고 하는 것이 자연스럽지 못하다. 청자를 낮추는 표현인 청자 복수 인칭대명사로는 '너희'가 쓰이는데, '너희'도 단수를 나타내는 데 쓰인다. '너희 아버지, 너희 집, 너희 학교'라고 하지만, '네 아버지, 네 집, 네 학교'라고 하지는 않는다.

'누구'와 '무엇'은 의문문에서 부정(不定)과 미지(未知)의 두 의미를 보인다.

    (10) ㄱ. 누가 왔느냐?
         ㄴ. 무엇이 있느냐?

위 문장은 각각 '누구, 무엇'에 힘을 주면 알지 못하는 대상 즉 미지의 대상을 묻는 것이고, '왔느냐, 있느냐'에 힘을 주면 부정의 대상에 대한 행위나 존재를 묻는 것이다.

수사는 사물의 수량이나 순서를 가리킨다. 수사는 크게 양수사와 서수사로 나눈다. 양수사는 수량을 서수사는 순서를 가리킨다.

    (11) ㄱ. 하나, 둘, 셋…/일, 이, 삼…/혼자, 둘이, 셋이…
         ㄴ. 첫째, 둘째, 셋째…

고유어와 한자어의 쓰임은 대체로 정해져 있다. 일반적으로 고유어와 한자어는 '한(벌, 켤레, 해…)', '일(초, 분, 년, 월, 일, 원, 리…)과 같이 고유어는 고유어끼리 한자어는 한자어끼리 연결된다. 고유어와 한자어가 '십/열(척, 명, 평…)'과 같이 서로 연결되기도 한다.

'하나, 둘, 셋, 넷, 다섯, 여섯'과 같은 수사는 같은 모습으로 또는 유사하나 다른 형태로 관형사로 구실하기도 한다.

    (12) ㄱ. 꽃이 하나가 있다/한 송이의 꽃이 있다.
         ㄴ. 꽃이 다섯이 있다/다섯 송이의 꽃이 있다.

이들을 각각 수사와 관형사로 달리 구분하거나, 수사의 관형사적인 쓰임이나 또는 반대의 해석이 모두 가능하다. '하나-한', '둘-두'에서 보이는 대립으로 보면 두 품사로 각각 나눔이 적절하지만, '다섯, 여섯' 등은 모두 같은 형태를 보인다는 점에서 두 품사로 나누어 다루는 것은 비효율적인 면이 있다. 현행 학교문법에서는 두 품사로 다루고 있다.

3) 조사

조사는 현행 학교문법에서 단어로 다루어지는 품사의 하나이다. 그러나 조사는 자립성이 없는 문법 형태소이다. 기존의 많은 조사들은 더 분석될 수 있어 일종의 조사 통합형이라 할 수 있다.

(1) 조사의 분류

조사는 조사가 붙은 단어와 다른 단어와의 관계를 표시하거나 뜻을 더해 준다. 관계를 표시하여 주는 기능을 중시하여 관계언이라고 한다. 조사는 크게 격조사와 보조사로 나눈다. 접속조사를 따로 세우기도 하고, 열거격, 접속격이라 하여 격조사에 넣기도 한다. 감탄조사(느낌토씨)도 따로 세워 분류하기도 한다.

학교문법에서는 조사를 격조사, 접속조사, 보조사로 나눈다. 격조사는 주격, 서술격, 목적격, 보격, 관형격, 부사격, 호격 조사로 나눈다. 부사격 조사에는 '처소, 도구, 자격, 비교, 동반, 변성, 인용'의 의미를 가진 격조사가 있다. 이들 조사를 정리하면 다음과 같다.[6]

(13) ㄱ. 격조사

　　주격: 이/가, 에서, 께서, 께옵서

　　목적격: 을/를

　　보격. 이/가

　　서술격: 이다{학교문법에서 인정, 「우리말본」에서는 잡음씨(지
　　　　　 정사)}

　　관형격: 의

　　부사격: 처소; 낙착점; 에, 에게, 한테, 께, 더러, 보고(의미적으
　　　　　　　　　　　　로 더 분류될 수 있다.)

　　　　　　　　출발점; 에서, 에게서, 한테서, 로부터

　　　　　　　　지향점; 로, 에게로, 한테로, 께로

　　　　　　　　한계선; 안에, 안으로, 가운데, 속에, 밖에, 우에,
　　　　　　　　　　　　아래에, 넘어, 앞에, 뒤에7)

　　　　　　도구; 로, 로써

　　　　　　자격; 로, 로서, 치고

　　　　　　비교; 모양; 과/와, 하고, 처럼, 같이

　　　　　　　　　정도; 만큼, 만, 보다, 에서

　　　　　　동반; 와/과

　　　　　　변성; 이/가, 로

　　　　　　인용; 라고(직접 인용), 고(간접 인용)

　　　호격; 야/여, 아/이여

　ㄴ. 접속조사: 와/과, 고/이고, 며/이며, 랑/이랑, 하고, 하며, 에

　　접속조사는 둘 이상의 체언을 같은 자격으로 이어주는 조사들이
다. 접속조사를 단어와 문장을 잇는 구실을 하는 두 가지로 나누기

---

6) 이러한 조사의 분류는 최현배(1955, 1982)에 따른 것이다.
7) 최현배(1955, 1982)에서는 '가운데'를 비롯하여 '밖에, 안으로'를 조사로 보
　 았는데, '가운데'는 명사로, '안에'는 명사구로 보는 것이 합리적인 듯하다.
　 '밖에'는 격조사라기보다 보조사로 보인다. 그러나 이와 유사한 구조를 가
　 지고 있는 '김에, 마당에, 바람에, 세상에, 통에, 터에, 판에' 등도 보조사로
　 굳어진 것으로 다룰 것인지는 간단하지 않다.

도 한다.[8] 문장접속조사를 따로 세우지 않는 다른 견해에서는 이를 보조사로 다룬다.

자격 표시는 하지 않고 뜻을 더하여 주는 조사를 보조사라 한다. 보조사들은 여러 자격의 문장성분에 두루 쓰인다. 보조사들은 명사, 부사, 용언의 연결어미에 두루 쓰이는데 이를 통용보조사라 한다. 일부 보조사는 문장 끝에만 쓰이는 것이 있다. '요, 마는, 그려, 그래' 등이 그것이다. 이러한 보조사를 종결보조사라 한다. 보조사들은 형태와 뜻에 따라 다음과 같이 나눈다.[9]

    (14) ㄱ. 통용보조사
        대조: 은/는
        동일: 도
        단독: 만, 뿐
        일양(한결): 마다, 씩
        시작: 부터
        미침: 까지
        도금: 조차, 마저
        특별: 야/이야, 야말로/이야말로(너야 그럴 리가 있나)
        역동: ㄴ들/인들, 라도/이라도
        선택: 나/이나, 든지/이든지
        불택: 라도/이라도

---

8) 최현배(1955, 1982: 50)에서는 문장접속조사로 '마는, 시피'를 든다. '비가 옵니다마는 농사는 이미 틀렸습니다', '누가 모릅니까마는 알고도 못하니', '당신부터 가오마는 일은 꼭 될는지 모르겠소', '너도 가자마는, 재미는 별로 없겠다'의 보기를 들어 문장접속조사의 필요성을 보이고 있다. '지마는'은 씨끝으로 보면서 '마는'을 씨끝으로 보지 않음은 '마는'을 그 앞의 씨끝하고 아울러서 같이 씨끝으로 보며 도저히 번잡하여 법을 세울 수가 없다고 생각한 때문이다.

9) 후치사는 조사의 역사적 연구에서 많이 사용된 용어인데, 조사 전체, 또는 격조사를 제외한 모든 조사를 가리키기도 한다. 보조사는 특수조사, 한정사라고도 불린다.

개산(어림): 나(얼마나 썼니)
첨가: 조차
종결: 마저(나마저 네려 가시오)
불만: 나마/이나마
고사(그만두기): 커녕(상커녕 벌을 받았어요)
혼동(섞음): 서껀
ㄴ. 종결보조사
높임: 요
뒤집음: 마는(뒤에 뒤집는 말이 있을 때)
동일: 시피
감탄: 그려, 그래[10]

허 웅(2000)에서는 자리토, 이음토, 부름토, 특수토로 구분하였다. 특수토는 조사가 낱말에 붙지 않고 문장에 붙는 조사로 마침특수토 '그려/구려'와, 이음특수토 '마는/만', 따옴특수토 '고', 어찌특수토 '시피', 높임특수토 '요'가 있다.

많은 조사들은 더 분석할 수 있다. '에게'는 '에'와 비교하여 '에'와 '게'로 분석할 수 있다. 그러나 '게'는 역사적으로는 단일 어휘이었지만, 현대 국어에서 홀로 쓰이는 경우가 없기 때문에 '에게'를 분석하지 않는다.[11] '에서'도 '서'를 분석할 수 있다. 역사적으로 '셔'는 조사로서의 특징을 인정할 만하지만, 현대 국어에서는 '서'가 독립적으로 쓰이지 않기 때문에 역사적으로 굳어진 것으로

---

10) 최현배(1955, 1982: 50)에서는 감탄조사를 따로 세웠다. 느낌토씨(감동조사)에는 '도, 나/이나, 그려, 요, 말이야'가 있다. 보기는 다음과 같다. '사람도 많다', '두 시나 되었다', '비가 옵니다 그려', '나는요, 간다요', '나는 말이야 간단 말이야.'

11) 조사 '에게'는 '의+그에'에서 '의게'를 거쳐 '에게'로, '께'는 'ㅅ+긔'에서 '끠'의 과정을 거쳐 역사적으로 형성된 것이다. 그러나 현대 국어에서는 단일 조사로 기능한다.

다루어진다. 이 경우 '게', '서'는 모두 조사가 아니다. 조사 '에게', '에서'는 다른 어휘나 형태소들이 결합하여 이루어진 조사이다.

'한테, 더러, 보고' 등도 다른 어휘나 형태소에서 조사로 굳어진 것이다. 이들과 연결되는 '서'도 독립적 사용이 불가능하기에 같은 원리에서 '께서'와 '한테서, 보고서'를 하나의 단일 조사로 분석하게 된다. '로서'의 '서'는 '에서', '보고서'의 의미와 각각 다르므로 따로 분석할 수 없다.

조사 '로'가 연결된 것, 즉 '에게로, 한테로, 께로'에서는 '로'가 충분히 분석된다.12) '로써'는 분석하면 '써'가 독립적으로 쓰이지 않고 '로써'가 단일한 의미를 이루기 때문에 분석하지 않는 것이 바람직하다.

보조사인 '부터, 마저, 조차, 밖에'는 각각 역사적 관점에서 '붙+어', '맞+어', '좇+아'로 분석할 수 있다. 그리고 현재의 의미도 이들과 유연성이 있지만 이 유연성의 끈은 미약하다. 본래의 의미와는 차별화되어 의미 기능상 다른 어휘 곧 조사로 변화한 것이다.13)

'ㄴ들/인들, 라도/이라도', '나/이나', '든지/이든지', '나마/이나마', '면/이면'은 선행어의 받침 여부에 따라 '이'의 실현이 결정되는 것으로 보아, 지정사, 또는 서술격조사로서의 '이다'가 관련되었음이 분명하다. 이들이 '이러한들 저러한들'과 '밥인들 떡인들'을 보면 '이다'가 다른 서술어와 더불어 서술성을 가지고 있어 따로 조사로

---

12) 국립국어연구원(1999)의 「표준 국어 대사전」에는 '누구한테로'를, 「연세 한국어 사전」(1998)에는 '께로'를 제시어로 제시하였다. 이는 이들의 복합조사로서의 특징을 인정한 것으로 해석된다. 그러나 이들은 이들 통합형이 분석된 형태와 다른 의미와 기능을 한다고 보기 어렵다.

13) 동사가 문법화하여 다른 품사로 변화할 때에는 부사를 거쳐 조사로 되는 것이 보통이다. 안주호(1994: 136), 고영진(1997: 205), 이성하(1998: 186) 참조.

세울 필요가 없다. '가든지 말든지', '밥이든지 떡이든지', '오나 가나', '밥이나 떡이나' 등의 상관성으로 보아 용언의 활용으로 보는 것이 합리적이다. 이런 해석에서는 이들을 복합조사로 다루지 않는다. '나마/이나마'는 '*가나마 오나마'에서와 같이 다른 동사의 활용형이 없어 조사로 구분된다. 이 외에도 '고/이고', '니/이니', '든/이든', '며/이며'는 모두 동사의 활용형과 동일한 형태를 갖고 있는데, 의미나 기능면에서 다른 바가 없어 지정사의 활용이라고 해석해도 무리가 없다. '라고/이라고'도 '인정이라고는', '가라고는'의 동질성을 인정할 만하다. 또 '라면/이라면'도 '선생이라면'과 '가라면'과의 동질성이 있다.

그러나 '라서/이라서'는 '선생이라서'는 가능하지만, '가라서'가 불가능하고, '라야/이라야'는 '선생이라야'는 가능하지만, '가라야'는 불가능하고, '란/이란'은 '선생이란'에 비해 '가란'은 불가능하다. '랑/이랑'은 '나랑 너랑'은 가능하지만, '가랑 오랑'은 불가능하다. 이는 지정사의 용언어미와 조사와의 구별이 필요한 경우이다. '야/이야', '야말로/이야말로', '여/이여', 'ㄴ즉/인즉', 'ㄴ즉/인즉슨'도 어미와는 연계성이 없이 조사의 역할만 하여 조사로 다룬다.

최현배(1955, 1982)에서는 조사의 연결의 상당수를 벌린겹씨(복합조사)로 다루었다. 도움토-자리토 관계로 '까지(가, 의, 에, 를), 만(이, 의, 에, 을), 마다(가, 의, 에, 로), 부터(가, 의, 를), 조차(가, 의, 에 를)', 자리토-도움토 관계로 '을조차, 에(는, 도, 만, 마다, 부터, 까지, 야, ㄴ들, 나, 라도), 에서(는, 도, 만, 마다, 부터, 까지, 야, ㄴ들, 나, 라도), 로(는, 도, 만, 마다, 부터, 까지, 야, ㄴ들, 나, 라도), 하고/과/와(는, 도, 만, 마다, 부터, 까지, 야, ㄴ들, 나, 라도, 고나마)' 등과, 도움토-도움토의 관계는 '서껀(은, 도), 치고(는, 도, 야, 라도),

까지(는, 도, 야, ㄴ들, 나, 라도), 조차(는, 도, 야, 라도, 나), 마다(는, 도, 야, 나, 커녕), 만(는, 도, 이야, 인들), 나마(도), 부터(는, 도, 만, 야, ㄴ들, 나, 나마, 라도), 자리토씨-자리토씨는 '(으)로(의, 가), 에게(가, 의, 로), 에서(가, 의)', 이음토씨-자리토씨는 '와/과/하고(가, 를, 의, 에, 로)'가, 이음토씨-도움토씨는 '와/과/하고(는, 도, 만)' 등이 있다. 이들을 모두 벌린 겹씨로 보기는 어려운 듯하다.

벌린 겹씨(복합조사)로 다루어진 바 있는 조사들은 이들을 분석할 수 있는가에 따라 차이가 있다. 분석한 형태소가 각각의 형태소로서의 자격을 유지하고, 복합된 조사가 복합되기 이전의 형태소와 의미적인 차이가 없을 때는 분석하는 것이 당연하다. 그러나 분석한 후의 형태소가 독립적인 의미, 기능이 없거나 통합된 복합조사가 통합되기 이전의 의미나 기능과 달라졌다면 분석하지 않는 것이 바람직하다.

격조사와 보조사는 문장에서 성분의 자격을 보이고, 의미를 더해 준다는 점에서 분명한 차이를 갖고 있고, 두 조사의 연결 관계에서도 차이가 있다.

(2) 조사의 연결

격조사는 문장성분이 문장에서 차지하는 자리를 표시하여 주는 것이므로 한 문장에는 동일한 격이 하나 있는 것이 보통이다. 국어의 어순이 자유로운 것은 바로 격표시를 해주는 격조사가 있기 때문이다. 이에 비해 보조사는 선행어 특히 체언의 의미를 더하기 위한 것으로 자리를 표시하는 것이 아니어서, 논리적으로는 어떤 자리에도 자유스럽게 쓰일 수 있다.

(15) ㄱ. 성호는/도/만… 진선이는/도/만… 책은/도/만… 주었다.
ㄴ. 성호가/*를/*에게/와/*에… 진선이에게 책을 주었다.
ㄴ. 성호 신선이*가/를/에게/와/*에/*에서/*로 책을 주었다.
ㄹ. 성호가 진선이에게 책*이/을/*에게/*와/*에/*에서/으로 주었다.

그러나 실제로는 보조사가 모든 자리에 자유롭게 나타날 수 없다. 보조사가 여러 문장성분에 동시적에 쓰이면 문장성분을 파악할 수 없어 비문이 된다.
주격 조사와 목적격 조사는 보조사와 같이 쓰일 때 잘 나타나지 않는다. 주격 조사와 목적격 조사가 보조사와 같이 쓰이는 것은 '보조사-격조사'의 어순에서 일부 보조사와 연결이 가능하다.

(16) ㄱ. 성호*가는/*가도/*가만 간다.
ㄴ. 성호*는이/*도가/만이 간다.
ㄷ. 성호는/도/가 간다.
ㄹ. 성호는 *책을은/*을도/*을만 읽는다.

이론적으로는 격조사 다음에 보조사가 오거나 보조사 다음에 격조사가 올 경우 수식이나 한정의 범위상 차이를 가질 뿐 비문이 되어야 할 이유는 없으나, 이와 같이 어순상의 제약이나 공기상의 제약이 있다. 주격 조사라도 위치어에서 연유한 경우는 보조사와의 연결이 가능하다.

(17) 선생님께서는/노/만 가신다.

격조사가 없이 보조사만이 쓰일 수 있는 것은 격조사가 없어도 격표시가 가능하기 때문이다. 주격 조사와 목적격 조사의 생략은 격이 구조적으로 파악되고, 조사 '이/가', '을/를'이 의미상 보조사와 충돌되는 보조사의 기능을 가지고 있기 때문이라고 해석된다.[14] 주격, 목적격을 제외한 다른 격조사들은 보조사와 같이 쓰이는데, 위치격(위치자리)의 '에, 에서', 방편격(방편자리)의 '으로', 견줌격(견줌자리)의 '와/과'의 부사격 조사들이다.

부사격 조사인 위치격, 견줌격, 방편격조사는 일부 서술어와 같이 쓰일 때에 한하여 격조사가 나타나지 않을 수 있다.

    (18) ㄱ. 우리는 극장에/에도/도 갔다.
          ㄴ. 나는 성호에게/에게도/도 영어를 가르쳤다.
          ㄷ. 성호는 진선이와/와는/는 닮았다.
          ㄹ. 나는 그를 사위로/로도/도 삼았다.

'격'이란 문장에서 체언이 차지하는 자리를 보이는 것이므로, 주어진 체언에는 한 가지의 자리가 주어지고, 한 체언이 여러 가지의 '격'을 가질 수 없는 것이 이론적으로 합당하다. 따라서 이 자리를 표시하여 주는 격조사(자리토씨)는 한 체언에 둘 이상이 나타날 수 없다. 그러나 일부 격조사들은 연결되어 쓰일 수 있다.

    (19) ㄱ. 이 배역은 철수에게가 좋겠다.
          ㄴ. 그를 만나는 것은 철수와가 아니다.
          ㄷ. 우리가 나무를 자른 것은 톱으로가 아니다.
          ㄹ. 내가 원한 것은 철수와가 아니다.

---

14) 조사 '이/가', '을/를'이 보조사로서 양태적 기능을 가지고 있다고 보는 견해에서는 '이/가'의 '배타적' 의미를, '을/를'은 '전체성' 의미를 가진 것으로 본다. 남기심(1972), 채 완(1976), 임홍빈(1979) 참조.

(19)는 일부 어색한 바 있지만 불가능한 문장이라고 단정하기도 어렵다. 이들은 제한된 서술어가 제한된 문맥에서 쓰이는데, 두 조사 가운데 하나가 양태적 의미를 가진, 즉 보조사적인 기능을 가졌다고 해석하는 것이 한 방법이다. 주격 조사 '이/가'의 배타성을 인정하는 것이다. 다음 문장에서 '학교에서가'를 '배타적'으로 문장의 초점이 되게 하였다 할 수 있다.

(20) 운동회가 열리는 곳은 학교에서가 아니다.

구조격조사는 어휘격조사와 연결이 가능하다는 해석도 다른 원인으로 제시할 수 있다.

관형격조사는 체언과 체언과의 관계를 맺어 주는 자리에 국한되어 쓰인다. 그러나 관형격은 다른 격들이 서술어와 체언과의 관계임에 비해 체언과 체언의 관계라는 점에서 구별되며 다른 격과 구별되는 분포를 보이고 있다.

목적격 조사 '를'은 격 표시 기능 외에도 주제, 초점, 또는 양태의 의미를 가지고 있다는 것이 최근의 해석이다. 이러한 해석이 나타나는 이유는 목적어라고 보기 어려운 문장성분도 목적어 표지 조사가 나타나고 있으며, 이 조사도 의미가 있기 때문이다.

조사 '에'와 '를'의 연결을 중심으로 조사 '를'의 양태적 의미로서의 해석에 대한 타당성을 검토하면, 조사 '를'은 양태의 조사 또는 보조사로서의 특징을 가지고 있지만, 동시에 목적어 격조사로서의 기능도 가진 점이 확인된다.

조사 '에'의 의미는 장소, 시간, 상황, 원인이다.15) '에'의 기본적인 의미를 '바탕'이나 '목표점'으로 해석하기도 한다.16) 이러한 의미의 파악은 이 형태소가 가지고 있는 기본 의미를 밝히고, 관련된 여러 가지 의미는 문맥에서, 즉 다른 어휘와의 공존 사이에 다양하게 표출되는 것으로 보는 것이다. 이것은 모든 어휘가 중심의미와 주변의미를 가지고 있다는 점에서 당연한 일이다.

    (21) ㄱ. 성호가 그 소식에 이 더위에 오후에 부산에 갔다.
          ㄴ. 누구가 원인에   상황에   시간에 장소에 행위하다.

조사 '에'와 조사 '를'이 연속되는 모습은 서술어에 따라 몇 가지로 나누어 볼 수 있다. 서술어에 따라 연결 가능성이 달라진다.

    (22) ㄱ. 향기가 방안에/?엘/*을/Φ 가득하다.
          ㄴ. 남대문은 서울에/*서울엘/*서울을/?서울 있다.
          ㄷ. 성호가 부산에/엘/을/Φ 갔다.
          ㄹ. 남북한이 유엔에/엘/?을/?Φ 가입했다.

'에, 에를/엘, 를'의 표현이 모두 가능한 경우는 특정한 동사에 한정된다. 세 가지 표현이 모두 나타날 수 있는 동사들은 이동동사

---

15) 이 밖에도 조사 '에'가 가질 수 있는 다양한 의미가 있다. 그 보기를 들면 '성호가 바늘에 찔렸다', '이 음식은 몸에 나쁘다', '나의 기대에 어긋나다', '세 사람에 한 사람 꼴이다', '그는 삼천원에 물건을 샀다', '밥상에는 불고기에, 갈비에, 찜에 없는 것이 없다'이다. 신기철·신용철의 「새 우리말 사전」에는 13가지의 의미를 제시하고 있다.

16) 이기동(1981: 32)에서는 '에'는 X와 Y라는 두 개체 사이의 관계를 나타내는데, '에'의 선행사인 X는 바탕의 구실을 하고, X는 Y의 바탕 위에서 장소 이동이나 상태 변화를 받는 모습의 구실을 한다."고 하고, 정희정(1988)에서는 '방향의 의미와 함께 목표점을 나타낸다. 주체나 객체가 이동하여 도달하는 목표점(도달점), 목표점으로 표현된 장소의 한 부분 등"으로 설명하고 있다.

라는 공통된 특징을 가지고 있다. 그러나 모든 이동동사들이 이 세 가지 표현에 모두 가능한 것은 아니다.

'명사+에'와 '명사+엘', '명사+를'이 동시에 나타날 수 있는 문장에서의 의미 차이는 '에'가 바탕이나 목표의 의미를 가진다면, '에를'은 이 의미를 대상화한 것이고 '를'은 대상성만을 가진 것으로 잠정적으로 해석된다. '에→엘→를' 과정은 일반화할 수 없고, '에'의 생략도 특정한 동사에 한정되는 것으로 일반화하기 어려운 현상이다. '에'와 '를'의 선택 제약은 같은 이동동사라도 동사에 따라 다르게 나타난다.

(23) ㄱ. '에', '를' 모두가 가능한 경우: 가다, 걸어가다, 나아가다, 기어가다, 내려가다, 다니다, 들르다, 다다르다 등
ㄴ. '를'만 가능하고 '에'는 불가능한 경우: 거쳐가다, 건너다, 건너가다, 건너뛰다, 넘어가다 등
ㄷ. '에'만 가능하고 '를'은 불가능한 경우: 남다, 나타나다, 눕다, 다가서다, 닿다, 뜨다, 모이다, 있다, 숨다, 도착하다, 넘치다, 서다 등

(ㄴ)은 명사어가 목표점을 나타낼 수 없고, 행로를 나타내는 점에서의 공통성을 가지고 있다. (ㄱ)과 (ㄴ)의 서술동사의 의미나 통사적인 차이는 확연하지 않다. (ㄱ)과 (ㄴ)은 '가다'와 관련된 상당수의 동사를 제외하고는 '어 있다'형과 부자연스러운 반면에 (ㄷ)은 이 표현이 자연스럽다.

세 가지 구성에 대한 의미 차이는 미세하여 잘 드러나지 않는다. 특히 '명사+에'와 '명사+를'의 의미는 잘 구별되지 않는다. '명사+에'와 '명사+를'은 각각 목표점과 대상의 의미를 나타낸다. '전국에

돌아다닌다'는 전국 여러 곳에 분포되어 돌아다니는 의미임에 비해, '전국을 돌아다닌다'는 전국을 순회하여 돌아다니는 의미 차이를 가지고 있다.

부사격 조사 가운데 '에'에 한하여 목적격 조사가 연결될 수 있다. 장소를 나타내는 명사가 조사 '에'의 앞에 오는 경우에 한하여 '에를'이 가능한 것도 이 조사와의 상호 관련성이다.

서술어가 타동사인 경우는 이미 목적어를 가지고 있기 때문에 부사어에 '를'이 붙는 경우 새로운 목적어를 형성하여 이중목적어 구문을 형성한다. 이를 목적어 표시가 아닌 양태의 보조사로 보는 경우는 양태성을 설명해야 하는 문제가 남는다.

(24) ㄱ. 꽃밭에/?엘/?을 꽃을 가꾼다.
ㄴ. 꽃을 꽃밭에/엘/*을 가꾼다.

(25) ㄱ. 서랍에/?엘/*을 꽃을 감추었다.
ㄴ. 꽃을 서랍에/엘/*을 감추었다.

(26) ㄱ. 벽에/?엘(온 벽엘)/을(온 벽을) 그림을 그렸다.
ㄴ. 그림을 벽에/?엘/?을 그렸다.

서술동사나 다른 문장성분에 따라 문장의 용인 가능성은 달라진다. 그러나 이들 문장의 문법성은 언어적 직관의 차이가 심해, 문장의 적합성을 판단하는데 일관된 견해를 갖지 못하고 있다.

보조사는 선행 체언이나 다른 보조사와 연결이 비교적 자유스럽다. 그러나 '는, 도'는 다른 보조사의 뒤에 덧붙어 의미를 더하지만, 다른 보조사가 뒤에 오지 못한다.

(27) ㄱ. 나뿐만은, 사람마다도, 학교까지만은, 너마저도, *학교도은, *학교
　　　은도
　　ㄴ. *나는만, *사람도마다, *학교까지은만, *너도마저

이에 비해 '부터, 까지'는 '까지는/도/만'과 같이 다른 보조사보다
앞자리에 놓이고, 다른 조사들은 대부분 이 조사의 뒤에만 쓰인다.
'*는/도/만까지'는 불가능하다.

　보조사의 배열 순위에 대하여는 의미 추상성의 정도나 의미 범
위의 '넓고 좁음'으로 설명된 바 있다. 어휘에 가까운 보조사일수
록 어휘성이 강하고 먼 것일수록 문법성이 강한 보조사이다.

　보조사는 체언뿐만 아니라 용언이나 부사와 연결되어 의미를 더
한다. 종결형 어미에는 잘 덧붙지 않고, 하위범주나 연결형 어미와
함께 쓰인다.

(28) ㄱ. 우리가 이기기는/만/도/까지/조차/마저/?뿐 하였다.
　　ㄴ. 우리가 이기도록은/만/도/까지/조차/마저/?뿐 하였다.
　　ㄷ. 우리가 그를 만나서는/만/도/까지/조차/마저/?뿐 하였다.

(29) ㄱ. 우리는 잘은/만/도/?까지/?조차/?마저/?뿐 만났다.
　　ㄴ. 이 문제는 *매우는/만/도/까지/조차/마저/뿐 어렵다.

　그러나 일부 보조사는 하위범주와 연결어미와 잘 연결되지 않고,
부사도 정도부사인가 양태부사인가에 따라 연결의 가능성이 달라
진다. 이는 부사의 특성과 보조사의 특징에 연유한다.

4) 용언

(1) 용언의 분류

문장에서 주체를 서술하는 힘을 가진 단어를 용언이라 한다. 용언에는 움직임을 나타내는 용언과 상태를 나타내는 용언이 있어 전통적으로 용언을 동사와 형용사로 분류하였다. 동사와 형용사의 구분은 품사 분류의 기준인 의미, 형태, 기능에 의한 것이다. 동사와 형용사를 모두 동사라 하고 동작동사와 상태동사로 나누는 것은 서술어로서의 문법적 공통성을 고려하는 것이다.

사물의 움직임이 다양하기 때문에 이를 나타내는 동사도 여러 유형으로 나누어진다. 의미를 중심으로 할 때, 구체적 동작이 이루어지는 경우와 심리적 동작이 이루어지는 경우로 나눌 수 있다.

(30) ㄱ. 우리는 책을 만든다. (구체적 움직임)
ㄴ. 우리는 너를 믿는다. (마음의 움직임)

동작을 이룬 정도에 따라 과정, 완성 등의 구체적 의미로 다시 나눌 수 있다. 형용사도 의미에 따라 심리, 감각, 시간, 공간, 평가 등을 나타내는 형용사로 나눈다. 형용사와 주체의 관계에 따라 객관성형용사와 주관성형용사로도 구분한다.

전통적인 관점에서의 분류를 살펴보고 이를 바탕으로 이러한 분류의 기준과 분류의 적절성 여부를 검토하여 본다.

형용사는 사물의 성질이나 상태를 표시한다. 의미, 형태, 기능을 중심으로 볼 때, 형용사의 형태와 기능은 동질적이어서 더 하위분류하기 어렵다. 의미는 다양하여 하위분류가 가능하지만 의미의 다양성 때문에 분류의 기준을 세우기가 어렵다.

형용사의 하위 분류는 의미에 따라 이루어졌다. 최현배(1955, 1982: 480, 482) 「우리말본」에서는 그림씨는 일과 몬의 바탈(성질)과 모양과 있음의 어떠함을 그리어 내는 씨(풀이씨)"라 하고, 형용사를 그 뜻으로 보아, 속겉그림씨(성상형용사), 있음그림씨(존재형용사), 견줌그림씨(비교형용사), 셈숱그림씨(수량형용사)로 나누었다. 이러한 가름의 차례는 주어가 어떠함을 실질적으로 나타내는가, 형식적으로 나타내는가에 따라 바탕그림씨(실질형용사), 꼴그림씨(형식형용사)로 나누고, 바탕그림씨는 다시 스스로바탕(독립적실질)과 서로바탕(상관적실질)으로 나누는데, 스스로바탕에는 속겉(성상), 있음(존재) 그림씨가 있고, 서로바탕에는 견줌(비교)그림씨가 있다. 꼴그림씨에는 객관적인 셈숱(수량)그림씨와 주관적인 가리킴(지시)그림씨가 있다.17) 이러한 분류는 의미를 기준으로 한 것이지만, 논항과 문장 구조와 관련된 통사적인 고려도 내재된 것이다.

속겉그림씨는 감각적, 정의적, 이지적, 행동적, 물리·생리적 변화 그림씨로 다시 나눈다. 이러한 분류에 따른 형용사의 보기를 들면 다음과 같다. 여기서의 분류는 「우리말본」을 근거로 한 것이다.

---

17) 분류의 틀을 보이면 다음과 같다. 최현배(1955, 1982: 483) 참조.

```
                         ┌ 속겉(성상): 희다, 쓰다, 기쁘다, 옳다
ㄱ. 바탕(실질) ┌ 스스로(독자적) ┤
              │              └ 있음(존재): 있다, 계시다, 없다
              └ 서로(상관적) ── 견줌(비교): 같다, 낮다

              ┌ 객관적 ── 셈숱(수량): 적다, 많다
ㄴ. 꼴(형식) ┤
              └ 주관적 ── 가리킴(지시): 이러하다, 저러하다
```

(31) ㄱ. 감각적: 시각; 검다, 희다, 밝다 어둡다
　　　　　　　미각; 달다, 쓰다
　　　　　　　청각; 시끄럽다, 고요하다
　　　　　　　후각; 비리다
　　　　　　　촉각; 미끄럽다, 단단하다, 따갑다, 쓰리다, 간지럽다
　　　　　　　평형; 어지럽다
　　　　　　　유기; 답답하다, 고프다
　　　　　　　시,공간; 빠르다, 멀다
　　　ㄴ. 정의적: 심리; 기쁘다, 슬프다, 반갑다, 그립다
　　　　　　　평가; 참되다, 착하다, 어질다, 옳다
　　　ㄷ. 이지적: 슬기롭다, 둔하다, 약다
　　　ㄹ. 행동적: 민첩하다, 느리다, 재다
　　　ㅁ. 물리·생리적변화: 새롭다, 낡다, 헐다, 젊다

'있음(존재)그림씨'는 '있다, 계시다, 없다'이며, '견줌그림씨'에는 '같다, 다르다, 비슷하다, 낫다, 못하다'가 있다. 이 형용사는 반드시 견줌말을 필요로 한다. '셈숱(수량)그림씨'는 셈을 나타내는 '적다, 많다', 양을 나타내는 '작다, 크다, 많다'가 있고, '가리킴(지시) 형용사'는 '이러하다, 그러하다, 저러하다'의 지정과 '어떠하다, 아무러하다'의 부정의 의미가 있다.

이러한 구별은 기본적 의미를 중심으로 한 것이다. 형용사의 의미는 이러한 의미 가운데 한 가지 의미만 가지고 있는 것이 아니라, 다른 의미로도 흔히 전용된다. '햇빛이 밝다'와 '생각이 밝다', '길이가 길다'와 '해가 길다', '방이 넓다'와 '마음이 넓다'의 형용사를 보기로 들 수 있다.

형용사는 형용 주체의 성격에 따라 몇 갈래로 나눌 수 있다. 주어가 주체인 화자로 나타날 때 '주관성형용사'라고 한다. '고프다, 아프다, 싫다, 좋다'와 같은 심리형용사, 느낌형용사가 이에 속한다.

주체가 3인칭으로 나타나는 형용사는 '객관성형용사'로 여기에는 '검다, 달다, 착하다, 같다, 다르다, 있다' 등이 있다. 주관성형용사는 '이 하다'에 의한 파생동사 표현이 가능하지만 객관성형용사는 불가능한 것이 일반적인 현상이다.[18] 형용사 가운데에는 '좋다'와 같이 주관성형용사로도 쓰이고 객관성 형용사로 쓰이는 형용사가 있다. '나는 네가 좋다'와 '날씨가 좋다'는 각각 주어가 경험주와 대상이라는 점에서 차이가 있다.

의미역할을 중심으로 주어의 의미역이 행위자인가 아닌가에 따라 주관형용사와 객관형용사로 나누는 것도 주관성 형용사, 객관성 형용사로 나누는 것과 같은 논리이다. 주관형용사는 의미를 중심으로 다시 경험주의 심리 상태를 서술하는 심리형용사, 경험주가 자신의 신체의 일부분에 느끼는 감각 상태를 서술한 감각형용사, 명제에 대한 경험주의 판단을 나타내는 판단형용사로 나눈다. 이러한 하위분류에는 주어 이외의 문장성분의 특성도 동시에 고려된다. 객관적 형용사는 주어의 의미역이 대상역이거나 처소인 형용사 부류이다. 의미와 주어 이외의 다른 문장성분에 따라 하위분류될 수 있는데 주어의 속성이나 상태를 서술하는 성상형용사를 비롯하여 장소교차형용사, 대칭형용사, 기준형용사, 소유형용사, 소재형용사, 가능형용사, 대응형용사, 태도형용사 등으로 나눈다.[19]

---

18) 형용사를 상태동사로 보고 이의 하위범주를 주관동사와 객관동사, 그리고 중성동사로 나누어 살핀 것은 의미역할을 고려한 서술어의 분류방법이다. 남기심 외(1985: 112), 김영희(1988) 참조.
19) 유현경(1996)에서는 형용사를 의미역과 격틀을 근거로 분류하여 주관형용사와 객관형용사로 구분하였다. 다음은 보기의 일부이다.
   ㄱ. 주관형용사
      심리형용사: 대상심리; 좋다, 싫다, 무섭다
              원인심리; 기쁘다, 놀랍다, 섭섭하다

동사는 움직임을 나타내는 서술어이다. 움직임에는 여러 종류가 있다. '가다, 오다, 던지다'와 같이 구체적인 움직임이 보이는 경우가 있는가 하면 '생각하다, 느끼다'와 같이 움직임이 보이지 않는 움직임도 있다.

동사는 목적어를 가지고 있는가 여부에 따라 자동사와 타동사로 구분된다. 자동사는 움직임의 행위가 주어 혼자에 의한 것이고 타동사는 행위가 미치는 영향이 목적어라는 대상에도 미침을 보이는 문장이다. 형태적으로는 타동사가 목적어를 문장성분으로 가진다는 점에서 구별된다. 자동사에 의한 문장은 주어와 서술어를 중심으로 하기 때문에 목적어가 개입되는 타동사에 의한 문장을 목적어중심 구문이라 할 때, 주어 중심 구문이라 하여 구분하기도 한다.

최현배(1982)에서는 '다른 사물을 부림'이 있는가에 따라 자동사와 타동사를 구별하였는데 이 부림에는 객관적인 부림뿐만 아니라, 주관적인 부림도 있음을 지적하였다. '사람이 말을 타다'가 객관적인 부림의 목적어를 가진 문장이라면 '아이가 학교를 간다'는 주관

        감각형용사: 고프다, 마렵다, 뻐근하다
        판단형용사: 괜찮다, 좋다
   ㄴ. 객관형용사
        성상형용사: 가늘다, 더럽다, 따뜻하다, 예쁘다, 크다
        장소교차형용사: 가득하다, 자욱하다, 뽀얗다
        대칭형용사: 비교대칭; 같다, 다르다, 비슷하다
                    상호대칭; 가깝다, 밀접하다, 친하다
        기준형용사: 비교기준; 가깝다, 어렵다
                    조건기준; 나쁘다, 쉽다, 좋다
        소유형용사: 있다
        소재형용사: 있다
        가능형용사: 밝다, 익숙하다, 철저하다
        대응형용사: 강하다, 나쁘다, 알맞다, 해롭다
        태도형용사: 뻔하다, 확실하다

적 부림을 목적어로 갖는다고 본다. '말을 타다'는 '말에 타다'와 목적 대상과 장소라는 점에서 분명히 구분된다. 이는 목적어와 목적격 조사가 목적 대상을 지시하는 분명한 의미와 기능을 가지고 있음을 보이는 것이다. 그러나 '학교를 가다'의 경우에는 행위의 목적 대상이 된다고 보기 어려우므로 그래서 객관적인 목적 대상이 아닌 주관적 목적어라 하였다. '학교에를 가다'에서도 '학교에'를 주관적 목적 대상으로 대상화한 것으로 해석하게 된다. 이러한 주관적 목적어의 존재는 목적어의 설명에 유용하지만 주관적 목적어는 주관적임을 벗어날 수 없다.

자동사는 다시 내부적으로 하위 분류될 수 있다. 문장성분의 필수성에 따른 논항 구조의 차이나, 주어 이외의 다른 성분들의 의미역할을 기준으로 자동사를 나눌 수 있다. 서술어의 의미에 따른 공통성들도 서술어의 분류에 중심적 요소가 된다.

국어의 자동사는 먼저 주어의 의미역할을 중심으로 주어의 행위성 여부에 따라 비행위성 자동사와 행위성 자동사로 나눈 다음, 비행위성자동사는 다시 주어의 의미역이 대상인 대상자동사와 장소의 논항이 나타나는 소재자동사, 비교 대상이 나타나는 비교자동사, 지향점이 나타나는 변성자동사, 논항이 대칭적으로 나타나는 대칭자동사로 나눈다. 한편 행위성자동사는 주어의 의미역이 행위주인 행위자동사와 장소의 논항이 나타나는 위치자동사, 지향점이 나타나는 이동자동사, 논항이 대칭적으로 쓰이는 대칭자동사로 나눈다.[20]

---

20) 국어 자동사를 상세하게 분류한 연구로는 한송화(1997)가 있다. 다음은 분류의 보기이다.
　ㄱ. 비행위성 자동사

타동사도 논항 구조와 의미역할에 의하여 세분될 수 있다. 의미역은 주로 주어의 의미역이 중심이 되고, 목적어의 의미역도 중요한 구분의 기준이 될 것이다. 주어와 목적어 이외에 어떠한 문장성분이 논항으로 나타나는지도 논항 구조에서의 관심 대상이다. 타동사를 이러한 원리에 따라 독립적으로 철저하게 구분한 연구는 아직 없다.

동사와 형용사의 특징을 일부 공유하여 형용사로도 동사로도 보기 어려운 서술어로 '있다'와 이와 관련된 '없다, 계시다'가 있고, 조사로서의 특징과 서술어로서의 특징을 공유하고 있는 '이다'는 서술어의 커다란 분류에서 따로 떼어 살펴볼 만하다.

국어 문법사에서 용언은 동사와 형용사의 분류를 기반으로 다시 하위 분류되었는데 동사는 제움직씨(자동사)와 남움직씨(타동사), 입음움직씨(피동사)와 하임움직씨(사동사)로, 형용사는 제그림씨(본질 형용사), 불완전그림씨, 가리킴그림씨(지시형용사)로 나누는 것이 보통이다. 자립성에 따라 도움움직씨(보조동사), 도움그림씨(보

대상자동사: 곪다, 늙다, 새다, 차다, 나다, 생기다, 알려지다
소재자동사: 붙다, 속하다, 가라앉다, 넘어지다
비교자동사: 앞서다, 어울리다
변성자동사: 되다, 바뀌다
대칭자동사: 맞다, 어울리다
피동자동사: 찌들다, 취하다, 당하다
심리자동사: 놀라다, 질리다, 거스리다, 들리다
ㄴ. 행위성 자동사
행위자동사: 날다, 놀다, 뛰다, 웃다, 울다, 떠들다
위치자동사: 이르다, 닿다, 남다, 서다
이동자동사: 꺼지다, 가다, 오다, 떠나다
대칭자동사: 싸우다, 다투다
중립동사: 구기다, 움직이다

조형용사)의 보조용언으로도 나누었다. 조동사는 어미를 가리키기도 하여 학자마다 용어 사용이 다양하였다.

주시경(1910)에서는 동사를 '제움, 남움, 바로움, 입음움'으로 나누고 형용사는 의미에 따라 '물품, 물모, 행품, 행모, 때, 헴, 견줌, 모름'으로 구별하였다. 김두봉(1916)에서는 동사를 '제움과 남움'으로 나누고 제움은 '홀로제움, 더불제움, 제로움(능동), 입음움(피동)'으로, 남움은 '홋짝남움, 겹짝남움, 바로움(직접동), 건느움(간접동), 절움'으로, 형용사는 '갈언, 꼴언, 때언, 셈언, 가리침언, 물음언, 절언' 등으로 세분하였다. 형용사의 하위 분류는 의미를 중심으로 하였다.

동사와 형용사를 가장 다양하게 하위 분류한 문법서는 정열모(1946)이다. 품사인 감말의 종류를 명사, 동사, 관형사, 부사, 감동사 다섯으로 나누어 품사를 가장 적게 나누었다. 형용사는 문법적 성질에서 다른 동사와 다를 바 없어 한 품사로 세울 가치가 없다 하고 동사와 형용사를 모두 동사라 하여 한 품사로 다루었다.

동사(움)는 "작용의 개념을 나타내서 어느 무엇에 대한 판단을 내리는 것"이다. 판정성이란 "개념에서 말하는 것이니 동사에서 말하면 판정성은 서술성이고 동사는 작용을 서술적으로 나타내는 감말"이라 하였다. 동사는 동작동사와 형용동사로 나눈다. 동작과 상태(형용)의 구별은 동과 정의 구별은 아니고, 인식하는 법의 구별인데 시간을 구별의 기준으로 보았다. 동사를 논리적 개념의 의미성과 통사구조에 따라 분주성동사, 합주성동사, 귀착성동사, 귀착성 아닌동사, 타동사, 자동사로 나누고, 귀착성동사를 다시 기댈성동사, 떠날성동사, 더불성동사, 보탤성동사, 여길성동사로 나누었다.

분주성동사는 어느 현상의 관념을 분해하여서 작용의 개념과 주체의 개념 둘로 나누어 가지고, 작용의 주체 개념을 떼어 버리어, 작용 그것의 개념만을 나타낼 동사이다(꽃이 핀다, 새가 공중을 나른다). 합주성 동사는 주체와 작용을 분해하지 아니하고 작용의 개념 가운데 주체의 관념까지 넣어서 나타내는 동사 임자싸인 동사이다(당신이 회장이시오니까? 그렇소).

귀착성동사는 어느 현상의 관념을 분해하여서 작용 그것과 작용의 귀착할 객체와의 둘로 나누어 객체의 개념을 떼어내고 작용 그것의 개념만을 나타내는 성질을 가지고 있는 동사이다. 귀착성동사의 귀착성에는 타동성(바람이 꽃을 지운다), 기댈성(부모는 고향에 계시다), 보탤성(때는 여름이 되었다), 더불성(남과 싸우지 말어라), 여길성(좋다고 생각한다), 떠날성(해는 동쪽서 뜬다) 등이 있다. 귀착성 아닌 동사는 객체의 개념을 빼지 아니한 성질의 동사로 객체를 나타내는 말과 귀착성동사와의 둘로 된 덧감말은 이것을 한 동사로 보면 귀착성 아닌 동사이다. 객체가 빠져 있지 아니한 까닭이다(바람이 꽃을 지운다, 물이 어름이 된다).

임자싸인(합주)동사로 귀착성 아닌 동사인 실질동사는 '그렇다'와 같이 자기만으로 의미가 완비하여 있다. 이를 절대동사라 한다. 임자가른(분주) 동사일 것 같으면 주체의 보충을 요구하고, 귀착성 동사일 것 같으면 객체의 보충을 요구하고 형식동사일 것 같으면 실질의 보충을 요구한다. 이를 상대동사라 한다.

휘두를동사(타동사)는 다른 물건을 제 작용 속에 집어넣어서 자기 작용의 한 재료로 하는 작용을 나타내는 동사로 귀착성동사의 한 가지이다(듣는다, 나린다, 때린다, 보낸다). 생산, 지님, 사용, 처치의 네 가지 뜻이 있다. 작용의 주체의 의지를 볼 수 있는 것은 맘먹은 휘두를(생도가 책을 읽는다, 시인이 시를 짓는다), 주체의 먹은 맘을 엿볼 수 없는 작용인 제절로휘두를(외동이를 죽여 버렸다, 너머져서 무릎을 나쳤다)이 있다. 제대로동사는 작용의 재료인 개념이 싸이어 있는 작용 개념을 나타내는 동사이다. 휘두를성 아닌 동사는 귀착성 있거나 없거나 모두 이것을 제대로 동사라고 한다(진다, 닫는다, 들린다, 나린다, 맞는다, 간다). 제대로와 휘두를이 상대하여 있는 것을 대칭 자타동(진다-지운다, 들린다-듣는다), 휘두를동사 혹은 제대로동사의 그 상대 없는 것을 홀로제대로동사, 홀로휘두를동사라 하였다.

한편 동사를 본동사, 대동사, 미정동사, 형식동사의 네 가지로도 나누었다. 본동사는 실질뜻이 정하여진 동사(간다, 읽는다, 적는다), 대동사는 실질뜻이 어느 기준에 따른 지시로 말미암아 임시로 작정되는 동사(이러-이러하-이렇, 그러-그러하-그렇, 저러-저러하-저렇), 미정동사는 실질뜻이 작정되지 아니한 동사(아무러-아무러하-아무렇, 어떠-어떠하-어떻, 어찌-어찌하-어쩔), 형식동사는 실질 뜻이 없이 다만 형식뜻만을 가지고 있는 동사(운동하다, 가르쳐주다, 잊어버리다, 줄어들다, 찾아본다, 들어간다)로 서양식으로 말하면 대략 조동사라 하였다.

본동사의 작은 갈래에는 보람동사, 기호동사, 모형동사가 있다. 보람동사는 소리를 단지 개념의 보람으로 쓴 동사(간다, 산다, 멀다)이다. 어원은 어찌되었든지 현재 의식으로서는 소리와 개념 사이에 아무 자연적 관계없이 단지 인위로 약속한 보람인 것이다. 그림동사는 소리 또는 그 뜻이 작용의 그림으로써 쓰인 동사(똑닥거린다, 쿵쿵거린다, 찬찬하다, 똑똑하다)이다.[21] 모형동사는 말하는

---

21) '빙빙, 출렁' 등은 몸갈이 없는 것이지만 명확한 서술성을 가진다. 정열모

이가 자기의 말소리로 음향의 모형을 만들어 이것으로서 음향이라
는 작용을 서술하는 것(꼬꼬, 뎅, 따르릉, 어머니, 여봐라, 게 아무
도 없느냐)이다.

(2) 보조동사

용언은 자립성 여부에 따라 자립 용언과 의존 용언으로 구분한
다. 의존 용언은 본용언에 붙어 쓰이면서 그 말에 문법적 의미를 더
해주는 용언이기에 보조용언이라고도 한다. 보조용언은 동사와 형
용사의 특징에 따라 보조동사와 보조형용사로 구분된다. 보조용언
의 범위를 학교문법에서 제시하는 바에 따라 들면 다음과 같다.[22]

> (32) ㄱ. 보조동사
> 　　　진행: 어 가다, 오다, 고 있다, 고 계시다
> 　　　종결: 어 내다, 버리다, 고 나다, 고야 말다
> 　　　봉사: 어 주다, 드리다
> 　　　시행: 어 보다
> 　　　보유: 어 두다, 놓다, 가지다
> 　　　사동: 게 하다, 만들다
> 　　　피동: 어 지다, 게 되다
> 　　　부정: 지 아니하다, 말다, 못하다
> 　　　강세: 어 대다
> 　　　짐작: 어 보이다

(1946: 81) 참조.
22) 국어 문법에서 동사는 형용사와 상대되는 용언으로서, 또는 형용사를 포함
　　하는 용언으로 사용된다. 보조동사는 주로 넓은 의미에서 용언을 지칭한
　　다. 보조동사에 관한 어미별 분류는 이미 최현배(1955)에서 자세히 다루었
　　지만, 여기서 보인 것은 현행 학교문법에 바탕을 둔 남기심 외(1985, 1989)
　　에서 다룬 것이다.

당위: 어야 하다
시인: 기는 하다
ㄴ. 보조형용사
희망: 고 싶다
부정: 지 않다, 못하다
추측: ㄴ가/는가/나 보다, 는가/나/을까 싶다
상태: 어 있다, 계시다
시인: 기는 하다

(32)의 보조동사를 연결하는 어미에 따라 다시 나누면 다음과 같다.

(33) 보조동사
ㄱ. 어미 '어': 가다, 가지다, 놓다, 내다, 대다, 두다, 드리다, 버리
다, 보다, 보이다, 오다, 주다, 지다
ㄴ. 어미 '고': 나다, (고야)말다, 있다, 계시다
ㄷ. 어미 '게': 되다, 만들다, 하다
ㄹ. 어미 '지': 아니하다, 말다, 못하다
ㅁ. 어미 '어야': 하다
ㅂ. 어미 '기는': 하다

(34) 보조형용사
ㄱ. 어미 '어': 있다, 계시다
ㄴ. 어미 '고' 싶다
ㄷ. 어미 '지': 않다, 못하다
ㄹ. 어미 '기는': 하다
ㅁ. 어미 'ㄴ가/는가/나/을까': 보다, 싶다

여기에는 전통문법에서 보조동사로 처리되어 오던 '뻔하다, 체하다, 양하다' 등과 '쌓다'가 제외되어 있다. 보조동사의 범위는 보조

동사구성의 인식 차이 때문에 동일하지 않다. '오락가락 하다, 들락날락 하다'의 '하다', '려고 하다'의 하다도 보조동사로 해석되기도 하며, '어 나다, 어 들다', '먹다'와 '고 앉았다, 고 자빠졌다'도 보조동사로 해석되기도 한다. 또한 '지다'와 '대다'가 접미사로 해석되기도 하는데 그럴 만한 타당한 근거도 있다.

5) 어미

용언은 문장의 유형을 결정하는 요소로서 어간과 어미로 나누어진다. 어미의 분석은 분석한 후 분석하기 이전의 의미와 기능을 유지할 수 있는가가 분석의 중요한 기준이 된다.

어미는 위치에 따라, 그리고 문장에서의 역할에 따라 나누어진다. 용언의 맨 끝에 오는 어미를 어말어미라 한다. 어말어미들은 문장을 끝맺는 특징을 가지고 있기 때문에 맺음씨끝이라고 한다. 끝맺는 성질을 갖지 못한 어미들은 안맺음 씨끝들인데 선어말어미들이다.

선어말어미에는 연결되는 어간의 분포가 넓은 것들과 분포가 제한적인 것들이 있다. 연결의 분포가 넓은 어미는 '시(주체높임), 는, 었, 겠(시간)'이 있고, 어간과의 연결이 제한적인 어미는 'ㅂ(상대높임), 느, 더, 리(서법 또는 시간), 니, 것(강조)'이 있다. 이 어미는 'ㅂ'이나 '느, 니'를 'ㅂ니다'나 '느냐, 는다'에서 분석하는 해석이다.

어말어미는 종결어미와 연결어미, 하위범주로 나누어지는데 이에 의해 문장은 종결법과 연결법, 전성법에 의한 문장이 이루어진다. 문장 종결법은 문체법이라고 하는데 문법가에 따라 4가지에서

8가지의 문장 유형을 정한다. 현행 학교문법에서는 평서형, 의문형, 청유형, 넝령형, 감딘형이 있다.

평서문(서술문)은 화자가 어떤 내용을 평범하게 진술하는 문장 유형이다. 감탄문은 화가가 자기의 느낌을 표현하는 문장 유형이다. 이 두 문장은 모두 듣는이에게 어떠한 요구를 하지 않는다. 감탄문은 간접 인용문에서 평서형 어미로 나타나기 때문에 감탄문을 인정하지 않고 평서문으로 다루기도 한다. 의문문과 명령문, 청유문은 모두 듣는이에게 답을 요구하는 문장으로, 의문문은 말에 의한 답을, 명령문과 청유문은 행위로 답을 요구하는 문장이다. 이러한 문장 유형은 모두 어말어미에 의하여 표시된다.

상대높임은 말듣는이를 높이거나 낮추기 위한 언어 표현 방법으로 종결어미에 의해 나타난다. 상대높임법의 등분은 학자에 따라 여러 유형으로 다르다.

높임의 방법을 의례적인 격식체와 정감적인 비격식체로 나눈다. 격식체는 다시 아주높임(하십시오: 합쇼), 예사높임(하오), 예사낮춤(하게), 아주낮춤(해라)로, 비격식체는 두루낮춤(해)와 두루높임(해요)이 있다.[23] 높임의 두 유형이 생긴 것은 시간에서의 두 체계에서와 같이 역사적으로 다른 체계가 결합되면서 이루어진 결과이다. 어말어미를 문장 종결법과 높임에 따라 나누면 다음과 같다.

(35) ㄱ. 서술형: 아주높임; (읍)니다, 느이다, 나이다, 노이다, (오)이다
　　　　　　예사높임; 오, 으오, 소, 시요, 아요(이요), (는, 았, 겠)구려

---

23) 합쇼체란 합쇼라는 말이 잘 쓰이던 시대의 용어이다. 하십시오체라 함이 적당하다. 하소서와 합쇼체를 나누기도 한다. 반말을 높임의 한 체계에서 다루기도 하는데 이경우 아주 낮춤에 가깝게 해석한다.

예사낮춤; 네, (으)ㅁ세, 데

아주낮춤; 다(는다), (으)니라, (더, 리)라, (으)마, 느니라
(나니라), 노라, (으)ㄹ게, 구나, 도다, 거든

반말; 아(어), 지

ㄴ. 의문형: 아주높임; (ㅂ)니가, 느이가(나이가)

예사높임; 오(으오, 소), 아요(어요), 지요

예사낮춤; (는)가, (을)가, (던)가, (는, 을, 던)고, (으)ㄹ
손가

아주낮춤; 나, 니(나)냐, 느(나)뇨, 느니, (더)냐, 니, (으)
ㄹ소냐, (으)랴

반말; 아(어), 지

ㄷ. 명령형: 아주높임; 소서(으소서)

예사높임; 구려, 오(으오, 소), 아요(어요)

예사낮춤; 게, 소

아주낮춤; (으)라, 아/어/여라, 너라/거라, 려무나(렴)

반말; 아(어)

ㄹ. 청유형: 아주높임; (으십)세다(시다)

예사높임; (읍)세다(시다), 아요(어요), 지요

예사낮춤; 세

아주낮춤; 자

반말; 아(어)

　　감탄형을 인정할 경우, '노라, 구나, 도다'는 감탄형 어미로 다루
어진다. 허 웅(2000: 775)에서는 서술형의 낮춤법 어미로 생략형인
'느니, 으니'와, 옛말투로 '을지라, 을지니라, 을지어다, 을지로다'를
들었다. '다고 한다'에서 융합되어 이루어진 표현 '단다'를 비롯하
여 '란다'와 '다네/라네, 는다네/ㄴ다네, 노라네'도 굳어진 어미로
다루었다. '다고/라고, 는다고/ㄴ다고'도 이와 같은 원리이다.
　　문장이 다른 문장의 한 성분으로 내포되면 내포문(안긴문)을 이

룬다. 문장이 구성 성분이 되기 위해서는 문장을 구성 성분으로 바꾸는 장치가 필요하다. 문장에서 서술어를 명사, 부사, 관형사와 같은 다른 품사로 구실하게 하여 주는 어미를 하위범주라 한다. 이러한 어미는 다음과 같다. 현행 학교문법에서는 부사형 어미 '게'를 인정한다.

(36) ㄱ. 부사형: 아, 게, 지, 고
     ㄴ. 관형사형: (으)ㄹ, 는, (으)ㄴ, 던
     ㄷ. 명사형: (으)ㅁ, 기

명사형 하위범주 '(으)ㅁ, 기'에 의해 명사절이 이루어지고, '것'에 의해서도 명사절이 이루어지는데, '것'은 명사형 어미와 같은 구실을 한다.

(37) ㄱ. 우리가 승리함이 분명하다.
     ㄴ. 우리가 승리하기가 쉽다.
     ㄷ. 우리가 승리하는 것이 분명하다.

관형사형 어미 '는, (으)ㄴ, (으)ㄹ'과 '던'이나, 종결형에 '(고 하)는'이 붙어서 관형사절이 이루어진다. 앞의 관형사절은 짧은 관형사절, 뒤의 관형사절을 긴 관형사절이라 하여 구별하기도 한다.

(38) ㄱ. 그는 우리가 가는 곳을 안다.
     ㄴ. 그는 우리가 갈 곳을 안다.
     ㄷ. 그는 우리가 간 곳을 안다.
     ㄹ. 그는 우리가 가던 곳을 안다.
     ㅁ. 그는 우리가 간다고 하는 곳을 안다.

관형사절은 동격 관형사절과 관계 관형사절로 구분되는데, 동격 관형사절은 한 문장의 모든 성분을 다 갖추고 있고, 수식을 받는 명사들은 특정한 것으로 제한된다. 관계 관형사절은 문장성분이 빠져 있는 관형사절이다.

(39) ㄱ. 나는 그가 떠난 사실을 몰랐다.
    ㄴ. 나는 그가 죽었다는 소식을 들었다.

(40) ㄱ. 내가 쓴 소설이 베스트셀러가 되었다.
    내가 (소설을) 쓴 소설이 베스트셀러가 되었다.
    ㄴ. 서울을 떠난 그가 다시 나타난 것은 그해 겨울이었다.
    (그가) 서울을 떠난 그가 다시 나타난 것은 그해 겨울이었다.
    ㄷ. 내가 너를 만난 책방에서 불이 났다.
    내가 너를 (책방에서) 만난 책방에서 불이 났다.

부사절은 부사형 어미에 의하여 이루어지는 겹문인데, 국어 연구에서 부사절의 존재여부에 대하여는 여러 이견이 있다. 종속적 연결어미에 의하여 이루어지는 접속문은 모두 부사절로서의 특징이 있어 부사절로 다루어지기도 한다. 그러나 종속 접속문은 접속문으로서의 특징을 고려하여 부사절과 구별할 필요가 있다. 부사절을 이루는 부사형 어미는 '듯이, 게, 도록'이 있다. 학교문법에서는 이들을 부사형 어미로 다루는 것에 대해 여러 이견이 있었지만, 이 어미들은 부사절을 이끄는 어미로서의 특징이 강하기 때문에 연결어미로만 다루는 것은 적절하지 않았다. 「고등학교문법」(2002)에서 '게'를 부사형 어미로 다시 인정한 것은 이러한 이유 때문이다.

(41) ㄱ. 자동차가 미끄러지듯이 굴러간다.

    ㄴ. 꽃이 예쁘게 피었다.

    ㄷ. 우리는 들어가도록 허락을 받았다.

(42) ㄱ. 벚꽃 잎이 눈이 내리듯이 쏟아져 내린다.

    ㄴ. 우리는 그들이 들어가게 문을 열었다.

    ㄷ. 우리는 그들이 들어가도록 문을 열었다.

'미끄러지듯이, 예쁘게, 들어가도록'은 모두 서술어를 꾸며주는 구실을 한다. 그러나 이들이 문장으로 길게 쓰이면 접속문으로 보인다. 부사 파생 접사에 의해 부사절이 이루어지는 문장들이 있다.

(43) ㄱ. 우리는 아무 기약 없이 헤어졌다.

    ㄴ. 우리는 너무 없이 살았다.

    ㄷ. 우리는 너무 많이 먹었다.

이들은 어미에 의하여 이루어지지 않았지만, '기약(이) 없이'에서와 같이 파생부사가 문장 서술어로서의 역할을 하기 때문에 부사절을 이루는 것으로 해석하지 않을 수 없다. '없이 살았다'의 경우, '(돈이) 없이'와 같이 문장을 이루는 것으로 해석 가능하지만, 문장을 연상하지 않아도 가능할 만큼 파생접사로 굳어졌다. 그러나 문장을 이끄는 힘이 사라진 것은 아니다. 이에 비해 '많이'는 파생부사로서의 특징이 강함을 볼 수 있다.

하나의 통일된 생각을 일정한 형태로 표현하는 것이 문장인데, 홑문장은 서로 연결되어 좀더 복잡한 관계를 나타낸다. 보통 두 문장이 연결되는 것이 기본인데, 두 문장의 관계는 나열, 동시, 상반, 조건이나 가정, 이유나 원인, 결과나 상태의 지속, 바뀜, 더욱 심해짐(익심), 의도, 목적, 무관, 당위, 배경 등이 있다. 이 관계에 대한 의미 해석이나 분류는 사람에 따라 다르게 구분될 수 있다.

이러한 두 문장의 의미 관계는 인간 사고의 기본적인 관계를 형성하는 것으로, 우리의 사고 구조의 유형화를 볼 수 있는 중요한 단서가 될 수 있다. 따라서 '원인'의 의미 관계, 또는 '의도'의 의미 관계 본질은 무엇이고, 이러한 의미 관계를 표출하기 위하여 국어에서는 어떤 형태로 실현되는가, 또 이 형태의 형성은 어떻게 이루어졌는가의 탐색은 언어범주화를 밝히는 중요한 과제이다.

연결어미는 문장이나 단어를 연결하여 주는 기능을 가지고 있는 어미이다. 이 어미에 의해 문장이 연결되어 접속문을 이룬다. 단어와 단어와의 연결은 일정한 어미에 의해서 이루어지는데, 일부 어미의 연결은 단어의 연결인지 문장의 연결인지 구분하기 어려운 경우가 있다. 예를 들어 '비가 오락가락 한다'는 두 단어의 연결이지 두 문장의 연결이라고 보기 어렵다.

(44) 연결어미(이음법)
　　　구속형: 가정; (으)면, (으)ㄹ 것 같으면, (으)ㄹ진대(댄), 거든, (더)ㄴ들
　　　　　　　사실; (으)니, (으)니까, (으)ㄴ즉, 아/어(아/어서), 나니, (으)
　　　　　　　　　매, (으)므로, (으)ㄴ/는/(으)ㄹ지라, 거늘, 기에, 기로,
　　　　　　　　　거든, 거니, 건대, 관대
　　　　　　　필요; 아/어야, 아/어야만
　　　　　　　가정; 더라도, (으)ㄹ지라도, (으)ㄴ들
　　　방임형: 양보; (으)ㄹ망정, (으)ㄹ지언정
　　　　　　　사실; 지마는, 건마는(건만), 거니와, 아/어도, (으)나, (으)나마
　　　　　　　추정; (으)려니와, (으)련마는
　　　나열형: 시간적 나열; 한때 (으)면서, (으)며, 차례: 고(고서), 아(아
　　　　　　　　　서)

공간적 나열; (으)며, 고, 거니
설명형: 는데, 는바(은바, 던바), (으)되, (으)니, (더)니, 노니, 나니,
(으)ㄹ새
비교형: 거든, 거온
선택형: 거나, 든지, (으)나
연발형: 자
중단형: 다가
첨가형: (으)ㄹ 뿐더러
익심형: (으)ㄹ수록
의도형: (으)려, 고자/저, 자
목적형: (으)러
도급형: 도록
반복형: 락

연결되는 두 문장은 대등적, 종속적 관계로 나눌 수 있다. 어미 가운데 '고, 며, (으)나, 지만'은 두 문장을 대등하게 연결하고, 다른 어미들은 종속적으로 연결한다.

(45) ㄱ. 영희는 떠나고 순희는 돌아왔다.
ㄴ. 나는 가지만 그는 가지 않는다.

(46) ㄱ. 봄이 오면 진달래가 핀다.
ㄴ. 봄이 되어서 진달래가 핀다.

연결어미들은 시제를 비롯한 다른 문법 어미들과 같이 쓰일 수 있는가에 따라 구별되기도 한다. 이러한 구별도 각 어미들이 가지고 있는 의미, 기능적인 특징과 역사적인 생성과정과 연관성이 있기 때문에 이들을 동시에 고려하여 원인을 규명할 수 있다.
연결어미의 일부는 문장의 종결부에 쓰이면서 종결어미가 되었

다. '나도 간다니까'의 '니까', '나도 가거든'의 '거든', '자기도 가면서'의 '면서'는 모두 연결어미로서의 구실을 하면서도 문장 종결에서는 종결어미로 쓰인다. 허 웅(2000: 565)에서는 '니까'의 이러한 특징을 고려하여 '으니까(깐/까는), 다니까(깐/까는), 라니까(깐/까는), ㄴ/는다니까(깐)를 서술법의 종결어미로 다루었다. '거든'과 '면서'도 종결어미로 다룰 만하다.

6) 수식언: 관형사와 부사

관형사는 자립성이 없기 때문에 자립적 측면에서 보면, 단어에 포함될 수 없다. 그러나 다른 관형어들이 자립성을 갖고 있기 때문에, 문법적 동질성으로 단어로 인정받는다. 관형사는 의미로 보아 지시관형사(이, 그, 저, 요, 고, 조, 어느, 무슨 등)와 성상관형사(새, 헌, 헛, 옛 등), 수관형사(한, 두, 세, 내, 다섯, 한두, 두세, 서너 등)가 있다. 한자어로 된 관형사는 지시관형사(귀, 본, 동, 현 등)와 성상관형사(순, 신, 구, 대, 고, 주, 정 등)가 있다.

관형사들의 순서는 '저 모든 새 집'에서 볼 수 있는 바와 같이 지시관형사─수관형사─성상관형사의 순서이다.

현행 학교문법에서는 '하나, 둘, 셋, 넷' 등은 수사로, '한, 두, 세, 네'는 관형사로 각각 달리 다루고 있다. 그러나 '다섯, 여섯, 일곱 등'에서 하나의 형태인 점을 고려하면, '하나/한', '둘/두', '셋/세', '넷/네'은 형태적으로 제약된 이형태로 볼 수 있다. 허 웅(1983: 192) 참조. 이 경우 이들은 모두 수사가 되고 수사과 관형어로서 기능하기도 하는 것으로 해석된다. 명사가 관형어의 기능을 하는 것은 국어에서 일반적인 현상이다.

부사어는 동사와 일차적 관계를 가지고 있다. 최현배(1955: 594)에서는 통사적 기능에 따라 '잇는 어찌씨(접속부사)', '비롯하는 어찌씨(시작부사)'로 나누고 다시 의미에 따라 비롯하는 어찌씨를 '바탈어찌씨(속성부사)'와 '말재어찌씨(화식부사)'로 나눈 다음 의미에 따라 하위분류하였다.

부사는 수식 범위에 따라 문장수식부사와 동사수식부사로 구별한다. 그리고 문장수식부사(확실히, 진실로, 다행히), 서술구수식부사(완전히, 상당히, 진실로), 동사수식부사(동사와 형용사, 또는 다른 부사를 직접적으로 수식하는 '매우, 빨리, 잘')로 구별된다. 문장부사를 구별하는 방법으로 사실명사화 변형을 허용하는가를 살펴보는 방법이 있다.

(47) ㄱ. 선생님이 다행히 친구를 만났다/다행히 선생님이 친구를 만났다.
　　 ㄴ. 선생님이 친구를 만난 것이 다행이다.

(48) ㄱ. 선생님이 항상 친구를 만난다.
　　 ㄴ.*선생님이 친구를 만나는 것이 항상이다.

(49) ㄱ. 선생님이 친구를 빨리 만난다.
　　 ㄴ.*선생님이 친구를 만나는 것이 빨리이다.

부사의 수식 범위는 부정의 수식 범위와 관계가 있다. 문장부사는 결코 부정 범위 안에 들어가서 해석되는 일이 없고 항상 부정 범위 밖에 있는데, 이는 이 부사들의 수식 범위가 부정소를 포함한 전체 문장에 걸치므로, 부정소보다 상위 교점에 자리 잡아서 부정의 범위 밖에 존재하기 때문이다. 한편 동사 수식 부사는 부정소보다 하위 교점에 있어서 항상 부정소의 통어를 받아 부정 범위 안에 있는 것으로 해석된다.

시간부사와 장소부사는 이중적인 통사 기능을 수행하는데, 이들이 문장 전체를 수식하는 위치에 올 때는 문장 수식 부사와 똑같이 항상 부정 범위 밖에 나와서 해석되고, 서술구를 수식하는 위치에 나타나면, 부정소의 통어를 받아 항상 부정의 범위 안에 있는 것으로 해석된다. 서상규(1984: 112) 참조. 다음은 부정의 범위 안에 문장부사가 들어갈 수 없음을 보여준다.

    (50) ㄱ. 다행히 불이 안 꺼졌다.
          ㄴ. 다행히 불이 꺼지지 않았다.

    (51) ㄱ. 불이 안 꺼진 것이 다행이다.
          ㄴ. 불이 꺼지지 않은 것이 다행이다.

    (52) ㄱ.?불이 다행히 꺼진 것은 아니다. (?불행히 꺼졌다.)

시간부사와 장소부사가 이중적인 통사 기능을 하는 보기는 다음과 같다.

    (53) ㄱ. 우리는 내일 소풍을 안 간다.
          ㄴ. 우리는 내일 소풍을 가지 않는다.

    (53') ㄱ. 우리는 내일 소풍을 안 가고, (내일) 수업을 한다.
           ㄴ. 우리는 내일 소풍을 안 가고, 모레 (소풍을) 간다.

이와 같은 두 가지 해석이 가능한 것은 부정과 부사의 수식 범위에 차이가 있기 때문이다. 그러나 이러한 수식의 차이는 장소부사와 시간부사에 한정된 것이 아니라, 성분부사도 가지고 있는 문제이다. 즉 성분부사들도 중의적으로 해석이 된다. 이에 비해 문장부사는 부정의 수식 범위가 반드시 부정의 범위 밖에 있기 때문에 문장부사와 성분부사는 구조상 구별된다.

동사수식부사인 정도부사의 경우 부정의 범위 안에서만 부사의 해석이 이루어지는가에 대한 이견을 다음을 통해 볼 수 있다.

(54) 오늘은 매우 안 춥다/오늘은 매우 춥지 않다.
　ㄱ. 오늘은 매우 안 춥고 조금 춥다/오늘은 매우 춥지 않고 조금 춥다.
　ㄴ. 오늘은 매우 안 춥고, 따뜻하다/오늘은 매우 춥지 않고, 따뜻하다.

부정의 결과가 정반대인 '매우 덥다'가 아닌 '매우 따뜻하다'인 경우에는 가능성을 생각할 수도 있다. 물론 이것이 일차 해석은 아니다. 이 점은 양태부사에서도 마찬가지이다.

(55) 손님이 많이 안 왔다/손님이 많이 오지 않았다.
　ㄱ. 손님이 오긴 왔지만, 조금 왔다.
　ㄴ.*손님이 안 온 것이 많다.

(56) 그는 재빨리 밥을 안 먹었다/그는 재빨리 밥을 먹지 않았다.
　ㄱ. 그가 (밥을 안 먹는 것을) 재빨리 했다.
　ㄴ. 그가 (재빨리 밥을 먹는 것을) 안 했다. 천천히 먹었다.

[아니 [재빨리 [먹다]]]의 의미 해석뿐만 아니라, [재빨리 [아니 [먹다]]]의 의미 해석도 가능하다. 문장수식부사의 구조상 위치 파악과 관련된 중요한 문제는 부사가 문장을 수식한다는 점에 대한

재고이다. 문장을 수식하는 것이 부사인가, 또 문장수식부사란 정말로 문장을 수식하는 것인가의 문제는 아직 더 고려해야 할 점이다. 그러나 여기서는 잠정적으로 '그리고, 그러나, 그러면'과 같은 접속부사를 넓은 의미에서 문장부사로 보는 학교문법적인 태도와, 이미 이러한 문장부사의 존재가 구조상 필요로 하는 것을 고려하여 문장부사를 문장 마디의 직접 지배를 받는 것으로 본다.

4 문장의 의미 관계

문장의 의미는 통사 의미적 관점, 진리 조건적 관점, 화행 분석의 관점, 의사소통의 관점 등에서의 분석이 이루어졌다. 문장 의미 분석의 중심은 통사 의미적 분석이다.

1) 통사 의미적 관계

문장의 의미는 문장을 구성하는 단어들에 의하여 이루어진다. 그러나 단어들의 의미의 합이 곧 문장의 의미는 아니다. 문장의 의미는 단어의 의미만이 아닌 통사적 구성 원리가 포함된다. 어순에 의하여 의미가 달라질 수 있고, 또 문장은 각 단어들의 결합과 다른 의미를 나타내기도 한다. (57)과 (58)은 각각 어순에 따른 의미의 차이와 단어들의 의미와는 다른 관용적인 문장의 의미가 있음을 보여준다.

(57) ㄱ. 성호는 진선이는 좋다.
ㄴ. 진선이는 성호는 좋다.

(58) ㄱ. 영수가 이번에도 미역국을 먹었다.
ㄴ. 너무 비행기를 태우지 마라.

문장을 구성하는 어휘들은 어떤 의미를 갖고 어휘부를 이룬다. 어휘부에 있는 의미들이 문장으로 실현되면서 문장의 생성 과정인 통사 현상과 연결된다. 문장이 구조적으로 생성되면서 의미도 동시에 실현되는 것이다. 결국 문장의 의미는 문장 생성의 통사 규칙과 문장을 구성하는 어휘 의미에 의하여 형성된다고 할 수 있다.

생성문법에서 논의된 여러 가지 의미 해석은 통사 의미적 분석이다. 분석된 어휘의 의미 구조를 바탕으로 문장의 의미가 형성되기 위해서는 어휘들의 어미를 결합하는 규칙이 필요한데, 이를 투사 규칙(projection rule)이라 한다. '아름다운 여인'은 '아름답다'라는 형용사와 '여인'이라는 명사의 통사적, 의미적 결합에 의하여 이루어진다. 이러한 과정은 문장 생성 과정의 일부이다.

영어 연구에서 제시되었던 통사, 의미적 해석의 과정을 투사 규칙을 중심으로 살펴보면, Katz & Fodor(1964)에서는 colorful과 ball의 어휘부에서의 의미와 이의 투사를 다음과 같이 제시한다. 이익환(1985) 참조.

(59) ㄱ. colorful→Adj→(Color)→[Abounding in contrast or variety of bright colors] <(Physical Object) ∨ (Physical Object)>
colorful→Adj→(Evaluative)→[Having distinctive character, vividness, or picturesqueness] <(Asethetic Object) ∨ (Social Activity)>
ㄴ. ball→Nc→(Social Activity)→(Large)→(Assembly)→[For the purpose of social dancing]
ball→Nc→(Physical Object)→[Having globular shape]

ball→Nc→(Physical Object)→[Solid missile for projection by engine of war]

ㄷ. colorful+ball→Nc→(Social Activity)→(Large)→(Assembly)→(Color) →[[Abounding in contrast or variety of bright colors] [For the purpose of social dancing]]

어휘에 대한 정보는 문법 표지, 의미 표지, 구별소로 나눈다. 구별소는 어휘의 의미에 관해 특수한 면을 보이기 위한 것으로, 개념적으로 동일한 의미를 가질 수 있는 내용들을 구별하여 주는 의미이다. < >은 선택 제한, ( )은 의미 표지, [ ]은 구별소이다.

colorful은 (59ㄱ)과 같이 두 가지의 중심 의미를, ball은 (59ㄴ)과 같이 세 가지의 중심 의미를 갖고 있다. 이 두 단어의 연결인 colorful ball은 이론적으로 여섯 가지의 가능성이 있지만, 선택 제한에 의하여 네 가지만 실현된다. (59ㄷ)은 한 가지 유형이다.[24]

Jackendoff(1972)에서도 어휘의 의미 구조를 의미 성분으로 분석한다. 격 관계를 비롯한 논항 개념을 함수 구조에 의해 서술어에 표시하는 점이 특징이다.

(60) 형용사 open: +A, +[NP1 be_], OPEN(NP1)

자동사 open: +V, +[NP1 _], [CHANGE/Physical] (NP1, NOT OPEN, OPEN)

타동사 open: +V, +[NP1 _ NP2], CAUSE(NP1, [CHANGE/Physical] (NP2, NOT OPEN, OPEN)

---

24) Weinreich(1963)에서는 의미 표지와 구별소를 자질로 표시하여 통합하고, 선택 제한도 자질로 표시하였다. Bierwish(1969)에서도 의미 표지와 구별소의 구별 없이 의미 원소인 의미 자질로 나타냈다.

CAUSE, CHANGE, NOT, OPEN은 의미적 원소로 함수이다. NP
는 논항으로 동사 표시이다. 초점이나 전제와 같이 이러한 의미 분
석으로 제시하기 어려운 내용들도 있다. 이들은 표층 구조에서 이
루어지는 의미 변화로 설명한다.

단어의 의미를 의미 원소, 의미 자질로 분석하여 kill을 CAUSE-
BECOME-NOT-ALIVE로 분석하는 것을 어휘 분해라고 하는데, 이는
성분 분석에 기반하고 있다. 이러한 추상적인 어휘를 세움으로써 관
련성 있는 표현들의 의미 관계를 규칙적으로 설명할 수 있다. 'dead,
die, kill'의 관계에서 dead는 'NOT-ALIVE'를, die는 'BECOME-
NOT-ALIVE'를, kill은 'CAUSE-BECOME-NOT-ALIVE'로 어휘 분해
되는데, 이들 어휘의 의미 관계를 명시적으로 보여준다. 각 서술어
를 기반으로 각각의 심층에서 문장은 생성된다.

2) 형식 의미적 관계

형식 논리 체계로 문장의 진리 조건과 함의 관계를 밝히면서 문
장의 의미를 연구하는 것이 형식 의미론이다. 형식 언어는 자연언
어 대신 기호를 이용하는 기호 논리 체계이다. 자연 언어에 비해
형식 언어는 정확하고 규칙을 단순화할 수 있다. 형식 의미론에는
진리 조건 의미론과 술어 논리 의미론이 있다.

우리가 어떤 문장의 의미를 안다는 것은 그 내용을 알고 있다는
것이다. 문장이 어떤 상황에서 참과 거짓이 됨을 아는 것이 문장의
의미를 아는 것이라고 생각하는 것이 진리 조건 의미론이다. 진리조
건 의미론은 명제에 대한 가장 간단한 의미론으로 명제 논리라고 한
다. 명제는 참이나 거짓 중 하나의 진리치를 갖는다. 명제는 문장으

로 실현되기 때문에 문장의 진리치를 바탕으로 문장의 상호 관계를 생각한다. 명제 논리는 문장의 내부 구조에 대해서는 논의하지 않는다. 문장의 내부 구조에 대한 논의는 술어 논리에서 다룬다.

명제 논리의 통사부에는 어휘와 형성규칙이 있다. 의미부는 이들 형식들의 진리치이다. 다음은 어휘와 형성규칙이다.

> (61) 어휘
> ㄱ. 명제 변항: p, q, r, p1, p2, p3...
> ㄴ. 논리적 연결어: ㄱ(부정: 아니다), ∧(연접: 그리고), ∨(이접: 또는), →(조건: ...이면 ...이다), ↔(양조건: ...이면 그리고 이때만...)
>
> 형성규칙
> ㄱ. 모든 명제 변항(p, q, r...)은 각각 적형식이다.
> ㄴ. φ와 β가 적형식이면 다음도 적형식이다.
> ㄱφ(또는 ㄱβ), (φ∨β), (φ∧β), (φ→β), (φ↔β)
> ㄷ. 위의 규칙에 의한 것만 적절 형식이다.

적절 형식(well formed formula)은 적절한 명제를 뜻한다. 문장의 의미 관계에서 Tarski(1944)는 진리 동치 공식을 기본으로 제시하였다. 이는 ' 'p' is true if and only if 'p' ', 즉 '명제 'P'는 'P'일 때 그리고 오직 그 때만이 참이다'이다. '눈이 희다'는 '눈이 흴 때만 참이다'는 동치 관계이다. 이것은 ↔(양조건)으로 나타낸다. 논리 형식과 일반 언어는 동일하지는 않지만 여러 가지 유사한 점이 있다.

진리 조건을 밝힘으로써 항진, 논리적 모순, 함의, 전제 등의 의미 관계가 명백히 드러난다.

논리 언어에서 주어진 표현이 이를 구성하고 있는 명제들의 진리치와는 관계 없이 항상 참이 될 수 있는 논리 관계가 있는데 이를 항진 명제(tautology)라 한다. 항진 관계를 논리 형식으로 나타내면 (p∨ ̄p)의 관계를 갖는 명제이다. p가 참이냐 거짓이냐에 관계없이 항상 참이 된다.

자연 언어의 보기로 '우리는 인간이거나 인간이 아니다', '나무는 살아 있거나 죽어 있다'를 들 수 있다. 이들은 논리적으로 항진 명제이다. 자연 언어에는 논리적 항진 명제와 달리 논리적 형식에 의해서가 아니라 단어의 뜻을 분석해야 항상 참이 되는 문장이 있다. 이를 분석적 항진 명제라고 한다. '총각은 남자이다', '딸은 여자이다'나 'Morning star is evening star'와 같은 문장이 분석적 항진 명제이다.

항진 명제와 반대로 항상 거짓이 되는 명제는 모순(contradiction) 명제이다. 주어진 표현이 이를 구성하고 있는 명제들의 진리치와는 관계없이 항상 거짓이 되는 논리 관계는 모순이다. 모순 관계를 논리 형식으로 나타내면 (p∧ ̄p)의 관계이다. p가 참이냐 거짓이냐에 관계없이 항상 거짓이 된다. '그는 남자이면서 여자이다', '이 창은 모든 방패를 뚫을 수 있고, 이 방패는 모든 창을 막을 수 있다'는 모순(矛盾)이 되는 문장 관계이다.

문장 가운데에는 문장의 내적 논리에 의해 처음부터 참이라고 인정되는 명제가 있다. 이를 전제라 한다.

(62) ㄱ. 나는 그녀와 헤어진 것을 후회한다.
 ㄴ. 나는 그녀와 헤어졌다고 말했다.
 ㄷ. 나는 그녀와 헤어졌다고 속였다.

위 문장들이 모두 참일 때, '그녀와 헤어짐'은 (62ㄱ)에서는 사실로 인정되어 참, 거짓을 판정하는 대상이 되지 않는다. '그녀와 헤어짐'은 이 문장의 전제이다. 이에 비해 (62ㄴ)에서는 사실이 아닐 수도 있고, (62ㄷ)에서는 오히려 거짓이다. 다음 문장들도 전제가 내포된 문장들이다.

(63) ㄱ. 그는 담배 피우는 것을 중지했다. (그는 담배를 피워왔다.)
ㄴ. 성호가 또 이겼다. (성호가 전에도 이겼다.)
ㄷ. 옛날에 호랑이가 살았다. (호랑이가 있었다.)

전제에 대한 문장과 전제된 문장과의 진리 관계와 진리치는 다음과 같다.

(64) ㄱ. 우리나라 대통령은 대머리이다.
ㄴ. 우리나라에는 대통령이 있다.
ㄱ이 참이면 ㄴ은 참이다.　　　　　　　T → T
ㄴ이 거짓이어도 ㄱ은 참도 거짓도 아니다.　~(T∨F) ← F
ㄱ이 거짓이어도 ㄴ은 참이다.　　　　　F → T

한 명제가 다른 문장이나 명제에서 분석적으로 도출될 때 앞 명제는 뒤 명제에 함의되었다 한다. '철수가 영희를 때렸다'는 '영희가 맞았다'를 함의한다. '영희가 맞았다'는 전제는 아니다. '영희가 있다'는 전제가 된다. 함의 관계와 진리치는 다음과 같다.

(65) ㄱ. 도준이가 민화를 때렸다.
ㄴ. 민화가 맞았다.
ㄱ이 참이면 반드시 ㄴ도 참이다.　　　T → T
ㄴ이 거짓이면 ㄱ도 거짓이다.　　　　F ← F
ㄱ이 거짓이면 ㄴ은 참이거나 거짓이 된다.　F → T∨F

함의 관계는 하의 관계와 관련이 있다. 돼지는 상의어인 동물의 하의어이다. 돼지는 동물이지만 동물은 돼지는 아니다.

전제와 함의를 구별하는 데에는 부정을 이용한다. 전제를 내포하는 문장은 부정되어도 같은 전제를 갖지만, 함의를 내포하는 문장은 부정하면 함의 관계가 성립하지 않는다.

(66) ㄱ. 도준이가 민화를 때렸다. (함의: 민화가 맞았다)
ㄴ. 도준이가 민화를 때리지 않았다. (민화는 맞았을 수도 아닐 수도 있다)
ㄷ. 도준이가 민화를 때렸다. (전제: 민화가 있다)
ㄹ. 도준이가 민화를 때리지 않았다. (전제: 민화는 있다)

이처럼 전제와 함의는 분명히 구별된다.

문장의 진리치를 결정하는 방법을 가치 할당(value assignment)으로 나타낼 수 있다. 문장 S의 가치할당은 V(s)=1 또는 0로 나타낸다. 1인 경우는 참, 0인 경우는 거짓이다.

명제를 이루는 문장은 술어와 하나 이상의 논항으로 이루어진다. 논항은 문장에서 주어나 목적어 역할을 한다. 문장의 진리치는 문장을 구성하는 주어, 목적어, 술어의 의미에서 나타난다. 이처럼 명제를 표현하는 문장을 술어 단계로 분석하여 형식적으로 나타낸 것이 술어 논리 언어이다.

'Socrates is a man'이라는 문장은 논항 S(Socrates)와 술어 M(is a man)으로 이루어졌기에 논리 기호 Ms(Socrates is a man)로 나타낸다. 목적어가 있는 문장 'Henry meets Sally'는 Mhs로 나타낸다. meet은 이항 술어이다.

술어 논리를 구성하는 개체나 술어가 설정되어야 술어 논리의 진리치를 논할 수가 있다. 개체나 술어의 모형을 한정하기 위하여 모형을 설정한다. 모형을 대상으로 의미를 연구하는 의미론을 모형론적 의미론이라고 한다. 술어 논리의 모형은 개체들의 집합인 발화의 영역, 화역 D(Domain of discourse)와 술어 논리의 기호들의 외연을 결정하여 주는 가치 할당 V로 구성된 해석 체계이다. 외연이란 술어 논리의 표현들이 가리키는 개체나 집합들이다.

다음은 한 모형의 보기이다.

> (67) D={성호, 미숙, 진선, 영호}
> V(n)=성호, V(m)=미숙, V(e)=진선, V(y)=영호
> V(S)={미숙, 진선}
> V(P)={진선, 미숙}
> V(L)={<미숙, 성호>, <진선, 영호>}

이 모형은 개체인 성호, 미숙, 진선, 영호와 가수(S, singer), 예쁘다(P, pretty) 사랑하다(L, love)로 구성되어 있다. 이 모형에서 '미숙이는 가수이다', '진선이는 예쁘다', '미숙이는 성호를 사랑한다'는 참이지만, '영호는 가수이다', '성호는 예쁘다', '영호는 진선이를 사랑한다'는 거짓이 된다.

Ms나 Mhs와 같은 술어 논리로 표현하기 어려운 문장들이 있다. '모든 사람은 죽는다'에서의 '모든'은 술어 논리로 표현이 어렵다. 또 '모든 사람은 어떤 사람을 좋아한다'나 '모두 합격한 것은 아니다'와 같은 문장의 중의성을 술어 논리로는 표현하기 어렵다. 이러한 단점을 극복하기 위해 고안된 것이 양화 기호에 의한 양화 논리이다.

양화 논리에는 화역 속에 들어 있는 모든 개체를 가리키는 전칭 양화사와 어떤 개체를 가리키는 존재 양화사가 있다. 이들은 각각

∀와 ∃로 나타낸다. 술어 논리와 양화 논리를 사용하여 문장을 기호 논리로 나타내면, 모든 사람은 현명하다(Everyone is wise)는 ($\forall$x)Wx이다. 어떤 사람은 어리석다(Some men are stupid)는 ($\exists$x)[Mx∧Sx]이다. '모든 사람은 어떤 사람을 사랑한다'(Everyone loves someone)는 중의적 문장으로 두 가지 논리 표현이 가능한데, ($\forall$x)($\exists$y) Lxy, ($\exists$y) ($\forall$x) Lxy이다. 앞의 것은 '모든 사람들은 사랑하는 어떤 사람이 있다'의 의미이고 뒤의 것은 '어떤 사람이 있는데 모든 사람이 그 사람을 좋아한다'이다.

'모두 합격한 것은 아니다'도 ($\forall$x)~Px, ~($\forall$x)Px이다. 앞의 것은 '많은 사람이 있는데 모두 합격하지 않았다', '모두 불합격이다'의 뜻이고, 뒤의 것은 '합격한 사람이 모든 사람은 아니다', 즉 '합격하지 않은 사람이 있다'는 뜻이다.

문장은 명제의 진위 여부나 술어와 논항 사이의 관계에 대한 진위 여부만을 표현하는 것이 아니다. '비가 오겠다', '비가 왔다', '비가 오더라' 등은 명제의 논리나 술어 논리로는 설명할 수 없는 가능성이나 시간이 포함된다. 사실과 가능성 사이의 의미 차이를 구별하기 위한 논리가 양상 논리이다. 양상 논리는 실제의 세계뿐만 아니라 가능한 세계들까지도 고려하여 주어진 문장의 진리치를 논하기 때문에 가능 세계 의미론이라고도 한다. 양상 논리의 진리치 할당은 주어진 세계에 따라 다르다. w1이라는 세계에서는 참인 명제도 w2라는 세계에서는 거짓이 될 수 있다.

가능 세계는 가능과 필연으로 나타나는데, ◇는 가능을 □는 필연을 나타낸다. '비가 온다'라는 명제 p에 대해 '때로는 비가 온다'는 ◇p로, '항상 비가 온다'는 □p로 나타난다. ◇s는 s가 참인 세계가 적어도 하나 있음을 뜻하고, □s는 s가 모든 가능 세계에서 참이 됨을 뜻한다.

양상 논리에서 비롯된 인식 논리는 단언이나 추정적인 표현과 관련된 문장들의 진리 조건을 설명한다. 인식 논리에서는 '믿다'는 B(believe)로, '알다'는 K(know)로 기호화된다. 가능 세계를 인식의 세계, 곧 진명제들의 집합으로 본다면 앎은 □로 믿음은 ◇로 해석할 수 있다.

자연 언어 시간에 대한 체계적인 분석은 시제 논리로 가능하다. 시제 논리는 양상 논리의 일종으로 시간 세계를 모형으로 시제와 관련된 문장들의 진리 조건을 논하는 것이다. 시제 논리의 모형은 시점들의 집합, 이 시점들 사이의 선후 관계로 나타난다. 시점은 과거 P와 현재 φ, 미래 W이다.

3) 화용적 의미 관계

언어 연구의 중심은 문장이다. 그러나 모든 문장은 발화 환경에서 구체적으로 실현되기 때문에 발화 환경인 화용적 상황에 지배를 받기 마련이다. 발화의 상황은 다양하여 간단히 정리하기 어렵지만 몇 가지 중요 원리로 정리할 수 있다.

화용 상황의 외적 요인으로는 화자와 청자와의 관계와 시간과 공간이 있고, 내적 요인은 은유와 환유, 전제와 함의와 같은 의미 관계가 있다. 화용적 요인에 의해 영향을 받는 대표적인 언어 표현으로 지시어와 대용어가 있다.

지시어는 말하는 사람의 시간 공간적인 기준에 따라 사물이나 상태를 가리키는 말이기 때문에 대화의 맥락에 의존할 수밖에 없다. '이것, 그것, 저것'과 '이러하다, 그러하다, 저러하다'에서 나타나는 '이, 그, 저'와 관련된 대상, 시간 표현 등이 관계하여 화용적 의미를 나타낸다.

    (68) ㄱ. 이 나무가 상수리나무입니다.
          ㄴ. 그게 무엇이니?
          ㄷ. 접때 만났었지요.

  수행문도 언어의 화용적 연구에서 다루어지는 주제이다. 수행문은 내포문의 선언, 약속, 명령, 축하의 행위를 서술하는 문장으로 '우리는 최선을 다하기로 선언했다/약속했다'와 같이 나타난다.

  단순 서술문도 내면적으로는 수행문의 특징을 가지고 있음이 Austin(1962)에서 제시된 바 있다. 이처럼 발화 행위 가운데 말하는 취지나 목적의 행위를 수행하게 하는 발화 행위를 언표내적 행위(illocutionary act)라 한다. '명령, 약속, 선언, 질문, 제의, 충고, 경고, 축하, 사과' 등의 언표내적 행위가 포함된다.

    (69) ㄱ. 너 어디 가니: '나는 너 어디 가니라고 물었다.'
          ㄴ. 비가 오는구나: '나는 비가 온다고 진술했다.'

  언표적 행위는 언표내적 행위와 수행문으로서 연결됨을 보인다.

제5장
문장의 구성

문장에 대한 설명은 국어 문장에 존재하는 문장 기본 유형을 제시하고, 이 문장을 구성하는 성분을 설명하고, 이어 문법 요소의 통사적 기능과 의미를 제시한 후, 문장의 짜임새에서 복문 구조를 설명하는 방향으로 제시되었다. 문장에 대한 설명은 먼저 단문에 대한 풍부한 논의가 필요하다. 기본 문장을 중심으로 문장 유형을 제시하고 기본문을 이루는 다양한 서술어들이 실제로 문장을 어떻게 이루고 있는가를 세부적으로 살피는 것이 반드시 필요하다.

'무엇이 무엇이다', '무엇이 어떠하다', '무엇이 어찌하다'의 기본 문형을 중심으로 이러한 기본문을 이루는 문장의 서술어를 다양한 측면에서 고찰하여 국어 단순문을 이루는 구조를 구체적으로 제시할 수 있다.

1 논항과 격

문장은 서술어와 상대적 성분인 주어나 목적어를 비롯한 성분들로 구성된다. 문장에서 반드시 필요한 필수 성분과 수의 성분의 결정은 서술어에 따라 다르기 때문에 서술어가 명사구를 선택한다고 본다. 문장을 구성하는 이 성분들은 유기적 관계가 있다. 이 관계는 서술어와 '명사+조사'로 이루어지는 성분과의 관계로 집약될 수 있는데, 격 구조나 격틀, 또는 격의 자리, 논항 구조 등으로 논의되었다.

논항은 명제의 의미 구조를 서술어와 명사어와의 선택 관계로 해석하는 논리학에서 명사어의 개념이다. 논항(論項)이란 Argument로 논증, 논거, 논법, 요지, 개략으로도 번역된다. 지배와 결속(GB:

government and binding) 언어 이론에서는 참가자의 행동을 논리적 방법에 의하여 나타내는 것을 논항이라고 한다. 논항은 서술어를 중심으로 문장을 해석할 때 서술어와 상대적인 변항이다. 서술어의 논항은 서술어의 격틀 또는 격구조와 동일시할 수 있다. 논항은 서술어에 의해 의미역(theta-role)을 할당받는 범주로 논의되기도 한다. 비논항은 논항을 부여하는 서술어를 비롯하여 허사나 부가어이다.

'만나다'에 대한 논항은 '만나다(우리, 친구), M(w, f): M:meet, w:we, f:friend'와 같이 나타낸다. 이와 같이 논항이 둘인 서술어를 두 자리(two-place) 서술어라 한다. 논항 구조를 언어 연구에서 도입하여 논의하는 이유는 언어 구조를 정밀하게 기술하고 문장의 형성을 보이기 위한 것이다.

'사다'는 '우리는 철수에게 책을 샀다'에서 세 논항이 나타나는데, '철수에게'는 나타나지 않을 수도 있다. 이처럼 나타나지 않고 잠재적으로 있는 논항을 잠재 논항(implicit argument)이라 하고 괄호( )로 나타낸다. '사다' V, 1 (2) 3.

논항의 수가 일정하지 않고 문장에 따라 하나의 논항을 갖기도 하고 두 개의 논항을 갖기도 하는 동사들도 있다.

(1) ㄱ. 움직이다: 차가 움직인다(1)/우리는 차를 움직였다(1 2)
    ㄴ. 만났다: 우리는 어제 만났다(1)/우리는 친구를 만났다(1 2)
    ㄷ. 닮았다: 부자가 닮았다(1)/우리는 아버지를 닮았다(1 2)
                우리는 아버지와 닮았다(1 2)
                우리는 아버지와 얼굴이 닮았다(1 2 3)

논항은 동사만 갖는 것은 아니다. 서술성 명사도 논항을 갖는다. 명사 '분석'은 두 개의 논항을 가질 수 있다. 또 한 개의 논항을 갖거나 논항이 없기도 하다. '분석'은 동사 '분석하다'와 의미, 형태적으로 관련된다.

논항은 문장성분 가운데 주성분을 이룬다. 논항 가운데 주어 논항은 다른 논항과 구별된다. 다른 논항들이 동사와 자매 관계를 이루어 동사에 대해 내부적임에 비해, 주어는 동사의 최대 투사인 동사구와 자매 관계를 이루어 외부적이다. 그래서 이 주어 논항을 외부논항(external argument)이라 하여 다른 내부 논항(internal argument)과 구별한다. 이 논항을 다른 논항과 구별하기 위해 밑줄을 치기도, 괄호로 구분하기도 한다.

(2) ㄱ. give (<u>A</u>, B, C)
    ㄴ. give [A [B, C]]

외부 논항과 내부 논항의 구별은 문장이 구조적으로 계층성을 가지고 있다는 견해를 전제로 한 것이다. 국어가 비형상적 언어라는 입장에서는 이러한 구별이 없게 된다.

1) 격의 개념

명사 즉 체언들은 문장에서 일정한 자격을 갖고 있다. 이러한 문장에서의 자격을 격이라 한다. 격은 '명사가 문장에서 차지하는 자격'으로 규정된다. 격은 전통적으로 기능과 형태에 근거하여 설정되었다. 영어의 격(Case)은 라틴어의 'Casus'에서 유래되었는데 이 의미는 '떨어짐(Falling)' 또는 '일탈(deviation)'이다.

격 형태가 없는 언어에서의 격은 기능에 의하여 확인된다. 따라서 격은 형태에 의한 것만이 아닌 추상적인 기능의 격이 인정된다. 격 문법에서 격은 각 성분이 문장에서 갖는 의미역할을 중심으로 논의되었다. 현대 영어과 같이 격 형태가 다양하지 않은 언어는 추상적인 격이 중시될 수밖에 없다. 현대 영어의 격 형태는 인칭대명사(I, my, me 등)나 소유격표시(어미 's'의 사용)에 남아 있을 뿐이고 격은 대부분 형태 없이 어순 즉 문장에서의 자리에 의해 표시된다. 영어의 경우는 통시적으로 볼 때, '형태'를 중심으로 한 '격'에서 '기능'을 중심으로 한 '격'으로의 변화가 이루어졌다.

'격'은 의미와도 관계된다. 여격Dative가 '주다(give)'와 탈격Ablative가 이동(removal)과 관련됨은 격Case와 의미와의 관계를 보이는 것이다. 또한 도구격(Instrumental)이나 행위격(Agentive), 공동격(Comitative)도 모두 의미에 입각한 '격'의 이름이다. 이처럼 '격'은 형태, 의미, 기능의 문법 기준이 종합적으로 관계된 문법 범주이다.

격은 구조격(Structual Case)과 내재격(Inherent Case)으로도 나눈다. 구조격이란 구조에 의해서 격이 부여되는 것으로 주격과 목적격이다. 주어와 목적어는 구조에 의해 격이 주어지고 나머지 격들은 서술어에 따라 즉 어휘에 따라, 격이 주어지는 내재격으로 구분한다. 동사구의 지배를 받는 명사어는 주격을 받고 동사의 지배를 받는 명사어는 목적격을 부여받는 것으로 해석된다.

(3)

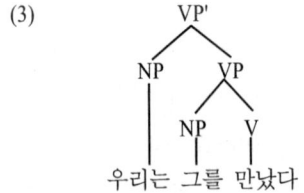

(3)에서 동사 '만나다'는 목적어 명사구와 자매 관계로서 성분 통어하고, 동사구 '그를 만나다'는 주어 명사구와 자매 관계로서 성분 통어 관계를 가지면서 격을 부여한다.

구조격이 존재하는 증거로 같은 주어임에도 다른 의미역할이 부여되는 현상을 제시한다.

(4) ㄱ. 우리는(Agent) 그를 때렸다.
ㄴ. 우리는(Patient) 발을 다쳤다.
ㄷ. 그는(Patient) 강도에게 살해됐다.
ㄹ. 초승달은(Theme) 우리를 슬프게 한다.

서술어에 따라 의미역할이 달라지지만 주격은 이들 문장들 모두에 동일하게 동사구와 자매항인 명사어에 구조에 의해 부여된다는 것이다.

주격이나 목적격이 구조격이고 구조에 의하여 격을 받는다는 해석은 문장의 생성에서 문장의 구조가 형성이 되고 이 구조에 적절한 어휘가 선택된다는 문장 생성의 원리 해석과 관련된다. 어떤 언어 표현을 하고자 할 때 의미에 따라 적절한 문장 구조가 어휘의 선택과 동시에 일어난다는 생성 원리를 바탕으로 하고 있기 때문이다. 그러나 이러한 구조의 선택 자체가 서술어에 의하여 이루어지는 것이고, 격의 모습이 구조적으로 나타나지만 서술어에 의하여 이러한 구조가 결정된다는 점에서 근본적인 격의 부여는 서술어에 의한 것이다.

서술어에 의한 격배당의 관점에서는 구태여 구조격과 내재격의 구별이 필요하지 않다. 구조격이나 내재격이나 모두 서술어의 특질에 따라 격을 부여 받는다는 점에서 하나의 원리로 설명된다. 물론 주어는 동사구 외부에 주어지는 격이고 목적어는 동사구 내부에 주어지는 격으로서 동사구 내부와 외부에 따른 구조가 다른 격임은 분명하다. 격의 문장에서의 구조가 다른 점과 구조에 의하여 격을 다르게 부여받는 것은 구별된다.

2) 국어 문법에서 격의 해석

국어 문법에서는 체언들이 문장에서 하는 일정한 구실에 근거하여 '체언의 문장에서의 일정한 자격'을 '격'이라 하였다. 격이 조사에 의해 표시되기 때문에 이들 조사를 격조사라 한다. 격의 논의는 격조사라는 '형태'를 기준으로, 또 문장성분이라는 기능을 기준으로 파악하여 왔다. 국어 문법서나 사전에서 격(格)을 "글월 속에서 체언이 다른 말에 대하여 가지는 資格"으로 규정하는 것은[1] 문장에서 차지하는 '기능'을 중심으로 격이 해석됨을 보인다. '의미'를 위주로 한 격 해석은 격문법(Case Grammar)에서의 격 개념이 국어 연구에 들어오면서부터이다.

국어의 경우 격형태를 표시하여 주는 격조사가 엄연히 존재함에도 불구하고 격의 개념 규정이나 격의 체계 설정에서 기능 우선적인 경향이 있었던 것은, 격이 문장성분과 관련되고, 기능적 관점에서 격을 규정하는 것이 언어 보편성에 일치시킬 수 있고, 조사 형

---

1) 「새 우리말 큰 사전」과 이희승(1956) 등에서는 "글월 속에서 체언이 다른 말에 대하여 가지는 자격을 격이라 일컫고 체언으로 하여금 이 격을 가지게 하는 조사를 격조사라 이른다." 하였다. 漢字字典에 따르면 格은 이를 격(至也), 올 격(來格), 바를 격(正也), 자품 격(資格) 등의 여러 가지 의미를 가지고 있지만 문법에서의 '격'은 자격의 의미이다.

태를 중심으로 격을 설정하면 조사가 다양하여 격의 체계화를 이루기 어렵기 때문이다.

격과 문장성분과의 관련성에 대한 논의는 주시경(1910)에서 듬, 즉 격을 문법적 기능, 즉 문장성분에 기준하여 설정한 것에서부터 살펴볼 수 있다. "듬은 격(格)과 한 뜻이니 임이듬은 임이되는 格이라 함이요."라 하였다. 듬에는 '임이듬, 씀이듬, 남이듬, 금이듬'이 있다. 임이듬은 主者格, 씀이듬은 物者格, 남이듬은 說者格이라 하는데, 서술어도 格을 가지고 있다고 보았다. 최현배(1937)「우리말본」에서도 문장성분의 문법적 기능을 중심으로 격을 규정하였다. 격을 "낱말이 월(文)에서 차지하는 자리" 또는 "낱말의 월의 짠 조각(組成分)으로서의 일정한 자리"라 하고 '자리'는 구실에서의(職務上의) 자리(地位, 職)임을 밝혀 두었다."

허 웅(1983: 198)에서의 '격'도 '기능'을 중심으로 파악되었다. "'자리'란 월을 만드는 성분의, 그 월에서 차지하는 지위, 바꾸어 말하면 한 성분의 다른 성분에 대한 관계"라 하였는데, 이러한 자리에 대한 인식은 앞의 두 견해와 같다. 그러나 "풀이말을 중심으로 하여 다른 월성분이 풀이말에 이끌리는 관계를 기능"이라 하고, "풀이말은 '기능'을 가지지 않는다."라고 하여 풀이말, 즉 서술어는 '자리'를 가지고 있지 않다고 본 점은 중요한 차이가 된다. 또 "우리는 '자리의 범주'는 '굴곡의 범주'에 적용되는 것으로 보는 것이 옳다고 생각한다." 함으로써 결국 격을 조사인 형태를 중심으로 할 수밖에 없음을 지적하였다.

형태나 의미를 중심으로 격을 해석하기도 하였다. 이희승(1949: 48)에서는 "글월 속에서 체언이 다른 말에 대하여 가지는 자격을 격(格)이라 일컫고, 체언으로 하여금 이 격을 가지게 하는 조사를 격조사(格助詞)라 이른다."고 하여 격의 규정에서 '기능'을 중시하였으나, '형태'인 격조사를 근거로 의미에 따라 격을 나누었다. 격을 '주격, 호격, 목적격, 여격, 소유격, 상대격, 탈격, 처소격, 향진격, 유래격, 사용격, 변성격, 원인격, 자격격, 비교격, 동류격, 동반격, 열거격'의 18가지 격으로 나눈 것도 '형태'를 중심으로 '의미'에 따라 나누었기 때문이다.

이숭녕(1960: 54-55)에서는 격을 '형태'를 중심으로 보았다. "명사, 대명사, 수사는 그 어미가 은/는, 이/가, 의, 에, 을/를, 으로/로…와 같다. 이 어미를 격(格), 또는 격어미(格語尾)라 부르고 이렇게 격이 갈리는 것을 격변화(格變化)라 부른다." 이와 같이 格은 곧 格語尾라 한 것은 격과 격어미를 동일시한 바, '형태'인 어미에 따라 격을 설정한 것이다. 그러나 이 책에서는 격을 기본격과 특수격으로 나누고 기본격에는 '주격, 소유격, 처격, 목적격, 조격, 공동격, 호격, 절대격', 특수격에는 '여격, 재격, 탈격, 비교격, 시발격, 서술격, 그 밖…'을 들었다. 이에 따르면 모든 조사는 격어미가 된다. 여기서 '격'을 설정하는 기준은 '형태'를 중심으로 하였지만 '주격, 목적격' 등에서 보는 바와 같이 '기능'적인 측면을 고려하였고 '소유격, 처격' 등과 같이 '의미'적인 면을 고려하여 '격'이 설정되었다.

격의 해석에서 기능을 중심으로 한 경우는 격이 문장성분과 일치함에 비해, 형태를 중심으로 하는 경우는 '격'이 어미와 일치한다. 현행 학교문법에서 격은 '주격, 목적격, 보격, 서술격, 관형격, 부사격, 호격'이다. 관련된 문장성분으로는 주성분인 '서술어, 주어, 목적어, 보어'와 부속성분인 '관형어, 부사어', 독립성분인 '독립어'가 있다. 현행 학교문법은 철저히 격과 문장성분의 관계가 일치한다.

학교문법에서는 서술격조사(이다)를 격조사로 인정하지만 '이다'는 서술어로서 해석됨이 저절하다. 관형격조사를 격조사로 인정하지 않기도 한다. 관형격조사는 연결조사로서의 의미를 가지고 있기 때문이다. 다음은 국어에서 일반적으로 받아들여지는 격조사들이다.

(5) 주격: 이/가
    목적격: 을/를
    보격: 이/가
    서술격: 이다
    관형격: 의
    부사격: 견줌격; 와/과
            위치격; 에/에서/에게
            방편격; 로
    호격: 야

3) 의미격과 의미역할

'격'의 개념이나 격체계의 설정은 역사적으로 형태와 기능에 근거하였다. 그러나 속격(Genitive), 여격(Dative)이나 소유격, 처소격, 위치자리, 도구격, 방편자리, 비교격, 견줌자리 등의 명칭에서 볼 수 있는 바와 같이 의미도 '격'의 중요한 기준이 되어 왔다. 격을 의미 중심으로 파악한 격문법에서는 격을 "사람들이 자기 주변에서 일어나고 있는 일들에 관해서 내릴 수 있는 판단, 즉 누가 그 일을 일으켰는가, 누구에게 그 일이 일어났는가, 그리고 무엇이 변했는가와 같은 사항에 관한, 어떤 판단의 유형을 나타내는(identify) 보편적이고, 아마도 생득적인 개념의 집합으로 구성되어 있다."라고 규정하였다.

격문법에서 격은 심층구조격이다. 심층구조격은 순전히 의미에 의존하여 이루어지는 관계 개념이 아니라 통사적 성격을 갖는 통사의미이다. 그러나 보편성을 추구하는 의미격도 일치된 견해를 보이지 못하고 있다.

국어를 격문법의 관점에서 분석한 연구에서는 국어의 격을 'Agentive(A), Experiencer(E), Instrument(I), Object(O), Source(S), Goal(G), Location(L), Time(T), Comitative(Co)'로 나눈다. 이러한 '격' 개념은 모두 의미에 근거한 것이다. 전통적인 '격'에서도 의미적인 기준을 도입하여 도구(I), 장소(L), 시간(T)을 '격'의 기준으로 삼은 바 있으나, 주격(Subject Case, Nominative Case), 목적격(Object Case)과 같은 기능적 측면에서의 '격' 규정이 없음과 비교된다.

이러한 전통적인 격과 격문법의 격을 국어의 문장을 가지고 비교해 보면 다음과 같다.

(6) ㄱ. 철수가 물건을 떨어뜨렸다. (주격/행위격)
    ㄴ. 돌이 유리를 깼다. (주격/도구격)
    ㄷ. 물이 맑다. (주격/대상격)
    ㄹ. 철수가 영화를 보았다. (주격/경험격)

(7) ㄱ. 기계를 작동시켰다. (목적격/도구격)
    ㄴ. 총알이 철수를 관통했다. (목적격/경험격)
    ㄷ. 철수가 창을 부수었다. (목적격/대상격)

'주격'은 격문법에 따르면 행위, 도구, 대상, 경험 등의 의미격으로 나눌 수 있고 또 '목적격'도 경험, 도구, 대상 격이 될 수 있다. 반대로 격문법의 경험격은 주격으로도 목적격으로도 나타날 수 있다.

행위나 경험 내상과 같은 의미 관계에 대헤 '격'이라는 용어를 시용하는 것이 저당한가에 대한 의문은 격문법 초기부터 있었다. 격이란 명백한 격 형태를 가지는 경우에 한한 것이라는 견해가 격에 관한 전통적인 입장이었기 때문이다.

격 설정이 형태를 기준으로 하면서도 체언의 문장에서의 기능을 고려하였기 때문에, 영어와 같이 격 형태가 없는 경우에도 격이 존재할 수 있었고 국어 문법에서도 격을 문장에서 차지하는 '자격' 또는 '자리'라는 개념으로 파악하였다. 그러나 격문법에서 주장하는 격은 비록 의미뿐만 아니라 통사적인 면을 고려한 심층구조격이라 하지만 전통적 의미에서의 '격'과 구별된다.

의미에 의한 격을 격 개념에서 분리하여 '의미역할'로 구분하는 것은 문법 범주를 구분하려는 요구에서이다. 의미역할이란 '서술어를 중심으로 한 체언의 의미 관계'이다. 역할이란 체언이 문장에서 차지하는 의미적인 구실이다.

격과 의미역할의 구분에 의해 격은 '주격, 목적격, 위치격, 방편격, 견줌격, 관형격'으로 이루어지고, 이러한 격에 비하여 행위자, 경험자, 대상, 목표, 근원, 도구, 장소, 시간 등은 의미역할로 무리를 이룬다. 격과 의미역할에서 위치격, 방편격, 견줌격은 '장소, 시간'의 의미역할과 완전히 일치하는데 이것은 격이 형태나 통사적 특징뿐만이 아니라 의미적 특징도 고려하여 설정된 문법 범주이기 때문이다.

의미역할(thematic role, theta role, θ-role)을 동사와 논항과의 의미 관계로 설명하는 생성문법도 격문법에서의 격과 원리적으로는 동일하다. 언어학자들은 의미역할의 존재에 공감하지만 의미역할의 종류와 수에 관해서는 격문법에서의 의미격에서와 같이 일치되지 못하고 있다. 주어에 주어지는 의미역할은 다른 의미역할과 따로 떨어져서 부여 받는다고 본다. 이러한 구별은 밑줄로 표시한다. 예를 들면: 'accuse: V, 1 2'이다. 이는 논항에서 외부 논항과 내부 논항의 구별과 같다.

내부 논항에 부여되는 의미역할은 내부(internal) 의미역할이라 하고 외부 논항에 부여되는 의미역할은 외부(external) 의미역할이라 한다.

    (8) ㄱ. John put the book on the table.
        ㄴ. The enemy destroyed the city.

위 문장에서 타동사는 목적어에 직접 주제 대상역(Theme)을 부여하고, 주어의 의미역할 행위역(Agent)는 동사구가 부여한다. 동사구가 명사어에 의미역을 부여하는 것은 명사어가 동사의 하위범주 내에 있지 않기 때문으로 간접적으로 의미역을 부여한다.

4) 격 부여

논항들은 문장에서의 역할에 따라 격을 갖는다. 특히 논항들은 서술어와 하위범주화의 관계를 갖고 있어 논항의 격을 결정하는 격의 부여는 서술어가 하는 것으로 생각하는 것이 자연스럽다. 명사어가 격을 갖게 되는 과정은 격 부여자가 격을 부여하는 것으로 설명하여 '격 표시 규칙(case-marking rule)', 또는 '격 부여(case assignment)라 한다.

모든 격의 격 부여자는 서술어인가? 이 의문의 답은 부정적이다. 영어에서 전치사는 그 목직어를 지배한다고 본다. 그래서 전치사의 지배를 받는 명사구는 [+목적격]을 부여받는다. 전치사가 목적어를 가질 수 있기 때문에 이러한 해석이 가능하다. (9)에서와 같이 전치사 toward의 뒤에 오는 인칭대명사는 목적어만 가능하다. 물론 목적격은 타동사의 목적어에도 부여된다. 그래서 타동사의 지배를 받는 명사구는 [+목적격] 격자질을 부여받는다.

(9) ㄱ. He ran toward me/*I/*my.
    ㄴ. John hit me/*I/*my.

전치사가 목적어를 지배하고 목적격을 부여하는 것은 서술어인 동사만이 격 부여자가 아님을 보인다.

생성문법의 연구에 따르면 영어에서 주격을 결정하는 것은 서술어인 동사라기보다는 시제로 본다. 주격을 결정하는 요소가 동사이기보다는 시제이기 때문이다. 문장 구조의 분석에서 정문과 부정문을 결정하는 요인이 시제이어서 문장을 시제에 의해 구별하였던 점과 동일한 원리이다.

(10) ㄱ. I think that he(*him) will read the book.
     ㄴ. I want him(*he) to read the book.

(11) ㄱ. John knows that he win the game.
     ㄴ. John believes him to win the game.

(10), (11)에서 주격을 결정하는 것은 시제 여부이다. 내포문의 시제가 있는 (ㄱ)은 주격이, 시제가 없는 (ㄴ)은 목적격이 부여되었다. 이 목적격은 상위문의 동사에 의해서 부여된다. 이처럼 영어에서 시제는 문장의 유형을 결정하는 중심 요소이면서 주격을 부여한다.2)

국어의 주격이 영어에서처럼 시제에 의해 배당 받는 것으로 설명하기는 어렵다. 영어에서는 [+Tense]가 아닌, 부정문에서는 주격이 나타나지 않는다. 그러나 국어의 주격은 시제와 무관하다.

    (12) ㄱ. 우리는 그가 이기기를 바랐다.
           ㄴ. 우리는 그를 이기기를 바랐다.
           ㄷ. 우리는 그가 이겼기를 바랐다.
           ㄹ. 우리는 그를 이겼기를 바랐다.

    (13) ㄱ. 나는 그가 가게 했다.
           ㄴ.*나는 그가 갔게 했다.
           ㄷ. 나는 그를 가게 했다.
           ㄹ.*나는 그를 갔게 했다.

---

2) 생성문법에서 격부여자는 INFL(AGR), 타동사, 그리고 전치사이다. Chomsky (1981: 170)에서는 격부여에 대하여 다음과 같이 설명한다.

    Case assignment
      (i) NP is nominative if governed by AGR.
      (ii) NP is objective if governed by V with the subcategorization feature:
          _NP (i.e., transitive).
      (iii) NP is oblique if governed by P.
      (iv) NP is genitive in [NP-X'].
      (v) NP is inherently Case-marked as determined by properties of its [-N] governer.

(12), (13)에서 시제는 주격을 결정하지 못한다. 격이 다른 것은 내포된 절의 구조가 나르기 때문이다.

보편문법적인 관점에서 국어의 주격도 영어에서와 같이 시제를 포함하는 굴곡어(INFL)에 의해 배당받는 것으로 해석하려는 연구들이 있다. 주체높임에서 주어와 주체높임의 어미 '시'가 일치 관계를 갖기 때문에 어미 '시'가 굴곡어(INFL)의 일치소(AGR)로서 주어와 일치 관계를 가져 이 어미가 주격을 부여한다는 해석이다. 복수의 '들'도 일치 현상으로 설명하였다.

(14) ㄱ. 선생님께서 학교에 오셨다.
　　 ㄴ. 선생님들께서 학교에들 오셨다.
　　 ㄷ. 아이가 학교에 왔다.
　　 ㄹ. 아이들이 학교에들 왔다.

영어에서는 정절과 부정절에서 시제 유무에 의해 격이 달라짐을 인칭대명사를 통해 확인할 수 있었으나, 국어에서의 주체존대의 일치는 주체존대가 어미로서 실현되거나, 실현되지 않거나 주격을 갖고 실현된다.

주체존대 어미와 주어와의 일치는 일치라는 문법 관계가 성립하지만 이러한 문법 관계가 성립한다고 곧 어미가 주어의 격을 부여하는 것은 아니다. 주체 존대에 의한 주어 일치가 주격을 부여한다는 입장에서는 다음과 같은 보기를 제시한다.

(15) ㄱ. 어머니가 나를 위하(*시)어 기도하신다.
　　 ㄴ. 그분이 손자를 따르(*시)어 서울로 가셨다.
　　 ㄷ. 그분은 백구를 벗삼(*으시)어 한가로이 지내신다.

(15)의 내포문에서 주어가 나타나지 않지만 심층에 존재하는 대명사 PRO(Pronoun)를 설정할 수 있다. PRO가 있지만 주어가 실현되지 않음을 일치가 주격을 결정하는 요인이기 때문이라고 보는 것이다.

주격을 일치소가 배당하는 것으로 보는 연구에서도 '그분이 화가 나시었다'와 같은 문장의 '화가'는 동사의 비통제성 자질 [−controlled]에 의해 주격을 부여 받는 것으로 해석한다. '시'가 '그분이'에게 주격을 부여함에 비해 '화가'는 비통제성 동사가 부여한다고 보는 것이다. 여기서 통제성 즉 [±controlled]는 명령법, 청유형이 가능한지에 의해 구분될 수 있다. '화를 내어라', '화를 내자'는 가능하여 '내다'가 통제성 동사임을 보여주지만, '화가 나거라', '화가 나자'는 불가능하여 '나다'가 비통제성 동사임을 보여준다.

그러나 이러한 현상은 절대적인 것이 아니다. 내포문 주어의 실현은 내포문에 따라 달라지기 때문에 연결어미나 전성어미와 높임의 어미와의 상관성과 관련된 결과로, 일치에 의한 결과가 아닌 것으로 보인다. 또 문법성 여부에도 이의가 있다.

(16) ㄱ. 어머니가 내 손을 잡으시며 말씀하셨다.
ㄴ. 어머니가 내 손을 잡으시고 말씀하셨다.
ㄷ. 어머니가 상자에서 과자를 꺼내시어 보이셨다.
ㄹ. 어머니가 상자에서 과자를 꺼내시어 주셨다.

위 예문이 가능한 것으로 보아, 최소한 (ㄱ,ㄴ)은 이의 제기의 여부가 없는 것으로 보아 주체높임의 일치가 주격 부여와 절대적 상관성은 없음이 확인된다.

일치소나 시제가 격을 부여한다는 해석에서 분명히 하여야 할 점은 일치소나 시세의 자질 여부를 어떻게 규정하는가이다. 이들을 나타내는 형태가 구체적으로 나타나지 않는 것이 [−Agr], [−Tense]인가, 구체적인 형태가 나타나지 않아도 이들이 나타날 수 있는 환경이면 [+Agr], [+Tense]인가의 문제이다. '선생님께서 오셨다'는 높임의 일치소가 있고, '아이가 왔다'는 일치소가 없는 것으로 해석하는 연구들이 있다. 그러나 '아이가 왔다'라는 문장은 일치 관계가 존재하고 단지 높임의 형태가 실현되지 않는 일치일 뿐이다. 즉 [+Agr], [−Honorific]이라고 하여야 분명한 것이다.

국어에서는 일치가 격과 관련된다고 하기 어렵다. 국어에서의 격은 서술어가 부여하는 것으로 해석된다. 서술어 홀로 격을 부여하기보다는 서술어가 이루는 동사구가 격을 부여한다고 보는 것이 좀 더 정확하다. 이 점은 의미역할의 부여에서 동사는 목적어에 의미역할을 부여하고, 동사구는 주어에 의미역할을 부여하는 점을 참고할 수 있다.[3]

격은 형태를 중심으로 인식하는가 기능적, 의미적 관점을 충실히 고려하는가에 따라 문장성분과의 연결 해석이 달라진다. 주격을 단순히 주격 조사의 실현 여부에 초점을 맞추게 되면 조사 '이/가'는 모두 주격 조사이고 주격 조사가 주어, 또는 보어('되다'나 '이다'가 서술어인 경우)로 실현되는 것으로 해석하게 된다. 북한 문법에서 이러한 해석을 하고 있다. 이에 비해 기능적 관점을 중시하면 조사 '이'는 주격 조사와 보격조사의 다른 동음 이의어로 해석

---

3) 국어의 주격 배당을 일치로 해석하지 않는 연구로는 주격을 지정격으로 보는 강영세(1986), 동사구에 지배되는 형상성으로 보는 이광호(1988)를 들 수 있다.

되어 보격 조사가 설정된다. 주격 조사가 보어도 이룬다는 해석과 보격조사가 따로 존재하는 것으로의 해석은 구별된다.

목적격을 부여하는 핵어(Head)가 동사임은 이론이 없다. 즉 동사 가운데 타동사가 목적격을 부여한다고 보는 것이다. 타동사가 목적어를 갖는 동사라는 점에서 이러한 격부여 설명은 동어 반복적인 점이 있다. 따라서 목적어를 갖는 동사인 타동사가 목적어를 갖게 하는 근본적 원인은 무엇일까를 찾게 된다.

목적어를 필요로 하고 목적격 조사가 나타나는 문장의 서술어는 일정한 유형을 가지고 있다. 그래서 동작이 주어만이 아니라 목적어에도 미치는 동사를 타동사라 하고 동작이 주어에만 미치는 동사는 자동사라 부른다. 다음은 자동사와 타동사의 보기이다.

(17) ㄱ. 앉다, 눕다, 서다, 돌다, 남다, 보이다, 먹히다, 쫓기다, 들리다 등
ㄴ. 먹다, 깎다, 놓다, 넣다, 주다, 남기다, 세우다, 먹이다, 읽히다 등

자동사는 일항 서술어이고 타동사는 이항 서술어라 하는 것은 관련 명사어의 수에 따른 것이고, 동사의 특성에 의해 문장의 구조도 달라진다. 이 두 동사를 [±타동성, Transitive] 의미 특질로 설명하기도 한다. 타동사는 목적어와 자매 관계를 이루며 동사구를 이루어 주어와 자매관계를 이루기 때문에 구조적으로 주어와 목적어는 계층성을 갖게 된다.

주격이나 목적격이 구조에 의하여 부여된다는 견해에서는 동사와 자매 관계를 갖고 있는 논항은 동사에 의해 목적격을, 동사구와 자매 관계를 갖는 논항은 동사구에 의해 주격을 부여받는다고 해석한다. 논항을 두 개 취하는 서술어가 하나는 주격을 취하고 다른

하나는 목적격을 취하지 않는 문장은 구조적 설명만으로 설명이 되지 않는다.

(18) ㄱ. 나는 영희를 좋아한다.
ㄴ. 나는 영희*를/가 좋다.

(19) ㄱ. 나는 친구가 많다.
ㄴ. 나는 약속이 있다.

'나는 영희가 좋다'에서 서술어 '좋다'는 두 논항을 갖지만 주어를 제외한 다른 논항이 목적어가 되지 않고 주격으로 나타난다. 이러한 서술어들은 목적어를 갖는 서술어와 구별된다. 이에 따라 목적어를 갖지 않는 이항 서술어 동사들과 목적어를 갖는 이항 서술어 동사들 사이의 공통되는 차이점을 찾으려는 시도로 제시된 것이 [±상태성, Stative]이다.

'좋다, 기쁘다, 싫다'와 같이 상태성을 갖는 상태동사들은 '먹다, 마시다, 때리다' 같은 동사들이 목적어를 갖는 점과 상태성의 측면에서 구별된다. 심리 상태를 나타내는 상태동사(형용사)인 '좋다, 싫다, 그립다, 쉽다, 밉다, 무섭다, 즐겁다, 기쁘다' 등과 소유를 나타내는 서술어 '있다, 많다, 적다, 가득하다' 등이 논항을 두 개 가지면서도 서술어가 상태성 자질을 가지고 있어서 목적격을 갖지 못하는 것이다.

그러나 상태성에 의해 목적어를 결정하는 것이 적절한 것인가는 문제점도 있다. '좋다'와 '좋아하다'에서 볼 수 있는 바와 같이 이 두 서술어는 모두 상태성을 공통적으로 가지고 있지만 목적어의 실현에서는 다르다. 따라서 상태성은 목적어 실현의 문제를 설명하는 필요 조건은 될 수 있지만 충분 조건은 되지 못한다.

두 논항을 갖는 서술어인 '스며들다, 들다'나, 피동사에 의한 피동문은 [-상태성]임에도 불구하고 목적격이 나타날 수 없다.

    (20) ㄱ. 이 스폰지가/에 물이/*을 잘 스며든다
           ㄴ. 부자집이/에 도둑이/*을 많이 든다.

    (21) ㄱ. 고기가 많이 잡힌다.
           ㄴ. 집이 다 지어졌다.

이들이 행동성이 약하다고 [+상태성] 자질을 가지고 있다고 볼 수는 없다. 이는 [-상태성]이 목적격을 결정하는 충분한 특징이 될 수 없음을 보이는 것이다.[4) [상태성]은 두 논항을 갖는 일부 서술어에서는 설명력이 있지만, '앉다, 눕다, 서다, 돌다, 남다' 등과 같은 자동사에 대해서는 설득력이 없다. 따라서 상태성에 의한 목적격 부여는 일반성 있는 규칙이 되지 못한다.

다음과 같은 비상태동사들도 목적격 조사를 취한다는 점을 근거로 비상태성에 의한 목적격 부여를 동사 전체의 특징으로 확장할 수 있지만, 이들에게 부여된 목적격 조사는 다른 목적격 조사와는 달리 양태성 조사로서의 특징을 가지고 있어 구별된다.

    (22) ㄱ. 나는 미국에/을 다녀왔다.
           ㄴ. 나는 학교에/를 갔었다.
           ㄷ. 나는 의자에/?를 앉았다.

---

4) 강영세(1986: 7)에서는 "대격(목적격)은 [-상태성] 동사의 자매인 명사구에 부여된다."고 하여 상태성이 대격, 목적격을 실현하는 원인이라는 관점을 보였다.

행위성도 목적어를 실현하게 하는 서술어의 특징으로 제시되었다.[5] 행위성은 상태성으로 목적격 부여를 설명하려고 했던 해석이 가지고 있는 문제점, 특히 '스며들다, 들다'는 [-상태성]이지만, [-행위성]이어서 목적격을 부여 받지 못한다는 문제를 해결할 수는 있다. 하지만 상태성으로 파악하려 했던 문제를 넘어서지 못한 문제가 남아 있다.

행위성에 의한 대격 부여는 '잡히다, 먹히다, 들리다'와 같은 수동 파생동사의 목적격 부여를 설명하지 못한다. 이들은 의미적으로 [-행위성]의 의미를 가지고 있어서 목적어를 가질 수 없는 것으로 예측할 수 있다. 그러나 다음과 같이 피동동사 구문에서도 목적어가 쓰일 수 있다.

(23) ㄱ. 도둑이 경찰에게 덜미를 잡혔다.
ㄴ. 도둑이 경찰에게 덜미가 잡혔다.

(24) ㄱ. 경찰이 도둑의 덜미를 잡았다.
ㄴ. 도둑의 덜미가 경찰에게 잡혔다.
ㄷ. 도둑이 덜미가 경찰에게 잡혔다.
ㄹ. 도둑이 경찰에게 덜미를 잡혔다.

(25) 도둑이 일부러 경찰에게 덜미를 잡혔다.

이는 '잡히다'도 타동사로서의 특징을 갖고 있다는 결과가 된다. 그러므로 행위자가 목적격을 부여한다는 해석은 충분하지 못하다.

---

5) 김영주(1990)에서는 "[+행위성] 동사는 자기의 자매인 명사구에 대격을 부여한다." 하였다.

이러한 문제를 극복하기 위해 통제자, 결정자와 같은 의미 특징이 목적어의 격 부여자로 논의되었다. 결정자란 동사에 의해 그려지는 사건이 일어날지 안 일어날지를 결정짓는 요인이고, 통제자는 동사가 가리키는 상황과 과정 혹은 결과를 결정짓는 것이다. 한 상황을 결정짓는 요소란 그에 대해 통제력, 지배력을 가질 것이고 그 상황에 대한 책임의 소재가 되는 것으로 본다. 홍기선(1991: 100)

(25)에서 '잡히다'와 관련된 행위자는 '경찰'이 되지만, 이 행위를 결정하는 힘이나 책임은 '도둑'에게 있다는 점에서 '도둑'이 결정자이다. '결정자' 논항이 있을 때 피결정자에게 대격이 부여되는 것으로 본다. 그러나 결정자나 통제자 모두 목적어, 목적격을 부여하는 원인으로서는 명시적이지 못하다. 사건을 결정짓는 요인, 행위의 책임이 되는 것이 목적어나 대격을 결정짓는다는 관계는 설득력이 부족하다.

목적어를 필요로 하고, 목적격을 필요로 하는 서술어의 특징이 목적격 부여의 원인이라는 관점에서 목적격을 필요로 하는 문장의 특징을 밝혀 나가는 것이 목적격 부여의 원인을 파악하는 방법이 될 수 있다. 이런 점에서 서술어의 타동성이 대격 부여의 원인자로 파악되며, 타동성을 규명하는 작업이 목적격 부여의 동인을 밝히는 것이 될 것이다.

동사구가 주격을 배당한다는 해석은 동사구와 주어 명사어가 자매 관계로 성분 통어하기 때문인데, 동사와 주어 명사어의 관계는 최대 통어(Maximal Command)로 설명될 수 있어 주격 배당을 동사가 한다고 해석함에 문제가 없다.

논항 구조의 결정이 동사 정보에 의하여 이루어지는 것이므로 목적격뿐만 아니라 주격도 동사가 결정하는 것으로 보는 해석이 설득력 있다. 주격과 목적격은 형상적인 문장 구조 해석에서 다른 계층 구조를 가지고 있어서 구조에 의한 격의 구별이 가능하기 때문에 이러한 구조에 의한 격구조의 설명이 격부여의 해석에서 유효한 설명임은 분명하다.

국어의 이중주어나 이중목적어의 문제도 구조에 의한 격의 부여보다는 서술어에 의한 격부여의 문제로 설명이 가능하다. 이중주어는 서술절에 의한 해석이든지 이중주어에 의한 해석이든지 이러한 구조를 유발하는 것이 서술어와 관련된 것이다.

5) 격틀과 문장정보

서술어가 문장을 이루면서 각 명사항에 적절한 자격을 부여하는 것이 격 부여이고, 격 부여된 논항이 문장성분이다. 논항은 서술어와 상관 관계를 갖고 있는 변항으로, 서술어에 의하여 격을 부여받는 논항들이 이루는 문장의 구조를 격틀 또는 문장 정보라 한다.

국어에서 서술어와 상관 관계를 갖는 격성분들은 주격, 목적격, 보격, 부사격(견줌격, 위치격, 방편격)으로 나타나는 문장성분들이다. 학술 논문에서는 국어 격틀의 정립을 위한 논의가 다양하게 이루어진 바 있으나 사전에 제시하는 작업은 근래 들어 이루어졌다. 사전에서 격틀을 제시하고 문장 정보를 상세하게 보이기로는 「연세 한국어 사전」이 처음이다. '가다'에 대하여 다음의 격틀을 보인다. 다음은 '가다'와 '먹다'의 격틀이다. 「연세 한국어 사전」(1998: 8, 685).

> (26) ㄱ. ①이 ②에 가다 (① 사람명사 ② 장소명사)
> ①이 ②를 가다 (① 사람명사 ② 구경, 일, 휴가)

①이 가다 (① 시간을 나타내는 명사)

①에 ②가 가다 (① 사람명사 ② 소식, 연락)

ㄴ. ①이 ②를 먹다 (① 유정명사 ② ㄱ 밥, 떡, ㄴ 우유, 커피)

①이 ②에게 ③을 먹다 (① 사람명사 ② 사람명사 ③ 욕, 핀잔 꾸지람)

①이 ②에서 ③을 먹다 (① 사람명사 ② 시합, 경기 ③ '등수'를 나타내는 말)

①에 ②가 먹다 (② 벌레, 화장)

①이 먹다 (① 톱, 칼날)

이러한 격틀을 보이는 사전은 홍재성(1997)의 「한국어 동사 구문 사전」과 국립국어연구원(2000)의 「표준 국어 대사전」이다.

6) 격과 의미역할의 범주화

우리의 생각이 어떻게 언어로 구조화되고, 구조화된 언어로 어떻게 생각을 하는가를 밝히는 것은 언어라는 구체적 대상을 통해서이다. 언어가 가지고 있는 조직과 체계와 내용은 우리의 사유 세계를 형성하는 구체적 형상이기 때문이다.

인간의 세계에 대한 지각은 모습(Figure 또는 Profile)과 바탕(Ground 또는 Base)의 관계가 기반이 된다. 모습과 바탕 관계는 인간의 인식 구조, 그리고 언어 구조를 이해하는 데 중요한 원리가 되고, 언어는 이 구조에 의해 범주화되었다고 추론할 수 있다. 우리의 일상 상황이 모습과 바탕에 의해 어떻게 지각되는가와 언어 구조에서 모습과 바탕의 지각 구조가 어떻게 실현되고 있는가에 대한 관찰은, 심리적 지각의 언어화를 지각 원리를 통하여 규명하고 언어를 통해 심리적 지각을 확인하는 것이다. 모습과 바탕의 구분은 전경과 배경의 분리 현상(figure ground segregation)에 근거하는데, 지각되는 상황에 대해 현저하게 인식되는 부분과 바탕이 되는 부분으로의 구분이 존재하기 때문이다. 전경은 더 잘 식별되고 기억되는 것으로 구조화된 것으로 인식됨에 비해, 배경은 구조화되지 않고 일정한 형태가 없는 것으로 지각된다.

바탕과 모습과의 관계는 여러 가지 심리적 실험에서 제시된 바 있다. 꽃병과 얼굴이 어느 것이 바탕이 되는가의 관계나, 길이의 차이를 느끼는 도식을 통해 모습과 바탕의 인식 구조를 볼 수 있다.

이러한 인식 구조는 문장을 구성할 때 자연스럽게 나타난다. 바탕이 되는 위치가 넓은 개념이고 모습이 작은 개념일 때 자연스럽고, 모습이 바탕보다 크게 지적되면 부자연스럽다. '책상(바탕) 위의 연필(모습)'에 비해, '연필(바탕) 아래 책상(모습)'은 부자연스럽다.

   (27) ㄱ. 선수들이 운동장에 있다/운동장에 선수들이 있다.
         ㄴ. 책상 위에 연필이 있다/책상이 연필 아래 있다.

우리의 세계에 대한 인식은 바탕과 이 바탕 위에 존재하는 모습에 근거한다. 바탕은 사건이나 상태가 이루어지는 무대이고, 모습은 그 무대에 등장하는 참여자이다. 산에 나무가 있는 모습을 보면 우리는 산이 바탕이고 나무가 모습임을 인식하고 이러한 인식을 '산에 나무가 있다'와 같은 문장으로 표현한다.

상황에 대한 바탕과 모습의 인식은 다를 수 있다. 동일한 사건에 대해서도 인식하는 개인이 어떻게 인식하는가에 따라 차이가 있고 이는 언어화에서도 다르게 나타난다. 극단적으로 장님이 코끼리를 기둥이나 벽으로 다르게 인식하는 바와 같이 동일한 상황에 대해서 다른 인식이 가능하고, 또 화자의 표현 의도에 따라서도 다르게 언어화될 수 있다. 철수와 영희 사이에 일어난 사건에 대해 '철수가 영희를 때렸다'나 '영희가 철수에게 맞았다'라는 문장으로 표현될 수 있는데, 동일한 사건에 대해서 화자가 어떻게 인식하고 그것을 표현하는가에 따라 언어 표현이 달라진다. 어느 모습을 더 드러내려고 하는가에 따라 다른 표현으로 언어화되는 것이다.

언어 표현은 실제 세계에서 일어나고 생각되는 상황의 지각에 근거한다. 세상에 대한 지각은 상황에 대한 공간적 인식에서 비롯된다 할 수 있다. 눈이나 귀를 통한 감각 기관을 통해 지각되는 상황은 특정 공간과 시간에서 이루어지는데, 이러한 상황의 지각은 공간의 영상을 통해 지각된다.

모습과 바탕의 관계는 관형격 구성이나 명사 수식 구성의 소유의 의미에서 실례를 볼 수 있다. '바나나 맛'은 두 해석이 가능한데 하나는 '바나나의 맛'으로 바나나가 가지고 있는 맛이다. 바나나가 바탕이 되고 여기에 맛이 모습으로 제시된다. 다른 '바나나 맛'은 여러 가지 맛 가운데 하나인 바나나의 맛을 지칭하는데 맛이 바탕이 되고 바나나가 모습이 된다. 어느 단어가 바탕과 모습인가에 따라 의미가 다르게 해석된다.

상황이나 사건에 대한 인식은 바탕과 모습을 기반으로 출발하고, 바탕 위에서 작용하는 참여자의 관계는 의미역할로 제시된다. 참여자의 의미역할은 격을 통해 의미 구조를 넘어서 언어 즉 문장을 구성하는 통사 구조에 반영된다. 격에 의한 통사 구조화는 역으로 의미를 담고 의미를 구분하기 위한 방법으로 이용된다. 의미에 의한 구조화 형태화가 역으로 의미를 제어하게 된다. '나에게 돈이 있다'라는 문장과 '내가 돈이 있다'라는 문장은 의미역할은 같으나 격조사의 차이에 의해서 문장의 의미가 달라지는데 이는 격 형태가 의미에 간여함을 보여준다.

상황이나 사건의 사고, 인식의 과정이 어떻게 의미역할로 나타나고, 나아가 격틀을 형성하는가? 거꾸로 격틀은 의미역할을, 그리고 격과 의미역할은 어떻게 사고와 인식의 과정에 영향을 미치고 있는가를 살펴보는 것은 사고화, 언어화에서 중요한 문제이다. 이러한 현상을 규명하기 위하여 의미역할과 격에 대한 원형적 특징과 상호 관계가 우선적으로 논의된다.

의미역은 문장과 같은 언어 구조에 의해서만 드러나는 개념은 아니다. 상황과 사건에서 나타나는 무대에서의 참여자들의 작용은 언어화되어야만 나타나는 개념이라기보다는 바탕과 모습 사이에 나타나는 인지 또는 지각의 개념들이라 할 수 있다. 그러나 인지 사유가 언어를 바탕으로 이루어진다는 근본적인 언어와 사고의 문제와 더불어, 언어의 해석에서 의미역할이 의미 해석에 중요한 개념을 제시한다는 점에서 언어화의 관점에서 논의하는 것이 바람직하다.

국어의 기본 문장인 지정구문, 존재 소유구문, 형용사구문, 자동구문, 타동구문을 중심으로 세계에 대한 인식이 지각의 언어화 과정을 통해 문장에서 어떻게 실현되는가를 의미역할과 격을 중심으로 보일 수 있을 것이다.

2 서술어와 논항의 상관성
1) 존재문과 지정문의 격과 의미역할

존재는 상태나 움직임의 바탕이다. 모든 대상과 현상에 대한 인식은 존재의 인식으로부터 시작한다. 존재가 단순히 존재하면서 그 형상을 드러낼 때 그 존재는 상태를 갖고, 존재가 움직임을 갖고 변화할 때 그 존재는 움직임으로 형상화된다.

존재문은 대상 논항과 위치의 논항이 존재함으로써 범주화 과정의 모습(Figure)과 바탕(Ground)이 언어에서 효율적으로 제시되어, 서술어를 통한 모습이나 바탕의 인식이 필요하지 않다. 서술어는 서술 기능으로의 인식을 제시하고, 다른 논항들이 의미역을 제시한다.

국어에서 존재는 서술어 '있다'로 대표되고, 대상의 존재는 위치어로 드러난다. 문장으로는 '무엇이 어디에 있다'로 나타나는데, 기본 유형은 'N1이 N2에 있다'이다. 존재자의 존재만을 뜻하는 단순 존재와 달리 위치, 상황을 필요로 하는 존재자가 존재하고 있는 상태, 상황에 대한 존재이다.

존재자인 N1과 존재자의 상황, 위치인 N2의 순서에 따라 존재자와 존재 상황에 대한 존재의 제시 의도가 달라져 의미상 차이가 다를 뿐만 아니라 자연스러움에도 차이가 있다. 기본 어순과 다른 어순은 강조하려고 할 때 자주 사용된다.

(28) ㄱ. 숭례문이 서울에 있다/나는 서울에 있다.
ㄴ. 서울에 숭례문이 있다/서울에 나는 있다.

존재문의 문장성분은 주어와 부사어, 서술어로 이루어진다. 주어는 주격을 갖고 부사어는 부사격을 통사적으로 갖는다. 주어의 의미역은 대상이고, 부사어의 의미역은 위치이다.

존재는 소유와 연결된다. 존재와 소유와의 연결은 존재자와 존재 위치의 관계에 의하여 이루어진다. 소유가 존재를 바탕으로 하지만 모든 존재가 소유를 의미하지는 않는다. 존재자가 소재에 자리함으로써, 즉 소재가 존재자를 포괄함으로 소유의 의미를 이룬다. 모습에 우선적 윤곽을 부여함으로써 존재자가 부각됨에 비해, 바탕에 우선적 윤곽을 부여하는 것은 위치어가 부각되어 모습의 소유자로서의 의미를 가질 수 있는 기반이 된다.

> (29) ㄱ. 그가 집에 있다/집에 그가 있다.
> ㄴ. 창문이 집에 있다/집에 창문이 있다.

체언의 유정성과 체언 사이의 비분리성에 따라 소유 의미의 가능성은 달라진다.

위치어는 주어로 나타날 수 있어, 존재와 소유는 이중주어문장을 이룬다. 이중주어문에서는 소재가 제일 주어로 나타나기 때문에 소유의 의미가 더 강하게 나타나게 된다.

> (30) ㄱ. 나에게 돈이 있다.
> ㄴ. 내가 돈이 있다.

이중주어로 실현되는 문장은 통사적으로 주어, 주격으로 나타나지만 위치의 의미역을 갖고, 나머지 주어 논항은 대상의 의미역을 갖는다. 존재 구문에 비하여 '배타적 의미'나 '경험주, 소유주'로서의 의미가 나타나는 것은 주격 주어로의 실현 때문으로 의미역할은 변함없다. 위치어가 위치격을 받던 것이 주격 형태로 나타남으로써 개념적 구조에서는 위치의 의미역을 갖지만 통사 구조적 주격을 가짐으로써 주어로서 보어인 대상을 소유하는 의미가 강화된 것이다.

기본 문장인 '무엇이 무엇이다'는 두 명사와 서술어 '이다'로 이루어진다. 지정 구문의 의미는 두 명사만의 의미이고 '이다'는 단순히 연결 기능만을 가지고 있다고 추론할 수 있다. 그러나 현대 국어에서 '이다'는 특정 의미와 관계를 나타내기 위해 존재한다. 두 명사를 단순히 연결하는 것이 아니라, 두 명사가 동일성이나 분류, 포함 관계와 같은 의미 관계를 갖게 하는 서술어이다. '이다'에 의한 문장을 전제하지 않고는 이러한 의미 해석은 불가능하다. 문장으로서의 관계를 이루어주는 것이 '이다'로, '이다'의 서술 기능이다.

지정구문의 기본 구조는 'NP1이 NP2이다'이다. 지정문의 문법적 해석은 다양하다. '이다'를 지정사(또는 형용사)인 서술어로 볼 때, 샛별은 주어로 주격이며, 금성은 보어로 해석되지만 보격 형태는 없다. 이 문장은 역사적, 잠재적으로 '샛별은 금성이 이다'로 추정할 수 있다.

(31) ㄱ. 샛별은 금성이다.
ㄴ. 고래는 포유동물이다.

지정구문은 (ㄱ)과 같이 동질성, (ㄴ)과 같이 포함 관계를 나타내는 것이 기본이다. 포함 관계를 중심으로 볼 때 주어인 '고래'는 모습이고 보어인 '포유동물'은 바탕이다. '고래'라는 모습과 '포유동물'이라는 바탕이 같은 장면에서 모습과 바탕으로 나타나지 않지만, 이 지정문은 지각 구조에서 '고래'를 '포유동물'이라는 바탕에 넣는 지가 개념을 언어로 나타낸다. '샛별'과 '금성'은 동일성의 내포 관계를 갖지만 '샛별'은 모습, '금성'은 바탕의 관계이다.

이 문장 주어의 의미역할은 대상(Theme)이고, '금성'도 동질성의 관점에서 보면 역시 대상이라 할 만하다. 그러나 '고래는 포유동물이다'는 '고래는 포유동물에 있다/속하다'와 같은 의미로 해석될 수 있는 점에서 '금성'의 의미역할은 대상이 아닌 위치(Location)로 해석하는 것이 더 합리적일 수 있다. '포유동물은 고래이다'가 불가능한 것은 '포유동물은 고래에 있다/속한다'가 불가능한 것과 통한다.

국어에서 지정문은 동일성이나 포함 관계만을 나타내고 '있다'가 존재나 소유를 나타내지만, 영어를 비롯한 많은 언어에서는 지정사, 또는 계사(Copula)가 존재를 나타낸다. 다음은 각각 영어와 스페인어의 보기이다.

(32) ㄱ. He is Tom.
     ㄴ. He is teacher.
     ㄷ. He is in the classroom.

(33) ㄱ. El es David.
     ㄴ. El es profesor.
     ㄷ. El esta' en la casa. (그는 집에 있다.)

'그는 학교에 있다'에서 주어인 '그'가 대상 의미역이고, '학교'가 위치 의미역인 것과 같이 '고래는 포유동물이다'는 '고래는 포유동물에 (속해) 있다'의 의미라는 점에서 '고래'는 대상 의미역, '포유동물'은 위치 의미역이고, 마찬가지 원리로 '샛별은 금성 이다'는

'샛별'이 대상 의미역, '금성'은 위치 의미역으로의 확장된 해석이 가능하다. 지정문은 이런 관점에서 대상의 의미역과 위치 의미역으로 이루어지는 문장으로 해석된다.

영어와 같은 언어에서 계사는 명사뿐만 아니라 형용사와 함께 서술어를 이룬다. 국어에서는 형용사가 바로 서술어인 용언이다.

    (34) ㄱ. He is pretty.
        ㄴ.*그는 예쁘(다) 이다.

이 형용사는 '것이다'에 의해 서술 판단으로 대응 되어 나타날 수 있다. 판단 서술문 표현은 형용사뿐만 아니라 모든 용언이 가능하다.

    (35) ㄱ. 그가 갔다/그가 간 것이다/그가 감이다.
        ㄴ. 그녀가 예뻤다/그녀가 예쁜 것이다/그녀가 예쁨이다.

'간 것', '예쁜 것'은 각각 '감', '예쁨'을 뜻하면서 '이다'와 함께 서술어를 이룬다. 이 문장의 의미역할도 주어는 대상의 의미역, 보어인 '간 것', '예쁜 것'은, 그리고 이에 대응되는 '감', '예쁨' 들의 의미역은 위치의 의미역이다. '예쁨에 (속해) 있다'로 해석된다.

용언들이 판단 서술문에 의해 논항과 대응되는 관점에서 관찰될 때, 서술어들도 내부 분석에 의해 의미역을 가질 수 있고, 이 때 의미역은 (35)에서와 같이 위치 의미역으로 나타난다. 한편 '명사+이다'로 이루어진 서술 구성은 서술어로서의 기능이 부각되면서 명사는 논항으로서의 역할과 의미역할은 희석되고 형용사와 같은 용언으로 인식된다. 즉 '학생이다'는 하나의 서술어로서 '예쁘다'와 같이 인식된다.

형용사를 비롯한 일부 서술어에서 위치 의미역을 추출하여 제시하는 것은 범주화의 과정에서 논항에 의한 의미역으로 나타나지 않는 문장들에도 내면적으로는 형체와 바탕의 의미역이 내재하고 있음을 보여주는 것이다.

지정사 '이다'를 서술어로 하는 지정문의 격과 의미역할과 관련된 범주화는 통사적 격은 주어와 보어인 문장성분에 대한 주격과 보격이 범주화되고, 이 격을 통하여 문장에서의 관계가 정립된다. 의미역할은 주어는 대상(Theme)의 의미역을 보어는 위치(Location)의 의미역을 갖는다.

지정의 '이다'가 보어에 의해 위치 의미역을 제시함에 비해 '있다'는 위치 부사어에 의해 위치 의미역을 제시한다. (35)는 영어나 스페인어와 같은 문장에서 볼 수 있듯이 하나의 원리로 설명될 수 있어 지정과 존재의 의미적 상관성을 보여준다.

2) 상태문의 격과 의미역할

서술어가 형용사일 때 문장의 주어는 주격으로 대상이나 경험자의 의미역을 갖는다. 대상의 의미역을 주어로 갖는 대표적인 형용사는 객관형용사로 사물의 속성이나 상태를 서술하는 '가늘다, 가볍나, 길나, 싶다, 높다, 두껍다, 무겁다, 짧다, 크다' 등이다.

이 서술어를 가진 문장은 두 논항을 가진 문장으로 변환할 수 있는데, 판단서술이나 존재서술과 같은 인식에 근거한 것이다.

(36) ㄱ. 몸이 가볍다/몸이 가벼운 것이다/몸이 가벼움에 있다.
　　 ㄴ. 산이 높다/산이 높은 것이다/산이 높음에 있다.
　　 ㄷ. 나무가 무겁다/나무가 무거운 것이다/나무가 무거움에 있다.

　상태서술은 두 논항에 의한 판단으로도 나타나며, 대상의 존재에 의해서도 나타난다. 이때 주어는 대상의 의미역을 갖고, 판단 서술어의 보어와 존재의 위치어는 위치의 의미역을 갖는다. 상태서술문에 대하여 서술어를 위치의 의미역으로 변환하여 해석하는 것은 의미역이 논항과 관련된 문법 범주라는 기본적 인식을 돌이켜 볼 때, 의미역 확대의 무리가 있지만, 모습와 바탕에 근거한 인지적 해석을 반영한다.

　상태서술에서 나타나는 위치역은 상태문을 존재문으로 해석하는 존재적 인식에 근거한 것이다. 이는 세상에 대한 인식이 지정문에 의한 판단서술과 존재문에 의한 존재서술에 근거한 것으로 여기서 상태, 동작이 파생되어 나가는 것으로 예측할 수 있다. 판단 서술도 존재 서술로의 환원이 가능하다는 점에서 상태문과 더불어 지정문의 근원도 존재문으로 귀결된다.

　주어의 의미역이 대상인 형용사로는 대칭형용사나 기준형용사도 있는데 이들을 서술어로 하는 상태문은 견줌어나 기준어가 위치어와 변환성이 있는 점으로 보아, 위치역을 갖는 것으로 추론할 수 있다. 다음 보기의 '동물에'뿐만 아니라, '동물과'도 위치의 의미역을 갖는 것으로 추론할 수 있다.

(37) ㄱ. 인간이 동물과 다르다.
　　 ㄴ. 인간이 동물에 가깝다.

‘인간’이라는 대상이 모습으로서 ‘동물’이라는 바탕과 관계를 갖고 서술어에 의해 같고 다름, 멀고 가까움에 대한 의미를 제시한다는 점에서 세계에 대한 인식 구조를 반영한다. 위치격과 다른 격 형태로 모습과 바탕의 기본 관계와 차별화된 ‘함께’ 또는 ‘비교’ 대상을 제시한다.

  의미역할이 같으나 문장성분의 격이 다른 문장이 있고, 격 형태도 같아 서술어에 따라 주어성과 위치어성이 다르게 드러나기도 한다. 다음 문장들은 위치격으로 나타나지만 위치어가 주어성이 강해 주어나 주격으로의 해석이 가능하다.

  (38) ㄱ. 선호에게 돈이 필요하다. (선호가 돈이 필요하다)
  ㄴ. 선호에게 돈이 많다. (선호가 돈이 많다)
  ㄷ. 선호에게 한약이 좋다. (선호가 한약이 좋다)

  이들 서술어의 의미역은 위치와 대상역이고 격 형태는 위치격과 주격이다. 그러나 형태보다 기능의 관점에서 보면 위치격은 위치어보다는 주어의 기능을 갖고 있다. ‘선호가 돈이 필요하다’라는 이중주어문과 의미가 같다. 그래서 이 위치어를 수여 주어(Dative Subject)라 하기도 한다.6) 그러나 국어에서 위치어의 주어성은 ‘우

---

6) 수여자(Dative)로 나타나는 위치어가 통사적으로 주어의 기능이 있고, 또 영어 같은 언어에서는 이 성분이 주어로 나타나는 것과 비교할 수 있다. 러시아어와 티베트어의 위치어는 영어에서는 주어로 나타난다. DeLancey(2003) 참조. Givon(2002)에서도 이 의미역을 수여(Dative) 의미역으로 해석하였다.
  ㄱ. I need that book.
  ㄴ. mnje   nuahna   Eta knigu. (러시아)
     me(DAT)   need   that book. (NOM)
     나에게   필요하다   그 책이
  ㄷ. khong-la snyu=gu cig dgo=gi. (티베트어)

리 학교에서 운동회를 개최한다'와 같은 행위적 주어성이 드러나
지 않아 주어성이 약하다.

'좋다', '싫다'와 같은 심리형용사의 주어는 경험의 주체로 인식
되어 주어가 위치역이 아닌 경험자로 해석된다. 이들을 서술어로
하는 문장도 위치어와 주어와의 대체가 이루어진다. 그러나 '좋다'
와 '싫다'는 주체의 심리를 나타내는 주관형용사의 의미뿐만 아니
라, 좋고 나쁨을 나타내는 객관적형용의 뜻이 동시에 있다. (39)에
서 두 문장은 같은 서술어이지만 다른 의미역할을 갖는다.

(39) ㄱ. 선호에게/는 한약이 좋다.
ㄴ. 선호가/는 한약이 좋다.

'선호에게 한약이 좋다'에서 '선호에게'는 주관적 경험자와 객관
적 위치어로서의 두 의미의 구별이 미약하다. '선호가 한약이 좋
다'는 '선호에게는 한약이 좋다'와 '선호가 한약이 좋다(좋아한다)'
의 두 가지 의미로 해석된다. 이러한 중의성의 내면에는 두 가지
다른 의미역할의 존재가 바탕이 된다. 의미역할의 차이는 통사적
형태 즉 격에 의해 실현되고 범주화되었다.

'선호가 한약이 좋다'의 '선호'에 대해 위치역 해석이 가능한 것
은 '필요하다'나 '많다'에서와 같이 주어가 위치역의 의미를 갖기
때문이다. 다른 의미 해석은 '선호가' 심리적인 주어로서, 심리적
행위자로서의 의미이다. 결국 두 문장은 동일한 서술이지만, 의미
역할이 위치역인가 심리 행위주인가에 따라 구별된다. 심리적 행위

he-LOC pen   a want.
그에게   펜이   필요하다

역이란 심리적 행위에 대한 행위가 이루어지는 점에서 객관 서술과 구별되는 주관 서술어로서의 행위 의미역이다. 이때의 행위는 동작 행위와 구별되는 심리 행위이다.

세계에 대한 지각 과정이 모습과 배경을 바탕으로 한다는 관점에서 볼 때, 객관적 형용은 모습과 배경의 대립으로 해석되지만 주관적 심리형용사가 이루는 문장의 주어와 보어는 모습과 배경의 관계라고 보기 어렵다. 즉 주어로 나타나는 경험주가 모습이고, 보어로 나타나는 대상이 바탕의 관계를 이룬다고 볼 수 없다.

주관형용사를 서술어로 하는 문장의 주어와 보어와의 관계는 모습과 배경의 관계라기보다는 배경 위에 나타나는 두 모습이다. 배경이 구체적으로 제시되지 않은 상황에서 심리적 행위자인 모습과 그 대상인 모습과의 관계이다. 이러한 모습과 모습의 관계는 주어가 행위자로 나타나고 목적어가 대상으로 나타나는 타동문에서 전형적 관계를 이룬다. 주관형용사문에서 대상에 대해 나타나는 경험주는 폭넓은 의미에서 행위자인 심리적 행위자이다.

(40) 나는 네가 좋다/나는 너를 좋아한다.

(40)은 모두 심리적 상태를 형용하지만, 각각 정적인 움직임과 동적인 움직임으로 구별된다. 이러한 동적, 정적 움직임의 바탕에는 모두 심리적 행위자로서의 공통성이 있다.

형용사 '좋다'와 '싫다'는 수관형용사와 객관형용사의 구별이 분명해, 의미가 중의적이고 의미역도 다르며 격표시의 구별도 명확하다. 그러나 같은 심리형용사라도 '두렵다, 밉다, 부럽다, 그립다, 귀엽다' 등은 위치어가 나타나는 표현이 자연스럽지 않다. '선호에게 고양이가 귀엽다'나 '고양이가 선호에게 귀엽다'는 자연스럽지 않다. 이들 형용사는 주관형용사로서 심리적 행위자로서의 의미역이 강하고, 위치의 의미역을 가진 객관형용사로서의 의미는 약하다.

'갑갑하다, 괴롭다, 서운하다, 부끄럽다' 등이나 '기쁘다, 슬프다, 외롭다, 쓸쓸하다, 서럽다' 등은 원인 심리형용사로 다루어졌다.

    (41) ㄱ. 나에게/나는/내가 더위가 괴롭다.
          ㄴ. 나에게/나는/내가 그 일이 기쁘다.
          ㄷ. 나에게/나는/내가 가을이 쓸쓸하다.

    (41)은 자연스러움의 차이가 있지만, 위치와 대상의 심리 관계이며 심리적 행위자와 대상으로의 의미 해석도 있다. 이들 심리형용사들을 서술어로 하는 문장의 위치어는 위치의 의미역이지만, 주어로 나타나는 경우는 주어의 의미역이 위치역인가 행위 심리역인가의 이중성이 있다. '좋다'에서와 같이 객관, 주관의 두 의미로 나누어지고, 의미역도 위치와 심리 행위자로 분명히 구분되지 않는다. '내가 더위가 괴롭다'는 괴로운 대상인 주어의 위치로서의 '나'와 괴로운 심리적 행위자로서의 '나'가 덜 분화된 중의성이 있다.

    감각형용사는 '경험자'가 '대상'에 대한 감각을 나타내는 형용사이다. 경험자와 대상의 의미역을 갖는 두 논항으로 이루어진다. 감각형용사에는 '간지럽다, 고프다, 마렵다, 뻐근하다, 아프다, 어지럽다' 등이 있다.

    (42) ㄱ.*나에게/나는/내가 손이 간지럽다.
          ㄴ.*나에게/나는/내가 팔이 아프다.
          ㄷ.*나에게/나는/내가 머리가 어지럽다.

위치격에 의한 위치어의 의미역이 불가능한 점은 심리형용사와 구별되고, '나의 손'과 같이 부분과 전체의 의미 관계가 있다. 부분과 전체의 의미 관계는 포괄적으로 모습과 배경의 지각 구조를 갖는다. '나의 손'은 공통적으로 대상의 의미역을 갖지만, '내가 손이'로 나타나는 문장에서 '나'는 경험의 행위자이고 '손'은 대상이다.

비분리 관계가 아닌 문장은 대상과 위치의 의미역을 갖는다.

> (43) ㄱ. 이 약이 나에게 어지럽다.
> ㄴ. 그 신발이 나에게 간지럽다.

'나는 이 약이 어지럽다', '나는 그 신발이 간지럽다' 등이 적절한 문장인 것으로 보아 주어로서의 표현도 가능하고 이 때의 의미역할도 심리적 경험 행위이다. 행위는 주어가 의도적으로 하는 것이 원형적 의미이지만 심리적 경험 행위는 의도적은 아니다.

객관형용사문의 경우 모습과 바탕에 근거한 대상과 위치의 의미역 관계가 이루어지고 위치격과 주격으로 실현됨에 비해, 주관형용사문의 경우 배경은 드러나지 않고 두 모습이 경험자와 대상의 의미역을 이루고 주격과 보격으로 실현되는 것이 전형을 이룬다. 단순 주술 관계를 이루는 형용사문은 서술어인 형용사가 존재의 바탕을 이룬다.

3) 동작문의 격과 의미역할

자동사문은 주어의 의미역에 따라 주어의 의미역이 대상인 문장과 행위자인 문장으로 크게 나누고 다시 주어와 서술어 이외에 다른 성분들의 실현을 중심으로 통사적 관점에서 세분화할 수 있다.

주어의 의미역이 대상인 자동사 '개다, 갈라지다, 곪다, 굳다' 등을 대상자동사라 한다.

동작 서술인 자동사는 지정문이나 존재문으로 변환이 가능하다.

    (44) ㄱ. 날씨가 개다/갬이다/갬에 있다.
          ㄴ. 땅이 굳었다/굳음이다/굳음에 있다.

동작 서술은 지정에 의한 동일성이나 존재 인식으로 변환이 가능하다. 격의 관점에서 보면 주격만 나타나는 자동사문이지만, 의미역할의 측면에서 보면 동작 서술은 위치어를 내재하고 있다고 해석할 수 있다. 대상이 모습이고 서술이 존재에 대한 바탕이 된다.

주어가 대상 의미역인 자동사 가운데 위치어가 나타나는 문장들이 있다. 바탕이 위치어로 제시된다. 이 위치어는 주어로 교체 가능하고 대상의 주어는 방편어인 '명사+로'로의 즉 '에'와 '로'의 교체가 가능해 이 문장들을 교체 구문이라고 한다.

    (45) ㄱ. 손님들이 다방에 넘친다/방안에 벽화가 가득하다.
          ㄴ. 다방이 손님들로 넘친다/방안이 벽화로 가득하다.

(ㄱ)의 주어는 대상, 위치어는 위치역을 갖고 있다. 대상에 대한 위치가 구체적으로 실현되어 있을 뿐만 아니라, 동작 서술에 의한 내재적 위치 의미역도 존재한다. 교체구문인 (ㄴ)은 주어가 위치어이고 방편어는 대상 의미역이다. 그러나 이 위치 부사어도 주어의 자리에 놓이고 주격을 받음으로써 의미의 변화를 갖는다. 주어의

의미역할은 위치 의미역을 유지하지만 대상의 의미를 갖는다. 위치격이 주격으로 주격이 도구격으로의 격 변화를 통하여 의미역은 같지만, 주격에 의해 주어화함으로써 단순한 위치에서 주제적이며 움직임의 주체로서의 의미를 갖고 방편격에 의한 방편어를 통해 주체적 움직임이 일어나는 동적 원인을 제시함으로써 의미를 차별화한다.

어떠한 대상이 생겨남을 의미하는 대상 자동사도 주어의 의미역이 대상이다. 수의적 위치어는 주어로 나타나기도 한다.

(46) ㄱ. 홍수가 서울에 났다/서울에 홍수가 났다/서울이 홍수가 났다.
ㄴ. 샘물이 마당에 솟았다/마당에 샘물이 솟았다/?마당이 샘물이 솟았다.

'서울'과 같이 다른 지방과 배타성이 있는 경우는 비교적 자연스러움에 비해, '마당'과 같이 배타성을 나타내기 어려운 경우는 자연스럽지 않다. 위치어가 주어로 나타남으로써 국어의 주격 조사가 가지고 있는 배타적 의미가 나타날 뿐만 아니라, 위치어를 대상화하는 의미 현상도 나타난다.

위치어가 주어로 교체될 수 있는 것은 제한된 서술어에 한정되고, 같은 서술어라도 가능과 불가능의 차이가 있다.

(47) ㄱ. 선호에게 돈이 있다/선호가 돈이 있다.
ㄴ. 선호에게 돈이 많다/선호가 돈이 많다.
ㄷ. 이층에 선호가 있다/*이층이 선호가 있다.

소유 관계가 없는 문장은 이중주어화가 어렵다. 주어로 대상화된 경우, 위치의 의미는 잠재하고 대상의 의미가 드러나는데 대상에 대한 서술어는 존재이므로, '이층이 있다'는 대상의 존재라는 의미가 실현되어 동일한 대상역이 이중으로 제시되면서 의미 없는 문장이 된다. 소유의 의미가 나타나는 문장은 위치어 '선호에게'가 주어로 나타나면서 소유의 의미를 이루기 때문에 소유 서술에 대해, 대상 주어, 대상 보어의 의미 관계를 이루어 존재에서와는 다른 문장이 가능하다.

비교 대상이 제시되는 자동사문에서 비교 대상이 위치어로 변환이 가능한 점은 이 성분이 위치의 의미역을 갖고 있는 것으로 추론할 수 있다.[7]

 (48) ㄱ. 그가 남보다(남에게) 뒤지지 않는다.
    ㄴ. 우리 학교가 그 학교에 뒤떨어지지 않는다.

 (49) ㄱ. 이 물건이 저 물건과 바뀌었다.
    ㄴ. 철수가 영희와(영희에게) 어울린다.

심리 자동사 구문의 주어는 비행위자인 경험자이다. 그러나 경험자는 심리적인 행위자라고 볼 수 있다. 다음 문장의 위치어는 각각 원인과 대상을 지시한다.

 (50) ㄱ. 그가 천둥소리에 놀랐다.
    ㄴ. 나는 그 사람한테 질렸다.

---

7) 비교 대상이 모두 위치어로 나타날 수 있는 것은 아니다. 다음은 비교 대상이 있는 형용사문이다.
 ㄱ. 희기가 눈과/*에 같다.
 ㄴ. 나는 그와/*에게 다르다.
 ㄷ. 이 물건이 내 것과/*에 비슷하다.

경험주는 원인이나 대상에 의해 주어진 바탕에 모습으로서의 의미 관계를 이룬다.

행위성 자동사는 주어의 의미역이 행위주인 자동사이다. 행위가 이루어지는 위치인 위치 의미역은 수의적으로 나타난다.

(51) ㄱ. 그가 (운동장에서) 논다.
     ㄴ. 그가 (집에서) 까분다.

다음 문장들은 위치어의 필수성이 높은 문장들이다. 이들 문장의 서술어를 위치 자동사라 하기도 한다.

(52) ㄱ. 나는 그 호텔에 머물렀다.
     ㄴ. 나는 부산에서 산다.

(53) ㄱ. 그는 호텔에 남았다.
     ㄴ. 나는 침대에 누웠다.

이들은 행위자인 주어가 모습, 위치어는 바탕인 의미 관계를 이룬다.

서술어가 이동동사인 자동사구문도 행위성 자동사 구문인데 이동의 출발과 목적지 또는 중간 과정을 나타내는 위치어가 나타난다. '명사+로', '명사+에'에 의해 지향점이 나타나거나, '명사+에서'에 의해 기점이 나타난다. '명사+로'는 경로를 나타내어 중의적으로 해석되기도 한다.

(54) ㄱ. 그가 산으로 달아났다. (지향점, 경로)
     ㄴ. 그가 산에 갔다.
     ㄷ. 그가 집에서 나왔다.

행위자인 주어와 더불어 행위의 상대가 되는 논항인 '명사+와'가 나타나는 문장을 대칭구문이라고 한다. 이 문장은 행위의 대칭적 대상은 있으나 위치의 의미역을 갖고 있지는 않다. 형용사 구문에서 '나는 그와 가깝다/나는 그에게 가깝다'처럼 위치어로의 교체가 허용되지도 않는다.

(55) ㄱ. 그가 영희와 헤어졌다/영희와 그가 헤어졌다.
ㄴ. 그가 영희와 다툰다/영희와 그가 다툰다.

이 문장의 주어와 대칭되는 상대어 동반어의 관계는 모습과 바탕의 의미 관계를 갖고 있다고 보기 어렵다. 내재적 배경이 있는 상태에서 나타나는 두 모습의 관계이다. 이러한 모습과 모습의 관계는 주어가 행위자로 나타나고 동반어가 대상으로 나타나는 지각 개념이다.

자동사문의 대부분은 주어가 대상이든 행위자이든 모습과 바탕에 근거하여 의미역할을 이루었다. 주어의 의미역이 대상인가 행위자인가가 의미역할에서 중요한 구분으로 작용하나 위치의 의미역이 보편적으로 드러난다. 대칭구문은 두 모습이 행위자와 대상의 의미역을 이루고 주격과 동반격으로 실현된다.

타동문은 주어와 목적어인 두 논항이 나타나거나 위치어나 방편어를 갖는다. 이들을 고려하여 위치 대상 구문, 방편 대상 구문, 견줌 대상 구문으로 나누어 논의하는 것이 편리하다.

타동문은 목적어에 따라 행위자의 행위를 받는 피행위 대상, 행위자에 의해 이루어지는 생성물, 행위를 직접적으로 받지는 않는 지각의 대상 등으로 서술어에 따라 다르다. 목적어의 의미는 더 세분될 수 있다.

(56) ㄱ. 나는 북을 쳤다.
　　 ㄴ. 나는 집을 지었다.
　　 ㄷ. 나는 영화를 보았다.
　　 ㄹ. 나는 희망을 품었다.

　위치 대상 구문의 위치어는 명사와 조사 '에, 에서, 에게'에 의해
이루어지고, 목적어와 순서가 뒤바뀔 수 있다. 이들 문장들의 위치
어의 필수성은 정도의 차이가 있다.

(57) ㄱ. 나는 책을 가방에 넣었다.
　　 ㄴ. 나는 그를 학교에서 만났다.
　　 ㄷ. 나는 그에게 돈을 주었다.

　위치어는 위치 의미역을 갖고 논의의 바탕이 되고 주어인 행위
자와 목적어인 대상 의미역은 모습을 이룬다. 타동문은 주어인 행
위자와 대상인 목적어와 더불어 위치어가 바탕과 모습을 이룬다.

(58) ㄱ. 나는 교실에서 북을 쳤다.
　　 ㄴ. 나는 차에 짐을 실었다.

　'내가 북을 치는' 행위는 '교실'이라는 바탕에서 '나'와 '북'이라
는 행위자와 대상이 북을 치는 행위를 통해 모습으로 실현된다. 위
치어가 실현되지 않는 행위 즉 '나는 북을 쳤다'는 '나'와 '북'이
두 모습으로 내재적 바탕 위에서 이루어진다.
　위치어 가운데 일부는 목적격 조사로 교체되고, 목적격 조사는
방편격조사로 교체되기도 한다.

(59) ㄱ.*나는 책상을 가방으로 놓았다.
    ㄴ. 나는 차를 짐으로 실었다.

격 교체가 이루어진 성분의 의미역할은 같지만 격 교체로 인해 의미는 달라진다. '차에'가 위치를 명시함에 비해, '차를'은 위치보다는 대상의 의미가 강하고, 목적어 '짐을'에 비해 '짐으로'는 방편격으로 인해 대상의 의미보다는 '방편화된 대상'의 의미가 강하다. 모습과 바탕의 지각 개념과 의미역할의 의미역은 유지되나 격 형태와 문장 성분의 변화로 인해 의미와 의미 전달의 의도가 달라진다.

위치어는 흔히 원인을 나타내는데, 위치어와 위치를 나타내는 방편어 모두 원인을 나타내는 의미로 의미 확장이 이루어진다.

(60) ㄱ. 우리는 더위에 여행을 포기했다.
    ㄴ. 우리는 비바람에 문을 닫았다.

(61) ㄱ. 우리는 더위로 여행을 포기했다.
    ㄴ. 우리는 욕심으로 남을 의심했다.

방편어는 조사 '로'에 의해 제시되는데 장소의 의미를 비롯하여 원인, 도구, 자격 등의 의미도 있다. 장소의 의미는 이동하여 가는 과정의 여정을 나타내는 의미나 도달하는 도달점의 방향을 나타낸다.

(62) ㄱ. 나는 산길로 여행을 떠났다.
    ㄴ. 그들은 산으로 도망을 갔다.

방편어는 위치어 '에'가 도착점을 나타내는 것과 달리 도착의 방향을 나타낸다. 도착의 방향도 위치의 의미로서 행위의 바탕이 되고 행위자와 대상은 모습이 된다.

지향점이나 방향, 또는 경로를 나타내는 방편어는 이동을 나타내는 동사와 쓰여 모두 위치의 의미역을 갖는다. '집'이라는 위치의 바탕 위에서 행위자인 나와 대상인 '그'가 보내거나 부르는 바의 행위를 한다.

    (63) 나는 그를 집으로 보냈다.
          나는 그를 집으로 불렀다.
          나는 그를 집으로 찾아갔다.

방편어는 도구나 재료의 의미를 갖고 있다. 그리고 이 문장들은 목적어의 격 교체가 가능하다. 목적어가 위치어로 대치되고 방편어는 목적어로 실현된다.

    (64) ㄱ. 나는 벽을 페인트로 칠했다/나는 벽에 페인트를 칠했다.
          ㄴ. 나는 상을 신문지로 덮었다/나는 상에 신문지를 덮었다.
          ㄷ. 나는 개를 끈으로 묶었다/나는 개에 끈을 묶었다.
          ㄹ. 나는 나무를 새끼로 감았다/나는 나무에 새끼를 감았다.

두 문장의 의미역할의 관계를 비교하여 볼 때, 위치어와 목적어로의 교체 관계에 있는 '벽을'과 '벽에'는 위치어이거나 목적어이거나 의미역할은 위치이고, 목적이와 방편어로의 교체 관계에 있는 '페인트로'와 '페인트를'은 대상의 의미역을 갖는다. 이를 통하여 형태적으로 목적격, 그리고 기능적으로 목적어로 실현된 성분이 위치의 의미역을 가질 수 있을 뿐만 아니라, 형태적으로 방편격을 갖고 있는 방편어도 대상의 의미역을 원형적으로 가질 수 있음을 볼 수 있다. 격 교체가 모든 문장에 이루어지는 것은 아니나 격 교체의 가능성을 생각할 수 있다는 점에서 의미역할에서의 위치어와 대상의 관계가 근본적임을 추론할 수 있다.

그러나 (65)는 격 교체가 이루어지지 않을 뿐만 아니라 위치의 의미역할도 없다. 이 문장은 행위자, 대상을 모습으로 하고 위치어를 바탕으로 하는 지각 개념 구조에서 한 걸음 더 나아가 배경을 내재적으로 갖는 '행위자, 대상, 도구(방편)'의 모습으로의 확장을 보이는 것이다.

> (65) ㄱ. 나는 나무를 톱으로 베었다/*나는 나무에 톱을 베었다.
> ㄴ. 나는 나무를 도끼로 잘랐다/*나는 나무에 도끼를 잘랐다.

방편어 가운데 위치나 도구의 의미와 다른 의미로 보이는 문장들이 있다. 그러나 이들도 내재적으로 위치와 관련된다.

> (66) ㄱ. 우리는 그를 동지로 생각했다.
> ㄴ. 우리는 그를 동지로 바꾸었다.

(66)에서 '동지'는 생각이나 변화의 방향, 또는 지향점으로서의 위치를 의미한다. 구체적 장소로서의 위치가 아니라, 추상적 상태로서의 위치이다. 이는 자동사문 '물이 얼음으로 되었다'에서도 같다. 방편어는 포괄적인 추상적 위치어로서 바탕이 되고, 목적어는 대상으로서 모습이 된다.

방편어는 도달점과 행로, 또는 경로의 의미 외에 재료와 수단을 나타내는데 각각 기동과 도달점으로 해석하기도 한다. 박만수 (1989: 126).

> (67) ㄱ. 나는 남편을 팔로 밀었다. (기동점: 재료, 수단)
>   ㄴ. 나는 그를 스승으로 모셨다. (도달점: 도구, 감목)
>   ㄷ. 나는 발로 엉덩이를 찼다. (기동점: 도구)

비교 대상이 제시되는 타동사문에서 비교 대상이 위치어로 변환이 가능한 점은 이 성분이 위치의 의미역을 갖고 있는 것으로 추론할 수 있다.

> (68) ㄱ. 그가 나를 영호와/?영호에게 비교하였다.
>   ㄴ. 나는 키를 영희와/?영희에게 견주었다.

견줌어의 이러한 특징은 자동사에서의 모습과 바탕의 관계와 일치한다.

타동문도 행위자와 대상을 구성원으로 하는 모습과 위치어를 바탕으로 하는 모습과 바탕의 개념 구조 하에서 문장이 형성되어 있다. 모습과 바탕은 격 형태에 따라 다른 성분을 이루고 결과적으로 다른 의미를 표현한다. 물론 다른 의미를 나타내기 위하여 이러한 문장 구조가 선택되는 것이다.

4) 서술어와 격 교체

국어에서 의미역할은 같으나 격이 다르게 나타나는 문장들을 격 교체로 논의한다. 이러한 격 교체는 단문에서의 격 교체와 복문에서의 격 교체로 나누어진다. 단문에서의 격 교체는 '영호가 손이/을 잡혔다', '영호가 학교에/를 갔다', '영호가 영희와/를 만났다', '영호의/가 키가 크다'와 같이 조사 '가/를', '에/를', '와/를', '의/가'의 교체가 이루어진다.

단문에서의 격 교체는 격에 따라 의미가 달라진다. '그는 학교에/를 갔다'에서, '에'가 쓰이는 문장은 행위자가 가게 된 장소의 의미가 강하고, '를'이 쓰인 문장은 장소를 대상화한다. '차를 타세요'와 '차에 타세요'에서 '에'는 장소, '를'은 대상으로 의미가 구별된다. '장소성'이 강한 위치어는 격 교체가 잘 이루어지지 않는다. '그는 책상에/?을 앉았다'가 불가능하다.

복문에서의 격 교체인 '나는 꽃이/을 예쁘다고 생각한다'는 단순문과 같이 격조사만의 교체가 아닌 구조의 차이이다. 이러한 구조적 차이는 주어 인상, 동일 명사 생략, 예외적 격 표시로 해석되었다. 격 교체가 격 형태의 차이에 초점을 둔 것이라면 주어 인상은 구조에 초점을 맞춘 논의이다. 이 현상은 내포문의 서술어에 따라 가능한데, 능격동사 또는 비대격동사들이 가능한 동사들로 다루어졌다.

복문에서의 격 교체는 '나는 꽃이/을 예쁘다고 생각한다'와 같은 인용문 구조, '나는 그가/를 떠나게 했다'와 같은 사동구성, '나는 영희를/가 보고 싶다'와 같이 희망 보조용언 구성에서 나타난다.

(1) 문장 구조의 인식과 격 교체

명제적으로는 동일한 표현을 다르게 표현하는 것은 그 표현을 통해 화용적 또는 기능적으로 다른 의미를 나타내고자 하는 것으로서, 상황에 대한 인식을 어떻게 언어로 효율적으로 나타낼 수 있는가의 모색이다. 반내로 인이 표현을 통해 어떤 표현이 해당 상황을 나타내는데 적절한가를 추론할 수 있다.

접속과 내포는 상황 인식의 차이가 언어의 차이로 나타나는 언어 표현이다. 접속문에서는 같은 명사라도 성분이 같아야 생략 가능하지만, 내포문에서는 다른 성분이라도 같은 명사이면 생략이 가능한 것은 내포가 문장 구조의 동일성 인식을 나타내기에 효율적이기 때문이다.

격 교체 즉 주어 인상과 관련된 문장을 구조와 의미역 관계를 중심으로 나누면, 대상 의미역을 목적어로 갖는 단순문(ㄱ), 인용절을 내포한 문장(ㄴ), 주어 인상이 이루어진 문장(ㄷ)이다.

(69) ㄱ. 나는 <u>영희를</u> 생각한다.
　　　 (목적격)[대상역]
　　ㄴ. 나는 [[<u>영희가</u>]　　　 [<u>예쁘다</u>]]고　　　 생각한다.
　　　 [(주격)[대상역]　　]](인용격)[대상역]
　　ㄷ. 나는 <u>영희를</u>　　 [[t]　　 [<u>예쁘다</u>]]고　　　 생각한다.
　　　 (목적격)[대상역]　　　 (인용격)[대상역]
　　　 <(주격)[대상역]>

내포절의 주어가 나타나지 않고 상위문의 목적어에 의해 주어가 내재적으로 드러나는 경우 목적격은 상위문 서술어가 부여하고, 의미역은 상위문 서술어뿐만 아니라 내포문의 서술어와도 연관된다.

의미역할의 측면에서 '나는 영희를 예쁘다고 생각한다'라는 문장이 가능한 것은 '영희를'이 대상역을 받고 동시에 인용절 '예쁘다고'도 상위문 서술어에 의한 대상역을 받는다는 구조 인식, 즉 '나는 영희를 [(영희가) 예쁘다고] 생각한다'라는 구조 인식에 근거한다.

이는 근원적으로 인용문도 종속 접속에 의한 구조에서 연유하였고, 이 구조는 상위문의 목적어와 내포문의 존재가 모두 인정되는 구조라는 인식의 반영이다. 그러나 인용문이 종속접속과는 다른 구조로 인식되고 사용된다는 점에서 동일 명사 생략과 달리 한 성분이 이중 기능을 하는 것이다.

(69ㄴ)과 (69ㄷ)의 차이는 구조와 격조사의 차이로 드러난다. 인용문은 인용절 전체를 대상 내용으로 하고, 주어 인상문은 대상과 대상 내용을 모두 대상으로 하여 이중으로 대상을 제시한다. 이는 접속과 내포의 구조에서 모두 존재했던 대상과 대상 내용을 모두 제시하는 효과가 있다. 아울러 인용절로 구조화한 표현을 내포나 접속 구조로 인식하게 하여주는 효과가 있다. 이러한 효과를 나타내기 위한 기능적 방법으로 이 문장이 사용되고 일반화되었다 할 수 있다.

목적격 조사 '을/를'은 대상성, 한정성, 전체성 등의 의미를 가지고 있다. 주어 인상문에서는 '대상성'과 '한정성'의 의미를 부각하여 대상을 드러내어 한정하고, 대상 내용을 서술하는 표현을 위해 이 문장 형식이 쓰인다.

격 교체 구문 즉 주어 인상문에 대한 구조 해석으로 김영희(1985)의 '주어올리기'와 이광호(1988)의 '동일 명사 삭제'를 들 수 있다. 주어올리기는 내포문의 주어가 상위문의 목적어가 되도록 인상되었다고 해석하고, 동일 명사 삭제는 내포문의 주어나 상위문의 목적어 중의 하나가 의무적으로 생략되는 것으로 해석한다.[8]

(70) ㄱ. 나는 그녀가/를 예쁘다고 생각한다.
　　ㄴ. 나는 그녀가/를 대학생이라고 생각한다.
　　ㄷ. 나는 그녀가/를 넘어졌다고 생각했다.

　주어 인상 변형은 내포문의 주어가 상위문의 목적어가 된 것으로 보기 때문에 목적어가 상위문의 성분임을 보이는데 중점을 두고, 동일 명사 삭제 변형에서는 상위문 서술어의 논항 구조를 셋으로 보아 '나는 그녀를 그녀가 예쁘다고 생각한다'를 속구조로 본다. 예외적 격 표시로 보는 해석은 내포문의 논항으로서의 구조적 위치를 유지하면서도 격은 상위문에서 받는 예외적 현상을 인정한다.[9]

　주어 인상은 내포문의 주어가 상위문의 목적어로 이동하면서 이중으로 격을 받는 사실의 설명, 동일 명사 삭제 변형은 실제로는 실현되지 않는 세 논항 구조의 문장을 속구조에서 인정해야 하는 점, 예외적 격 표시는 예외를 인정해야 하는 점이 지적되었다.

　격 교체 문장은 이 문장과 관련성 있는 인접 문장들의 생성 과

---

8) (70ㄷ)의 문법성 판단은 다를 수 있다. 일부 연구자들은 내포문에 시제가 들어 있다는 이유로 불가능한 것으로 본다. '나는 그녀를 죽었다고 생각한다'도 불가능한 것으로 다룬다.

9) 이정식(1992), 윤항진(1993)은 내포문의 주어 논항이 내포문 CP의 SPEC 자리로 이동해서 상위문의 동사로부터 대격을 부여 받는다는 해석이다. '철수는 [CP영희i를 [IP ti 예쁘]다고] 생각한다'는 구조, 즉 내포문의 요소로 보는 것이다. 고광주(1994)에서는 예외적 격표시는 비대격동사인 경우에만 나타나는데, 비대격동사는 내재 논항만을 가지며 VP의 보충어 자리에 생성되기 때문이라 하였다. '나는 영희가/를 예쁘다고 생각한다'에서 '영희가'는 IP로, '영희를'은 CP로 이동하는데 CP로 이동하는 것은 초섬을 보이기 위해서라고 하고, 의미역은 내포문의 동사에 의해서 격은 상위문의 동사에 의해서 각각 달리 받기에 예외적 격표시라 하였다. 이 해석도 CP에 목적격을 부여하는 것이 상위문의 동사라는 점에서, 그리고 예외적으로 이러한 격표시가 일어난다는 점에서 예외적 격표시와 생각이 같다.

정과 비교를 통해 추론할 수 있다. 격 교체가 나타나는 인용절은 내포문 구조를 갖는 점에서 유사한 구조를 가진 내포문이나 접속문의 격 관계를 살피는 것은 인용절 구문을 가진 상위문의 논항 구조를 이해하는데 필요하다.

접속문에서 주어나 목적어가 같으면 같은 명사어 중 하나는 생략된다. 이는 동일 명사구 삭제 변형으로 다루어졌다.

(71) ㄱ. 나는 학교에 가서, 나는 공부를 하였다.
ㄴ. 나는 학교에 가서 공부를 하였다.

(72) ㄱ. 나는 밥을 하고, 영희는 밥을 먹었다.
ㄴ. 나는 밥을 하고 영희는 먹었다.

대등 접속문은 두 문장의 논항이 동일하여도 내포문 구조로 표현될 수 없지만 종속 접속문은 내포문 구조로 표현된다.

(73) ㄱ. 나는 예쁘고 너는 밉다/*너는 나는 예쁘고 밉다.
ㄴ. 나는 가고 너는 온다/*너는 나는 가고 온다.

(74) ㄱ. 네가 예뻐서 나는 싫다/나는 네가 예뻐서 싫다.
ㄴ. 네가 가서 나는 온다/나는 네가 가서 온다.

접속문에서 내포문 구조로의 이동은 상위문의 자리에 따른 제약이 없다. 내포문이 상위문의 목적어 앞이나 뒤에 놓이어도 내포문이 자신의 구조를 분명히 유지하고 있기 때문에 문장의 적격성에 문제가 없다. 상위문의 목적어나 내포문의 주어가 각각 생략될 수 있는데 목적어가 남아 있는 경우가 더 자연스럽다.

(75) ㄱ. 나는 그녀가 예뻐서 (그녀를) 기억한다.
　　　ㄴ. 나는 네가 도망가서 (너를) 기억한다.
　　　ㄷ. 나는 네가 돈을 훔쳐서 (너를) 기억한다.

(76) ㄱ. 나는 그녀를 (그녀가) 예뻐서 기억한다.
　　　ㄴ. 나는 너를 (네가) 도망가서 기억한다.
　　　ㄷ. 나는 너를 (네가) 돈을 훔쳐서 기억한다.

　이들 문장의 용인 가능성에 대한 이견도 있지만, 내포문의 주어
가 상위문의 목적어, 또 상위문의 목적어가 내포문의 주어가 무엇
인지를 자동적으로 예측할 수 있을 때 생략이 가능한 것으로 내포
문 주어의 예측 가능성의 정도와 이러한 예측을 가능하게 하는 힘
의 존재가 문법성을 판단한다.
　생략된 내포문의 주어나 상위문의 목적어를 각각 상위문의 목적어
와 내포문의 주어가 대신하여 주는 것은 접속 구조에 의하여 생략된
동일 명사가 존재한다는 인식의 결과이다. 실제 문장에 나타나지는
않으나 존재하는 것으로 인식하는 인식의 상태, '생략된 것에 대한 존
재의 인식'으로, '없으나 있는 것으로 인식'하는 인식의 단계이다.
　'도록'은 다른 연결어미에 비해 부사성이 강해 부사형 어미로도
다루어지는 어미이다. (77)도 내포문과 상위문의 각각 다른 성분이
생략되었음에도 생략된 성분이 존재하는 것으로 인식하는 '생략된
것에 대한 존재의 인식'에 의하여 주어나 목적어가 없는 문장이
가능하다.

(77) ㄱ. 나는 너를 네가 도망가도록 도왔다.
　　　ㄴ. 나는 네가 도망가도록 도왔다.
　　　ㄷ. 나는 너를 도망가도록 도왔다.

이러한 접속문 구조와 내포문 구조의 상관성은 접속과 내포가 하나의 원리로서 다루어질 수 있는 부분이 있음을 보이는 것이며, 접속이라는 느슨한 구조에서의 성분 인식과 달리 내포는 꽉 짜인 구조에 의해 성분의 존재를 인식하게 하여 주는 힘이 있음을 보여 준다. 접속문에서는 동일한 성분, 즉 주어는 주어끼리, 목적어는 목적어끼리 동일하여야 한 성분이 생략되는 것이 자연스러움에 비해 내포 구조에서는 다른 성분이라도 동일하면 생략 가능한 것은 문장성분의 기능을 문장 구조가 확보하여 주기 때문이다.

(2) 문장의 두 기능 인식

인용 내포문 구조는 접속 구조와 근원적으로 관련성이 있지만, 접속 구조로의 환원은 어렵다. 인용절을 가진 문장과 접속문이 구조적으로 다름을 보여준다.

> (78) ㄱ.?그녀가 예쁘다고 나는 그녀를 생각했다.
> ㄴ.?네가 갔다고 나는 너를 생각했다.
> ㄷ.?네가 돈을 훔친다고 나는 너를 생각했다.

접속 구조의 문장이 내포문 구조의 문장으로 변환하기에, 인용문을 내포하는 문장도 종속 접속으로 해석할 수는 있으나 이 문장도 불가능하다.

> (79) ㄱ.?나는 그녀를 그녀가 예쁘다고 생각한다.
> ㄴ.?나는 너를 네가 갔다고 생각했다.

결국 인용문은 세 논항을 갖는 상위문의 한 논항이라고 볼 수 없다. 인용절 구조는 내포문에서 성분이 달라도 구조에 의하여 예측이 가능하여 동일 명사가 생략되는, 동일 명사 생략에서 한 걸음 더 나아가 동일 명사가 없이 구조화된 내포문이다. 상위문의 서술어가 목적어와 인용절을 동시에 가질 수 없는 논항 구조로 구조화하였다. 접속에서 내포화의 다음 단계인 새로운 내포 구조이다.

접속 구조에서 내포문 구조로 갈수록 동일 명사어와 성분의 생략은 의무적이고, 내포문을 절 논항으로 갖는 인용절을 이룬다. '생각하다', '기억하다', '믿다' 등의 동사들은 모두 절 논항을 갖는 서술어이다.

접속문에서는 동일 명사 중 하나가 생략되지만, 인용절은 '나는 네가 좋다고 생각한다'에서와 같이 목적어가 없이 인용절이 목적어의 구실을 한다. 그러나 인용절을 가진 상위문 서술어는 타동사이기에 목적어를 근본적으로 요구한다. 이것이 격 교체 주어 인상을 가져오는 힘이다. 격 교체된 문장의 목적어는 상위문의 목적어의 구실을 하지만 동시에 주어로서의 구실을 하는 이중 기능을 하게 된다.

인용절이 대상 내용으로서 상위문의 목적어 구실을 함에 비해, 주어 인상된 인용문은 상위문의 목적어는 목적어인 동시에 내포절 대상 내용의 주어로 인식된다. 이는 '없으나 생략된 것을 있는 것으로 인식'하는 다음의 단계인 '이중 기능의 인식'이다. 이는 주격에서 목적격으로의 격 교체나 주어의 목적어로의 인상이 아니라, 상위문 목적어가 내포문의 주격 기능을 이중으로 수행하는 것이다.

인용문의 두 가지 다른 격 구문에서 주체높임이 모두 가능한 것은 내포문의 주어가 드러나 있지 않아도 상위문의 목적어가 주어의 기능을 이중으로 하기 때문이다.

(80) 나는 할머님이/을 예쁘시다고 생각한다.

이러한 이중적 인식은 상위문 목적어와 내포문의 주술 관계에서 내포문의 주술 구조가 단순하여야 목적어로 나타나도 서술어에 대한 주어로서의 다른 기능을 파악하기 쉽다. 내포문 주어가 대상의 의미역할을 가져야 목적어의 대상의 의미역할과 동일하다는 점에서 주술 관계의 인식이 자연스럽다. 그러나 이 대상 의미역은 필요하지만 충분한 조건은 아니다. 화용적 요인들도 문장의 자연스러움을 결정하여 주는 조건이 된다.

관형사절과 표제 명사 사이에 나타나는 표제 명사의 두 기능은 격 교체 구문과 비교된다. '예쁜 꽃을 피웠다'에서 표제 명사 '꽃'은 관형사절의 주어이면서 또 주절의 목적어 기능을 한다. 관형화가 이루어지면서, '예쁜 꽃을 피웠다'라는 문장이 '꽃이 예쁜 꽃을 피웠다'로 환원되지 않듯이, '나는 너를 좋다고 생각한다'는 '나는 내가 너를 좋다고 생각한다'로 환원되어야 하는 것만은 아니다.[10] 관형사절에서 동일한 문장성분이 실현되면 이상한 문장이 되듯이 내재적으로 인용절의 주어의 역할을 하는 것이지 외면적으로 실현되지 않는다.

---

10) 관형사절에는 나타나지 않는 명사어와 표제 명사와의 관계는 초기에는 동일 명사의 생략으로 논의되었다. 관형사절에서 생략된 것으로 보이는 동일 명사의 생략은 필수적이라고 할 수밖에 없다. 관형사절의 표제 명사를 이동에 의하여 설명하기도 하는데, 허 웅(1983: 273)에서는 "안긴 마디의 한 성분이 한정 받는 자리로 빠져 나간 것"으로 보아 "빠져 나간 매김 마디"라 하였다. 양동휘(1989: 618)에서는 공범주를 설정하여 이동 규칙으로 설명하여, "[[[네가 ti 보]IP ㄴ]C' Oi]CP 사람"으로 나타냈다. 성분 이동의 흔적으로서 ti가 있고, Oi는 공운영자(empty operator)이다. 국어에서는 관계사가 나타나지 않기 때문에 공운영자로 표시한다.

사동구성에서는 상위문의 동사인 '하다'의 목적어가 분명하지 않나. '나는 그가 오게 문을 열었다'와 같온 문장은 '그가 오게 나는 문을 열었다'와 같은 접속문과의 연관성을 고려할 수 있으나, '나는 그를 오게 하였다'의 접속문 구조인 '그가 오게 나는 그를 하였다'는 자연스럽지 못하다. '나는 그를 하였다'라는 상위문의 '그가 오다'라는 하위문의 내포라고 보기 어렵다.

사동구성은 다음과 같이 격 교체가 가능하다.

(81) ㄱ. 나는 그가/를 오게 하였다.
     ㄴ. 나는 그가/를 밥을 먹게 하였다.

사동구성을 '나는 그를 그가 오게 하였다'의 내포문 구조에서 주어나 목적어가 탈락되는 동일 명사 생략과 연관지을 수 있다. 그러나 사동구성의 '하다'는 단독 서술성이 없는 보조동사로서의 문법적 특징도 있다.

연결어미 '게'로 이루어지는 문장은 종속 접속문(ㄱ)과 이 접속문의 내포 구조(ㄴ)로 나타난다. 주어 인상 구조(ㄷ)가 불가능한 것은 상위문의 목적어가 이미 제시되어 있거나, 상위문이 자동사이어서 목적어를 필요로 하지 않기 때문이다.

(82) ㄱ. 그가 들어오게 나는 문을 열었다.
     ㄴ. 나는 그가 들어오게 문을 열었다.
     ㄷ. ?나는 그를 들어오게 문을 열었다.

(83) ㄱ. 그가 들어오게 나는 나갔다.
     ㄴ. 나는 그가 들어오게 나갔다.
     ㄷ. ?나는 그를 들어오게 나갔다.

접속문에 비해 사동구성의 '하다'는 타동사이지만, '나는 그가 이기게 했다'와 같은 문장에서와 같이, 목적어가 문장에 나타나지 않는 특징을 가지고 있어 인용문과 같이 내포문의 주어가 목적어로 나타날 수 있다.

사동구성은 접속문이나 접속 내포문 구조로 환원이 불가능하다.

    (84) ㄱ.*그가 이기게 나는 그를 했다.
          ㄴ.?나는 그를 그가 이기게 했다.
          ㄷ.*나는 그가 이기게 그를 했다.

그러나 사동구성의 격 교체가 가능한 것은 인용문과 같은 [나는 [그가 이기게] 했다]의 복문 구조와, [나는 그를 [이기게 했다]]와 같은 보조동사구성의 단문 구조로 인식하게 하는 구조를 사동구성이 가지고 있기 때문이다.

    (85) ㄱ.?그가/를 이기게 나는 했다.
          ㄴ. 나는 그가/를 이기게 했다.

이러한 사실은 사동구성이 인용문과 같은 내포문 구조로 인식되는 동시에 사동구성의 보조동사구성으로서 인식되는 인식 구성임을 보여준다. 사동구성의 '하다'가 보조동사로서의 기능과 본동사로서의 의미와 기능을 동시에 가지고 있기 때문이다. 이점은 '보다', '버리다'와 같은 다른 보조동사와 구별된다.

내포문의 서술어가 형용사인 경우는 동사인 경우와는 문장 구성에서 차이가 있다. '나는 꽃이 예쁘게 장식했다'는 가능성의 판단이 쉽지 않고, 또 중의적이다. '꽃을 예쁘게 했다'도 대동사로서의

'하다'인 경우는 가능하지만, 사동의 의미로는 불가능하다.

    (86) ㄱ. 꽃이 예쁘게 나는 꽃을 장식했다.
           ㄴ. 나는 꽃이 예쁘게 꽃을 장식했다.

    (87) ㄱ. 나는 꽃이/을 예쁘게 장식했다.
           ㄴ.?나는 꽃이/을 예쁘게 했다.

   (86), (87)의 어려움은 상태성과 사동이라는 의미의 충돌로 인한 것으로 해석되지만, 다음과 같은 상태동사 즉 형용사들은 불가능하지 않다. 심리동사와 같이 주어가 경험주일 때이다.

    (88) ㄱ. 나는 그가/를 슬프게 했다.
           ㄴ. 나는 코가/를 간지럽게 했다.

   보조동사는 대부분 본동사에서 비롯한 것이기 때문에 본동사가 가지고 있던 문법적 특징을 보조동사로 문법화된 이후에도 계속 유지하기도 한다. 이런 특징을 대표적으로 갖고 있는 보조동사는 '주다'이다.

    (89) 나는 아이에게 책을 읽어 주었다.

   선행 본동사 '읽다'는 '아이에게' 논항을 가질 수 없고, 보조동사 '주다'에 의해 논항이 나타날 수 있다. 따라서 보조동사구성을 내 포문을 가진 복문으로 해석할 수 있다. 그러나 보조동사구성은 내 포문 구조에서 비롯되었지만, 보조동사가 자립성이 없는 동사접속 구조에 의한 보조동사구성을 이루게 문법화되어 하나의 서술어로 기능한다.

대부분의 보조동사구성은 격 교체가 될 수 없다. 본동사가 논항을 부여하기 때문에 이중 기능을 갖는 상황이 발생하지 않는다.

(90) ㄱ. 나는 손을/*이 흔들어 보았다.
ㄴ. 나는 라디오를/*가 꺼 버렸다.
ㄷ. 나는 영희를/*가 만나고 있다.

보조형용사 '싶다'로 이루어진 문장은 격 교체가 이루어진다. 격 교체를 가져오는 힘은 '싶다'에 있다.

(91) ㄱ. 나는 영희를/가 보고 싶다.
ㄴ. 나는 영희를/*가 보다.

'싶다'는 자립성이 없는 의존, 보조용언이다. '싶다' 보조형용사 구성이 격 교체를 이루는 힘은 '좋다'와 같은 심리형용사로서의 특징 때문이다. 목적격으로 나타나는 대상 논항을 이/가로 표시되는 대상 논항으로 교체할 수 있는 힘이다.

(92) ㄱ. 나는 네가/*너를 좋다.
ㄴ. 나는 *네가/너를 좋아한다.

(93) ㄱ. 나는 네가/너를 보고 싶다.
ㄴ. 나는 *네가/*너를 싶다.

심리형용사 문장은 목적격 조사를 가진 문장을 대상으로 가질 수 없다. 목적격을 가진 대상은 '하다' 파생에 의해 '동작'의 의미를 확보한 경우에 나타난다.

생성문법의 구조적 해석에서는 '나는 네가 좋다'에서 '네가'가 목적격(대격)을 받지 못하는 것은, '너'의 의미역할이 대상역을 갖지만 '좋다'가 대격을 부여할 수 없기 때문에 격을 부여 받기 위해 이동을 하고 이동한 자리에서 주격을 받는 것으로 해석한다. 의미역이 동일하지만 격이 다르게 나타나는 것에 대한 설명이다. 의미역할은 같지만 격이 다를 수 있는 것은 서술어가 다른 격 부여의 힘을 가지고 있는 것으로의 설명이다.

의미역할이 같음에도 불구하고 다른 격이 나타나게 하는 힘이 무엇이며, 언어학적으로 그것은 어떤 의미가 있는가는 중요하다. 같은 의미역할을 가진 대상이라도 심리 상태에 대한 대상은 주격으로, 심리 동작의 대상에 대해서는 목적격이 부여된다. 이는 심리 상태의 대상과 심리 동작의 대상의 대상화의 차이를 보인다.

'싶다' 구성은 선행 본동사는 동사이고 '싶다'는 형용사인 의미와 기능상 배타적인 용언의 연결이다. 이 구성이 나타나는 문장의 대상 의미역은 동작성을 가진 타동의 본동사에 의해 목적격으로 나타날 수 있지만, 동시에 '싶다'가 가진 상태성으로 인하여 구성 전체가 심리 상태의 의미를 획득함으로써 대상 의미역에 대해 주격을 부여하게 된다. 심리형용사의 대상은 '나는 네가 좋다'에서와 같이 주격 조사로 표시된다.

'싶다' 희망 보조용언구성은 '좋다'와 '좋아한다'의 두 동사의 특징을 동시에 갖고 있다. 이것이 '싶다' 구성이 심리 상태와 심리 동작으로서의 표현이 모두 가능한 이유이며, 격 교체가 가능한 이유이기도 하다.

보조동사구성이 근원적으로 내포문 구조를 가진 복문이지만, 이미 동사 접속을 이루는 보조동사구성으로 문법화하였기에 선행 본동사를 중심으로 한 동작성 서술에서는 목적격의 문장이 실현되고, 구성 전체에 근거한 상태성 서술에서는 주격의 문장이 실현된다. 선행 본동사를 중심으로 한 동작성 서술이 이루어질 때 문장의 구조는 [나는 [너를 보고] 싶다]에서와 같이 목적어와 선행 본동사의 일차적 결합으로 인식되고, 후행 보조형용사를 고려한 상태성의 서술이 구성전체에 이루어질 경우는 [나는 네가 [보고 싶다]]로 인식된다.11)

(3) 인용 내포문의 서술어와 격 교체

상위문의 목적어가 내포문의 주어를 동시에 나타낼 수 있는 격 교체는 상위문의 서술어가 목적어를 가질 수 있는 타동사이며, 인용 내포절을 갖는 환경이라는 점이 중요하다. 인용절이 내포문인 경우 상위문의 목적어가 실현되지 않지만, 상위문의 서술어가 타동사로서 목적어를 요구하는 점이 격 교체의 힘이다.

내포문의 서술어가 능격동사 또는 비대격 동사일 때 격 교체가 나타나는 사실은 이미 지적된 바 있다. 능격동사의 논항은 대상이나 피위자의 의미역할을 갖는다. 대상이나 피위자 의미역할은 목적격으로 실현되는 것이 일반적인데, 목적격을 가질 수 없는 경우는

---

11) Soowon Kim and Joan Maling(1998)이나 Peter Sells(2002)에서 제시된 바 있는 다음과 같은 구조도 이러한 인식을 반영한 것이라 할 수 있다.

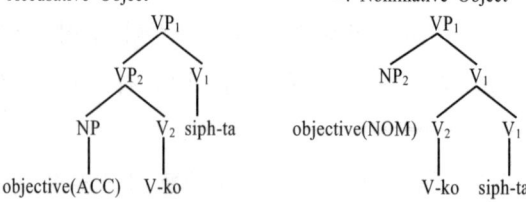

논항이 격을 받을 수 있는 주어 자리로 이동하여 격을 받는 것으로 해석한다.12)

내포문의 서술어가 능격동사, 비대격동사라고 격 교체에서 통일된 현상을 보이는 것이 아니다.

> (94) ㄱ. 나는 영희가/를 갔다고 생각했다.
>   ㄴ. 나는 영희가/를 밥을 먹었다고 생각했다.
>
> (95) ㄱ. 나는 영희가/를 예쁘다고 생각한다.
>   ㄴ. 나는 영희가/를 천재라고 생각한다.
>   ㄷ. 나는 영희가/를 죽었다고 생각한다.

(94)는 비능격 동사인 행위주를 가진 자동사, 타동사이어서 불가능하고, (95)는 능격동사인 형용사와 비행위자를 갖는 자동사이기에 가능한 것으로 연구되었다. 그러나 (94)는 가능하다. 내포문의 주어가 행위주라고 격 교체가 불가능한 것만은 아니다.

다음 문장 (96)은 가능하다. '움직이다'는 자동사인 경우로 타동사인 경우는 이미 목적어를 갖고 있어 격 교체가 불가능하다.

> (96) ㄱ. 나는 그가/를 (운동장에서) 논다고 생각했다.
>   ㄴ. 나는 그가/를 까분다고 생각했다.
>   ㄷ. 나는 그가/를 움직였다고 생각했다.

---

12) 자동사는 주어가 행위주인가 아닌가에 따라 여러 가지 문법적 차이가 있어 주어가 행위주인 경우는 비능격동사, 비행위주 즉 대상역이나 피위자역인 경우는 능격동사로 구별한다. 능격동사는 상태 변화의 의미를 가짐에 비해, 비능격동사는 동작성을 가진다. 국어의 형용사는 대상의 주어를 갖는 점에서 능격동사로 다루어진다.

(97) ㄱ. 나는 꽃이/?을 바구니에 가득하다고 생각했다.
     ㄴ. 나는 돈이/?을 그에게 있다고 생각했다.
     ㄷ. 나는 홍수가/?를 났다고 생각했다.
     ㄹ. 나는 물이/?을 고였다고 생각했다.

반면에 형용사와 비행위자를 주어로 갖는 자동사가 서술어인 (97)은 격 교체가 부자연스럽다.

내포문 서술어가 형용사일 때 주어는 대상역이고, 상위문의 목적어도 대상 의미역이기 때문에 격 교체가 자연스럽다. 격 교체의 판정은 화자에 따라 용인 가능성이 다르기 때문에 쉽지 않으나 격 교체가 불가능한 것으로 보이는 형용사도 적지 않다.

객관형용사는 주어의 의미역할이 주로 대상역인 형용사이다.

(98) ㄱ. 나는 산이/을 높다고 생각했다.
     ㄴ. 나는 배가/를 크다고 생각했다.

(99) ㄱ. 나는 그가/를 생각이 깊다고 생각했다.
     ㄴ. 나는 그가/를 마음이 무겁다고 생각했다.

내포문 주어와 상위문 목적어의 의미역이 동일하여 격 교체가 자연스럽다. 내포문이 이중주어문으로 나타난 것인데 주어의 의미역은 대상으로도 또 경험자로의 의미역 해석이 가능하다. 이들은 모두 자연스럽다.

대칭형용사나 기준형용사를 내포문의 서술어로 가진 문장이나 지정사 '이다'를 내포문 서술어로 하는 문장들은 격 교체가 자연스럽다. 이중주어 구조의 두 번째 주어, 또는 보어는 격 교체되지 않는다.

(100) ㄱ. 나는 인간이/을 동물과 다르다고 생각했다.

　　　ㄴ. 나는 인간이/을 동물에 가깝다고 생각했다.

　　　ㄷ. 나는 그가/를 학생이라고 생각했다.

　　　ㄹ. 나는 그가 얼굴이/*을 미남이라고 생각했다.

화자의 심리를 나타내는 심리형용사의 격 교체는 내포문의 의미 역할에 따라 자연스러움에 차이가 있다.13)

(101) ㄱ. 나는 그가/를 싫다고 생각한다.

　　　ㄴ. 나는 그가/*를 네가 싫다고 생각한다.

　　　ㄷ. 나는 그가/?를 고양이를 싫어한다고 생각한다.

(101ㄱ)은 심리 서술을 나타내는 주체가 '그'와 '나' 모두가 될 수 있기 때문에 중의적이다. '나는 그가 싫다'는 주체가 '나'이고, '그가 싫다'는 주체가 '그'이다. [나는 [나는 그가 싫다]고 생각한다]와 [나는 [그가 싫다]고 생각한다]의 차이이다. 그가 싫을 때는 '그'가 경험자이고, 내가 싫을 때는 '나'는 경험자이고, '그'는 대상이다.

격 교체는 '나는 그가 싫다'에서 경험자가 '나'인 경우 가능하다. '나는 생각한다'가 상위문이므로 내포문의 주어는 동일성에 의해 나타나지 않고, 대상 보어인 '그'는 상위문의 목적어와 동일하다. '그를'과 '그가'는 모두 대상 의미역이어서 격 교체의 좋은 환경이다.

---

13) 심리형용사 문장은 주어인 경험주와 화자가 동일하여야 한다. '나는 슬프다'는 가능하지만, '너는 슬프다'는 불가능하다. 그러나 이 3인칭도 과거, 추측, 의문 등일 때 가능하다.

(101ㄴ)은 [나는 [그가 네가 싫다]고 생각한다]인 경우이다. ‘그가 네가 싫다’에서 ‘그’는 경험자로 상위문 ‘생각한다’의 대상인 ‘그를’과 의미역이 다르고 격 교체도 어렵다. 이 문장으로 보면 경험자인 내포문의 주어의 인상은 불가능하다 할 수 있다. (101ㄷ)의 내포문의 주어는 행위자 의미역을 갖고 있어 상위문의 대상역과 배타적이어서 격 교체가 부자연스럽다.

의미역의 동일성은 격 교체에서 중요하지만 절대적 조건은 아니다. 다음 문장은 대상이 없는 원인 심리형용사이다. ‘나는 슬프다’가 ‘나는 너 때문에 슬프다’는 가능하지만, ‘나는 네가 슬프다’는 불가능하여 ‘싫다’와 같이 대상이 있는 형용사와 구별된다.

(102) ㄱ. 나는 슬프다
ㄴ. 나는 네가/너를 슬프다고 생각한다.

내포문 서술어의 주어 ‘너’는 ‘경험자’이다. 내포문의 경험자와 상위문의 대상 의미역이 일치하지 않아도 격 교체문의 문법성에 문제가 없다. 의미역의 동일성이 격 교체의 필수 조건은 아니다.

감각형용사는 ‘경험자’가 ‘대상’에 대한 감각을 나타내는 형용사이다. 경험자와 대상의 두 논항을 갖는다.

(103) ㄱ. 나는 그가/를 코가 간지럽다고 생각한다.
ㄴ. 나는 코가/를 간지럽다고 생각한다.
ㄷ. 나는 그가/를 간지럽다고 생각한다.

(103ㄱ)의 격 교체는 내포문의 경험자인 ‘그’가 상위문의 대상과 동일하여 이중 기능을 하는데 어색하나 가능성이 있다. (103ㄴ)은

[나는 [(나는) 코가 간지럽다]고 생각한다]가 속구조이다. 내포문의 주어인 '경험자'는 상위문과 같아 생략되었고, 대상인 '코'만 남았다. 내포문 주어의 격 교체가 아닌 내포문 대상어의 격 교체인데, 상위문의 목적어와 의미역이 같지만 부자연스럽다. (103ㄷ)은 경험자만 나타난 문장인데 격 교체의 가능성은 높다. 이 문장들의 적절성의 판단은 명시적이지 않다.

위치어가 수의적으로 나타나는 형용사 가운데 '명사+로'로 교체되는 문장이 있는데, '가득하다, 수북하다, 자욱하다' 등이다. 내포문의 주어가 대상 의미역이지만 격 교체가 자연스럽지 않다. 위치어가 주어로 변환된 문장도 격 교체가 자연스럽지 않다.

(104) ㄱ. 나는 꽃이/?을 바구니에 가득하다고 생각한다.
     ㄴ. 나는 바구니에 꽃이/?을 가득하다고 생각한다.
     ㄷ. 나는 바구니가/?를 꽃이 가득하다고 생각한다.
     ㄹ. 나는 바구니가/?를 꽃으로 가득하다고 생각한다.

소유를 나타내는 형용사는 '있다, 많다, 없다' 등이 있고, 소재를 나타내는 형용사는 '있다, 드물다, 없다'가 있다.

(105) ㄱ. 나는 돈이/?을 그에게 있다고 생각했다.
     ㄴ. 나는 그에게 돈이/?을 있다고 생각했다.
     ㄷ. 나는 그가/를 돈이 있다고 생각했다.
     ㄹ. 나는 그가/를 집에 있다고 생각했디.

소유의 대상 '돈'이 주어로 나타난 경우 격 교체는 자연스럽지 않고, 이중주어문으로 나타난 소유자의 격 교체만이 자연스럽다. 소재 형용사의 경우 격 교체가 자연스럽다.

형용사와 더불어 비행위성 자동사는 능격동사 또는 비대격동사로 다루어진다. 이 능격동사는 격 교체가 가능한 것으로 연구되었다. 그러나 행위성 자동사인 비능격동사 가운데 격 교체가 가능하고, 능격동사 가운데 격 교체가 불가능한 경우도 많다.

비행위성 주어를 갖는 자동사 가운데 주어의 의미역이 대상인 자동사를 대상자동사라 한다. 이 동사들은 주어의 의미역이 대상이기에 상위문 목적어의 대상 의미역과 동일하여 격 교체가 자유스러울 것으로 보이나 실제로는 용인 가능성에서 차이가 있다.

(106) ㄱ. 나는 날씨가/를 개었다고 생각했다.
ㄴ. 나는 상처가/를 곪았다고 생각했다.
ㄷ. 나는 땅이/을 굳었다고 생각했다.
ㄹ. 나는 물이/을 넘쳤다고 생각했다.
ㅁ. 나는 꽃이/을 시들었다고 생각한다.

(106)의 격 교체 가능성은 매우 주관적이어서 '*'이나 '?' 표시를 유보하였다. 필자의 주관으로는 (ㄱ)이 가장 부자연스럽다. 상위문 목적어와 내포문 서술어 사이에 휴지와 같은 단절이 어느 정도 주어지는 경우 격 교체는 자연스러워진다.

대상이 생겨남을 의미하는 대상 자동사도 주어가 대상의 의미역이지만, 이 동사가 내포문의 주어일 때 격 교체는 자연스럽지 않다.

(107) ㄱ. 나는 홍수가/?를 (서울에) 났다고 생각했다.
ㄴ. 나는 서울이/을 홍수가 났다고 생각했다.
ㄷ. 나는 서울이/을 홍수가/*를 났다고 생각했다.

대상 의미역을 가진 '나다'의 주어 '홍수'는 격 교체가 되지 못하나, 위치이기 주어로 실현된 내포문의 주어는 격 교체 가능성이 있다. 주어가 장소 의미역이어서 상위문 목적어의 대상 의미와 의미역이 일치하지 않으나 가능하다. 이중주어문의 두 번째 자리에 오는 주어는 격 교체가 될 수 없다. 장소의 의미역을 갖는 겹주어의 주어가 상위문의 목적어로 실현 가능하다면, 의미역 일치론은 재고하지 않을 수 없다. 이 문장의 문법성 판단은 유동적이다.

위치어가 수의적인 이 문장은 주어가 대상일 뿐만 아니라 내포문이 단일한 주술 구조를 가지고 있어, 내포문에서의 주술 관계 파악이 쉽다. 따라서 위치어가 필수적인 문장에 비해 격 교체가 자연스러울 것으로 예측되나 격 교체가 어려운 문장들이 많다.

다음 문장들은 피동 파생 동사로 이루어진 문장으로 격 교체 가능성이 낮다. 피동 접사가 나타나는 동사는 목적어이던 대상이 피동이 되면서 주어로 변환된 것이다. 이를 다시 목적어와 이중 기능을 하는 격 교체 구문으로 나타내는 것은 구조를 두 번이나 변환시킨 것이기에 구조 인식을 어렵게 하여 자연스럽지 못할 것으로 추론된다.

(108) ㄱ. 나는 경찰이/?을 밖에 깔렸다고 생각했다.
　　　ㄴ. 나는 사과가/?를 바구니에 담겼다고 생각했다.
　　　ㄷ. 나는 굳은살이/?을 발에 박혔다고 생각했다.

(109)와 같이 피동 접사와 피동의 의미를 가진 자동사 가운데 격 교체 가능한 문장도 많은데, 이들은 단문에서의 격 교체가 가능한 문장으로 (108)과 구별된다.

(109) ㄱ. 나는 팔이/을 그에게 잡혔다고 생각했다.
　　　ㄴ. 나는 팔이/을 눌렸다고 생각했다.

　행위성 자동사는 주어의 의미역이 행위주인 자동사이다. 행위자는 주로 유정의 자질을 갖고 있고, 유정성이 아닌 것은 비유적 쓰임이라 할 수 있다. 주어가 행위자이기 때문에 능격동사가 될 수 없고 격 교체 현상도 이루어질 수 없을 것으로 예측된다. 그러나 다음 문장의 격 교체의 가능성을 부인하기 어렵다.

(110) ㄱ. 나는 그가/를 논다고 생각했다.
　　　ㄴ. 나는 그가/를 쉰다고 생각했다.

(111) ㄱ. 나는 그가/를 까분다고 생각했다.
　　　ㄴ. 나는 그가/를 건들거린다고 생각했다.

　(110), (111)이 가능하다면 격 교체는 비대격 또는 능격인 동사에게 나타난다는 논리는 다시 생각해야 한다. '까불다, 건들거리다, 떠들다, 서두르다, 허둥거리다'와 같은 동사들은 행위자를 갖는 자동사이지만 상태성이 강하다.
　이동동사들은 격 교체가 가능하다. 다음은 각각 지향점이 '로', 지향점이 '에', 기점이 '에서'로 나타나는 이동동사들이다.

(112) ㄱ. 나는 그가/를 산으로 달아났다고 생각했다.
　　　ㄴ. 나는 그가/를 산에 갔다고 생각했다.
　　　ㄷ. 나는 그가/를 집에서 나왔다고 생각했다.

　재귀목적어나 동족목적어와 같은 잠재적인 목적어를 갖고 있는

'걷다, 살다, 울다, 웃다, 움직이다' 등은 격 교체가 자연스럽다. 이 서술어들은 모두 행위자를 주어로 갖고 있다.

    (113) ㄱ. 나는 그가/를 (몸을) 움직였다고 생각했다.
           ㄴ. 나는 그가/를 (울음을) 운다고 생각했다.

위치자동사는 행위자와 위치 의미역을 갖는 동사이다. 위치어가 필수적인 '이르다, 닿다, 묵다, 머무르다, 살다' 등과 수의적인 '남다, 서다, 앉다, 눕다, 엎드리다, 멎다' 등이다. 격 교체가 어색하지만 가능성을 부인할 수 없다.

    (114) ㄱ. 나는 그가/를 학교에 이르렀다고 생각했다.
           ㄴ. 나는 그가/를 아파트에 머무른다고 생각했다.

    (115) ㄱ. 나는 그가/를 남았다고 생각했다.
           ㄴ. 나는 그가/를 누웠다고 생각했다.

타동사라고 격 교체가 아주 불가능한 것은 아니다. 두 목적어가 연속하여 나타나게 된다는 점에서 자연스럽지 못한 점이 있으나, 상위문의 목적어임이 충분히 드러나게 휴지를 두고 내포문과 차별화하면 가능하다.

    (116) 나는 그가/를 밥을 먹었다고 생각했다

인용절 내포문의 동사가 자동사인 문장의 격 교체는 능격이나 비대격 동사에 한정된 것으로 간주되었으나, 일률적 현상이 아님을 알 수 있다. 내포문이 대상 의미역을 가지면 상위문의 목적어와 의미역이 같기 때문에 격 교체가 자연스러운 것은 이론적으로 타당하나, 실제에서는 여러 요인에 의해 격 교체문의 용인 가능성은 달라진다. 이러한 현상이 있음은 존재하는데 원인은 명확하지 않다.

격 교체, 성분의 이중 기능의 원인 규명이 어려운 근본적인 이유는 이들 격 교체 문장의 적절성, 즉 용인 가능성과 문법성에 대해 언어 사용자의 차이가 너무 크기 때문이다. 이러한 현상은 문법 현상이 고정화 단계에 이르기보다 유동적 변화의 상황에 있음을 보여주는 것으로, 언어의 역동성을 보여주는 자연스러운 현상이다.

3 문장성분

우리의 생각은 구체적인 언어를 통해서 확인할 수 있는데, 일반적으로 '무엇이 무엇이다', '무엇이 어떠하다', '무엇이 어찌하다'라는 기본 문장으로 나타난다. 여기에 '어떻게', '어떤'이 부가되어 세밀한 의사를 나타낸다. '무엇이다', '어떠하다', '어찌하다'는 모두 어떤 동작이나 상태 또는 지정을 서술하기에 문장을 이루는 구성 성분 가운데 서술어로 다루어진다.

기본 문장은 단순히 주어와 서술어로 구성되었지만, 주어, 서술어 외에도 목적어를 비롯한 다른 성분들과 함께 확장된 문장 구성을 이룬다. 문장을 구성하는 요소들을 기능적 관점에서 나눈 것을 문장성분이라 하는데, 문장성분에는 '주어, 목적어, 보어, 서술어, 관형어, 부사어, 독립어'가 있다.

문장성분은 문장 구성에 반드시 있어야 문장이 성립될 수 있는 필수성분으로서의 주성분과 이에 딸리는 수의적 성분으로서의 부속

성분이 있다. 부속성분은 주성분의 내용을 꾸며 주는 구실을 하는 성분으로서 문장 형성에 꼭 필요한 것은 아니다. 주성분에는 '주어, 목적어, 보어, 서술어'가 있고 부속 성분에는 '관형어, 부사어', 독립 성분에는 '독립어'가 있다. 주성분 가운데 주어와 서술어는 주성분으로서의 자격에 문제가 없지만 목적어와 보어는 해석상 견해를 달리할 수 있고 종속성분 가운데 부사어도 부사어인가 보어인가의 문제가 있다. 문장성분의 문법적 자격의 규명을 위해 (1) 성분의 필수성, 수의성과 생략 (2) 문장성분의 어순과 성분의 이동 (3) 대용 (4) 부정의 수식 범위 등이 통사적 기제로 이용되었다.

국어의 문장성분은 문장의 재료적 측면의 문법 단위인 어절과 일치한다. 국어 문법 연구에서 다루어진 문장성분들은 주어(임자말, 주격성분), 서술어(풀이말, 서술말, 술어, 설명격성분), 목적어(부림말, 객어, 목적격성분), 보어(기움말, 보탬말, 기웃말, 보족어, 보충어), 부사어(어찌말, 수식격성분, 딸림말, 한정어, 부사격수식어, 부용어), 관형어(매김말, 얹침말, 어떤말, 수식어, 꾸밈말, 형용사격수식어, 부체어), 독립어(홀로말, 관계어), 접속어(연결어)이다. 부사어를 견줌말, 위치말, 방편말로 따로 세우기도 한다. 이처럼 문장성분에 대해서는 성분의 분류나 용어에서부터 일치하지 않는 여러 가지 견해가 있다.[14]

---

14) 문장성분 가운데 서술어(Predicator)에 의해 통제되는(Controlled) 것은 보어 (Complement), 그렇지 못한 것들(Element)은 주변어(Peripheral)로 나누기도 한다. 보어(Complement: 필수어의 의미)와 주변어(Peripheral: 부속어의 의미, 주로 부사어이다)의 구별은 기본문의 설정과 연결되는 중요한 문제이다. Matthew(1981: 123-127)에서는 두 요소를 구분하는 기준으로 (1) 관념성 (Notional) (2) 병치적 제약(Collocational restriction) (3) 필수성(Obligatory)과 수의성(Optional) (4) 내재성(Latent) (5) 요소의 첨가(Addition), 삽입 (Insertion)의 다섯 가지를 제시하였다.

1) 주어란 무엇인가?

주어는 문장에서 서술어와 기본 관계를 이룬다. 다른 주성분인 목적어와 보어는 서술어에 따라 실현되는 서술어와의 종속 관계를 이루지만, 주어는 서술어와 대등한 필수 성분으로서의 통사적 특징을 갖고 있다. 주어는 어떤 행위·상태·지정의 주체, 주인으로 구실하기 때문에 주어라 한다. 이는 이 성분의 의미와 기능을 근거로 한 것이다.

형태적인 면에서는 주격 조사 '이/가'가 붙는다. 전통적으로 조사 '이/가'는 주격 조사로서 문장에서 주어 성분을 표시하여 주는 문법적 형태로 다루어져 왔다. 최근에는 이 조사도 단순히 문법적인 기능뿐만 아니라 의미도 가지고 있다는 해석이 있다. 주격 조사가 붙은 것 모두가 주어를 이룬다면 이러한 형태적인 해석은 가장 간편하고 분명히 주어를 규정하는 방법이 될 것이다. 그러나 이 형태의 조사는 주어 이외에 보어를 표시하기도 하고 이 조사가 없어도 주어로 쓰일 수 있으며, '에서'와 같이 이 조사와는 다른 형태에 의해서 주어가 표시될 수도 있다.

주어를 문장의 구조적인 특징으로 설명하기도 한다. 주어는 문장 범주인 'S'의 지배를 받고 목적어는 동사구 'VP'의 지배를 받기 때문에 목적어와 같은 명사구로 이루어졌지만 문장에서 구조적으로 구별됨에 근거하여 주어를 규정하는 것이다.

(117)

이러한 구조적 해석은 주격 조사 '이/가'가 나타나지 않는 문장이나, 나타나더라도 주어가 아닌 다른 문장성분을 표시하는 경우나 다른 조사가 주어를 표시하는 경우를 모두 설명할 수 있는 장점을 가지고 있다. 그러나 겹주어와 같이 주어 표시를 여럿 가진 성분에 대한 구조적 설명에는 어려움이 있다. 서술절로 해석하는 경우는 이 구조적 처리가 유효하다.

주어는 문장 서술에 대한 주체로 나타나는 것이 대부분이지만 주어가 항상 주체가 되는 것은 아니다. 이러한 주어의 의미는 문장성분에 대한 격과 의미역할을 구별하게 하였다. 즉 '문이 열렸다'에서 주어 '문이'는 주어이지만 주체가 아닌 대상이다.

격은 여러 의미역할을 가질 수 있고 반대로 의미역할은 여러 가지 형태의 격으로 나타날 수 있다. 다음은 주격이 여러 다른 의미역할을 갖는 보기이다.

(118) ㄱ. 철수가 물건을 떨어뜨렸다. (주어격/행위 의미)
　　　 ㄴ. 돌이 유리를 깼다. (주어격/도구 의미)
　　　 ㄷ. 물이 맑다. (주어격/대상 의미)
　　　 ㄹ. 철수가 영화를 보았다. (주어격/경험 의미)

주어는 문장에서 주로 주체로 해석되는 의미 특징을 분명히 가지고 있지만 이것으로 전체를 해석할 수 있는 것은 아니다. 이는 주어의 해석에서 의미가 기준이 되기에 무리가 있음을 보여준다. 주어란 문장의 의미상에서의 주체라기보다는 문장의 구성에서의 주체라는 것이 바람직한 해석이다. 의미상의 주체는 아니라도 문장 구조상의 주체가 될 수 있는 것으로 주체를 확대 해석하는 것이다.

(1) 주어가 둘 이상인 문장

국어에는 한 문장에 주어가 둘 이상 있다고 볼 만한 여러 가지 형태의 문장들이 있다. 이중주어나 겹주어, 서술절, 주어와 주제의 구별과 같은 해석이 나타나는 것은 서구어에 비해 특이한 국어의 구조를 설명하기 위한 것이다.

이러한 문장은 내용적인 면에서 여러 유형의 문장으로 나누어진다. 표면적으로 동일한 구문 유형을 가지고 있지만 전혀 다른 구문으로 구분되어야 할 것들이다.

서술어가 '되다, 아니다'인 문장의 두 번째 '이/가'로 표시된 문장성분을 보어라고 보는 데에는 대부분 의견이 일치한다.

(119) ㄱ. 성호가 교수가 되었다.
ㄴ. 성호가 주인이 아니다.

서술어가 심리형용사인 경우, 두 번째 문장성분이 '이/가'로 표시되어도 주어라고 보기 어렵다. 느낌 경험주인 주어에 대해 대상의 의미역을 갖는 보어이다.

(120) ㄱ. 나는 네가 좋다. (싫다, 밉다, 무섭다.)
ㄴ. 나는 그가 성공한 것이 기쁘다. (슬프다.)

(121) ㄱ. 나는 네가 예쁘다.
ㄴ. 진선이가 얼굴이 예쁘다.

이 서술어들은 모두 '싫어하다, 미워하다, 기뻐하다'처럼 '어하다'를 필요로 한다는 점에서 동일성을 갖는다. (121ㄱ)에서 서술어

'예쁘다'에 대해, '나'는 느낌의 주체이고 '네'는 느낌의 대상이다. 주관형용사인 경우에는 주체이지만, 객관형용사로서의 의미에서는 대상이다.

서술어가 '있다'인 경우 '존재'와 '소유'의 의미를 나타내는데 존재의 의미를 나타내는 경우에는 부사어의 주어성이 약하지만 '소유'의 의미를 나타내는 경우는 소유자로서 주어성이 강해져 주어로 나타난다.

 (122) ㄱ. 책상에 돈이 있다.
     ㄴ.*책상이 돈이 있다.
     ㄷ. 나에게 돈이 있다.
     ㄹ. 나는 돈이 있다.
     ㅁ. 내가 돈이 있다.

'책상에'는 단순히 위치를 나타내지만 '나에게'는 위치에 의한 존재의 의미를 넘어 소유자의 의미로 전이된다.

주어의 반복 출현을 단순문에서의 현상으로 보는 해석은 이중주어 또는 겹주어가 단문에 있는 것으로 해석하는 것이고, 서술절을 설정하는 것은 겹문(복문)으로 해석하는 것이다. 주어와는 다른 주제라는 개념을 도입하여 주제문으로 해석하기도 한다.

주어의 반복적 출현은 국어의 기본 문형을 설정하는 것과 같은 기본 문제를 비롯하여, 절의 전체 체계나 국어에서의 주제라는 개념의 한계 규정과 같은 여러 가지 문법 현상과 맞물려 있다. 아울러 서술어의 개별적인 특징과도 연결되어 있어 서술어의 하위범주 구분에도 중요하다.

현행 학교문법에서는 서술절을 인정하고 있다. 서술절이란 한 문장이 서술어의 기능을 하는 안긴문으로 겹문으로 해석하는 것이다. 서술절을 가지고 있는 문장의 보기와 구조는 다음과 같다

(123) ㄱ. 코끼리가 코가 길다.
ㄴ. 이 산이 나무가 많다.
ㄷ. 서울이 집이 마당이 좁다.
ㄹ.

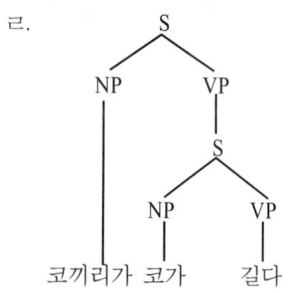

서술절에 의한 해석은 안긴문에 의한 겹문 해석이기에 이중주어나 주제문과 같은 새로운 해석이 필요하지 않다.

명사절과 관형사절, 부사절과 같은 다른 절들은 모두 품사인 문법 범주를 기준으로 한 용어를 가진 절이다. 이런 맥락에서 보아 서술절도 서술절이라기보다는 용언절(또는 동사절, 형용사절)이라 하는 것이 합당한 것으로 생각된다. 다른 절들은 모두 절 표시를 갖고 안긴문이 되는데 서술절은 절 표시가 없어 다른 절과 구별된다.

일반적으로 안은문은 안긴문 속으로 자리 옮김을 할 수 없는데 서술절은 '코끼리가 코가 길다'와 '코가 코끼리가 길다'에서와 같이 자리 옮김이 가능하다. 주어와 서술어 사이에는 선택 제약이 있는데 서술절은 선택 제약을 가지고 있다고 보기 어려운 점도 서술절을 인정하기 어려운 점이다.

이중주어, 겹주어로의 해석은 주어의 연속을 단문 현상으로 설명하는 것이다. 겹주어는 생성적 측면에서 다른 문장성분이 필요에 의하여 주어 성분으로 변환된 것인가, 근본적으로 겹주어인가의 두 가지 해석이 가능하다.

겹주어를 주어화 변형으로 해석하는 견해는 원래 부사어, 관형어, 목적어와 같은 문장성분이 특정한 목적을 위하여 주어로 바뀐다는 것이다. 문장에서 두 가지 주어가 존재하지만 원래, 또는 심층 문장구조에서는 다른 성분이었다는 것이다. 관형어, 부사어가 주어로 바뀌었다.

(124) ㄱ. 어머니가/어머니의 손이 곱다.
ㄴ. 한 시간의 시간이/시간이 한 시간이 지났다.

(125) ㄱ. 편지 내용이/편지 내용에 문제가 많다.
ㄴ. 서울이/서울에 사람이 많다.
ㄷ. 그가/그에게 문제가 있다.
ㄹ. 이 학교가/학교에서 장관이 나왔다.
ㅁ. 우정이 사랑이/사랑으로 되었다.

결국 두 개의 주어를 가지기 때문에 이중주어의 존재는 그대로이다. 표면구조와 심층구조의 구조의 연결도 용이하지 않은 경우가 많다. 겹주어문 가운데 하나의 표면 구조를 가지고 있지만 심층은 여러 가지로 해석될 수 있는 문장이 있다.

(126) ㄱ. 우정이 사랑이 되었다/우정에서 사랑이 되었다/우정이 사랑으로 되었다.
ㄴ. 역사책이 읽기가 어렵다/역사책을 읽기가 어렵다/역사책이 읽

기에 어렵다.

ㄷ. 거리가 차가 붐빈다/거리에 차가 붐빈다/거리가 차로 붐빈다.

(127) ㄱ. 장미꽃이/의/에서 향기가 풍긴다

ㄴ. 말이/의/에 조리가 없다.

ㄷ. 그가/의/에게 재주가 없다.

이들 겹주어문은 어느 문장에서 유도되었는가를 결정하기 어렵다. 각각 다른 구조에서 표면만이 같은 겹주어문이 된 것이라고 보게 된다.

겹주어문 구조를 가지고 있지만 다른 문장성분을 가진 심층구조에서 유도되었다고 보기 어려운 겹주어문이 있고, 모든 관형격 성분이나 부사격 성분이 주어로 바뀔 수 있는 것도 아니다.

(128) ㄱ. 성호가/*에게/*의 화가 났다.

ㄴ. 성호가/*에게/*의 말이 많다. (다른 의미로 가능)

ㄷ. 성호가 집에/*이 있었다. (소유 의미로는 가능)

겹주어문이 변형 이전의 문장과 동일한 의미나 기능을 가지고 있다고 보기는 어렵다. 변형에 의한 의미의 변화를 인정하여야 한다.

(129) ㄱ. 어머니의 손이 크다.

ㄴ. 어머니가 손이 크다.

ㄷ.*손이 어머니의 크다.

ㄹ. 손이 어머니가 크다.

직접구성성분으로 분석하면 구조가 다르고 어순의 자유성도 다르며, 의미가 다르다. 변형적 해석은 변형 이전의 구조에 대해서는 설명력이 있어도 변형 이후에 나타난 문장이 겹주어 구조이기 때문에, 섭주어 구문의 구조를 인정하는 설명이 된다.

문장 안의 성분을 대화의 중심으로 제시하기 위하여 성분을 주제화 할 수 있다. 국어에서 주제화를 나타내는 방법은 문장성분을 문두로 이동하거나 조사 '은/는'으로 표시하는 것이다. 조사 '은/는'은 문장성분을 주제화하는 의미와 기능을 가지고 있다. '은/는'이 '이/가'에 비해 구정보를 제시하는 의미를 갖는 것도 같은 원리이다.

국어에는 주어와 비슷하면서도 주어라고 하기 어려운 문장성분이 있다.

(130) ㄱ. 저녁은 유진참치로 갑시다/백화점은 롯데가 제일이다.
      ㄴ. 철수는 자기가 직접 차를 몰더군. 너도 네가 직접 차를 모니?

'저녁은, 백화점은'은 '갑시다, 제일이다'의 주어로 보기 어렵다. '자기가, 네가'가 주어이기 때문에 '철수는, 너도'를 주어라고 보기 어렵다. 이러한 문장성분들의 특수한 기능을 감안하여 주어와는 구별되는 주제어라는 성분이 국어에서 필요하다고 해석하는 견해가 있다.

주어와 구별되는 문장성분만을 따로 주제어라하기보다 겹주어문의 제일 명사를 주제어라 하기도 한다. 이러한 주장에 반대하는 견해는 주제어는 통사적인 층위의 대상이 아니라는 것이다. 주제를 통사 관계에서 제외시키는 이유는 주세어를 표시하는 조사 '온/는'이 보조사로서 주어에 한정되지 않고, 주제어는 하나의 대상을 여러 성분이 되게 하며, 국어는 자유 어순인데 주제어는 문두에만 올 수 있고, 주어와 주제의 어순이 바뀔 수 있는 경우의 일관성을 든다.

(2) 주격 조사 '이/가'의 의미

주격 조사도 보조사와 같이 의미가 있다고 보고, 그 의미가 무엇인가를 제시하려는 견해가 있다. 주격 조사 '이/가'의 의미는 주어 자리에 많이 쓰이는 보조사 '은/는'과 비교하면 쉽게 드러난다. 주격 조사 '이/가'가 신정보를 지칭하는 의미가 있음에 비해, 보조사 '은/는'은 구정보를 제시한다. 신정보는 청자가 모르고 있던 정보이고, 청자가 이미 알고 있는 것은 구정보이다.

다음의 '누구'는 미지와 부정의 두 의미를 가지고 있어 두 해석이 가능하다.

> (131) ㄱ. 누가(신) 왔어요?(구)/철호가(신) 왔어요.(구)
> ㄴ. 누가(구) 왔어요?(신)/예, 누군가가(구) 왔어요.(신)

'누구'에 대해 화자는 정보를 가지고 있지 못하다. 이러한 신정보에 대하여 구정보를 전제로 하는 '*누구는'은 불가능하다. 이에 비해 의문의 대상이 '당신'으로 정보가 확인된 구정보어 대한 지시로 '당신은'은 가능하지만 신정보를 제공하는 조사인 '당신이'는 불가능하다.

> (132) ㄱ. 누가/*누구는 의사입니까? 제가/*저는 의사입니다.
> ㄴ. 당신은/*당신이 누구십니까? 저는/*제가 김철수입니다.
> ㄷ. 누가/*누구는 왔습니까? 영수가/*영수는 왔습니다.

'누구', '무엇', '어디'와 같은 의문사는 '이/가'와 같이 쓰이지만, '은/는'이나 '만', '도'와는 같이 쓰일 수 없는 것은 의문사의 배타적이며 선택적 의미 때문이다.

'이/가'는 주어에만 쓰이고, 배타적 지칭의 의미가 있다. 특정의 의미를 나타내시 않을 때는 단순 서술의 의미를 가진다. '은/는'은 여러 문장성분에 쓰이고 구정보로서 주제를 제시하고 대조의 의미를 보인다.

분열문을 이루는 '이다' 앞에 '이/가'가 올 수 없는 것은 '이/가'가 배타적 의미, 또는 선택 지정의 의미가 있기 때문이라고 해석하기도 한다. '은/는'도 분열문에 쓰일 수 없다.

(133) ㄱ. 그를 만난 것은 철수*가/*는이다.
      ㄴ. 그가 만난 것은 철수*는/를/만/도/와/이다.

주격 조사가 없는 문장과 있는 문장의 의미가 구분되기도 한다.

(134) ㄱ. 차 온다.
      ㄴ. 차가 온다.
      ㄷ. 차는 온다.

'차 온다'가 사건을 단순히 전달함에 비해 '차가 온다'는 '차'를 배타적으로 또는 선택 지정하여 가리키고, '차는 온다'는 다른 것과 구별하여 대조적으로 이들 문장의 차이는 격조사 '이/가'가 격을 나타내는 의미 외에도 일정한 의미를 가지고 있음을 보인다.

일반적인 진리를 나타내는 문장은 '은/는'은 잘 나타나지만 '이/가'로는 나타나시 않는다. '이/가'에 의한 표현이 불가능한 것은 아니지만 진리를 나타내는 문장으로 쓰이지 않는다.

(135) ㄱ. 해는/가 동쪽에서 뜬다.
      ㄴ. 인간은/이 동물이다.

이러한 현상들은 주격 조사 '이/가'가 주어의 자격을 표시하는 격조사로의 기능 외에도 배타적 지칭, 또는 선택 지정의 의미가 있다는 해석을 하게 하고, 한걸음 더 나아가 이 조사는 격조사가 아닌 의미를 가진 보조사일 뿐이라는 주장도 하기에 이른다.

2) 목적어란 무엇인가?

목적어란 주어의 서술 행위에 대한 목적, 대상이 되는 성분으로 타동사가 서술어인 문장이다. 주어와 목적어 사이의 의미 관계는 내적, 외적 관계에 따라 다양하게 나타난다.

> (136) ㄱ. 성호는 공을 찼다. (외적 행동)
> ㄴ. 성호는 컴퓨터를 좋아한다. (내적 행동)
> ㄷ. 성호는 의자를 만들었다. (행위 결과)
> ㄹ. 사공이 강을 건넜다. (행위지)
> ㅁ. 그 사람이 수많은 고통을 겪었다. (경험 내용)

형태적인 면에서는 목적격 조사 '을/를'이 붙는 것이다. 목적격 조사도 문법적인 기능뿐만 아니라 의미도 가지고 있는 것으로 해석된다. 구조적으로는 주어와 달리 동사구의 지배를 받는다.

이 외에도 목적어는 동족목적어와 이동 목적의 목적어, 관용화된 목적어가 있다. 행동이 일어나는 공간 범위와 수량을 한정하는 양적 표현의 목적어도 있다.

> (137) ㄱ. 낮잠을 잔다/여행을 갔다/화를 냈다.
> ㄴ. 거리를 돌아다닌다/거리를 3Km를 돌아다닌다.

(1) 목적어와 서술어

목적격 조사가 붙은 것 모두가 녹적어를 이룬다면 이러한 형대적인 해석은 가장 간편하고 분명히 목적어를 규정하는 방법이 될 것이다. 그러나 이 형태의 조사는 목적어라고 보기 어려운 성분에도 쓰여 형태적인 특징만으로 목적어를 구별하기 어렵다. 이동동사로 이루어지는 문장에 나타나는 목적어 표현이 진정한 목적어인가 여부가 문장성분의 확정이라는 측면에서 논의되었다.

    (138) ㄱ. 배달을 나갔다
          ㄴ. 시장을 갔다.
          ㄷ. 서울을 떠났다.
          ㄹ. 우리는 이십리를 뛰어갔다.

'배달을'을 '배달하러'와 관계있는 목적어, '시장을'은 '시장에를'의 양태조사, '서울을'은 장소 보어인 목적어, '이십리를'은 거리를 나타내는 비목적보어로 해석하였다. 홍재성(1987) 참조.

목적어 성분으로 표시되는 문장 가운데 다른 문장성분과 상호 관련성이 있는 것으로 보이는 문장이 있다. 관형어와 위치어(위치말), 방편어(방편말)가 목적어 형태로 나타난다.

    (139) ㄱ. 나는 그를/의 어깨를 잡았다.
          ㄴ. 나는 학교를/에 갔다.
          ㄷ. 나는 벽을/벽에 그림을 그렸다.
          ㄹ. 나는 집을/에서 나왔다.
          ㅁ. 나는 성호를/에게 선물을 주었다.
          ㅂ. 나는 서울을/로 왔다.
          ㅅ. 나는 영자를 며느리를/로 삼았다.

목적어들이 가지고 있는 의미나 통사적인 특징은 다른 조사들이 보여 주었던 의미와는 다른 의미를 나타내는 것으로 인식된다. 이들의 의미, 기능적인 차이가 각 조사와 목적격 조사의 차이이다. 이중목적어를 갖는 문장도 있다.

서술어가 타동사이어서 목적어를 이미 가지고 있는 문장들의 부사어도 목적어와의 교체가 가능하다. 이 경우에는 두 개의 목적어가 한 문장에 나타나게 된다.

(140) ㄱ. 우리는 벽에/을 페인트를 칠했다.
　　　 ㄴ. 우리는 *벽에/을 페인트로 칠했다.

(141) ㄱ. 우리는 벽에/*을 공을 던졌다.
　　　 ㄴ. 우리는 고향에/*을 편지를 보냈다.

(142) ㄱ. 우리는 온몸에/?을 먼지를 뒤집어썼다.
　　　 ㄴ. 우리는 몸에/*을 먼지를 뒤집어썼다.

목적어와 부사어의 교체가 가능한 동사는 '가꾸다, 깔다, 감다, 걸치다, 꽂다, 기대다, 끼다, 끼얹다, 담다, 대다, 덮다, 두르다, 뿌리다, 붓다, 붙이다, 쌓다' 등이고, 교체가 불가능한 동사는 '감추다, 나르다, 내다, 당기다, 버리다, 안다' 등이다.

위치어가 목적어로 표현되는 경우 조사 '를'로 인해, 전면성, 한정성 등의 의미를 가진다. 문장성분의 전면성에 의해서도 목적어 표현의 가능성이 달라진다고 보는데 이 문장의 적격성에 대해서는 이견이 많다.

'에게', '로', '와'와 '를'과 교체되기도 하는데, 교체 가능과 불가능의 구별은 어휘적이다.

(143) ㄱ. 우리는 아이에게/를 옷을 입혔다.

　　　ㄴ. 우리는 학교에서/를 나왔다.

(144) ㄱ. 그는 오솔길로/을 걸어갔다.

　　　ㄴ. 그는 아버지와/를 닮았다.

(2) 목적격 조사 '을/를'의 의미

목적어는 목적격 조사 '을/를'로 표시된다. 그러나 목적격 조사가 쓰여도 목적어라고 하기 어려운 문장성분이 있다. 부사어나 용언의 활용형, 또는 시간을 나타내는 부사 뒤에 목적격 조사가 쓰이기도 하는데 이들을 목적어로 보기는 어렵다.

(145) 고향에/를/엘/을 가다.

(146) ㄱ. 우리는 책을 두 시간을 읽었다.

　　　ㄴ. 우리는 오늘 4Km를 걸었다.

(147) ㄱ. 우리는 공부를 하지를 않는다.

　　　ㄴ. 그 꽃은 별로 예쁘지를 않다.

　　　ㄷ. 그 떡을 한 번 먹어를 보아라.

목적격 조사가 붙은 문장성분을 모두 목적어로 볼 때 '고향을'은 주관적인 목적어이지만, '고향에를'은 부사어를 대상화한 목적어라 할 수밖에 없다. 다른 부사격 조사들은 이처럼 목적격 조사와 같이 쓰이지 못한다. 시간이나 빈도를 나타내는 목적어 표현도 수량을 나타내는 목적어 표현에 비해 목적어로 보기 어렵다.

부정 문장이나 연결어미 '어' 뒤에 쓰이는 조사 '를'을 목적격

조사로 설명하는 것은 서술어가 형용사인 '예쁘지를 않다'의 경우나 보조동사구성 '먹어를 보다'에서는 무리한 해석이다. '공부를 하지를 않는다'에서 '공부를'은 '하다'의 목적어이고, '않는다'의 목적어는 '공부를 하다' 전체가 되는 것으로 해석할 수 있다. '않다'는 '아니하다'의 준말로, '하다'가 가지고 있는 동작성과 상태성의 이중적 의미 구조를 가지고 있다. 이러한 문장의 유사성에 의해 목적격 조사의 유추 사용이 가능하다 할 만하다. 상태를 나타내는 의미로 쓰인 경우 '예쁘지가 않다'와 같이 조사 '가'로도 나타난다. 상태 서술어 즉 형용사의 부정 표현에 조사 '를'로 표시되는 문장성분을 목적어로 보기 어렵기에 조사 '를'을 양태조사로 보는 해석이 설득력을 가진다.

조사 '를'에 대한 전통적인 견해는 격조사라는 점과, 따라서 특정한 의미를 가지고 있는 것이 아니라 목적어를 표시하는 문법적인 기능만을 가지고 있다는 것이다. 그러나 이 조사를 단순히 문법적인 기능만을 가진 것으로만 해석할 수 없는 여러 가지 문장들이 있다. 지금까지 조사 '를'에 대한 의미는 다음과 같이 요약된다.

(148) 목적격 조사의 의미
ㄱ: 피영향성, 직접성, 목적 대상성, 주어 작용성, 잠재적 의도성, 전체성
ㄴ: 대상성, 피영향성, 한정성, 전면성

조사 '를'에 대해 이와 같이 여러가지 의미 해석이 가능한 것은 이 조사가 나타나는 환경이 다양하기 때문이다. 이 조사가 실현되는 상황을 몇 가지의 유형으로 나누어 볼 수 있다.

이들 문장들은 관형어, 부사어에 대해 목적격 조사 '를'이 연결되는 조사와의 결합에서 다른 행태를 가진다.

(149) ㄱ.*나는 그의를 학교에 갔다.
　　　ㄴ. 나는 학교엘/에를 갔다.
　　　ㄷ. 나는 벽엘/?에를 그림을 그렸다.
　　　ㄹ.?나는 집에설/*에서를 나왔다.
　　　ㅁ.?나는 성호에겔/*에게를 선물을 주었다.
　　　ㅂ.*나는 서울롤/로를 왔다.
　　　ㅅ.*나는 유선이를 며느리롤/로를 삼았다.

즉 조사 '에'만이 조사 '를'을 뒤에 가질 수 있다는 점이다. 이와는 달리 다른 부사어나 관형어는 조사 '를'이 연속되지 않는다. 이것으로 보면 '에, 에서, 에게, 로' 등의 부사격 조사에 조사 '를'이 연결된 상태에서 부사격 조사의 생략으로 '를'만이 남았다는 설명은 어려운 것이다. 조사 '에'만이 조사 '를'을 취하는 것은 예사로운 것은 아닐 것이기 때문이다. 이 점은 여기에 나타나는 조사 '를'의 특징을 설명하는 한 가지 근거가 될 수 있다.

조사 '에'의 뒤에는 조사 '를'이 올 수 있음을 근거로 조사 '를'의 주제적 또는 양태적 의미를 주장하기도 한다. 조사 '를'의 양태적 의미를 인정하는 경우 이 조사는 다른 양태를 나타내는 조사인 보조사와 같이 여러 가지 상황에서 나타날 것으로 예상된다.

그러나 실제에서는 조사 '를'의 실현이 크게 제약되어 있다. 이는 주제나 대조의 의미를 가진 것으로 보는 보조사 '은/는'이나 다른 보조사 '도, 만' 등과 비교할 때 그 차이가 분명히 드러난다.

(150) ㄱ. 성호가 부산엘 간다.
ㄴ.?성호가 오후엘 간다.
ㄷ.?성호가 이 더위엘 간다.
ㄹ.?성호가 이 소식엘 간다.

(151) ㄱ. 성호가 부산은/도/만 간다.
ㄴ. 성호가 오후엔/에도/에만 간다.
ㄷ. 성호가 이 더위엔/에도/에만 간다.
ㄹ. 성호가 이 소식엔/에도/에만 간다.

조사 '에'의 뒤에 조사 '를'이 나타날 수 있는 것은 장소를 나타
내는 경우에 한한다. 시간이나 상태나 원인을 나타내는 경우에는
불가능하다. 이에 비해 보조사는 연결이 가능하다. 이것은 조사
'을/를'이 여러 가지 양태적인 측면을 가지고 있더라도 보조사와
같은 범주의 양태 조사로 보기 어려운 점을 보여주고 있다. 조사
'에'와 '를'은 연속에서뿐만 아니라, 조사의 생략에서도 특정한 현
상을 공유하고 있다.

(152) ㄱ. 성호가 부산에 간다.
ㄴ. 성호가 부산(ø) 간다.
ㄷ. 성호가 부산엘 간다.
ㄹ. 성호가 부산을 간다.

(153) ㄱ. 성호가 오후에 간다.
ㄴ.?성호가 오후엘 간다.
ㄷ.*성호가 오후를 간다.
ㄹ.*성호가 오후(ø) 간다.

(152)처럼 '에'와 '를'이 서로 교체가 되는 경우에는 조사 '에'나

'를'이 나타나지 않아도 문장이 가능하지만, 이런 교체가 불가능한 (153)에서는 '에'나 '를'의 생략이 불가능하다. 이는 조사 '에' 특유의 특징이라 할 수 있다. 그러나 이러한 현상은 반드시 고정된 것은 아니라는 점에서 간단히 설명될 수 없는 점이 있다.

3) 보어란 무엇인가?

서술어에 따라 문장을 이룰 때 주어와 목적어 이외에도 필수적인 명사어 즉 논항이 있다. 서술어의 부족한 부분을 보충하는 문장 성분이므로 보어라 한다.

현행 학교문법에서는 '되다', '아니다'를 서술어로 하는 문장의 '명사+이/가'를 보어로 다룬다.

(154) ㄱ. 나는 학생이 아니다.
ㄴ. 그 아이가 대학생이 되었다.

보어는 주어로 다루어지기도 한다. '아니다'와 '되다'의 보어인 '학생이, 대학생이'를 보어가 아니라 풀이마디(서술절)의 주어로 해석하는 것이다. 허 웅(1983: 275) 참조. 이러한 해석에서는 '코끼리가 코가 길다', '나는 그가 좋다.'도 모두 풀이마디를 가진 문장으로 해석한다.

'나는 네가 좋다'라는 문장에서 서술어 '좋다'는 '나는 너를 좋아하다'와 비교할 때 '좋다'의 대상으로서 문장에서 없어서는 안 되는 보어로서의 구실을 하므로 '네가 좋다'가 풀이마디(서술절)를 형성하는 것으로 보기 어렵다. 이러한 관점에서 보어는 문장 구성에서 주어나 목적어 이외에 서술어가 필요로 하는 필수 성분이다.

'되다'가 보어를 가진 불완전 동사라는 견해에 대해 반대하는 의견도 있다. 예컨대 '밥이 죽이 되었다'는 보어를 필요로 하지만, '일이 잘 되었다'는 보어를 필요로 하지 않는다는 점에서 "한 가지 말이라도 경우에 따라서 완전하기도 하고, 불완전하기도 하여서 풀이씨의 완전과 불완전을 도저히 형식적으로 말하기 어렵다."는 점을 들어 '되다'를 보어를 필요로 하는 동사에서 제외하기도 하였다. 그리고 "의의상의 구별로 기움말과 꾸밈말을 가르지 아니하고, 꼴풀이씨, 잡음씨에다가 그 바탕 생각을 깁는 것을 기움말"이라 하였다. 즉 '이다'와 '아니다'의 부족함을 보충한 것을 보어로 보았다. 최현배(1955, 1982) 참조.

보어의 범위에 대해서는 여러 견해가 있다. 목적어를 보어에 포함하여 보어를 폭넓게 해석하는가 하면, 필수적 부사어를 모두 보어로 다루기도 한다. 반대로 필수적 부사어를 인정하는 것은 이들을 보어로 인정하기 어렵다는 견해이다.

보어는 문장에서 생략되면 문장으로서의 구실을 할 수 없는 문장 구성에서 반드시 필요한 성분이다. 따라서 보어가 갖는 필수 성분으로서의 특징을 인정하고 부사어와 같은 다른 수의적 문장성분과 구별할 필요가 있다. 필수적 부사어도 문장에서 반드시 필요한 성분이므로 보어로 다룰 만하다. 동일한 형태에 대하여 부사격 조사와 보격조사를 구분하여야 하는 불합리성은 부사격 조사에 의한 부사어가 보어를 이룬다는 해석으로 설명될 수 있다.

이런 관점에서 보면, 보어에 포함될 수 있는 보어들은 학교문법에서 제시한 보어 이외에도 다음과 같은 예가 있다.

(155) ㄱ. 나는 그에게 선물을 주었다.
　　　ㄴ. 나도 연필을 주머니에 넣었다.
　　　ㄷ. 나는 그를 사위로 삼았다.
　　　ㄹ. 내 생각도 너와 같다.

(156) ㄱ. 나는 네가 좋다.
　　　ㄴ. 나는 마음이 아프다.

　서술어 가운데에는 문장을 보어로 하는 것들도 있다. 이들을 보
문이라 한다. 다음 문장의 내포문은 주어나 목적어의 표시를 받는
명사 내포문이 아니지만, 문장의 성분으로서 필수적이어서 생략하
면 문장을 이루기 어려운 문장들이다.

(157) ㄱ. 우리는 그에게 꼭 성공하라고 말했다.
　　　ㄴ. 우리는 그에게 돌아오도록 명령했다.
　　　ㄷ. 우리는 그에게 자전거를 사주기로 약속했다.
　　　ㄹ. 나는 열심히 공부하겠다고 작정했다.

(158) ㄱ. 성호가 내일 온다는 소문이 있다.
　　　ㄴ. 우리도 떠나야 한다는 주장이 있다.

　'주장하다, 설득하다, 약속하다' 등은 반드시 보문을 필요로 하는
동사들이고, '사실, 소문, 주장' 등은 반드시 보문을 필요로 하는
명사들이다.
　보문을 명사구나 동사구를 보충하는 하위문이라는 관점에서 보
면 서술어를 필수적으로 보충하는 의미의 보어보다 범위가 확대된
다. 명사구 보문을 이루는 보문자에 '(으)ㄴ, (으)ㄹ'뿐만 아니라,
'음, 기'와 같이 문장을 명사화시키는 요소도 포함된다. 이러한 견

해에서는 동사구 보문을 이루는 보문자로 보조동사 앞에 오는 '아, 게, 지, 고'와 인용문에 나타나는 '고, 라고'를 든다.

보어는 문장에서 서술어의 불완전성을 보충하는 필수성분으로서의 특징을 보이는 것으로 제한하고, 있는 것과 보문도 필수적인 절 구성 성분으로서의 역할을 하는 것으로 제한하는 것이 보문의 범위에 대한 적절한 해석이다.

4) 관형어란 무엇인가?

관형어는 관형사와 용언의 관형사형, 그리고 관형격 조사가 붙은 체언으로 이루어진다. 관형어는 홀로는 쓰일 수 없고 반드시 꾸밈을 받는 피수식어와 함께 쓰인다.

관형이란 뒤에 오는 체언을 꾸미는 것을 나타내는 의미로 사용된 문법 개념인데, 관형어, 관형격, 관형사, 관형사형 어미에 두루 걸쳐 나타난다. 이 가운데 관형격은 조사 '의'에 대한 이름인데 '의'는 '소유' 개념과도 연결된다. 관형이 뒤의 체언을 수식한다는 기능적 관점에 의해 해석된 것임에 비해, 소유는 의미적인 관점에 근거한 것이다.

관형격, 관형어, 관형사, 관형사형 어미 등의 문법 범주들은 각각 격, 문장성분, 품사, 활용 어미라는 이질적인 대상이 관형이라는 동질적인 문법 범주로 묶임을 보여준다. 그러나 관형어의 경우, 다른 문장성분들이 모두 기능적인 관점에서 주어, 목적어, 보어, 서술어 등의 문장성분으로서의 기능 범주를 가짐에 비해, 품사인 관형사와 동일하게 문장의 재료적 해석을 받고 있는 약점이 있다.

의미의 관점에서 소유로 해석하는 경우, 관형사나 관형어와는 구별되는 격범주라는 점에서 바람직한 바가 있다. 그러나 조사 '의'에 의해 이이지는 두 명사의 관게는 '소유'의 의미만을 가지고 있는 것이 아니다. '소유'가 대표적인 의미이기는 하지만, 이들 의미는 조사 '의'에 의해서 드러나는 것이 아닌 두 명사 사이의 의미 관계라는 주장이 타당성이 있다. 조사 '의'는 관형이나 소유보다는 '종속 연결'의 기능이 있는데, 이것이 이 조사를 드러내는 가장 보편적인 특징이며 명칭이다.

관형격은 서술어의 지배를 받지 않기 때문에 격으로서의 자격을 의심받는다. 조사 '의'가 관형격조사와 소유격조사로 해석되어 온 것은 조사 '의'와 함께 이루어지는 관형격 구성 'NP1의 NP2'에서 NP1이 기능적으로는 관형의 기능을, 의미적으로는 소유의 의미를 갖고 있기 때문이다.

관형격과 관련된 구성은 세 가지이다.[15] 'NP1의 NP2'인 관형격 구성(소년의 아버지)과 'NP1(의) NP2'인 관형격 생략 구성(소년(의) 아버지), 'N1 N2'인 명사수식구성(소년 아버지: 소년인 아버지)이다.

'NP1(의) NP2'는 'NP1의 NP2'의 의미나 기능을 거의 그대로 가지고 있지만, 명사수식구성 'N1 N2'는 'NP1의 NP2'와 전혀 다른 의미, 기능과 통어 현상을 가진다. 여기서 'N1 N2'의 구성은 'NP1(의) NP2' 구성이 아주 굳어져 합성명사로 된 경우와는 구별된다.

'NP1의 NP2' 구성과 'N1 N2' 구성 사이에는 통어적으로 여러 가지 공통점과 차이점이 있다. 구성 사이에 다른 성분이 끼어들 수

---

15) 'NP1의 NP2' 구성에서 조사 '의'는 생략이 가능한 경우와 불가능한 경우가 있다. 그리고 그 조건을 밝혀 보려는 시도도 있었다. 김광해(1981) 참조. 조사 '의'의 실현 여부를 생략이 아닌 부정격과 정격의 차이로 구별하여 생략과 다른 관점에서 관찰한 바도 있다. 이남순(1988) 참조.

있다는 것은 이 구성이 통어적구성이며 구성의 긴밀성이 느슨함을
보여 주는 것이다. 'NP1의 NP2' 구성 사이에는 다른 성분이 끼어
들 수 있다.

(159) ㄱ. 주인의 토끼
      ㄴ. 주인의 그 토끼
      ㄷ. 주인의 예쁜 그 토끼

(160) ㄱ. 주인(의) 토끼
      ㄴ.?주인(의) 그 토끼
      ㄷ.?주인(의) 예쁜 그 토끼

그러나 조사 '의'가 생략된 구성은 자연스럽지 못하다. 두 명사
구의 나열만으로 두 구성이 이루는 구조 관계를 파악할 수 없기
때문이다. 여기서 조사 '의'가 가지고 있는 의미나 기능이 구체적
으로 나타난다.[16] '의'가 없어도 두 명사 사이의 관계가 파악될 때
'의'는 생략될 수 있지만, 이러한 관계를 두 명사만으로 연결하기
어려울 때, '의'는 필수적으로 있어야 한다. 이는 조사 '의'가 갖는
'종속적 연결'의 의미와 기능이다.

'NP1의 NP2' 구성은 앞에 오는 관형사의 수식 범위가 선행 명사
NP1에 한정되는 의미로 해석될 수도 있고 'NP1의 NP2' 구성 전체
에 대한 수식 범위를 가질 수 있다. 명사수식구성에서 '그 대학생
아버지'(대학생인 아버지)나 '주인 토끼'에서와 같이 명사수식구성

---

16) 그러나 'NP1의 NP2'의 연결에서 '의'의 생략 가능 여부는 음절수를 비롯
   하여 여러 가지 원인과 관련이 있다. '행복(의) 조건', '*삶(의) 조건', '?인
   생(의) 의미', '인간(의) 조건' 등.

'N1 N2' 전체를 수식 범위로 하고, 선행 명사 N1에 대한 개별 수식은 불가능하다. 즉 '그'는 '대학생'만을 또는 '주인'만을 꾸밀 수 없고 '대학생 아버지', '주인 토끼' 전체를 꾸미는 수식 범위를 갖는다. 이것은 '아버지', '토끼'가 NP로 다룰 수 없는 'N'이고, '대학생', '주인'도 NP로 다룰 수 없는 'N'임을 보여준다.

이러한 명사수식구성의 특징으로 '대학생 아버지', '주인 토끼'를 합성명사로 볼 만하다. 다음은 국어에서 합성명사로 다루어지는 명사수식구성인데, 두 명사 사이의 분리가 불가능하여 관형어가 끼어들 수 없고, 선행 관형어의 수식 범위도 구성 전체에 걸친다. #은 의미가 다르다는 표시이다.

(161) ㄱ. 그 소금물/*소금 그 물/#?소금의 물
ㄴ. 그 베옷/*베 그 옷/#?베의 옷
ㄷ. 그 신문종이/*신문 그 종이/#?신문의 종이
ㄹ. 그 나무통/*나무 그 통/#?나무의 통

그러나 다음 명사수식구성을 합성명사로 굳어진 것으로 보기는 어렵다.

(162) ㄱ. 대학생 아버지, 재수생 아버지, 총각 아버지, 소년 아버지, 꼬마 아버지, 키다리 아버지, 멋쟁이 아버지 등
ㄴ. 주인 토끼, 주인 호랑이, 주인 여우, 주인 까치, 주인 너구리 등

이들은 두 명사가 매우 다양한 구성을 이룰 수 있다는 점에서 합성명사보다는 통어적구성이다. 즉 형태적 구성인 합성어에 비해 생산적인 통어적구성이다. 그러나 관형격 구성 'NP1의 NP2'와 같

은 통어적구성보다는 구성 내부의 긴밀성이 강한 형태·통어적구성의 특징을 가진다.

관형격 구성의 후행 명사는 생략이 불가능하다. '나는 남호의 책과 유선이의 책을 샀다'의 동일 성분 생략인 '*나는 남호의 유선이의 책을 샀다'는 자연스럽지 못하다. '나는 남호와 유선이의 책을 샀다'는 '남호와 유선'을 하나로 묶은 것이기에 가능하다. 명사수식구성은 생략이 가능하지만, 이 생략이 보편적 현상은 아니다.

> (163) ㄱ. 나는 금 반지, 은 반지를 샀다/나는 금, 은 반지를 샀다.
> ㄴ. 나는 아침 밥과 점심 밥은 먹는다/나는 아침, 점심 밥은 먹는다.
> ㄷ. 소 고기, 돼지 고기 값이 올랐다/소, 돼지 고기 값이 많이 올랐다.

> (164) ㄱ. 일 개미, 여왕 개미는 같이 산다/?일, 여왕 개미는 같이 산다.
> ㄴ. 물 오리, 집 오리가 많다/?물, 집 오리가 많다.
> ㄷ. 새 소리, 바람 소리가 들린다/?새, 바람 소리가 들린다.

이것으로 보아 명사수식구성에서 'N2'의 생략은 수의적이다. 생략이 가능한 보기들은 '금, 은', '아침, 점심', '소, 돼지'와 같이 하나의 단위로 묶일 수 있는 의미 관계를 이룬다. 이들 구성들의 생략 가능성에 대한 판단은 주관적인 바가 크다.

이러한 후행 피수식 명사 'N2'의 생략 가능 여부는 명사수식구성의 두 명사의 합성성의 정도를 판가름하는 방법이 될 수 있다. 즉 '일개미, 여왕개미, 물오리, 집오리'의 구조적인 긴밀성은 '금반지, 은반지, 아침밥, 점심밥'보다 강하다는 가정이 생략 여부에 의해 설정될 수 있기 때문이다.

조사 '의'에 대해 의미를 기준으로 소유격이라 하고, 기능을 기준으로 관형격이라 하는 것은 관형격 구성의 의미를 모두 설명한 것이 아니다. 관형격 구성은 동일한 표현에 대하여 소유의 의미로 해석되는 경우와 관형의 기능적 의미로 해석되는 양면성을 가지고 있다.

관형격 구성 'NP1의 NP2'와 명사수식구성 'N1 N2'는 의미에서도 차이를 가지고 있다. 'N1 N2'의 의미는 단일함에 비해 'NP1의 NP2'의 의미는 중의적이다. 'NP1의 NP2' 구성은 조사 '의'가 가지고 있는 여러 가지의 의미, 또는 NP1과 NP2가 가지고 있는 의미 관계를 중심으로 여러 의미가 있음이 지적되었다. 조사 '의'가 이처럼 많은 의미로 해석되거나 명사들의 의미 관계로 해석되는 것은, 조사 '의'가 종속적 연결의 기능적 의미를 가진 기능조사이기 때문이다.

(165) ㄱ. 커피의 맛

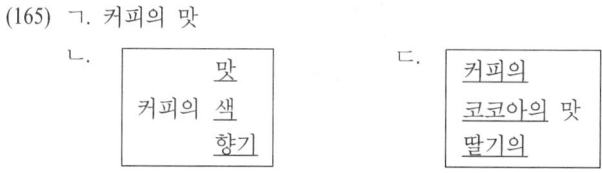

'커피의 맛'은 '커피가 가지고 있는 맛'이라는 의미를 가지고 있다(ㄴ). '커피'가 가진 여러 가지 속성 '맛, 색, 향기' 등 가운데 '맛'을 지시함을 뜻한다. 그리고 정보상으로 '커피'는 바탕 정보, 구 정보이고, '맛'은 새로운 정보이다. 이 의미를 그대로 유지한 채 조사 '의'의 생략은 가능하다.

그러나 '커피의 맛'에는 이러한 의미 외에도, '맛'이 중심어로서, '커피'는 '맛'이 가질 수 있는 여러 가지 속성들, '커피, 코코아, 딸기 등' 가운데 하나를 지시하는 의미도 가지고 있다(165ㄷ). 이 경우 '맛'이 바탕 정보, 구 정보이고, '커피'는 신 정보가 된다.

명사수식구성 'N1 N2'는 선행 명사가 후행 명사를 한정하는 한 가지 의미만 가지고 있다. 'NP1의 NP2' 구성과 달리 'N2'가 중심어이고 'N1'이 속성어로서, 'N1'이 'N2'를 수식하는 단일한 의미 관계이다. 'NP1(의) NP2' 구성에서 'NP2'가 중심어의 의미를 가질 때와 'N1 N2'는 형태상 같을 뿐만 아니라 의미도 같은 경우가 있다.

(166) ㄱ. 커피 맛

ㄴ.

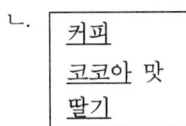

(167) ㄱ. 이 과자는 어떤 맛이냐?
ㄴ. 이 과자는 커피의 맛이다.
ㄷ. 이 과자는 커피(의) 맛이다.
ㄹ. 이 과자는 커피 맛이다.

'NP1(의) NP2' 구성과 'N1 N2' 구성은 이처럼 같은 형태와 의미로 나타나는 경우가 있으나, 이들이 구별되는 구성임은 앞에서 보았던 '주인의 토끼', '주인 토끼'에서 알 수 있다. 즉 '주인의 토끼'는 '커피의 맛'과는 달리 NP1이 중심어인 의미로만 해석된다.

조사 '의'를 관형격조사로 보거나, 소유격조사로 보는 것은 이 조사가 가지고 있는 한 가지 측면만을 본 것에 지나지 않는다. 조사 '의'가 가진 가장 기본적인 기능은 두 명사를 이어 주는 것이다.17) '의'를 자리토씨(격조사)로 보지 않고 이음토씨(연결조사)로 다루기도 한다. 그 이유는 '의'가 풀이말에 이끌리는 월 성분에 붙지 않기 때문이다. 그러나 조사 '의'는 다른 이음토씨 '와/과, 하고' 등과는 그 기능뿐만 아니라 분포가 다른 바가 있어 더 하위 분류해야 한다고 본다.

그리고 연결된 두 명사는 그 의미 상관성에 의해 다양한 의미를 갖지만 기본적으로 두 'NP' 가운데 한 'NP'가 주 구성 성분이 되고, 다른 'NP'가 종 구성 성분이 된다. 이러한 종속적 연결 관계를 조사 '의'가 표시하여 주기 때문에, 두 명사 사이에 '주, 종' 관계가 쉽게 파악되는 경우 '의'가 생략될 수 있지만, 그렇지 못한 경우는 생략될 수 없다.

5) 부사어란 무엇인가?

부사어는 부사나 부사격 조사가 붙은 체언, 또는 관형어와 결합한 부사성 의존명사로 이루어진다. 부사형 어미나 부사 파생 접사에 의해서도 부사어가 이루어진다.

부사어는 필수성분이 아닌 수의 성분이다. 그러나 일부 부사어는 문장에서 필수적이다. 따라서 이 부사어가 부사어인가 보어인가의 해석상의 문제가 생긴다. 이들을 필수적 부사어라고도 한다.

> (168) ㄱ. 나는 그를 사위로 삼았다.
> ㄴ. 나는 너와 생각이 다르다. (같다)

---

17) 허　웅(1983: 210-212)에서는 '의'를 자리토씨(격조사)로 보지 않고 이음토씨(연결조사)로 다루고 있다. 그 이유는 '의'가 풀이말에 이끌리는 월 성분에 붙지 않기 때문이다. 그러나 조사 '의'는 다른 이음토씨 '와/과, 하고' 등과는 그 기능뿐만 아니라 분포가 다른 바가 있어 더 하위분류해야 한다고 본다.

ㄷ. 이 조각은 상아로 만들었다.
ㄹ. 나는 이 회사에 다닌다.
ㅁ. 나는 선생님께 선물을 드렸다.

이들 성분이 필수적이기 때문에 보어로 다루는 것이 합당하지만, 이들 부사격 조사를 모두 보격조사로 다룰 것인가 하는 문법적 일관성의 문제가 생기므로 필수적 부사어로 다루게 된다. 부사절을 필수적으로 요구하는 문장도 있다.

(1) 파생부사와 부사절

부사 파생 접사 '이(리)'는 형용사를 부사로 파생한다. '많이, 뚜렷이, 멀리, 빨리'를 비롯하여 '곳곳이, 집집이'도 파생 부사이다. '없이', '같이'는 파생부사로서의 특징을 가지고 있지만, 동시에 서술어의 기능을 가지고 있어 부사절을 이루는 것으로 볼 만하다. '우리는 돈이 없이 살 수 없다', '나는 너와 같이(처럼) 살고 싶다'의 의미에서는 '없이'와 '같이'는 주어에 대한 서술어의 역할을 한다. 그러나 '우리는 없이 살았다', '나는 너와 같이(함께) 살고 싶다'에서는 서술적인 기능이 없는 파생어로서의 구실을 한다.

전통문법에서는 어미 '아, 게, 지, 고'를 부사형 어미로 생각하였다. 그러나 학교문법을 비롯한 문법 연구에서 연결어미로 다루었고 최근에 '게'는 다시 부사형 어미로 다룬다.

어미 '아'는 연결어미로 구실한다. 이음법에서 구속형과 나열형의 구별이 있다. '눈이 와(서) 매우 춥다', '그 사람이 고기를 많이 낚아(서) 가더라'에서와 같이 구속형은 이유나 원인을 나타내고, 나열형은 생각의 벌림을 나타낸다. 나열형 연결어미와 전통문법에서의 부사형 어미 '아'는 전자는 문장을 연결하고, 후자는 문장성분을 연결하는 공통성을 갖고 있다. 그러나 두 문장의 관계에서 앞선 동작이나 사건이 뒷 동작이나 사건에 직접적으로 연결되는 뜻을 가지고 있어서 시간적으로는 앞 뒤 동작 사이에 간격이 없는 것으로 풀이되고, 장소 면에서도 앞, 뒤 동작이 같은 곳에서 일어나는 것으로 풀이된다. 이러한 특징은 선행어가 부사어 및 부사절로서의 특징을 가지고 있음을 보여준다. 그러나 이들 어미는 모두 연결어미로 다루어지는 것이 바람직하다. 우선 이들은 모두 형태가 동일하다. 또 기능 면에서도 연결법에서나 자격법에서 모두 문장을 연결하는 공통 특징을 가지고 있다.

연결어미가 연결하는 기능이 문장인 점과 보조동사인 점을 구별하여 '아'를 연결어미와 보조적 연결어미로 구별하는 것이 현행 학교문법에서의 해석이다. 이처럼 거의 동일한 연결어미를 두 어미로 분류하는가, 하나의 연결어미가 다른 환경에서 나타나는 것으로 보는가는 문법 범주 설정의 효용성에 따른 선택의 문제이다.

「고등학교문법」(1985, 2000)에서는 '게'를 보조적 연결어미로 규정하였었다. 보조적 연결어미란 보조동사와 함께 쓰이기 때문에 규정된 것이다. '게'와 함께 쓰이는 보조동사로는 '게 하다, 게 만들다, 게 되다'가 있다. 그러나 어미 '게'는 보조동사와만 쓰이는 것이 아니다. '하늘이 맑게 개었다'에서 '맑게'는 성분 부사의 역할을, '이상하게 오늘은 운수가 좋다'에서 '이상하게'는 문장 부사의 역할을 한다. 한편 '바깥이 잘 보이게 창문을 활짝 열어라'에서는 '…보이도록'으로 바꾸어도 좋은 연결어미로서의 역할을 한다. 남기심 외(1985, 1989: 159) 참조. '게'의 기능이 단일하지 않다고 하여 같은 형태에 대하여 다른 이름을 주기보다는 보조적 연결어미라는 하나의 이름만 주고 환경에 따라 기능을 달리 인정하는 방향의 서술법을 취한다.

이 경우 보조적 연결어미가 최선의 기본 범주인가는 반론이 있다. '그가 들어오게 문을 열어라', '나도 갈 수 있게 그가 도와주었다'에서 볼 수 있는 바와 같이 연결어미로서의 쓰임에 제한이 없기 때문이다. 보조적 연결어미가 제한적 쓰임을 나타내는 것에 비해 연결어미는 폭넓은 범주를 포괄한다.

부사형 어미를 따로 세운 허 웅(1983)에서는 부사형 어미 즉 어찌법을 이루는 어미로 '도록, 게, 듯(이)'를 들었다. 부사형 어미를 따로 세우지 않은 것은 다른 종속적 연결어미들도 문장에서 부사절로서의 기능을 하기 때문에 이러한 기능적 측면만을 고려한다면 이들 접속어미들도 부사절로 인정하지 않을 수 없기 때문으로 보인다.

연결어미 '듯이, 도록'이 사용되는 문장도 부사절과 같은 구실을 한다. '비가 물을 쏟아 붓듯이 내린다', '너도 같이 떠날 수 있도록 내가 조치를 취했다'가 부사절로서의 쓰임을 갖는 것은 종속 접속절이 모두 부사절로서의 의미와 기능을 가지고 있다는 점에서 특이한 것은 아니다. 이런 점에서 '아'나 '게'의 보조적 연결어미는 넓게는 연결어미의 한 모습으로 부사절로의 쓰임도 종속적 연결어미의 특징으로 설명된다. 물론 종속적 연결어미 가운데 부사형 어미로서의 특징이 더 강한 어미들이 있다. 이들의 부사절 형성으로의 기능이 더 강조되는 관점에서는 이들을 부사형 어미 범주로 다루는 것도 자연스러운 일이다. 단 종속적 연결어미와 부사형 어미의 합리적 구분 방법이 제시되어야 할 것이다.

「고등학교문법」(2002: 103)에서는 "용언의 서술 기능을 또 다른 기능으로 바꾸어 주는 어미를 하위범주라고 한다." 하고, " '게'는 부사형 어미라고 한다." 하였다. 부사형 이미로서의 '게'를 다시 인정하는 방향으로 학교문법이 바뀌었음을 보여준다.

관형어와 함께 쓰이는 일부 부사성 의존명사도 부사어를 이룬다.

(169) ㄱ. 나는 음악회가 끝나는 줄로 알았다.
ㄴ. 그가 모자를 쓴 채(로) 들어왔다.
ㄷ. 네가 본 대로 말해라.
ㄹ. 나는 알 만큼 안다.
ㅁ. 나도 그를 만날 뻔했다.

'양, 척, 체, 듯'은 용언의 관형어 뒤에만 쓰이고, '대로, 채'는 관형어와 명사 뒤에 쓰이는 부사성 의존명사이다.

연결어미로 이루어지는 접속문에는 대등적으로 연결되는 접속문과 종속적으로 연결되는 접속문이 있다. 대등적으로 연결되는 접속문은 연결어미 '고'로 이어지는 문장으로 전통적으로 중문이라고도 하였다.

연결어미 '고'에 의한 대등 접속과 다른 종속 접속은 의미와 기능적인 차이 외에도 몇 가지 통사적 특징을 달리 한다. 대표적인 것은 종속절의 내포문 구조로의 변환이다.

(170) ㄱ. 진선이는 아침에 들어가고 성호는 저녁에 들어갔다.
ㄴ.*성호는 진선이는 아침에 들어가고 저녁에 늘어갔다.

(171) ㄱ. 진선이가 아침에 들어가니까 성호는 저녁에 들어갔다.
ㄴ. 성호는 진선이가 아침에 들어가니까 저녁에 들어갔다.

대등절은 선행 문장이 후행 문장 안으로 내포될 수 없지만 종속절은 내포될 수 있다.

(2) 부사격 조사의 의미

국어의 조사 '에'는 여러 가지 의미를 가지고 있다. 조사 '에'의 특징을 밝히기 위해서는 이와 형태적으로 또 의미적으로 유사성을 가지고 밀접한 관계가 있는 부사격 조사 '에, 에서, 에게'를 함께 다루는 것이 효과적이다. 다음은 조사 '에'와 관련된 통사, 의미적 특징을 알아보기 위한 보기이다.

  (172) ㄱ. 성호가 그 소식에 이 더위에 오후에 부산에 갔다.
        ㄴ. 누가 원인에 상황에 시간에 장소에 갔다.

  (173) ㄱ. 성호가 바늘에 찔렸다.
        ㄴ. 이 음식은 몸에 나쁘다.
        ㄷ. 나의 기대에 어긋나다.
        ㄹ. 세 사람에 한 사람 꼴이다.
        ㅁ. 그는 삼천 원에 물건을 샀다.
        ㅂ. 밥상에는 불고기에, 갈비에, 찜에 없는 것이 없다.

조사 '에'가 나타내는 기본 의미는 (172)에서 볼 수 있는 바와 같이 장소, 시간, 상황, 원인이다. 이 밖에도 조사 '에'가 가질 수 있는 다양한 의미는 (173)를 통해 알 수 있다. 여러 가지 의미를 가지고 있는 이 부사어는 (172)과 같이 연쇄적으로 나타날 수 있다.

사전에는 이 조사의 다양한 의미를 제시하고 있는데 사전마다 의미를 나누는데 차이가 있다. 신기철·신용철의 「새 우리말 사전」

에는 13가지의 의미를 제시하고 있다. '에'의 기본적인 의미를 '바탕'이나 '목표점'으로 해석히기도 한다. "'에'는 X와 Y라는 두 개체 사이의 관계를 나타내는데, '에'의 선행사인 X는 바탕의 구실을 하고, X는 Y의 바탕 위에서 장소 이동이나 상태 변화를 받는 모습의 구실을 한다", 또는 "방향의 의미와 함께 목표점"을 나타낸다. 주체나 객체가 이동하여 도달하는 목표점(도달점), 목표점으로 표현된 장소의 한 부분 등"으로 설명하기도 한다.

'에'와 함께 나타나는 위치부사어는 중의적인 의미를 가지고 있는 경우가 있다. 다음은 상황과 원인의 두 가지 의미로 해석되는 경우이다.

(174) ㄱ. 아이가 추위에 떨고 있다.
ㄴ. 우리는 이번 장마에 고생했다.
ㄷ. 우리는 어떤 상황에서 어찌한다.
ㄹ. 우리는 어떤 상황 때문에 어찌한다.

즉 (ㄱ,ㄴ)은 (ㄷ,ㄹ)의 두 가지 의미로 해석된다. 따라서 이 조사를 한 형태소의 두 가지 다른 의미로 해석할 수 있는가, 아니면 동음이의어의 다른 형태소로 보아야 할 것인가의 문제가 나타난다.

여기에서 나타나는 여러 의미들과 이들 사이의 관계를 어떻게 기술할 수 있을 것인가의 의문이 제기된다. 먼저 '에'는 공간과 시간 표현에 모두 사용되는데, 공간과 시간의 의미를 동시에 가진 어휘에서 공간적인 뜻이 공간적으로 중심적이고 원형직이며 시긴적인 뜻은 은유를 통해 중심적인 뜻과 관련되어 있다고 본다.

의미의 파악에서 형태소가 가지고 있는 기본, 또는 중심 의미가 존재하고, 관련된 여러 가지 의미는 문맥에서, 즉 다른 어휘와의 공존 사이에 다양하게 표출되는 것으로 해석할 수 있다. 이것은 모든 어휘가 중심 의미와 주변 의미를 가지고 있다 해석이다.

단어가 문장에서 여러 가지 다른 해석의 의미를 갖는데, 이 의미 해석에 대하여는 두 가지 해석이 있다. 의미 해석이 최소한의 기본 도식에 의하여 형성되고 여러 의미 해석은 다른 문장성분에 관계에 의하여 이루어진다는 최소표시해석(Minimal Specification Interpretation)과, 기본 도식이 전체 표시가 되는 다른 도식을 생성해 낸다는 전체표시해석(Full Specification Interpretation)의 해석이다.

최소표시해석에서는 한 어휘는 한 도식만이 사전에 등록되고 다른 도식은 다른 문장성분에 의해 얻어지지만, 최대표시해석에서는 모든 도식에 대해 어휘 표시가 존재한다. 다른 도식은 기본 도식에 변수를 받음으로서 형성된다. Lakoff(1987: 420).

조사 '에'의 여러 가지 의미는 더욱 세분되어 해석될 수 있는데 서술동사와 밀접한 관계를 갖는다. 먼저 공간적 의미를 중심으로 세분화된 내용을 들어보면 다음과 같다.

조사 '에'의 장소를 나타내는 의미는 크게 [소재지], [행위지], [목표지], [도착지], [접지], [근원지] 등과 같이 세분하여 다루기도 하는데 이러한 의미는 서술어에 따라 다르게 나타난다. 남기심(1993: 13).

(175) ㄱ. 그녀의 방은 2층에 있고
      ㄴ. 그는 서울에 와서 서울에 머물렀다.
      ㄷ. 억지로 마지못해 교회에 갔었어도
      ㄹ. 목적지인 뉴욕에 무사히 도착할 수 있다.
      ㅁ. 그는 차에 부딪혔어도 멀쩡했다.
      ㅂ. 그것은 구약 성경에 나오는 노아홍수 이야기

이러한 장소의 의미는 도식적인 측면에서 공통적인 도식의 의미
로 연결될 수 있다.

(176) ㄱ.   ㄴ.

(ㄱ)은 y라는 장소에 x가 자리하고 있음을 의미하는데 x가 y에서
정태적인 상황에 놓여 있는 경우와 동적인 상황에 놓이는 경우의
의미가 달라질 것이다. 물론 이러한 의미의 구별은 서술어에 의한
것으로 [소재지]는 정태적인 상황에 의한 의미이고 [행위지]는 동
적인 상태의 의미이다.

(ㄴ)은 x가 y라는 장소 밖에서 y로 이동하여 감을 의미하는 것으로
[목표지]로의 해석과 도착지의 해석이 이러한 도식에 의해 설명될
수 있다. [접지]도 이러한 도식에 포함된다. 여기서의 화살표의 방향
은 '휴지가 발에 채이다'와 같이 피동 동사와 함께 쓰일 때 반대 방
향으로 나타나게 된다. 그러나 기본적인 도식과 일치한다.

여기서의 X와 Y는 각각 Langacker(1986)에서 보이는 모습(Figure)
과 배경(Ground), 그리고 지표(Land mark)와 탄도체(Trajecter)와 비교
할 수 있다. 이기동(1981: 32)에서의 '에'의 선행사인 Y는 바탕의 구
실을 하고, X는 Y의 바탕 위에서 장소 이동이나 상태 변화를 받는
모습의 구실을 한다는 해석은 이러한 도식을 비교적 정확히 문장으
로 나타내고 있다. 그러나 이러한 문장에 의한 해설이 '에'가 가지
고 있는 의미를 정확히 나타내지는 못한다. 오히려 (176)과 같은 이
미지 도식이 이 조사의 의미를 포괄적으로 설명한다고 하겠다.

'에'가 가지고 있는 이미지 도식은 장소의 의미를 기본으로 하고 있다. 역사적으로도 장소의 의미를 지정하는 조사로서의 기능을 먼저 가졌을 것으로 예측할 수 있다. 장소의 의미가 가장 구체적이며 가시적인 의미이기 때문에 이 의미가 기본적이 되는 것이다.

이러한 '에'의 의미는 의미 변이에 의한 다의어화와 비유에 의하여 여러 의미를 나타내게 되는데 이렇게 변이 의미가 나타나더라도 이는 이미지 도식에 근거한 의미 변이라 하겠다.

> (177) ㄱ. 학교/마음(가슴)에 있다(두다).
> ㄴ. 술잔에/기쁨에 넘친다.
> ㄷ. 무대에/소설에 등장한다.
> ㄹ. 웅덩이에/사랑에/꼬임에 빠졌다.
> ㅁ. 담에/구호물자에 기대고 있다.

마음은 장소일 수는 없지만 장소와 같은 바탕의 의미로 변이 의미를 형성하게 한다. '에'는 추상 명사들에 의한 의미의 바탕이 되며 서술어에 따라 다양한 의미를 나타낸다.

6) 독립어는 독립하고 있는가?

독립어는 문장의 다른 성분과 직접적인 관련성이 없는 문장성분이다.

> (178) ㄱ. 아이구, 정말 힘이 든다.
> ㄴ. 성호야, 나는 다음 차로 출발한다.

    독립어는 감탄사나 체언에 호격조사가 붙은 것과, '그리고, 그러나, 그리므로, 그러니까' 등의 접속부사로 이루어진다. '다행히'와 같은 문장부사는 '다행히 그는 정각에 도착했다'에서와 같이 문장과 상관성이 있으나, 독립어는 상관성이 없는 것으로 비교된다.

    그러나 접속부사는 '*그래서 일을 좀 쉬자'와 같이 청유형이나 명령형의 문장과 함께 쓰일 수 없고, 다른 독립어와 달리 간접 인용문에서 탈락하지 않는 점을 들어, 문장과 어느 정도 상관성이 있는 것으로 본다. 접속부사가 독립어인가 여부에 의문이 제기되는 것의 근거가 된다. 남기심 외(1985: 277) 참조.

참고문헌

강길운(1988) 「한국어계통론」, 형설출판사

강 매·김진호(1925) 「잘 뽑은 조선말과 글의 본」, 역대한국문법대계, 탑출판사

강범모(1995) 「한국어 데이터 베이스의 설계 및 응용을 위한 기초 연구」, 민음사

강복수(1981) 「국어문법사 연구」, 형설출판사

강선영(1993) Serial Verb Construction in Korean and their Implication, 「생성문법 연구」 3권 1호

강영세(1986) Korean Syntax and Universal Grammar, 하버드대 박사학위 논문

강진석(2000) 「주자체용론연구」, 북경대학 박사학위 논문

교육부(1996) 「고등학교문법」, 서울대학교 사범대학 국어교육연구소

교육인적자원부(2002) 「고등학교문법」, 서울대학교 사범대학 국어교육 연구소

고석주(1996) '있다' 구문에 대한 연구, 「국어문법의 탐구」 3, 태학사

고신숙(1987) 「조선어리론문법-품사론」, 과학백과사전출판사

고영근(1970) 현대 국어 준자립형식에 대한 연구, 「어학연구」 6권 1호, 어학연구소

고영근(1980) 국어 진행상 형태의 처소론적 해석, 「어학연구」 16권 1호, 어학연구소

고영근(1981) 「중세 국어의 시상과 서법」, 탑출판사

고영근(1983) 「국어 문법의 연구」, 탑출판사

고영근(1986) 국어의 시제와 동작상, 「국어생활」 6

고영근(1986) 능격성과 국어의 통사구조,「한글」192

고영근(1986) 서법과 양태의 상관 관계,「국어학 신연구」, 탑출판사

고영근(1987)「표준 중세국어 문법론」, 탑출판사

고영근(1988) 북한의 문법 연구,「국어생활」15, 국어연구원

고영근(1989)「국어 형태론 연구」, 서울대 출판부

고영근(1989)「북한의 말과 글」, 을유문화사

고영근(1990) 시제,「국어 연구 어디까지 왔나」, 동아출판사

고영근(1999)「북한의 언어 문화」, 서울대 출판부

고영근(1999)「텍스트 이론」, 도서출판 아르케

고영근 외(1979) 국어학 연구의 방향정립을 위한 기초적 연구,「관악
어문」4

고영근 외(1985, 1989)「표준 국어문법론」, 탑출판사

고영진(1995)「국어풀이씨의 문법화 과정에 관한 연구」, 연세대 박사
학위 논문

과학백과사전 출판사(1979)「조선문화어문법」, 과학백과사전출판사

과학원언어문학연구소(1960)「조선어문법 1, 어음론, 형태론」, 과학원
출판사

과학원언어문학연구소(1963)「조선어문법 2, 문장론」, 과학원출판사

구본관(1992) 생성문법과 국어조어법 연구,「주시경학보」9

국립국어연구원(1998) 공개 전산자료

국립국어연구원(1999)「표준 국어 대사전」, 두산 동아

권오영 외(2000)「혜강 최한기」, 청계

권혁철 외(1992) 철자 검사기와 같은 텍스트 처리,「등불」5

권재일(1985)「국어의 복합문 구성 연구」, 집문당

권재일(1987) 문법형태소의 성격,「국어학 신연구」, 탑출판사

권재일(1991) 김용구 지은 '조선어 리론 문법(문장론)' 평설,「한글」
213

권재일(1994) 「한국어 문법의 연구」, 도서출판 박이정

권제일(1998) 「한국어 문법사」, 도서출판 박이정

금성출판사(1980) 「세계철학대학전」

금장태(2000) 퇴계학파의 리기론, 「한국유학과 리기철학」, 송영배 외, 예문서원

김경훈(1990) 부사 및 부사화, 「국어연구 어디까지 왔나」, 동아출판사

김계곤(1970) 현대 국어의 풀이씨 합성법, 「인천교대 논문집」 4

김광해(1981) '의'의 의미, 「문법 연구」 5

김광해(1988) 계사론, 「난대 이응백 선생 회갑 논문집」, 보진재

김광해(1993) 「국어 어휘론 개설」, 집문당

김귀화(1988) 「국어의 격 연구」, 서강대 대학원

김규선(1970) 국어의 복합어에 대한 연구, 「어문학」 23

김규식(1909) 「대한 문법, 역대한국문법대계, 탑출판사

김기혁(1980) 「국어 합성동사의 생성적 연구」, 연세대 석사학위 논문

김기혁(1981) 동사류의 의미 구조, 「말」 6, 연세대 한국어학당

김기혁(1983) 보조동사의 생산성, 「연세어문학」 16

김기혁(1984) 어휘의 화석화와 보조동사, 「연세어문학」 17

김기혁(1987) 「국어 보조동사 연구」, 연세대 박사학위 논문

김기혁(1988) 국어 문법에서 격의 해석, 「말」 14

김기혁(1988) 국어 문법에서 통사구조와 의미 구조, 「언어연구」 8, 경희대 언어연구소

김기혁(1988) 국어 문법에서 표면과 심층구조, 「국어국문학」 100

김기혁(1989) 국어 문장구조의 이해, 「경희어문학」 10

김기혁(1990) 관형구성의 통어현상과 의미 관계, 「한글」 209

김기혁(1991) 공시적 현상의 통시적 해석, 「국어의 이해와 인식」, 한국문화사

김기혁(1991) 형태·통어적구성과 중간 범주, 「동방학지」 71·72합

김기혁(1992) 국어 통사론 연구사, 「국어국문학 40년」, 국어국문학회

김기혁(1993) 국어 선어말어미와 종결어미의 연속성, 「한글」 221

김기혁(1993) 문법 형태소의 연속과 불연속, 「국어국문학 연구의 새로 운 모색」, 집문당

김기혁(1994) 국어 동사연속구성의 통어 의미론, 「우리말연구」 1

김기혁(1994) 동사 연결의 다단계성, 「언어연구」 12

김기혁(1995) 「국어 문법 연구」, 도서출판 박이정

김기혁(1996) 보조동사의 문법 범주, 「국어 문법의 탐구」 3, 태학사

김기혁(1996) 합성동사 생성의 통사 의미적 해석, 「국어국문학」 116

김기혁(1997) 국어 종결어미와 시간 범주, 「담화와 인지」 4-1

김기혁(1997) 언어 범주와 문법 범주, 「경희어문학」 17, 경희대 국어국 문학과

김기혁(1998) 존재와 시간의 국어 범주화, 「한글」 240, 241

김기혁(1998) 존재의 문법 범주, 「경희어문학」 18, 경희대 국어국문학과

김기혁(1999) '가능' 범주의 형성과 확장, 「어원연구」 2, 한국어원학회

김기혁(1999) 개화기 국어의 문법 범주, 「인문학연구」 3, 경희대 인문 학연구소

김기혁(1999) 진행의 문법 범주 확장, 「담화와 인지」 6-1

김기혁(2000) 남북한 문장론(통사론) 연구의 쟁점과 방향, 「민족문화」 41, 고려대 민족문화연구소

김기혁(2000) 지정의 문법 범주, 「이중언어학」 17, 이중언어학회

김기혁(2001) 「국어학」, 도서출판 박이정

김기혁(2002) 문장에 대한 관점과 해석, 「애산학보」 27, 애산학회

김기혁(2002) 문장의 구조와 유형, 「경희어문학」 22, 경희대 국어국문 학과

김기혁(2002) Grammatical Category of Copula and Judgment Predicate Sentence, Selected paper in International Circle on Korean

Linguistics, ICKL

김기혁(2003) 국어문법에서 격과 의미역할,「한국어학」17, 한국어학회

김기혁(2004) 국어 시간표현의 동정적 인식,「경희어문학」25, 경희대 국어국문학과

김기혁(2004) 이기 체용론과 국어 문법 해석,「인문학연구」8, 경희대 인문학 연구원

김동식(1984) 동사 '되다'의 연구,「국어국문학」92

김동식(1993)「현대국어 동사의 통사적 특성에 관한 연구」, 서울대 박사학위 논문

김동화(1980)「불교학개론」, 보연각

김두봉(1922)「깁더 조선말본」, 역대한국문법대계, 탑출판사

김민수(1968) 국어의 구문구조,「아세아연구」11-2

김민수(1971, 1984)「국어문법론」, 일조각

김민수(1989)「북한의 언어 연구」증보판, 일조각

김민수(1994) '이다' 처리의 논쟁사,「주시경학보」13

김방한(1983)「한국어의 계통」, 민음사

김봉모(1983) 국어 매김말 연구」, 부산대 박사학위 논문

김석득(1962) 형태소의 변이형태소(allomorph)로의 분석,「한글」129

김석득(1968) 직접구성요소(IC) 간의 기능적 관계,「이숭녕 박사 송수 기념논총」

김석득(1969) 국어 형태론,「연세논총」4

김석득(1979) 국어의 피사동,「언어」4-2

김석득(1981) 우리말의 시상,「애산학보」1집, 애산학회

김석득(1984) 도움풀이씨와 시상의 부담성,「한불연구」6, 연세대 한불 연구소

김석득(1986) 도움풀이씨의 형태 통어론적 차원,「말」11, 연세대 한국 어학당

김석득(1991) 리근영 지은 '조선어 리론 문법(형태론)' 평설, 「한글」 213

김석득(1992) 「우리말 형태론」, 탑출판사

김석득 외(1985) 「국어음운론」, 한국방송통신대학 출판부

김선희(1984) 합성동사의 의미분석, 「한글」 183

김성룡 역(1991) 「존재와 시간 입문서」, 시간과 공간사

김성화(1990) 「현대 국어의 상 연구」, 한신문화사

김성화(1992) 삽입모음 '으'의 기능, 「국어학」 22

김세중(1989) 국어 심리형용사문의 몇 가지 문제, 「어학연구」 25-1

김승곤(1978) 상태지속 연결어미 '아'에 대하여, 「눈뫼 환갑 기념 논문집」

김승곤(1986) 이다, 「한글」 191, 한글학회

김승곤(1989) 「우리말의 토씨」, 건국대학교 출판부

김승렬(1988) 「국어 어순 연구」, 한신문화사

김영기(1973) Irregular Verbs in Korean Revisited, 「어학연구」 9-2

김영배(1977) 「주해 석보상절」 23, 24, 일조각

김영정(1997) 「언어 존재 논리」, 철학과 현실사

김영주(1990) The Syntax and Semantics of Korean Case, 하버드대 박사 학위 논문

김영황(1983) 「문화어문장론」 재판, 김일성종합대학출판부

김영희 외(1987) 「국어학 서설」, 정음사

김영희(1974) 한국어 조사류어의 연구, 「문법연구」 1

김영희(1974) 한국어 주관동사에 대하여, 「연세어문학」 7

김영희(1977) 단언서술어의 통사현상, 「말」 2

김영희(1980) 정태적 상황과 접주어 구문, 「한글」 169

김영희(1980) 평가구문의 통사론적 연구, 「한국학논집」, 계명대 한국학 연구소

김영희(1986) 복합명사구, 복합동사구, 그리고 겹목적어, 「한글」 193

김영희(1989) 이론수용과 통사론의 전개, 「국어학」 19

김영희(1993) 의존동사 구문의 통사 표상, 「국어학」 23

김완진(1957) -n, -l 동명사의 통사론적 기능과 발달에 대해, 「국어연구」 2

김완진(1972) 형태론적 현안의 음운론적 극복을 위하여, 「동아문화」 11

김완진(1975) 음운론적 유인에 의한 형태소 증가에 대하여, 「국어학」 3

김완진(1978) 국어학 연구의 동향과 과제, 「한국의 민족문화」 1, 한국 정신문화연구원

김완진(1981) 「국어 음운체계의 연구」, 일조각

김용구(1986) 「조선어리론문법-문장론」, 과학백과사전출판사

김용구(1989) 「조선어문법」, 사회과학출판사

김용옥(2004), 「혜강 최한기와 유고」, 통나무

김원룡(1976) 「한국문화의 기원」, 탐구신서

김윤신(2001) 「파생동사의 어휘의미 구조-사동화와 피동화를 중심으로」, 서울대 언어학과 박사학위 논문

김응모 (1993) 「국어 이동자동사 낱말밭」, 서광학술자료사

김일성종합대학출판사 편(1972) 「문화어문법규범」, 김일성종합대학출판사

김일성종합대학출판사 편(1976) 「조선문화어문법규범」, 김일성종합대학출판사

김일웅(1984) 풀이말의 결합가와 격, 「한글」 186

김일웅(1987) 월의 분류와 특징-생성과정과 관련하여, 「한글」 198

김일웅(1987) 월의 생성 과정, 「한글」 196

김정배(1974) 「한국민족문화의 기원」, 고려대학교 출판부

김정학(1964) 「한국민족 형성사」, 한국문화사 대계

김제열(1999) 「'하다' 구문의 연구」, 경희대 박사학위 논문

김종도(1998) 「인지 문법의 토대」 1, 2, 도서출판 박이정

김주원(1994) 알타이제어의 계사, 「주시경학보」 13

김준섭(1995) 「논리학」, 문학과 지성사

김지은(1997) 「우리말 양태용언 구문에 대한 연구」, 연세대 박사학위
　　　논문

김진수(1987) 「국어 접속조사와 어미 연구」, 탑출판사

김진영 외(1997) 「춘향가」(장자백 창본 춘향가), 도서출판 박이정

김진우(1971) 소위 변격용언의 비변격성에 관하여, 「한국언어문학」
　　　8 · 9합

김차균(1980) 국어 시제 형태소의 의미, 「한글」 169

김차균(1980) 국어의 사역과 수동의 의미, 「한글」 168호, 한글학회

김차균(1982) '있다'의 의미연구, 「언어학」 5, 한국언어학회

김차균(1985) 「국어음운론」, 한국방송통신대학

김창섭(1981) 현대 국어의 복합동사 연구, 「국어연구」 47, 서울대 국어
　　　연구회

김창섭(1983) '줄넘기'와 '갈림길'형 합성명사에 대하여, 「국어학」 12

김창섭(1984) 형용사 파생 접미사들의 의미와 기능, 「진단학보」 58

김창섭(1985) 시각 형용사의 어휘론, 「관악어문연구」 10

김창섭(1990) 복합어, 「국어연구 어디까지 왔나」, 국어연구회, 동아출판사

김창섭(1992) 국어 형태론 연구의 흐름과 과제, 「국어국문학 연구 40년」,
　　　국어국문학회

김창섭(1996) 「국어의 단어 형성과 단어구조 연구」, 태학사

김창주(1979) 「조동사 '먹다'에 대한 연구」, 건국대 석사학위 논문

김철웅(1990) 사이시옷, 「국어연구 어디까지 왔나」, 동아출판사

김형규(1974) 「한국 방언 연구」, 서울대 출판부

김형철(1997) 「개화기 국어 연구」, 경남대 출판부

김홍범(1987) '다면서, 다고, 다니'의 구조와 의미, 「말」 12

김흥규 · 강범모(1996) 고려대학교 한국어 말모둠, 「한국어학」 3

김홍수(1989) 「현대 국어 심리동사 연구」, 탑출판사

김홍수(1990) 심리동사, 「국어연구 어디까지 왔나」, 동아출판사

김희상(1911) 「조선어전」, 역대한국문법대계 1-19, 탑출판사

김희상(1927) 「울이글틀」, 역대한국문법대계, 탑출판사

나진석(1970) 「우리말 때매김 연구」, 과학사

남광우(1960) 「고어사전」, 동아출판사

남기심 엮음(1994) 「국어 연결어미의 쓰임」, 서광학술자료사

남기심(1968) 구조 언어학의 형태소 분석 방법론에 대하여, 「행정 이
　　　상헌 선생 회갑 기념 논문집」

남기심(1972) 주제어와 주어, 「어문학」 26

남기심(1972) 현대 국어 문법사, 「국어국문학」 58-60 합

남기심(1973) 「국어완형보문법연구」, 계명대 한국학연구소

남기심(1976) 국어의 시제, 「언어」 1-2, 언어학회

남기심(1977) 국어학이 걸어온 길, 「언어과학이란 무엇인가」, 문학과
　　　지성사

남기심(1978) 「국어 문법의 시제 문제에 관한 연구」, 탑출판사

남기심(1982) 국어의 공시적 기술과 형태소 분석, 「배달말」 7

남기심(1982) 문법이론과 국어문법의 연구, 「국어국문학」 88

남기심(1985) 주어와 주제어, 「국어생활」 3

남기심(1986) ‘-이다’ 구문의 통사적 분석, 「한불연구」 7, 한불연구소

남기심(1988) 국어 문법에서 격은 어떻게 정의되어 왔는가, 「꼭 읽어
　　　야 할 국어학 논문집」, 집문당

남기심(1989) 국어학의 구미 언어이론 수용의 역사, 「국어국문학과 구
　　　미이론」, 지식산업사

남기심(1990) 토씨 ‘와/과’의 쓰임에 대하여, 「동방학지」 66, 연세대 국
　　　학연구원

남기심(1991) 국어의 격과 격조사에 대하여, 「겨레문화」 5집, 한국겨레
　　　문화연구원

남기심(1991) 불완전명사 '것'의 쓰임, 「국어의 이해와 인식」, 한국문화사

남기심(1994) 「국어 조사의 용법」, 도서출판 박이정

남기심 외(1979) 「언어학개론」 개정판, 탑출판사

남기심 외(1985, 1989) 「표준 국어문법론」, 탑출판사

남성우(1996) 월인석보 권13과 법화경언해의 번역, 「한국어문연구」 7

남용우 외(1987) 「격문법이란 무엇인가」, 을유문화사

남지순(1993) 한국어 형용사 구문의 통사적 분류를 위하여 1 심리형용
        사 구문, 「어학연구」 29-1

노대규(1982) 국어의 복합어 구성법칙, 「인문논총」 4, 한양대

대한 성공회(1954, 1969) 「신약전서」

도수희(1987) 「국어 대용언의 연구」, 탑출판사

독립신문(1896) 영인본, 상남언론재단

독립신문전산자료(1998) 경희대 국어문법 연구회

류성기(1993) 사동사 파생조건, 「주시경학보」 12

리근영(1985) 「조선어리론문법-형태론」, 과학백과사전출판사

문교부(1985, 1989) 「고등학교문법」, 문교부

문양수 외(1977) 「현대언어학」, 한신문화사

문헌연구회(1994) 「석보상절 문법형태 색인집」, 태학사

민현식(1982) 현대 국어의 격에 대한 연구, 「국어연구」 49

박갑수(1995) 「국어문체론」, 대한 교과서 주식회사

박기용 역(1998) 「분계학」, 경남대학교 출판부

박동인·황도삼(1989) 한영, 영한 기계 번역시스템(MATES) 개발과제, 「
        정보과학회지」 7-6

박만수(1987) 「우리말의 자리말 연구」, 동아대 박사학위 논문

박만수(1989) 자리말의 통합 양상에 대한 연구, 「한글」 203, 한글학회

박민규(1989) 어휘 조사의 전산처리, 「국어생활」 16

박병수(1974) 「Complement Structure in Korean」, 서울: 백합출판사

박병수(1982) 한국어 X' Syntax 시론, 「언어연구」 3, 경희대 언어 연구소

박병수(1989) 기계 번역에서 본 한국어의 특징, 「정보과학회지」 7-6

박상준(1932) 「개정철자준거 조선어법」, 역대한국문법대계

박선자(1983) 「한국어 어찌말 연구」, 부산대 박사학위 논문

박세영(1989) 기계 번역을 위한 자연언어의 Syntax, 「정보과학회지」 7-6

박순함(1970) '격문법'에 입각한 국어의 겹주어에 대한 고찰, 「어학연구」 6-2

박승빈(1935) 「조선어학」, 조선어학연구회

박승윤(1984) '시작하다' 동사의 타동성 예외, 「언어」 9-2

박승윤(1999) 형식명사술어 구문의 문법화 연구, 「담화와 인지」 5-2

박양규(1975) 소유와 존재, 「국어학」 3, 국어학회

박양규(1978) 사동과 피동, 「국어학」 7, 국어학회

박영순(1986) 고교문법에서의 보어와 보문처리 문제, 「국어학 신연구」, 탑출판사

박이문(1980) 「노장사상」, 문학과 지성사

박주현(1997) 「알기 쉬운 음양 오행」, 동학사

박창해(1964) 「한국어 구조론 연구Ⅲ」, 연세대 한국어학당

방성원(2000) 「국어보문연구」, 경희대 박사학위 논문

배종호(1986) 「한국유학사」, 연세대 출판부

배희임(1988) 「국어 피동 연구」, 한국문화사

서상규(1984) 국어 부정문의 의미 해석의 원리, 「말」 10

서상규(1984) 부사의 통사적 기능과 부정의 해석, 「한글」 186

서상규·한영균(1999), 「국어 정보학 입문」, 태학사

서상규 편(1997) 「번역노걸대 어휘 색인」, 도서출판 박이정

서재석 외 역(2001) 「화용론」, 도서출판 박이정

서정목(1987) 「국어의 의문문 연구」, 탑출판사

서정목(1988) 한국어 청자 대우 등급의 형태론적 해석(1), 「국어학」 17

서정목(1991) 한국어 동사구의 특성과 엑스-바 이론, 「국어학의 새로운 인식과 전개」, 민음사

서정목(1993) 계사 구문과 그 부정문의 통사 구조에 대하여, 「안병희 선생 회갑 논문집」, 문학과 지성사

서정선(1991) 인간의 생물학, 「인간이란 무엇인가」, 민음사

서정수 외(1980) 「신국어학개론」, 형설출판사

서정수(1974) 국어의 부정법 연구에 관하여, 「문법연구」 1

서정수(1975) 「동사 '하'의 문법」, 형설출판사

서정수(1975) 국어 부사류어의 구문론적 연구, 「현대국어문법」, 계명대 출판부

서정수(1976) 국어 시상 형태소의 의미 분석, 「문법연구」 3

서정수(1977) '겠'에 관하여, 「말」 2, 연세대 한국어학당

서정수(1978) '(으)ㄹ 것'에 대하여, 「국어학」 6

서정수(1978) 국어의 보조동사-토론-, 「언어」 3-2, 한국언어학회

서정수(1981) 합성어에 관한 문제, 「한글」 173·174합

서정수(1989) 분석체계와 종합적 설명법의 재검토, 「주시경학보」 4

서정수(1991) 풀이말 '있/계시(다)'에 관하여, 「국어의 이해와 인식」, 한국문화사

서정수(1992) 「현대 한국어 문법의 개관」, 한국문화사

서태룡(1981) 문법형태소 중심의 통사론 연구에 대하여, 「한국학보」 25

서태룡(1985) 통사, 「국어국문학연구사」, 우석출판사

서태룡(1988) 「국어 활용어미의 형태와 의미」, 탑출판사

성광수(1976) 국어 간접피동에 대하여, 「문법연구」 3, 문법연구회

성광수(1976) 국어 문형에 대한 고찰, 「어문논집」 13

성광수(1976) 존재동사 '있다'에 대한 재고, 「국어어문논총」, 강복수 박사 회갑 기념 논문집

성광수(1978) 「국어 조사의 연구」, 형설출판사

성광수(1986) 격과 조사, 「국어생활」 5

성기철(1987) 현대국어의 대우법, 「국어생활」 9

성리대전(1978) 영인본, 영락 13년 간 본

손병욱 역주(2004) 「기학 19세기 한 조선인의 우주론」, 통나무

손호민(1973) Coherence in Korean Auxiliary Verb Construction, 「어학연
　　　구」 9-2

손호민(1976) Semantics of Compound Verbs in Korean, 「언어」 1-1

송석중(1981) 한국말의 부정의 범위, 「한글」 173·174합

송석중(1990) '이다' 논쟁의 반성, 「애산학보」 10, 애산학회

송영배 외(2000) 「한국유학과 리기철학」, 예문서원

송철의(1989) 「국어의 파생어 형성 연구」, 서울대 박사학위 논문

송철의(1992) 생성형태론, 「국어학 연구 백년사」, 일조각

시정곤(1993) '이다'의 '이-'가 접사인 이유, 「주시경학보」 11

시정곤(1994) 「국어의 단어형성 원리」, 국학자료원

신기철·신용철(1975) 「우리말 큰사전」, 삼성출판사

신선경(1993) '것이다' 구문에 대하여, 「국어학」 23

신오현(1993) 「존재와 언어」, 고려원

심재기(1982) 「국어 어휘론」, 집문당

심재기 외(1984) 「의미론 서설」, 집문당

안명철(1983) 현대 국어의 양상 연구, 「국어 연구」 56

안명철(1990) 국어의 융합현상, 「국어국문학」 103

안명철(1991) 인용구문 융합의 특성, 「국어학의 새로운 인식과 전개」,
　　　민음사

안명철(1995) '이'의 문법적 성격 재고찰, 「국어학」 25

안병희(1965) 문법론, 「국어학개론(강좌)」, 수도출판사

안병희(1978) 「15세기 국어의 활용어간에 대한 형태론적 연구」, 탑출판사

안병희 · 이광호(1990) 「중세국어문법론」, 학연사

안상철(1999) 「An Introduction to Korean Phonology」, 한신문화사

안주호(1998) 「한국어 명사의 문법화 현상 연구」, 한국문화사

안진환 역(1999) 「빌 게이츠 생각의 속도」, 청림출판

안희돈(1991) 「Light Verb, VP Complement, Negation, and Clausal Architecture in Korean」, 위스컨신대 박사학위 논문

양동휘(1988) 의미-기능 만능주의 문법론에 대하여(Ⅰ), 「어학연구」 24-1

양동휘(1989) 「지배-결속 이론의 기초」, 신아사

양동휘(1995) 「문법론」, 한국문화사

양동휘 외(1991) 「지배-결속 이론의 기초」, 한신문화사

양인석(1972) 「Korean Syntax」, 백합출판사

양인석(1977) Progressive and Perfective Aspects in Korean, 「언어」 2-1

양정석(1986) '이다'의 의미와 통사, 「연세어문학」 19

양정석(1987) '이중주어문'과 '이중목적어문'에 대하여, 「연세어문학」 20

양정석(1991) 재구조화를 특징으로 하는 문장들, 「동방학지」 71 · 72합

양정석(1995, 1998) 「국어 동사의 의미분석과 연결이론」, 도서출판 박이정

양정석(1996) '이다' 구문의 의미해석, 「동방학지」 91, 연세대 국학연구원

양정석(1997) 「국어 동사의 의미 분석과 연결이론」, 태학사

양정석(2002) 「시상성과 논항연결」, 태학사

언더우드(1910) 「한영문법」, 한국어 문법대계, 탑출판사

엄정호(1989) 소위 지정사 구문의 통사구조, 「국어학」 18

엄정호(1993) '이다'의 범주 규정, 「국어국문학」 110

여손근(1991) 「현대논리학」, 민영사

역대한국문법대계(1986) 탑출판사

연재훈(1989) 국어 중립동사 구문에 대한 연구, 「한글」 203

염선모(1987) 「국어의미론」, 형설출판사

옥태곤(1988) 「국어 상 조동사의 의미 연구」, 부산대 박사학위 논문

윙문용(1989) 명시 관형구성에 대한 고찰, 「주시경학보」 4

우형식(1995) 「국어 타동구문 연구」, 도서출판 박이정

유길준(1908) 「대한문전」, 역대한국문법대계, 탑출판사

유길준(1909) 「국어문법」, 역대한국문법대계 1-06, 탑출판사

유동석(1990) 조사생략, 「국어연구 어디까지 왔나」, 동아출판사

유동석(1995) 「국어의 매개변인 문법」, 신구문화사

유동준(1983) 국어의 능동과 피동, 「국어학」 12

유목상(1969) 국어의 문장구성에 대한 고찰, 「중앙대 논문집」 14

유재원 엮음(1985) 「역순사전」, 정음사

유창돈(1964) 「이조어 사전」, 연세대 출판부

유창돈(1971) 「어휘사 연구」, 선명문화사

유현경(1985) 국어 접속문의 통사적 특질에 대하여, 「한글」 191

유현경(1997) 「국어 형용사 연구」, 한국문화사

유형선(1996) 주어와 주제구문의 유형에 대한 고찰, 「한국어학」 3

윤덕호·김영택(1989) 세계의 기계 번역 그 추세와 전망, 「정보과학회
　　　지」 7-6

윤만근(1997) 「생성문법론」, 한국문화사

윤용남(1992) 「주자의 체용 이론에 관한 연구」, 성균관대 박사학위 논문

윤종열(1990) 「Korean Syntax and Generalized X-bar Theory」, 오스틴 텍
　　　사스대 박사학위 논문

윤항진(1993) Functional Categories and ECM, 「생성문법연구」 3-1, 생성
　　　문법연구회

윤평현(1989) 「국어의 접속어미 연구」, 한신문화사

윤희수(1984) X' 이론에 대한 연구, 「언어논총」 2, 계명대 언어연구소

윤희윤(1998) 「정보 자료 분류론」, 태일출판사

이경우(1992) 파생법, 「국어연구 어디까지 왔나」, 국어연구회, 동아출판사

이광정(1987) 「국어 품사분류의 역사적 발전에 관한 연구」, 한신문화사

이광정(1994) '이다' 연구의 사적 고찰, 「주시경학보」 13

이광호(1988) 「국어 격조사 '을/를'의 연구」, 탑출판사

이광호(1990) 목적어, 「국어연구 어디까지 왔나」, 동아출판사

이규호(1968) 「말의 힘」, 제일 출판사

이기갑(1981) 씨끝 '아'와 '고'의 역사적 교체, 「어학연구」 17-2, 서울대
　　　어학연구소

이기동(1975) Lexical Causatives in Korean, 「어학연구」 11-2, 서울대 어
　　　학연구소

이기동(1976) 조동사의 의미 분석, 「문법연구」 3, 문법연구회

이기동(1978) 조동사 '있다'의 의미 연구, 「허웅 박사 회갑 논집」, 과학사

이기동(1978) 조동사 '지다'의 의미연구, 「한글」 161

이기동(1979) 조동사 '놓다'의 의미연구, 「한글」 163

이기동(1980) Toward an Alternative Analysis of the Connective ko in
　　　Korean, 「인문과학」 44, 연세대

이기동(1981) 언어와 의식, 「말」 6, 연세대 한국어학당

이기동(1981) 조사 '에'와 '에서'의 기본의미, 「한글」 173 · 174합

이기동(1983) 「언어와 인지」, 한신문화사

이기문(1972) 「개정 국어사 개설」, 탑출판사

이기용(1978) 언어와 추정, 「국어학」 6

이기용(1979) 두 가지 부정문의 동의성 여부에 대하여, 「국어학」 8

이기용(1989) 영한기계 번역체계 구축을 위한 소고, 「국어정보과학회
　　　지」 7-6

이남순(1981) 현대국어의 시제와 상에 관한 연구, 「국어연구」 46

이남순(1984) 피동과 사동의 문형, 「국어학」 13

이남순(1985) 주격중출문의 통사구조, 「국어국문학」 93

이남순(1988) 「국어의 부정격과 격표지 생략」, 탑출판사

이남순(1990) 상, 「국어 연구 어디까지 왔나」, 동아출판사

이동희 편(1994) 「한국 소설의 이해」, 영남대학교 출판부

이등용(1993) 동사 '하-'(爲)의 기원형, 「대동문화연구」 28, 성균관대

이맹성(1968) Nominalization in Korean, 「어학연구」 4-1 별권

이병근(1978) 국어의 장모음화와 보상성, 「국어학」 6

이병근(1986) 국어 사전과 파생어, 「어학연구」 22-3

이상복(1992) 「국어 조어법」, 연세대 박사학위 논문

이상섭(1990) 뭉치언어학: 사전 편찬의 필수적 개념, 「사전편찬학 연구」 3

이상섭(1990) 현대 사전 편찬학의 이론과 실제, 「사전편찬학 연구」 3

이석린(1987) 잡음씨의 연구 1, 「한글」 197

이석주(1989) 「국어 형태론」, 한샘출판사

이성하(1999) 「문법화의 이해」, 한국문화사

이성환·김기현(2002) 「주역의 과학과 도」, 정신세계사

이숙희(1992) 「The Syntax and Semantics of Serial Verb Construction」, 워싱턴대 박사학위 논문

이숭녕(1946, 1988) 모음조화연구, 「이숭녕 국어학 선집」 재록, 민음사

이숭녕(1960) 「고등 국어문법」, 역대한국문법대계, 탑출판사

이숭녕(1961) 「중세 국어문법」, 을유문화사

이숭녕(1976) 15세기 국어의 쌍형어 '잇다, 시다'의 발달에 대하여, 「국어학」 4

이승재(1994) '-이-'의 삭제와 생략, 「주시경 학보」 13

이영춘 역(1976) 「형이상학입문」, 세계의 대사상, 휘문출판사

이원표(2001) 「담화 분석」, 한국문화사

이익섭(1965) 국어 복합 명사의 IC분석, 「국어국문학」 30

이익섭(1978) 피동성 형용사문의 통사구조, 「국어학」 6

이익섭(1984) 「방언학」, 민음사

이익섭·임홍빈(1983) 「국어문법론」, 학연사

이익환(1984) 「현대 의미론」, 민음사

이익환(1985) 「의미론 개론」, 한신문화사

이인섭(1986) 「한국 아동의 언어 발달 연구」, 고려대 박사학위 논문

이정민(1975) 국어의 보문화에 대하여, 「어학연구」 11-2

이정민(1976) Cases for Psychological Verbs in Korean, 「언어」 1-1

이정식(1992) The Role of Case in Exceptional Case Marking, 「생성문법연구」 5-1

이정택(1988) '-고'와 공존하는 도움풀이씨 연구, 「한글」 200

이정택(2003) 「피동 연구」, 한국문화사

이주근(1989) 각국의 기계 번역 시스템 개관 및 역사, 「정보과학회지」 7-6

이주행(1981) 국어 복합어에 대한 고찰, 「국어국문학」 86

이주행(1988) 「한국어 의존명사의 통시적 연구」, 한샘출판사

이지양(1982) 현대국어의 시상형태에 대한 연구, 「국어연구」 51

이지양(1985) 융합형 '-래도'에 대하여, 「관악어문」 10

이지양(1990) 서법, 「국어 연구 어디까지 왔나」, 동아출판사

이철수(1985) 「한국어 음운학」, 인하대 출판부

이필수(1922) 「선문통해」, 역대한국문법대계, 탑출판사

이필영(1990) 관계화, 「국어연구 어디까지 왔나」, 동아출판사

이필영(1998) 명사절과 관형사절, 「문법 연구와 자료」, 태학사

이현희(1982) 국어 종결어미의 발달에 대한 관견, 「국어학」 11

이현희(1994) 「중세 국어 구문 연구」, 신구문화사

이현희(1994) 계사 '(-)이-'에 대한 통시적 고찰, 「주시경학보」 13

이홍배(1970) 「A Study of Korean Syntax」, 범한출판사

이홍배(1971) 이행소와 국어 변형문법 1, 「한글」 147

이홍배(1971) 이행소와 국어 변형문법 2, 「한글」 148

이홍배(1974) 국어의 변형생성 문법 1, 「문법연구」 1

이홍배(1975) 국어의 관계절화에 대하여, 「어학연구」 11-2

이홍배(1975) 국어의 변형생성 문법 2, 「문법연구」 2

이홍배(1979) 국어의 변형생성 문법 3, 「문법연구」 4

이홍배(1984) 「확대 표준 통사론」, 한신문화사

이효상(1995) 다각적 시각을 통한 국어의 시상체계 분석, 「언어」 20-3

이희승(1949) 「초급국어문법」, 역대한국문법대계, 탑출판사

이희승(1954) 존재사 '있다'에 대하여, 「서울대학교 논문집」 17

이희승(1956) 「중등문법」, 역대한국문법대계, 탑출판사

이희자(1994) '-이다'와 발화문, 「주시경학보」 13

임동훈(1991) 격조사는 핵인가, 「주시경학보」 8

임인칠(1989) 한-일 기계 번역 「정보과학회지」 7-6, 정보과학회

임지룡(1989) 국어 분류 어휘집의 체계와 상관성, 「국어학」 19

임지룡(1997) 「인지의미론」, 탑출판사

임지룡 · 김동환 역(1998) 「인지언어학 개론」, 태학사

임해창 외(1995) 어절 단위의 문맥을 고려한 형태소 단위의 한국어 품
　　　　사태깅모델, 「한국인지과학회 춘계학술발표 논문집」, 한국 인지
　　　　과학회

임홍빈(1979) '을/를' 조사의 의미와 통사, 「한국학논총」 2, 국민대학

임홍빈(1981) 존재 전제와 속격 표시 '의', 「언어와 언어학」 7

임홍빈(1982) 기술보다는 설명을 중시하는 형태론의 기능 정립을 위하
　　　　여, 「한국학보」 26

임홍빈(1983) 서구의 일반언어학 이론과 국어학의 발전, 「정신문화연구」
　　　　89 겨울호

임홍빈(1984) 문종결의 논리와 수행 억양, 「말」 9

임홍빈(1985) 형태, 「국어국문학 연구사」, 우석

임홍빈(1985) 국어의 문법적 특징에 대하여, 「국어생활」 2

임홍빈(1987) 「국어의 재귀사 연구」, 신구문화사

임홍빈(1988) 구조주의와 생성이론, 31회 「전국 국어 국문학대회 초록」, 국어국문학회

임홍빈(1989) 통사적 파생에 대하여, 「어학연구」 25-1

임홍빈(1997) 「북한의 문법론 연구」, 한국문화사

임홍빈 외(1983) 「국어문법론」, 학연사

장경희(1995) 국어의 양태 범주의 설정과 그 체계, 「언어」 20-3, 한국 언어학회

장석진(1993) 「정보기반 한국어 문법」, 도서출판 언어와 정보

장원목(2000) 조선 전기 성리학 전통에서의 리와 기, 「한국유학과 리 기철학」, 송영배 외, 예문서원

장유미·최윤철(1992) 어휘데이타베이스 구축을 위한 한글 띄어쓰기 및 어절분석도구의 개발, 「사전편찬학 연구」 4, 탑출판사

장지영(1937) 「조선어전」, 역대한국문법대계, 탑출판사

장하일(1947) 「중등 새 말본」, 역대한국문법대계, 탑출판사

장하일(1957) 낱말의 정의, 「이희승 선생 송수 기념 논총」

전상범(1977) 「생성음운론」, 탑출판사

전수태(1987) 「국어 이동동사의 의미 연구」, 한신문화사

전양범 역(1992) 「존재와 시간」(마르틴 하이데거), 시간과 공간사

전영삼 역(1992) 「학의 방법론1」, 헬무트 자이퍼트 저, 교보문고

전철웅(1990), 사이시옷, 「국어연구 어디까지 왔나」, 동아출판사

정길남(1987) 「개화기 국역성서의 표기법과 문법형태」, 개문사

정길남(1992) 「19세기 성서의 우리말 연구」, 서광학술자료사

정동빈(1987) 「언어 습득 연구」, 한신문화사

정동환(1993) 「국어 복합어의 의미 연구」, 서광학술자료사

정문수(1981) 상적 특성에 따른 한국어 풀이씨의 분류, 「문법연구」 5, 문법연구회

정문수(1986) 한국어 심리동사의 동태성, 「동양문화연구」 1, 대전대

정언학(2004) '고 잇다' 구성에서의 '진행'의 의미 발전 양상, 「어문연구」 44, 어문연구하회

정연창(2000) 「담화기능론」, 한국문화사

정열모(1946) 「신편고등문법」, 역대한국문법대계, 탑출판사

정위섭(1994) 「논리학 입문」, 학문사

정인상(1990) 주어, 「국어연구 어디까지 왔나」, 동아출판사

정인수(1994) 「국어 형용사의 의미 자질 연구, 영남대 박사학위 논문

정정덕(1986) 「국어 접속어미의 통사 의미론적 연구, 한양대 박사학위 논문

정진일 역(1998) 「주역」, 서광사

정태구(1992) 「Argument Structure and Serial Verbs in Korean」, 텍사스대 박사학위 논문

정태구(1994) '어 있다'의 의미와 논항구조, 「국어학」 24

정필모 외 역(1989) 「문헌 분류 이론」, 구미무역 출판부

정희성(1989) 한영 기계 번역 시스템, 「정보과학회지」 7-6

정희정(1988) '에'를 중심으로 본 토씨의 의미, 「국어학」 17

조동일(1996) 「우리 학문의 길」 제2판, 지식산업사

조성호(2000) 율곡학과의 리기론과 리의 주재성, 「한국 유학과 리기철학」, 송영배 외, 예문서원

주시경(1910) 「국어문법」, 역대한국문법대계, 탑출판사

주역과학아카데미 학술부(2003), 「주역과학교실」, 도서출판 수연

주자대전(1978) 영인본, 1771年 영조 47 입재

차현실(1984) '싶다'의 의미와 통사구조, 「언어」 9-2

채 완(1976) 조사 '는'의 의미, 「국어학」 4

채 완(1986) 「국어 어순의 연구」, 탑출판사

채 완(1979) 화제의 의미, 「관악어문연구」 4, 서울대 국어국문학과

천시권 외(1983) 「국어의미론」, 형설출판사

최광옥(1908)「대한문전」, 역대한국문법대계, 탑출판사

최기선·김덕봉(1989) 영한 기계 번역시스템(MATES-EK)의 개발기법과
　　전략,「정보과학회지」7-6

최동주(1995)「국어 시상체계의 통시적 변화에 관한 연구」, 서울대 박
　　사학위 논문

최영진 외(2000)「최한기의 철학과 사상」, 철학과 현실사

최윤식 외(1992)「하이데거에서 가다머로」, 조명문화사

최재희(1970)「논리학 원론」, 박영사

최정후(1983)「조선어학개론」, 과학백과사전출판사

최창렬(1983)「한국어의 의미 구조」, 한신문화사

최현배(1930)「조선어의 품사분류론」, 역대한국문법대계, 탑출판사

최현배(1934)「중등조선말본」, 역대한국문법대계 1-45, 탑출판사

최현배(1937, 1955, 1982)「우리말본」, 정음사

최현배(1959) 잡음씨의 세움, 이론적 사실적 및 비교언어학적 논증,「한
　　글」125

최현배(1961)「고친 한글갈」, 정음사

최현배(1963) 잡음씨에 대하여,「연세논총」2

케빈 오록 역(1982)「조병화 영역시집」, 오상출판회사

하일민·진기행(1994)「논리와 사고」, 경문사

하치근(1989)「국어 파생형태론」, 남명문화사

한　길(1993)「국어 종결어미 연구」, 강원대 출판부

한국방언학회(1973)「국어방언학」, 형설출판사

한국사상사연구회(1996)「조선 유학의 학파들」, 예문서원

한국어학회(1999)「국어의 격과 조사」, 월인

한글학회(1980),「한글맞춤법」

한글학회(1992),「한글학회지은 '우리말 큰 사전'」

한동완(1996)「국어의 시제 연구」, 태학사

한상연(1988) 「시간과 공간」, 대완 도서출판사

한송화(2000) 「현대 국어 자동사 연구」, 한국문화사

한완상·마상조 역(1978) 「소유냐 존재냐」, 에리히 프롬, 전망사

한재영(1996) 「16세기 국어 연구」, 신구문화사

한재현(1981) 「생략과 대용현상」, 한신문화사

한정한(1999) 의미격과 화용격 어떻게 다른가, 국어의 격과 조사, 「한
　　국어학회」, 도서출판 월인

한태동(1999) 「세종대의 음성학」, 연세대 출판부

허　웅(1965) 「국어음운학」, 정음사

허　웅(1968) 「표준문법」, 신구문화사

허　웅(1970) 「언어학 개론」, 정음사

허　웅(1975) 「우리옛말본」, 샘문화사

허　웅(1981) 「언어학-그 대상과 방법」, 샘문화사

허　웅(1982) 한국말 때매김법의 걸어온 발자취, 「한글」 178

허　웅(1983) 「국어학」, 샘문화사

허　웅(1989) 「16세기 우리 옛말본」, 샘문화사

허　웅(1989) 「국어 때매김법의 변천사」, 샘문화사

허　웅(1991) 「15, 16세기 우리 옛말본의 역사」, 탑출판사

허　웅(2000) 「20세기 우리말의 형태론(고친판)」, 샘문화사

허재영(1998) 춘향전, 「심청전」 전산자료, 한말글학회 공개자료

홍기선(1991) Argument Selection and Case Marking in Korean, Doctoral
　　Dissertation, Stanford University

홍기선(1992) 한국어 대격의 의미, 「언어」 18-2

홍윤기(2002) 「국어 문장의 상적 의미 연구」, 경희대 박사학위 논문

홍윤표(1988) 전통문법이론의 수용과 국어연구, 31회 「전국 국어국문
　　학대회 발표 초록」, 국어국문학회

홍윤표(1990) 격조사, 「국어연구 어디까지 왔나」, 동아출판사

홍윤표(1996) 왜 'ㄱ' 다음에는 'ㄴ'이 올까요?, 「함께 여는 국어교육」, 통권 30, 전국 국어교사모임

홍재성(1977) 소쉬르 언어학의 몇 가지 개념, 「언어과학이란 무엇인가」, 문학과 지성사

홍재성(1987) 「현대 한국어 동사구문의 연구」, 탑출판사

홍재성(1987) 현대 한국어 사전과 자동사/타동사 용법의 구분, 「성곡논총」 18

홍재성(1988) 한국어 사전에서의 동사항목의 기술과 통사정보, 「사전편찬학연구」 3

홍재성(1989) 내려가다/내려오다와 그 사전적 처리, 「애산학보」 7

홍재성(1990) 한국어 자동사/타동사 구문의 구별과 사전, 「사전편찬학연구」 3

홍재성(1997) 「한국어 동사 구문 사전」, 두산동아

황병순(1988) 「국어의 상 표시 복합동사 연구」, 영남대 박사학위 논문

油谷幸利(1978) 현대 한국어의 동사분류, 「조선학보」 87

Abasolo, R.(1974) Basic Semantic Structure of Korean, Seoul, Tower Press

Akmajian & Henry(1975) An Introduction to the Principle of Transformational Syntax, Tower Press

Allwood, J. & Andersen, L. & Dahl, O.(1977), Logic in Linguistics, Cambridge Textbooks in Linguistics

Anderson, John M.(1971) The Grammar of Case: Towards a Localistic Theory, Cambridge: Cambridge University Press

Aronoff, M.(1976) Word Formation in Generative Grammar, Linguistic Inquiry Monograph 1, MIT Press

Bauer, L.(1983) English Word Formation, Cambridge CUP

Bauer, L.(1988) Introduction Linguistic Morphology, Edinburch

Berlin, B. & Kay, P.(1969) Basic color terms, Berkeley: University of California Press

Bierwish, M.(1969) On Certain Problems of semantic Representation, Fundatin of Language 5

Blake, Barry J.(1994) Case, Cambridge and New York: Cambridge University Press

Block & Trager(1942) Outline of Linguistic Analysis, Baltimore; Linguistic Society of America

Bloomfield, Leonard(1935) Language, Ruskin House George Allen & Unwin LTD, London

Bolinger, D.(1977) Meaning and Form, Longman group Ltd

Brown, G. & Yule, G.(1983) Discourse analysis, Cambridge Textbooks in Linguistics

Borsley, R. D.(1991) Syntactic Theory, Edward Arnold

Chafe, Wallace(1970) Meaning and the structure of Language, Chicago University Press

Chomsky, N. & Morris, H.(1968) The Sound Pattern of English, New York: Harper & Row pattern

Chomsky, N.(1957) Syntactic Structure, The Hague Mouton

Chomsky, N.(1965) Aspect of Theory of Syntax, MIT Press

Chomsky, N.(1970) 'Remarks on Nominalization' Reading in English

Chomsky, N.(1972) Studies on Semantics in Generative Grammar, Mouton

Chomsky, N.(1980) On Binding, Linguistic Inquiry 11-1

Chomsky, N.(1981) Lectures on Government and Binding, Foris

Chomsky, N.(1986) Knowledge of Language, Praeger

Chomsky, N.(1992) A Minimalist Program for Linguistic Theory, Draft Paper

Comrie, Bernard(1976) Aspect, Cambridge: Cambridge University Press

Cooper & Ross(1975) Word-Order, Functionalism, Chicago Linguistic Society

Croft, William(1991) Syntactic categories and grammatical relations: The cognitive organization of information, Chicago: University of Chicago Press

Danes, K.(1974) (ed.) Papers on Functional Sentence Perspective, Mouton

DeLancey, Scott(1999) Functional Grammar, LSA paper book

DeLancey, Scott(2003) Case, Unpublished paper book

Dowty, David R.(1979) Word meaning and Montague Grammar, D. Reidel Publishing Company

Elizabeth, Traugott & Bern, Heine(1991) Approaches to Grammaticalization, John Benjamins Publishing Company

Fillmore, C.(1966) Toward a Modern Theory of Case, Ohio State University Project on Linguistic Analysis13, (Reprinted in D. A. Reibel and S. Schane, eds. Modern Studies in English: Readings in Transformational Grammar, Englewood Cliffs, NJ: Prentice-Hall)

Fillmore, Charles(1968) The case for case, in E. Bach and R. Harms, eds., Universals in linguistic theory, pp. 1-90, New York: Holt, Rinehart

Fillmore, Charles(1970) The grammar of hitting and breaking, in R. Jacobs and P. Rosenbaum, eds., Readings in English Transformational Grammar

Fillmore, Charles.(1971) Types of lexical information, Semantics, Steinberg, D. & Jakobist, L.A. edition, Cambridge University Press

Fukui N.(1986) A Theory of Category Projection and Its Applications, Ph. D. Dissertation, MIT

Givon, T.(1979) On understanding Grammar, New York Academic Press

Givon, T.(2001) Syntax: Vol 1.2, Amsterdam: Benjamins

Haegeman, Liliane(1991) Introduction to Government and Binding Theory, Oxford: Basil Blackwell

Halliday, M. A. K.(1985) An Introduction to Functional Grammar, Edward Arnold

Han, H. S.(1986) The configurational Structure of the Korean language, Ph D dissertation UT Austin

Hawkins, J. A.(1983) Word Order Universals, Academic Press

Hockett, C. F.(1958) A Course in Modern Linguistic, New York, Mac Millan Ltd

Hopper, Paul J. & Elizabeth, Traugott(1993) Grammaticalization, Cambridge University Press

Hutchins, W. J.(1986) Machine Translation Past, Present, Future, Ellis Horwood Limited

Jackendoff, R.(1977) X' Syntax: A Study of Phrase Structure, MIT Press

Jackendoff, R.(1983) Semantic and Cognition, MIT Press

Jespersen, C.(1924) The Philosophy of Grammar, London: George Allen & Unwin

Johnson & Lakoff(1980) Metaphors We live by, The Univ. of Chicago Press

Jones, D.(1962) An Outline of English Phonetics, Cambridge

Katz, Jerrold J. & Fodor, Jerry A.(1964) The Structure of language; readings in the philosophy of language, Englewood cliffs, M. J., Prentice-Hall

Kess, Joseph F.(1992) Psycholinguistics, Amsterdam/Philadelphia., John Benjamins Publishing Company

Keyser & Postal(1976) Beginning English Grammar, Haliday Lithograph Corporation

Kim, Soo-Won and Joan, Maling(1998) Case assignment in the siphta construction and its implications for case on adverbials, In Ross King (ed.), Description and Explanation in Korean Linguistics, Ithaca, NY, East Asia Program, Cornell Unviersity

Labov, W.(1973) The boundaries of words and their meaning, In Bailey and Shay(1973)

Lakoff, George(1987) Woman, fire, and dangerous things, Chicago: University of Chicago Press

Langacker, R. W.(1987) Foundations of Cognitive Grammar, Stanford University Press

Lyons, E.(1969) Introduction to Theoretical Linguistics, Cambridge Univ. Press

Martin, S.(1954) Korean Morphophonemics, 역대문법대계 2-79

Matthews, P. A.(1974) Morphology, Cambridge University Press

Matthews, P. A.(1981) Syntax, Cambridge University Press

Nida, Eugene A.(1949) Morphology, Michigan: The University of Michigan Press

Palmer, F. R.(1986) Mood and Modality, Cambridge Textbooks in Linguistics

Pollard, Carl & Sag, Ivan A.(1994) Head-Driven Phrase Structure Grammar, CSLI Stanford, The University of Chicago Press

Quirk, Randolph et al.(1985) A Comprehensive Grammar of the English Language, Longman Inc., New York

Radford, A.(1981) Transformational Syntax, Cambridge Univ. Press

Radford, A.(1988) Transformational Grammar, Cambridge Univ. Press

Riemsdijk & Williams(1986) Introduction to the Theory of Grammar, MIT Press

Rosch, E.(1973) Natural Categories, Cognitive Psychology 7

Rosch, E.(1975) Cognitive representation of semantics in human categorization, Journal of Experimental Psychology: General 104

Sapir, E.(1925) Language, New York

Saussure, F.(1959) Course in General Linguistics, McGraw-Hill Book Company

Scalise, S.(1984) Generative Morphology, 전상범 역(1987), 한신문화사

Shibatani, M.(1973) Lexical versus periphrastic causatives in Korean, JL. 9

Sinclair, J.(1991) Corpus, concordance, Collocation, Oxford: Oxford University Press

Sohn, Ho-min(1980) Theme-Prominence in Korean, Korean Linguistics 2

Song, Seok-Choong(1976), Some Evidence for the Existence of the Copula in Korean, 권명수, 고병려 교수 정년기념논문집, 연세대 영문과 동창회

Taylor, John. R.(1995) Linguistic categorization, Oxford: Clarendon Press

Valin, Van R. D. & La Polla Randy J.(1997) Syntax: Structure, meaning and function, Cambridge Textbooks

Vendler, Zeno(1957, 1967) Linguistic in Philosophy, Ithaca: Cornell University Press

Webelhuth, Gert(1995) Government and Binding Theory and the Mimimalist Program, Oxford: Basil Blackwell

Weinreich, U.(1963) On the Semantic Sructure of Language, in Greenberg J. H.(1963) Univeral of Language Cambridge Press

Wiley, E. O.(1979) The annotated Linnean hierachy, with comments on natural taxa and competing systems, Systematic Zoology 28

Williams, Edwin(1981) Thematic Structure in Syntax, Cambridge, Mass. MIT Press

Yun, Jong-yurl(1990) Korean Syntax and Generalized X-bar Theory, Seoul Hanshin Publishing Co